中外家庭教育思想简史

家庭教育的历史经验与智慧

赵忠心 著

中國婦女出版社

图书在版编目（CIP）数据

中外家庭教育思想简史：家庭教育的历史经验与智慧／赵忠心著．--北京：中国妇女出版社，2021.9
ISBN 978-7-5127-2021-3

Ⅰ.①中… Ⅱ.①赵… Ⅲ.①家庭教育－教育史－世界 Ⅳ.①G789.1

中国版本图书馆CIP数据核字（2021）第156517号

中外家庭教育思想简史——家庭教育的历史经验与智慧

作　　者：赵忠心 著
项目统筹：廖晶晶
责任编辑：应 莹 闫丽春
封面设计：季晨设计工作室
责任印制：王卫东
出版发行：中国妇女出版社
地　　址：北京市东城区史家胡同甲24号　　邮政编码：100010
电　　话：（010）65133160（发行部）　　65133161（邮购）
网　　址：www.womenbooks.cn
法律顾问：北京市道可特律师事务所
经　　销：各地新华书店
印　　刷：三河市祥达印刷包装有限公司
开　　本：170×240　1/16
印　　张：31
字　　数：420千字
版　　次：2021年9月第1版
印　　次：2021年9月第1次
书　　号：ISBN 978-7-5127-2021-3
定　　价：98.00元

出版说明

党的十八大以来，习近平总书记围绕注重家庭、注重家教、注重家风建设发表了一系列重要论述。这些重要论述，无论是对于家庭教育理论研究，还是对当今家庭教育实践的指导，均具有十分重要的意义。

注重家庭、注重家教、注重家风，始终是中华民族优秀传统文化的重要组成部分。赵忠心教授的《中外家庭教育思想简史——家庭教育的历史经验与智慧》一书，秉承“古为今用，洋为中用”的指导原则，以恢宏的视角，研究和梳理了我国家庭教育思想发展的历史、脉络和规律；同时，以细腻和哲思的笔触，对国外一些著名教育家和思想家的家庭教育思想精华进行了介绍。

我们期待本书能为家庭教育学科的研究者、家庭教育工作的指导者以及广大家长提供借鉴。

本书引用的史料较多，我们对其进行了认真的核查，但由于条件和水平所限，如有疏漏之处，恳请读者批评指正！

前 言

1965年，我毕业于北京师范大学教育系。此后，在北师大附中工作了15个年头。1980年，我回到师大，开始专门从事家庭教育理论研究工作。

40多年来，我全身心地投入研究工作，并始终坚持以下六个结合：一是家庭教育基础理论研究和应用研究相结合；二是家庭教育现实问题研究和家庭教育历史研究相结合；三是家庭教育宏观研究和微观研究相结合；四是家庭教育科学研究和教学相结合；五是家庭教育理论研究和科学普及相结合；六是对我国家庭教育的研究和对外国家庭教育的研究相结合。

在上述指导思想的指引下，40多年来，我在海内外刊物上共发表了3000多篇文章，出版家庭教育著作60余种。主要著作有《家庭教育学》《中外家庭教育荟萃》《中国家教之道》、“中国家庭教育丛书”（共6册）、《大师的阶梯》（上、下册）、《大师的关键一步》（上、下册）、《赵忠心谈家庭教育》《中国家庭教育五千年》《齐鲁家庭教育探幽》《中国家庭教育发展史》等。

1986年，我率先在学校开设了“家庭教育学”课程，受到了学生的欢迎。1992年，我招收了家庭教育专业的研究生。1994年，我撰写的《家庭教育学》一书由人民教育出版社出版。1999年，经教育部师范教育司组织专家审定，《家庭教育学》一书被指定为全国中小学教师继续教育学习教材。2001年，《家庭教育学》一书又被教育部指定为全国高等学校文科教材。很多师范院校、教师进修院校、妇女和共青团干部院校等，都以《家庭教育学》一书为教材，开设了家庭教育类课程。我因此受到了极大的鼓舞。

在进行家庭教育学教学的过程中，我经常引用中外家庭教育典故以及教育家对家庭教育的精辟论述，介绍中外家庭教育理论产生的背景和发展的轨迹，我发现，学生对中外传统家庭教育思想非常感兴趣，由此而获得了启示。

要构建“家庭教育学”这样一门教育学科，至少要从事两个领域的研究：一是“论”的研究，二是“史”的研究。“论”是从家庭教育“横”的方向研究，“史”则是从家庭教育“纵”的方向研究。只有这样纵横交错地探索，才能全方位地解剖和认识家庭教育的本质。

要建设具有中国特色的家庭教育学科体系，改善和振兴我国家庭教育事业，必须在研究“论”的同时，对家庭教育思想发展的历史进行全程性的梳理。古人说：“人以铜为镜，可以正衣冠；以古为镜，可以见兴替；以人为镜，可以知得失。”人类社会今天的家庭教育，是在以往家庭教育的基础上发展而来的；今天的家庭教育思想、观念，是以往家庭教育思想、观念的继续和发展；今天的家庭教育思想、观念，无不带有历史的印迹。

不认真研究家庭教育思想发展史，就不能很好地贯彻“古为今用”和“洋为中用”的原则；不认真研究家庭教育思想发展史，就难以解释和解决今天家庭教育实践中存在的现象和问题；不认真研究家庭教育思想发展史，就不能掌握家庭教育发展的特殊规律；不认真研究家庭教育思想发展史，就不能预测家庭教育未来的发展趋势。

于是，我在多年教学和研究的基础上，撰写了这部《中外家庭教育思想简史——家庭教育的历史经验与智慧》。

家庭是一个能动的要素，是人类社会发展到一定历史阶段、在一定的历史条件下产生，又随着历史的发展而发展的。家庭教育作为家庭的一个基本职能，是伴随着家庭的产生而产生，又是伴随着家庭的发展而发展的。

在长期的家庭教育实践中，人们积累了非常丰富的家庭教育经验。中外一些著名的思想家、政治家、教育家对前人的经验进行了总结，对家庭教育的规律进行了探讨。尽管他们所处的历史时代和生活的国度不同，他们的世界观、价值观也各异，但是，他们的家庭教育理论都不是凭空产生的，都毫无例外地揭示了他们所处的那个时代和国度的政治经济与家庭教育的关系。了解他们的家庭教育思想，不仅可以帮助我们认识家庭教育的发展规律和发展趋势，还可以借鉴古今中外成功的家庭教育经验，以改进今天的家庭教育，展望未来家庭教育发展的动向，增强我们的预见性。

《中外家庭教育思想简史——家庭教育的历史经验与智慧》由古代篇、近代篇和现代篇三部分组成，分别介绍了三个历史时期国内外家庭教育的理论与实践。本书按照历史发展的顺序，介绍中外著名思想家、教育家的家庭教育思想体系和具有代表性的家庭教育专著、专论。所介绍的中国思想家、教育家有颜之推、司马光、袁采、朱庆澜、鲁迅、陈鹤琴、恽代英、王鸿俊、宋庆龄等；所介绍的外国思想家、教育家有英国的洛克、斯宾塞、罗素，法国的卢梭，俄国的别林斯基，苏联的马卡连柯、苏霍姆林斯基等。他们的家庭教育专著、专论是前人家庭教育实践经验的结晶，他们的家庭教育思想体系都在中外家庭教育思想发展史上产生过重要的影响；后来的家庭教育实践和理论研究，也都与之呈现出一脉相承的关系。因此，可以说他们的家庭教育思想都具有里程碑的意义。

为了保持这部《中外家庭教育思想简史》内容上的连续性，在介绍古代、近代和现代思想家、教育家的家庭教育思想之前，分别有一个“概览”，对该历史时期的历史背景、社会环境、前因后果以及相关的家庭教育史实和人物做了简单、概括的叙述，既起到承前启后的作用，又有利于读者认识诸位教育家家庭教育思想产生的历史必然性。

本书以史为主，以评论为辅，史论结合。从本书中可以看到中国和外国家庭教育思想发展的脉络和轮廓，认识到家庭教育思想与当时政治、经济发展以及文化传统的关系，对于认识和掌握家庭教育发展的规律，深入认识当前我国家庭教育发展的现状、出现的新情况和新问题，预测家庭教育发展的趋势，改善我国的家庭教育，使家庭教育更加适合我国社会发展的需要等方面，都具有重要的价值。

本书坚持“古为今用，洋为中用”的原则，对中国传统的家庭教育思想和外国的家庭教育思想都进行了客观的评论，力图引导读者全面认识、正确对待中外传统家庭教育理论，该继承的继承，该摒弃的摒弃，引导读者有选择、有取舍地借鉴中外家庭教育思想的研究成果，为今天的家庭教育而服务。

迄今为止，无论是国内还是国际上，还没有以宏观的方法研究家庭教育思想发展史的著作。我试着做了这件事，希望本书的出版，能对我国的家庭教育思想研究和学科建设有所帮助，也恳请读者批评指正。

赵忠心

2019 年 10 月 14 日

于北京市朝阳区林萃路京师园

目　录

古代篇

第一章　古代家庭教育思想概览 /002

一、家庭教育的出现 /002

二、真正意义上的家庭教育 /004

三、家庭教育思想产生的土壤 /006

四、中国古代家庭教育思想发展的历程 /009

五、古代家庭教育思想的传承和载体 /011

六、家训与家庭教育相关的著作 /013

附:《中国家训》目录 /016

第二章　颜之推的家庭教育思想 /022

第一节　颜之推与《颜氏家训》/022

一、颜之推的生平 /022

二、《颜氏家训》/023

第二节 “家训之祖”——《颜氏家训》/025
一、家庭教育让教育效果更明显 /025
二、家庭教育的六大原则 /026
三、丰富的家庭教育内容 /033

第三章 司马光的家庭教育思想 /038

第一节 司马光与《温公家范》/038
一、司马光好学、忠直的一生 /038
二、《温公家范》/042
第二节 《温公家范》——治国之本在于齐家 /043
一、家庭教育的社会意义——齐家而天下定 /043
二、家庭教育的指导思想——治家莫如礼 /044
三、家庭教育的四大基本原则 /048
四、对司马光家庭教育思想的评价 /057

第四章 袁采的家庭教育思想 /059

第一节 袁采与《袁氏世范》/059
第二节 “《颜氏家训》之亚”——《袁氏世范》/063
一、家庭教育的五大原则 /063
二、家庭教育的内容——“睦亲”“处己”“治家”/069
三、对袁采及《袁氏世范》的评价 /074
附：《袁氏世范》目录 /076

近代篇

第五章　近代家庭教育思想概览 /086

一、家政学形式的家庭教育 /086

二、人文主义教育论的积极影响 /088

三、夸美纽斯与近代教育思想 /091

四、裴斯泰洛齐的教育思想 /093

五、福禄培尔论家庭教育的重要性 /096

六、活跃的家庭教育理论研究 /098

第六章　洛克的家庭教育思想 /102

第一节　洛克与《教育漫话》/102

一、洛克的生平 /102

二、《教育漫话》/104

第二节　培养绅士的《教育漫话》/105

一、家庭教育必须在家庭中进行 /105

二、体育——绅士教育的基本要素 /109

三、家庭德育——绅士教育的灵魂 /111

四、家庭智育 /125

第七章　卢梭的家庭教育思想 /134

第一节　卢梭与《爱弥儿》/134

一、卢梭的生平 /134

二、《爱弥儿——论教育》/137

第二节 《爱弥儿》——家庭教育就是培养"自然人" /140
一、家庭教育——培养自然人的主要途径 /140
二、家庭教育要适合儿童的天性 /144
三、家庭体育保健 /150
四、儿童的感觉教育 /156
五、家庭知识教育 /160
六、家庭道德教育 /165
七、女子的家庭教育 /170

第八章 斯宾塞的家庭教育思想 /178

第一节 斯宾塞及其《教育论》/178
一、斯宾塞的生平 /178
二、斯宾塞的《教育论》/180
第二节 斯宾塞的家庭教育学说 /181
一、家庭教育——人人都必须掌握教育子女的知识 /181
二、家庭教育的内容 /187
三、对斯宾塞家庭教育思想的评价 /201

第九章 别林斯基的家庭教育思想 /203

第一节 别林斯基及其《新年的礼物》/203
一、别林斯基的生平 /203
二、别林斯基与教育 /205
第二节 别林斯基的家庭教育学说 /208
一、批判农奴制社会制度下的家庭教育 /208

二、家庭教育的作用——发展人的个性 /211

三、父母对子女应是有理智的爱 /214

四、必须改变旧的父母和子女关系 /218

五、必须改革教育方法 /220

六、重视儿童文学 /224

七、重视妇女教育 /230

第十章 朱庆澜的家庭教育思想 /232

第一节 朱庆澜及其《家庭教育》/232

一、朱庆澜的生平 /232

二、朱庆澜的《家庭教育》/233

第二节 《家庭教育》——中华传统美德教育 /234

一、家庭教育——人一生成长的基础 /234

二、家庭教育的原则 /236

三、注重品德的家庭教育内容和方法 /245

现代篇

第十一章 现代家庭教育思想概览 /258

一、从传统家庭教育到现代家庭教育 /259

二、家庭形态的变化 /260

三、家庭教育的变化 /264

四、现代家庭教育的逐步推进 /267

五、母亲在家庭教育中角色的转换 /269
六、家庭教育逐渐得到法律的维护 /271
附 1:《蒙养院及家庭教育法》/274
附 2:《推行家庭教育办法》/279
附 3:《家庭教育讲习班暂行办法》/282
附 4:《家庭教育实验区设施计划要点》/284

第十二章　罗素的家庭教育思想 /289

第一节　罗素及其学术成就 /289
第二节　罗素——以“人”为目的的教育 /292
一、家庭、家庭教育的作用和意义 /292
二、家庭教育应以“人”为目的 /296
三、家庭教育的主要内容——品性教育 /298
四、家庭教育的基本方式——自由教育 /303
五、对罗素家庭教育思想的评价 /306

第十三章　鲁迅的家庭教育思想 /307

第一节　鲁迅及其对家庭教育的贡献 /307
一、鲁迅的生平 /307
二、鲁迅为家庭教育理论所作的贡献 /308
第二节　家庭教育——“破旧立新”/311
一、家庭教育——破除封建家庭对孩子的影响 /312
二、改革旧的父母子女关系 /316
三、改革家庭教育的方法 /321
四、改革儿童读物 /324

第十四章　马卡连柯的家庭教育思想 /332

第一节　马卡连柯及其《父母必读》/332

一、马卡连柯的生平 /332

二、马卡连柯与《父母必读》/333

第二节　《父母必读》——社会主义家庭教育 /335

一、家庭教育——对子女高度负责 /335

二、家庭教育的五大原则 /337

三、家庭教育的方法 /346

四、对马卡连柯家庭教育思想的评价 /354

第十五章　陈鹤琴的家庭教育思想 /355

第一节　陈鹤琴及其《家庭教育》/355

一、陈鹤琴的生平 /355

二、《家庭教育——怎样教小孩》/356

第二节　家庭教育的"百科全书"——《家庭教育》/358

一、家庭教育关系个体和社会、国家 /358

二、幼儿园教育必须和家庭教育密切配合 /360

三、学龄前儿童家庭教育 /363

四、家庭教育的原则 /368

五、家庭教育的方法 /376

六、注重培养家长的教育思想 /381

七、对陈鹤琴家庭教育思想的评价 /384

第十六章　恽代英的家庭教育思想 /385
第一节　恽代英及其《家庭教育论》/385
一、恽代英的生平 /385
二、恽代英与其家庭教育思想 /388
第二节　《家庭教育论》——家庭教育在教育中应占有一席之地 /389
一、家庭教育的重要意义 /389
二、家庭教育的内容、方法和原则 /392
三、对恽代英家庭教育思想的评价 /400

第十七章　王鸿俊的家庭教育思想 /401
第一节　王鸿俊的《家庭教育》/401
第二节　《家庭教育》——关注终身家庭教育 /403
一、家庭教育——儿童教育之中心 /403
二、家庭教育的八项任务 /405
三、家庭教育与父母教育 /407
四、家庭教育的内容及方法 /409
五、家庭教育如何推行 /419
六、对王鸿俊家庭教育思想的评价 /420

第十八章　宋庆龄的家庭教育思想 /421
第一节　宋庆龄及其《把培养革命后代的责任担当起来》/421
一、宋庆龄的生平 /421
二、宋庆龄与儿童教育事业 /423

第二节 《把培养革命后代的责任担当起来》
——教育在于培养祖国的未来 /424
一、少年儿童家庭教育——培养革命事业的接班人 /424
二、树立正确的家庭教育观点 /426
三、掌握正确的教育方法 /431
四、实现家庭、学校、社会教育三结合 /434

第十九章 苏霍姆林斯基的家庭教育思想 /435

第一节 苏霍姆林斯基及其《家长教育学》/435
一、苏霍姆林斯基的生平 /435
二、苏霍姆林斯基的教育实践与成果 /436
第二节 《家长教育学》——家长如何教育好子女 /439
一、家庭教育——父母是“雕塑家”/439
二、提高家长的教育素养——教育和训练 /444
三、家长必备的修养 /448
四、家庭教育——让儿童德、智、体全面发展 /461
附:《帕夫雷什中学“家长学校”的谈话题目》/467

本书主要参考文献 /474

古代篇

GU DAI PIAN

第一章

古代家庭教育思想概览

世界上的任何事物都有一个产生、发展和演变的过程。家庭教育也不例外。

要认识和掌握事物发展的趋势和规律，展望和预测事物未来的发展前景，就得研究事物的发展过程，即“历史”。

同样的道理，要认识家庭教育思想发展的趋势和规律，展望和预测家庭教育思想未来的发展前景，就必须研究家庭教育思想产生、发展和演变的过程，即家庭教育思想的发展历史。

一、家庭教育的出现

恩格斯在《家庭、私有制和国家的起源》这部经典著作的第一版序言中，明确指出：“根据唯物主义观点，历史中的决定性因素，归根结蒂是直接生活的生产和再生产。但是，生产本身又有两种。一方面是生活资料即食物、衣服、住房以及为此所必需的工具的生产；另一方面是人类自身的生产，即种的蕃衍。”①

① 马克思恩格斯选集（第4卷）[M]. 北京：人民出版社，1972：2.

这里是在告诉我们，“物质生活资料的生产”和“人口的生产”是人类社会的两大生产职能，这是人类社会存在和发展的基本条件，缺一不可。人口的“生产”，实际上包括“生养”和“教育”两个方面。人们生养了子女，“人口生产”的任务并没有完成，还需要教会他们适应现存的生活条件，能独立生存、生活，这就需要“教育”。

教育作为一种培养人的社会活动，在刚刚出现时，是以什么形式存在的？是家庭教育、学校教育？还是社会教育？换句话说，在人类社会的早期，对儿童、青少年实施的教育是由家庭负责，还是由学校负责，或是由社会负责？这是一个很重要的问题。在过去，人们对这个问题是有不同见解的。

传统的看法认为，教育这种社会现象一产生，便是以家庭教育的形式出现的，于是，就认为人类社会最初的教育形式是家庭教育，家庭教育是人类社会最原始的教育形式，是原始社会的唯一教育形式。因此，也是人类社会最古老的教育形态。

其实不然，这种观点并不符合实际。

教育是在人类生产劳动过程中产生的。在原始社会早期，人们在制造工具、使用工具、进行生产劳动的过程中，不仅获得了物质生产的经验，也在劳动中形成了一定的生产关系，形成了一定的劳动纪律和生活习惯，积累了社会生活经验。

为了维持和延续人们的社会生活，使新生一代更好地从事生产劳动和适应社会生活，年长的一代就在日常生活和生产劳动中，把积累起来的生产斗争经验和社会生活经验传授给新生的一代。这种传授生产和生活经验的活动就是最初的教育。

人类社会刚刚产生时，教育是在生产劳动和日常生活过程中进行的，教育活动还没有单独分离出来。那时候，社会上并没有、也不需要有专门从事教育工作的机构——学校，人们自然不可能接受“学校教育”。

人类刚刚出现时，还没有婚姻制度，男女之间的两性关系处于完全没有任何限制的杂乱状况，如古人所说是“男女杂游，不媒不聘”。家庭和婚姻是密切相联系的，没有婚姻，自然也就没有家庭。所谓“家庭教育”，就是在家庭里实施的教育，当时社会上没有家庭这种社会组织形式，自然也就没有“家庭教育”。

那么，当时的孩子是由谁来教育的呢？

在人类社会早期，如《吕氏春秋》所说：“其民聚生群处，知母不知父。”由于当时生产力发展水平极低，生产方式落后，所有人都要参加生产劳动，不然人们就不能生存。母亲也不能脱离生产劳动而专门照料、抚养自己生的孩子。如《礼记 · 礼运篇》所说：“人不独亲其亲，不独子其子。”新生一代属于原始群落公有，不属于任何个人所有，由原始群落的成年人共同抚养、照顾、管理、教育。这种教育是“公共教育”，还不是家庭教育。

到了原始社会末期，“家庭”这种社会组织形式出现之后，儿童的教育才由社会转交给家庭。

二、真正意义上的家庭教育

家庭是以婚姻为基础、以血缘为纽带的一种社会生活组织形式。从它产生的那一天起，就具有生产、生育、赡养、消费、休息、娱乐等功能，教育也是它的基本功能之一。

家庭虽然具有悠久的历史，但它并不是人类社会从来就有的一种社会现象，也不是永恒不变的。它是一个历史的范畴，在人类社会发展到一定历史阶段、在一定历史条件下产生，又随着历史的发展而发展，并和历史发展的一定阶段产生联系。

人类社会经历了原始社会、奴隶社会、封建社会、资本主义社会和社会主义社会五种社会形态。在这漫长的历史发展过程中，家庭从产生到发展经历了一系列的变迁。家庭的产生，同一定的社会生产方式和生产力发展水平相联系；

家庭的发展演变，同样也受一定的生产方式和生产力发展水平所制约。

家庭教育作为家庭的基本职能之一，是随着家庭的产生而产生，随着家庭的发展而发展，并且和家庭发展的一定阶段相联系的。在不同的社会发展阶段，家庭教育都有着它所处的历史阶段的特点，也就是“时代的特点”。

恩格斯把人类社会的发展划分为三个时代，即“蒙昧时代”“野蛮时代”和“文明时代”。与此相适应的婚姻家庭形式分别是“群婚制”“对偶婚制”和“一夫一妻制家庭”三种。[①]

人类社会大约发展到170万年前时，也就是“蒙昧时代”的中期，社会上出现了以通婚限制为主要标志的第一种家庭形式——血缘家庭。血缘家庭实际上还是“群婚制家庭”，男女之间的性交关系还处于杂乱状态，人们只能辨认母亲，不能辨认父亲。由于生产力发展水平低下，母亲还不能脱离生产劳动去单独抚养和教育自己的子女，只好由群婚制家庭的老年人抚养和教育。这虽然也可以说是“家庭教育”，但带有浓厚的“公育”意味，还不是真正意义上的家庭教育。

在“蒙昧时代”和“野蛮时代”相交的时期，人类社会出现了第二种家庭形式——对偶婚制家庭。在这种家庭中出生的孩子，虽然大体上能辨认出谁是孩子的父亲，但由于生产力发展水平低下，孩子仍旧不能由生身父母亲自抚养、教育，依旧是由“大家庭”的成员共同抚育，这仍旧不能被认为是真正意义上的家庭教育。

人类社会发展到“野蛮时代”晚期，生产方式有所进步，生产力水平提高，个体的生产能力增强，特别是男性在生产劳动中的地位有所提升。男性通过个体劳动，积累了属于自己的财产，也就是私有财产，开始希望能有确认无疑、专属于他自己的子女继承他的财产。由此，男性便产生了独占妻子的需求，女性也产生了与一个男子保持持久的稳定的关系的愿望。就这样，在原始社会的

① 恩格斯．家庭、私有制和国家的起源[M]//马克思，恩格斯．马克思恩格斯选集（第4卷）．北京：人民出版社，1972：2.

末期，也即“野蛮时代”晚期，出现了一夫一妻制的家庭。

也就是说，一夫一妻制家庭是伴随着私有制的产生而出现的。正如恩格斯所说，一夫一妻制这种个体家庭的出现，“它的最后胜利乃是文明时代开始的标志之一”。子女从那时起，就开始由父母亲自抚养、教育。

因此，我们要说的家庭教育这个话题，就是从源于一夫一妻制家庭的子女教育谈起。这本《中外家庭教育思想简史》就是要研究一夫一妻制家庭的家庭教育思想的发展历史。

三、家庭教育思想产生的土壤

何谓“思想”？思想就是思维活动的结果，属于“理性认识”，一般也被称为“观念”，就是客观存在反映在人的意识中，经过思维加工而产生的结果。正如毛泽东所说，人们在社会实践中对客观事物的认识，开始是感性认识，“这种感性认识的材料积累多了，就会产生一个飞跃，变成了理性认识，这就是思想”。[①]

客观存在决定人们的思想。一切根据和符合于客观事实的思想都是正确的思想，对客观事物的发展起着促进作用；反之，则是错误的思想，对客观事物的发展起着阻碍作用。

“家庭教育思想”就是人们对家庭教育经过观察、思维、加工而产生的结果，是人们对家庭教育的理性认识。

家庭教育这种社会实践出现之后，必然引起人们的关注和思索。在家庭教育出现以后，虽然还没有人专门研究家庭教育问题，也没有家庭教育方面的专著出现。但仍有许多思想家、政治家、文学家很早就开始关注家庭教育问题，在他们的政治学、伦理学学术著作和文学作品中均论及家庭教育问题，且发表

① 摘自毛泽东《人的正确思想是从哪里来的？》。

了很有价值的见解，给我们留下了非常丰富的家庭教育思想文化遗产，成为传统文化宝库中的重要组成部分。

古代印度、古代埃及、古代希伯来、古代希腊、古代罗马的政治家、思想家、教育家，诸如德谟克利特、苏格拉底、柏拉图、亚里士多德等人，都在他们的政治、伦理著作和文学作品中记载过当时家庭教育的情况。

古代印度以家庭为对儿童实施教育的场所，在氏族社会残余比较显著的印度河流域，家庭的地位极为重要。当时盛行家长制，父亲是全家的统治者。他决定着子女的命运，有权出卖或处死子女，处理子女的教育问题更属于父权范围。为保持种姓的世袭和僧侣的作用，父亲必须在家指导子女记诵宗教文献《吠陀经》，以便举行祭祀时熟练诵读经书，能尽敬神的任务。

古代埃及在学校产生之前，儿童青少年的教育主要在家庭中进行。由母亲教导 14 岁以前的子女，由父亲教育年龄较长的男孩。最初生活简易而生产粗陋，教育工作就和实际生活、生产结为一体。之后，各种行业逐渐发达，需要精巧的技术，他们就在家中以父子相承的方式传授专业知识。在古代埃及，从事僧侣、建筑师、木乃伊师等职务的人，常常世代相沿。

古代希伯来人原是在西亚和美索不达米亚一带生存的游牧民族，曾因洪水泛滥转徙北非的埃及。从埃及返回耶路撒冷和发展农业以后，他们摆脱了游牧生活，家庭组织建立了起来。在父权的家长制下，父亲享有最高权力，父亲的训诫就是“法律”，子女的一切都要听命于父亲。父亲既是家庭的祭师，又是子女的教师。除了国王在宫廷延聘导师教育王子王孙外，一般都以家庭为教育子女的场所。

希伯来人既然把信神当作天经地义，家庭教育自然以培养宗教信仰为最重要的目标。当时，简单的文化知识也会教给儿童，但对宗教教义的学习压倒一切，学习文化知识只是附带的。家庭还对子女进行职业技能的传授。希伯来人把父亲对儿子的责任归纳为三件事：教学法律（即《圣经》）、娶妻结婚、培育职业能力。在较为民主的家庭里，在子女教育上也承认母亲的重要地位，女儿的教育也操诸母亲之手，成为母职之一。

古代希腊进入奴隶社会之后，建立了一些奴隶制国家，最强大而又有代表性的是斯巴达和雅典。斯巴达人以注重教育著称，他们认为，对年轻一代进行教育是国家的职责。儿童属于国家所有，儿童自出生即受国家长老检视，凡是身体孱弱或畸形的，就会被舍弃。检视合格的儿童则交由父母代替国家抚养，至 7 岁为止。7 岁以后，男孩被送入国家公育机关接受教育和训练。斯巴达人也重视女子教育，其目的是把女孩培养成为强健的母亲，以生育强健的儿童。像男孩一样，女孩也接受各种体格乃至军事训练，以便长大以后，在男子出征时，可以守卫家园。

雅典的儿童，7 岁以前由家庭负责教养，往往由奴隶担任教养工作。随着工商业的发展，民主政治因素影响的增加，雅典人逐步形成了一种身心和谐发展的教育思想。“身”的教育不仅着眼于军事准备，而且注意到躯体的健美匀称，动作的灵活适度；“心”的教育称为“音乐教育”，包括音乐、文字、文学和文化教育。家庭教育包括唱摇篮曲等歌曲、讲故事和神话、掷骰子、玩球等儿童游戏，以及对文明礼貌行为习惯的培养等。男童 7 岁开始入学校学习，但仍住宿在家中，入学往返途中，有奴隶陪同，监督儿童的行为举止，这种奴隶被称为“教仆”。雅典妇女的社会地位很低，因此，女孩不进学校学习，一直在家接受教育。

在古代罗马，教育年轻一代的任务主要由家庭承担。古代罗马以家长制出名，儿童出生后，由家长决定是被留养还是被抛弃。1 ～ 7 岁的男女儿童由母亲抚养、教育。与雅典不同，在古代罗马，作为主妇，作为母亲，妇女的地位是受到尊重的。儿童到了 7 岁，女童在家中由母亲培养教育，男童的教育由父亲负责。古代罗马的男童在 7 ～ 16 岁之间，会成为父亲形影不离的伙伴，他们的关系是父子兼师徒。因此，古代罗马人很早就认识到家长以身作则的重要性。

既然儿童教育由家庭负责，那么，不同阶层的家庭也就决定了不同的教育。但一般来说，古代罗马的家庭教育是以道德——公民教育为核心，在日常生活中，儿童从父亲那里受到敬畏神明、孝敬父母、忠邦爱国、遵守法纪的教育。在教育儿童时，家长强调勤劳、节约、朴实、严肃等品质。为了成为军人做准备，古代罗马儿童也从父亲那里学习骑马、角力、游泳以及各种武器的使用。

四、中国古代家庭教育思想发展的历程

中国古代是典型的家族社会，家庭教育向来为人们所重视。那时的家庭教育思想，不仅内容丰富，而且具有代表性。下面简单介绍中国古代家庭教育思想发展的历程。

在中国古代，人们很早就开始关注家庭教育问题，如颛顼的《丹书》、帝尧的《尧戒》、夏禹的《夏箴》、商汤的《嫁妹辞》以及《诗经》等著作，这些出自公元前11世纪以前的文字，已有关于家庭教育的记载。

到了春秋时期，著名的政治家管仲（？—公元前645年），在他的《管子》一书中专门记述了奴隶社会士、农、工、商四类公民的家庭教育状况。他是我国最早论述家庭教育问题的思想家。

他说："令夫士群萃而州处……旦昔从事于此，以教其子弟，少而习焉，其心安焉，不见异物而迁焉。是故，其父兄之教不肃而成，其子弟之学不劳而能。夫是故士之子常为士。""令夫农群萃而州处……少而习焉，其心安焉，不见异物而迁焉。是故其父兄之教不肃而成，其子弟之学不劳而能。夫是故农之子常为农……""令夫工群萃而州处……旦昔从事于此，以教其子弟。少而习焉，其心安焉，不见异物而迁焉。是故其父兄之教不肃而成，其子弟之学不劳而能，夫是故工之子常为工。""令夫商群萃而州处……旦昔从事于此，以教其子弟，相语以利，相示以时，相陈以知贾。少耳习焉，其心安焉，不见异物而迁焉。是故，其父兄之教不肃而成，其子弟之学不劳而能。夫是故商之子常为商。"①

① 孟宪承．中国古代教育文选[M]．北京：人民教育出版社，1983：2．

这是说，士、农、工、商四个阶层家庭的子弟，每时每刻都与父兄生活在一起，从小就是，父兄做什么就教其什么知识和能力，就给予其什么样的影响和熏陶。耳濡目染，潜移默化，教起来容易，学起来也容易。因此，士、农、工、商的家庭一般都是“子承父业”“弟承兄业”，也就是古人所说的“克绍箕裘”的社会现象。这初步揭示了古代家庭教育“私人教育”的属性和“生活教育”的重要特征。

《论语》和《孟子》分别反映了孔子、孟子的一些家庭教育思想。比如，孔子“远其子”，表达的是父子关系问题，富有深意；孟子的“严家无悍虏，慈母有败子”，说的是教养态度；“富岁，子弟多赖（懒惰），凶岁，子弟多暴”，说的是生活环境的影响；“易子而教”说的是家长以身作则的问题。这些家庭教育箴言，都非常精辟，发人深省。

战国时期哲学家、思想家韩非在《韩非子》一书中，在谈到父母之爱时说道：“人之情性莫爱于父母。”“皆见爱而未必治也。”他告诫父母，爱孩子要有理智。“一家二贵，事乃无功；夫妻持政，子无适从。”说的是父母教育孩子要保持一致。“犯其所小苦致其大利”的寓言，讲的是“良药苦口利于病，忠言逆耳利于行”的道理，表达了父母之爱的辩证思想。

《战国策》一书中所编《触龙说赵太后》的故事，充分表达了“父母之爱子，则为之计深远”的主题，意在教育，父母要是真正爱自己的孩子，就应当为孩子长远的利益考虑，明确指出了父母之爱的真谛。

《礼记·大学》中修身、齐家、治国、平天下的思想体系中，“齐家”的中心环节便是教育家人，进行家庭教育。实际上是在说家庭教育的地位和作用。

西汉时期，韩婴的《韩诗外传》、贾谊的《新书》，都记载了古代中国家庭教育的情况和典故。

西汉刘向的《列女传》以及明清时期的《续列女传》等一类妇女传记不下十数种之多，都在“母仪”相关的篇章中记载了从周朝到明清的几百位母亲教育子女的情况和经验，为历代教育子女有方的母亲立了传。这些都是很有价值的史料。

特别引人注目的是，“胎教”这个概念是由中国人最早提出来的，在公元前 11 世纪就有文字记载，比古希腊还要早七百多年，可以说，中国是世界上“胎教”文化的发祥地。西汉时期的政论家贾谊的《新书》、经学家刘向的《列女传》以及《大戴礼记》中都有关于“胎教”的记载。

随着我国医学科学的发展，我国古代一些著名的医学家，根据妇科、儿科长期研究的实践经验和医学理论，提出了一套较为系统的胎教方法，诸如，调情志、忌房事、节饮食、适劳逸、慎寒暑和戒生冷等。用今天的眼光看，上述胎教之法中绝大部分属于孕期保健的内容，一般都符合现代医学原理，奠定了现代胎教理论的基础。

五、古代家庭教育思想的传承和载体

中国古代是典型的家族社会，家庭在社会生活和个人生活中的地位是非常重要的。作为家庭的一个重要功能之一——家庭教育，历来受到人们的高度重视。实施家庭教育的方式是多种多样的，除了当面教诲、口耳相传以外，历朝历代的文人、学者、名臣、重将，还撰写了大量的教子家书和诗文，以训示子弟，其中就表达了他们对家庭教育的看法，传达了他们对子弟的要求和期望。

唐代诗人杜甫的《春望》中有这样的诗句：“烽火连三月，家书抵万金。”通过家书教育子弟让人印象深刻，作用明显且持久。用家书形式教育子弟的大有人在，而教子家书是中国家庭教育文化中的精品。

（一）教子家书

我国历史上，撰写教子家书中最有名、影响最大的是郑板桥和曾国藩。

清朝著名诗人、书画家郑板桥在外做官时，就给家人写了许多教育子弟的家书，在《郑板桥集》中就收录了 16 封。

曾国藩的教子家书，特别引人关注。曾国藩在我国历史上是保存家书最多的一人。他的家书内容共分十大类：治家类（40封）、修身类（36封）、劝学类（24封）、理财类（18封）、济急类（18封）、交友类（9封）、用人类（14封）、行军类（73封）、旅行类（14封）、杂务类（36封）等，共保存下来330多封，内容非常丰富，涉及方方面面，表达了他的家庭教育思想。

曾国藩处于中国封建主义没落、资本主义产生的历史节点上，尽管对他的政绩褒贬不一，但不能用对他政治上的评价代替对他教育方面的主张做历史的分析。特别是在他的家庭教育思想中，很注重对我国传统道德的传递，有许多可取之处。

曾氏家族向来治家极严，也很有章法。曾国藩受家风熏陶，对子弟加以谆谆教诲，要求极其严格。在他的家庭教育思想中，有许多可取之处。诸如，在教导子弟读书、做学问、勤劳、俭朴、自立、有恒、修身、做官等方面，都继承和发扬了中华民族的传统美德。

在曾国藩的教导下，他的儿孙个个成才。长子曾纪泽诗、文、书、画俱佳，精通英文，是清末著名的外交家，曾出任驻英、法、俄等国公使。后任海军衙门帮办、户部右侍郎，兼任总理衙门大臣。著作有《中国先睡后醒论》，主张“强兵”优先于“富国”。次子曾纪鸿研究古代算学，取得相当大的成就，可惜不幸过早去世。孙子曾广钧是著名诗人。曾孙曾宝荪是著名教育家。

（二）以诗教子

利用诗词教育子弟，历来是中国诗人的传统，这是中国家庭教育文化的一大特色。中国最早的诗歌总集《诗经》中就有“教诲尔子，式穀似之”的诗句，后来历朝历代的诗人创作了大量的教子类诗词。

比如，左思的《娇女诗》，陶渊明的《命子》和《责子》，杜甫的《宗武生日》，李白的《南陵别儿童入京》，孟郊的《游子吟》，韩愈的《符读书城南》，白居易的《闲坐看书贻诸少年》，杜牧的《留诲曹师等诗》，李商隐的《骄儿诗》，韦庄的《勉儿子》，王安石的《赠外孙》，苏轼的《洗儿戏作》，郑侠的《教子孙读书》，陈师道的《示三子》，杨万里的《送次公子之官安仁监税》，辛弃疾的《闻科诏勉诸子》，赵卯发的《裂衣书诗寄弟》，文天祥的《六歌》，汤显祖的《智志咏示子》，杨廷麟的《示城儿》，蒲松龄的《儿笏》，魏源的《读书吟示儿耆五首》，龚自珍的《己亥杂诗》等。教子诗词是我国家庭教育文化宝库中的重要组成部分。

其中，最突出、最有名的是宋代诗人陆游。他一生中写了上万首诗词，在现存的9300首诗中，专门教导子孙的就达200多首。在诗词发展的长河中，陆游可谓以诗词教子的“大家”。

古人的教子文章更是丰富多彩，文章体裁多种多样，有寓言、随笔、小品文、散文、论文等。比较有代表性和有影响的有唐代文学家柳宗元的《种树郭橐驼传》，散文寓意深刻，以种树能手“能顺木之天以致其性”的道理，告诫人们，教育孩子要顺应孩子身心发展的天性；北宋政治家王安石的散文《伤仲永》批评家长太过虚荣，强调早期家庭教育的重要性；金代医学家张从正的《过爱小儿反害小儿说》，从医学的角度，论述儿童的家庭保健问题，告诫家长不要溺爱孩子；明朝文学家冯梦龙的《翠鸟移巢》，以一个生动的寓言故事，告诉父母溺爱孩子的危害，指明爱子女的真谛；清代文学家施闰章的《戒溺女歌》，是一首规劝人们不要溺杀女婴的诗歌，对溺杀女婴的残忍行为，进行了无情的批判和鞭挞；等等。

六、家训与家庭教育相关的著作

在中国古代浩如烟海的文化典籍中，家训一类的著作、文章非常引人注目。它是我们祖国文化宝库中的重要组成部分，是我们这个东方文明古国耀眼夺目的文化遗产。

中华民族素有重视子孙后代家庭教育的优良传统。在长期的家庭教育实践中，人们不断总结、积累教育家人的经验。为了把那些经过实践证实的家庭教育经验传给后人，一些士大夫和文人、学者，便把前人和自己教育子孙后代的指导思想、教育内容和方法，以及祖父辈人对子孙后代的要求、期望，用文字记载下来。有的采用“口授耳听”的方式传给后代，有的用文字雕刻在祖坟的墓碑上，要求子孙后代铭记、遵照执行；也有的公开出版，公布于世，以供自己的后人和世人继承效法。这就是我们所说的家训。

家训，简而言之，就是父辈、祖辈对家人和子孙后代的训示、教诲。家训是一个统称，不同的人写的家训有不同的名称。有的叫家训，有的叫家诫或家戒，还有的叫家规、家教、家范、宗范，等等。

过去，中国家庭教育的对象与今天不同。今天，我们所提到的家庭教育，其教育对象是指家庭里的未成年子女。古代社会家庭教育的对象相当广泛，是指除家长（家族中辈分最高的男子）以外的所有家庭成员，即教育全体家人，因此，古代的“家训”，也往往叫训家、教家、治家等。

古代那些口授耳听和雕刻在祖坟墓碑上的家训，只是用来训示、教诲自家后人的，流传虽远，但不广，传播范围仅仅是某一个家族的世世代代。而那些公开出版的家训，则流传甚广，在社会上影响相当深远。由于家庭是一代一代不间断地延续下来的社会组织形式，此一代人的家庭与下一代人的家庭“首尾”相连；而中国古人又特别尊重先人的教诲，所以，祖辈的训示都能一代一代地往下传，作为教育后人的依据。

从内容上看，那些在社会上公开印刷出版的家训，绝大多数都侧重于对封建伦理道德的训示，正好符合封建统治阶级的利益，因此，家训历代都受到封建统治者的推崇，成为中国古人进行家庭教育的“范本”。不仅在历代封建王朝有着巨大影响，而且至今仍有影响。

中国古代家训一类的著作，据文字记载，最早出现于三国时期。《三国志·魏书·邴原传》注中说：“三国魏杜恕著《家诫》。”但此“家诫”已佚失。现存最早的系统而完整的“家训”，是魏晋南北朝时期北齐黄门侍郎颜之推的

《颜氏家训》，如古人所说："古今家训，以此为祖。"

自《颜氏家训》出现以后，历朝历代都有家训问世。据《中国丛书综录》所列的书目记载，上起魏晋南北朝，下至民国初年，中国家训一类的著作总共公开出版了120种之多。其分布情况如下：南北朝时期1部，唐朝2部，宋朝19部，元朝4部，明朝30部，清朝60部，民国初年4部（详见第16页附）。

在中国古代社会，就有这么多家庭教育专著问世，是世界上任何一个国家都不能比拟的。它既反映了中国古代对家庭教育实践和家庭教育理论研究重视的程度，又说明了从封建社会中期开始，我国的家庭教育逐步形成了自己独立的科学理论体系，已经具有相当高的水平。中国古代的家训，对中国乃至世界的家庭教育理论研究来说，是非常宝贵的历史资料。

中国的"家训"，从内容方面来说，大体可以分为两类。

一类是家庭教育的通俗读本，其内容主要是对家人提出什么样的要求以及进行什么样的教育，此类是家训中的绝大多数。其特点是语言通俗，浅显易懂，易记易背，常常引用名言、警句。

代表作有唐朝无名氏的《太公家教》；宋朝陆九韶的《居家正本》，包拯的《包拯家训》，司马光的《训俭示康》，陆游的《放翁家训》，倪思的《经锄堂杂志》等；明朝高攀龙的《高氏家训》，姚儒的《教家要略》，庄元臣的《治家条约》，吴麟征的《家诫要言》，陆世仪的《思辨录》等；清朝孙奇逢的《教子家训》，朱柏庐的《治家格言》和《劝言》，张英的《聪训斋语》，张履祥的《训子语》，蒲松龄的《为人要则》，李元春的《教家训言》，李毓秀的《弟子规》，王中书的《劝孝歌》；民国初年屈凤竹的《治家要义》，邬庆时的《齐家浅说》，以及专门为教育家庭里的女子所做的家庭教育读本，如《女戒》《女儿经》《女小儿语》等。

另一类是理论性家庭教育著作，探索且在一定程度上揭示了家庭教育的某些规律。这类著作不仅叙述家庭教育的内容，传播教育子女的成功经验，而且把家庭教育的成功经验上升到理论。对于家庭教育的基本理论，如家庭教育的意义和特殊作用，家庭教育的原则、方法、内容，以及家长的修养等问题，做了较为系统的论述，对于家庭教育实践具有更为深刻的指导意义。

其代表作有：一是颜之推的《颜氏家训》。此书可以说是中国古代，甚至是世界历史上第一部具有独立体系的家庭教育论著，其作者颜之推是研究家庭教育理论的先驱者，开创了家庭教育理论研究的先河。二是北宋司马光的《温公家范》，这是一部比较完整地反映我国封建社会家庭道德关系的伦理学著作，几乎与《颜氏家训》齐名。三是南宋袁采的《袁氏世范》，《传世名著百部》收录此书。此书与《颜氏家训》相提并论，是“于立身处世之道，反覆详尽”的家训经典。

附：

《中国家训》目录

南北朝

1.《颜氏家训》二卷，北朝，颜之推。

唐朝

1.《百行章》残一卷，唐朝。

2.《太公家教》残一卷，唐朝。

宋朝

1.《苏氏家谱》一卷，宋朝，苏洵撰。

2.《真西山先生教子斋规》一卷，宋朝，陈弘谋撰。

3.《家范》十卷，宋朝，司马光撰。

4.《涑水家仪》，宋朝，司马光撰。

5.《家训笔录》一卷，宋朝，赵鼎撰。

6.《绪训》一卷，宋朝，陆游撰。

7.《放翁家训》，宋朝，陆游撰。

8.《家山图书》一卷，宋朝，疑朱熹撰。

9.《朱子训子帖》一卷，宋朝，朱熹撰。

10.《训子从学帖》一卷，宋朝，朱熹撰。

11.《戒子通录》八卷，宋朝，刘清之撰。

12.《袁氏世范》三卷，宋朝，袁采撰。

13.《集事诗鉴》一卷，宋朝，方昕撰。

14.《石林家训》一卷，宋朝，叶梦得撰。

15.《石林治生家训要略》一卷，叶梦得撰。

16.《训儿录》二卷，宋朝，曹淇撰。

17.《包孝肃公家训》，宋朝，包拯撰。

18.《居家正本制用篇》，宋朝，陆梭山撰。

19.《经锄堂杂志》，宋朝，倪思撰。

元朝

1.《许鲁斋先生训子语》一卷，元朝，许衡撰。

2.《郑氏家范》，元朝，郑太和撰。

3.《旌义编》二卷，元朝，郑涛撰。

4.《义门郑氏家仪》一卷，元朝，郑泳撰。

明朝

1.《宗仪》一卷附《家人箴》一卷，明朝，方孝孺撰。

2.《曹月川先生家规辑略》一卷，明朝，曹端撰。

3.《家训》一卷，明朝，霍韬撰。

4.《许氏贻谋四则》一卷，许相卿撰。

5.《教家要略》二卷，明朝，姚儒撰。

6.《陆氏家训》一卷，明朝，陆树声撰。

7.《椒山遗嘱》一卷，明朝，杨继盛撰。

8.《燕贻法录》(一名《家训》) 一卷，明朝，方宏静撰。

9.《庞氏家训》一卷，明朝，庞尚鹏撰。

10.《家庭庸言》二卷，明朝，王祖嫡撰。

11.《姚氏药言》一卷，明朝，姚舜牧撰。

12.《训儿俗说》一卷，明朝，袁黄撰。

13.《治家条约》一卷，明朝，庄元臣撰。

14.《温氏母训》一卷，明朝，温璜撰。

15.《家矩》一卷，明朝，陈龙正撰。

16.《奉常家训》一卷，明朝，王时敏撰。

17.《高氏家训》，明朝，高攀龙撰。

18.《家诫要言》一卷，明朝，吴麟征撰。

19.《苏氏家语》，明朝，苏士潜撰。

20.《法楹》一卷，明朝，闵景贤撰。

21.《五经孝语》一卷，明朝，朱鸿辑。

22.《四书孝语》一卷，明朝，朱鸿辑。

23.《宗传图考》，明朝，江元祚撰。

24.《思辨录》，明朝，陆世仪撰。

25.《全孝图说》，明朝，江元祚撰。

26.《孝字释》，明朝，江元祚撰。

27.《全孝心法》，明朝，江元祚撰。

28.《诵经威仪》，明朝，江元祚撰。

29.《曾子孝实附录》一卷，明朝，江元祚删注。

30.《孝经汇目》一卷，明朝，江元祚撰。

清朝

1.《孝友堂家规》一卷，清朝，孙奇逢撰。

2.《丛桂堂家约》一卷，清朝，陈确撰。

3.《家训》一卷，清朝，张习孔撰。

4.《霜红龛家训》一卷，清朝，傅山撰。

5.《杨园先生训子语》一卷，清朝，张履祥撰。

6.《杨园先生近古录》四卷，清朝，张履祥撰。

7.《圣人家门喻》一卷，清朝，魏象枢撰。

8.《朱柏庐先生劝言》一卷，清朝，朱用纯撰。

9.《朱柏庐先生治家格言》一卷，清朝，朱用纯撰。

10.《汤文正公家书》一卷，清朝，汤斌撰。

11.《于清端公家规范》一卷，清朝，于清端撰。

12.《王氏家规》，清朝，作者不详。

13.《范鲁公训从子诗》一卷，清朝，张承燮撰。

14.《劝孝歌》(附《八反歌》)，清朝，王中书撰。

15.《治家格言绎义》二卷，清朝，戴翊清撰。

16.《家政须知》一卷，清朝，丁耀亢撰。

17.《治家格言诗》一卷，清朝，马国翰撰。

18.《高氏塾铎》一卷，清朝，高拱京撰。

19.《燕翼篇》一卷，清朝，李淦撰。

20.《宗规》一卷，清朝，钟于序撰。

21.《蒋氏家训》一卷，清朝，蒋伊撰。

22.《忍园先生家训》一卷，清朝，郑起泓撰。

23.《御定孝经衍义》一百卷，清朝，玄烨御定，叶方霭、张英等撰。

24.《聪训斋语》二卷，清朝，张英撰。

25.《恒产琐言》一卷，清朝，张英撰。

26.《德星堂家订》一卷，清朝，许汝霖撰。

27.《求可堂家训》一卷，清朝，廖冀亨撰。

28.《寻乐堂家规》一卷，清朝，窦克勤撰。

29.《澄怀园语》四卷，清朝，张廷玉撰。

30.《寒灯絮语》一卷，清朝，汪惟宪撰。

31.《一斋家规》一卷，清朝，郝砰撰。

32.《双节堂庸训》六卷，清朝，汪辉祖撰。

33.《梅叟闲评》四卷，清朝，郝培元撰。

34.《强恕堂传家集》四卷，清朝，夏锡畴撰。

35.《家诫录》二卷，清朝，孟超然撰。

36.《传经堂家规》一卷，清朝，董国英撰。

37.《枕上铭》一卷，清朝，纪大奎撰。

38.《纪氏敬义堂家训述录》一卷，清朝，纪大奎撰。

39.《书绅录》一卷，清朝，纪大奎撰。

40.《家规》二卷，清朝，倪元坦撰。

41.《里堂家训》二卷，清朝，焦循撰。

42.《山窗觉梦节要》一卷，清朝，叶舟撰。

43.《教家约言》一卷，清朝，李元春撰。

44.《寻常语》一卷，清朝，刘沅撰。

45.《示儿长语》一卷　清朝，潘德舆撰。

46.《庭训笔记》一卷，清朝，阴振猷撰。

47.《来复堂家规》一卷，清朝，丁大椿撰。

48.《资敬堂家训》二卷，清朝，王师晋撰。

49.《曾文正公家训》二卷，清朝，曾国藩撰。

50.《省身杂录》一卷，清朝，彭慰高撰。

51.《成人篇》一卷，清朝，张寿荣（书隐老人）撰。

52.《水北家训》一卷，清朝，沈梦兰撰。

53.《遗训存略》二卷，清朝，颜续辑。

54.《福永堂汇钞》一卷，清朝，贺瑞麟撰。

55.《复堂谕子书》一卷，清朝，谭献撰。

56.《资政公遗训》一卷，清朝，汪之昌撰。

57.《与婿遗言》一卷，清朝，黄保康撰。

58.《问青园遗嘱》一卷，清朝，王晋之撰。

59.《吉祥录》一卷，清朝，邬宝珍撰。

60.《竹庐家聒》，清朝，胡翔瀛撰。

民国

1.《甘氏家训》二卷，民国，甘树椿撰。

2.《治家要义》一卷（附录一卷），民国，屈凤竹撰。

3.《庭训录》一卷，民国，赵炳麟撰。

4.《齐家浅说》一卷，民国，邬庆时撰。

第二章
颜之推的家庭教育思想

第一节　颜之推与《颜氏家训》

一、颜之推的生平

颜之推（531～约590），字介，南北朝时期著名的思想家、文学家和教育家，祖籍琅琊郡临沂（今山东临沂）。颜之推在江陵度过了童年和少年时代，青年时代主要生活在南方政治文化中心建康（今江苏南京）。

颜之推的九世祖名颜含，从晋元帝东渡，世代为官；父名颜勰，对《周官》《春秋左传》很有研究。颜之推12岁时，正值梁湘东王萧绎自讲老庄，于是拜绎为师，很受器重。后来，又兼习礼传，博览群书，无不通晓，显露出很高的才华。他喜为辞章，曾撰写《观我生赋》，文词清远，为“西府”所称道。

公元548年，侯景起兵叛乱，建康随即沦陷，梁武帝罹难。颜之推19岁时，就在梁湘东王萧绎幕下任职，并曾辅佐湘东王长子萧方等抵御侯景叛军。后因兵败，颜之推被掳至建康。侯景叛军被击败后，萧绎被拥立为帝，迁都江陵，颜之推曾为散骑侍郎、奏舍人事，参与起草诏会之事。后入齐做官。齐亡入周，为御史上士。隋文帝兴起，开皇中太子召为学士，甚见礼重。公元 581 年，隋文帝统一中国，授予颜之推修文殿学士之职。不久，染病身死。

二、《颜氏家训》

《颜氏家训》大约成书于隋文帝统一中国前后。

颜氏家族的家庭教育很有章法。颜之推说："吾家风教，素为整密。昔在龆龀，便蒙诱诲；每从两兄（颜之推之兄之仪、之善二人），晓夕温清，规行矩步，安辞定色，锵锵翼翼，若朝严君焉。赐以优言，问所好尚，励短引长，莫不恳笃。"

可见，颜之推小时候受到的家庭教育相当严格。后来，由于父母早亡，便失于家教，加之战争频繁，使他颠沛流离，生活很不稳定，一生的经历坎坷不平。这一切，给他以极为深刻的影响。

他在回忆往事时说："生于乱世，长于戎马，流离播越，闻见已多。"又说："追思平昔之指，铭肌镂骨，非徒古书之诫，经目过耳。"为了"齐先王之道，治家世之业""整齐门内，提撕（xī）子孙"，为训诫子孙后代，他结合自己从小受到的家庭教育和切身经历，撰写了家庭教育读本《颜氏家训》一书。

《颜氏家训》，名曰家训，是为教导子孙而作，但实际上，该书内容所涉及的范围甚广，诸如历史、文学、训诂、文字、音韵、民俗、社会、伦理、教育等，反映了颜之推的全部社会思想，已超出一般概念上的家训。

《颜氏家训》一书共有七卷二十篇，作者的家庭教育思想和主张贯穿于全书所有章节。集中他家庭教育观点的主要在《序致》《教子》《兄弟》《后娶》中。

《颜氏家训》是我国现存的最古老的家训。

从《颜氏家训》问世，一直到民国年间，我国曾先后公开出版过 120 种家训类的家庭教育读本。一般此类著作多是记述家长对子弟进行什么样的教育和训练，属于通俗的应用性家庭教育读本。而《颜氏家训》则较为系统地阐述了家庭教育的作用、原则、方法和内容等基础理论，概括了家庭教育的一般特点，并在一定程度上揭示了家庭教育的特殊规律，形成了相对完整的古代家庭教育理论体系。因此，甚至可以说，《颜氏家训》一书是我国家庭教育发展史上第一部古代的系统的家庭教育学读本。

《颜氏家训》一书，从内容到写作方法，都有其独到之处。

国学大师、《颜氏家训集解》一书的作者王利器说："《颜氏家训》是一部很有用的典籍，它以训家名理为名目，其实讲的内容很宽，有些甚至现在看来是绝学，如音韵学。"

著名历史学家范文澜在《中国通史简编》中这样评价："平而不流于凡庸，实而多异于世俗，在南方浮华北方粗野的气氛中，《颜氏家训》保持平实的作风，自成一家之言，所以被看作处世的良轨，广泛地流传在士人群中。"

这部家训影响所及，远不限于颜氏一家的子孙后代，"由近及远，争相矜式"，已成为中国封建社会家庭教育的典型教材，影响广泛且深远，后人对它评价极高。明朝学者王三聘的《古今事物考二》中说："古今家训，以此为祖。"明朝学者袁衷等兄弟五人合著的《庭帏杂录》（下）中说："六朝颜之推家法最正，相传最远。"清朝初年学者王钺的《读书丛残》中说："北齐黄门颜之推《家训》二十篇，篇篇药石（劝人改过的话），言言龟鉴（借鉴），凡为人子弟者，可家置一册，奉为明训……"

后来的许多家庭教育专著，如唐朝无名氏的《太公家教》，宋朝司马光的《家范》，清朝孙奇逢的《孝友堂家训》，以及朱柏庐的《治家格言》（世称《朱子家训》）等，无不受到《颜氏家训》的启示和影响，反映出一脉相承的关系。

颜之推的家庭教育理论不仅在中国影响深远，而且早就传到了东南亚各国。唐代中叶，日本入唐留学生吉备真备学成回国，把《颜氏家训》一书带到了日本，并以其为范本，效法《颜氏家训》一书的体例，撰写成《私教类聚》一书，作为日本第一部家庭教育著作。

所以，《颜氏家训》可称为我国古代家庭教育理论的奠基之作和代表之作，颜之推当之无愧为我国古代家庭教育理论研究的先驱者。

第二节 “家训之祖”——《颜氏家训》

颜之推的家庭教育学说，主要体现在《颜氏家训》这一专著里，自成体系，独树一帜，内容丰富，涉及面广。颜之推第一次对家庭教育的基本问题，诸如家庭教育的特殊作用、原则、方法、内容等，做了系统而深刻的论述。他的学说对于我国家庭教育实践和理论的发展都有极为重要的意义。

一、家庭教育让教育效果更明显

自古以来，人们都特别重视家庭教育。历代的封建统治阶级也相当重视家庭教育，把“治家”“齐家”视为“治国、平天下”的根本，宣扬“圣人教先从家始，家正则天下化之”（三国时期陆绩语）。颜之推通过自己的亲身体验、观察和研究，认为人们历来之所以特别重视家庭教育，是因为家庭教育对人的成长和发展起着特殊的作用。

他指出：“夫同言而信，信其所亲；同命而行，行其所服。禁童子之暴谑，则师友之诫，不如傅婢之指挥；止凡人之斗阋（xì），则尧舜之道，不如寡妻之诲谕。”意思是说，同样的话，人们一般是相信谁说的呢？相信关系亲近的人说的。同样的指令，人们又听从谁的呢？一般是听从所敬佩的人发出的指令。禁止儿童的放肆行为，老师或朋友的良言相劝，不如家里的保姆或家庭教师说话更有效；一般人在外打架斗殴，旁人用尧、舜的天理之道规劝，都不如由自己的妻子制止更有效。

在这里，颜之推从家庭这个特殊的社会组织内特殊的人与人之间的关系出发，指出关系越亲近的人所说的话越容易使人信服，越是有威望的人所说的话越有分量，越容易使人理解、接受和听从。这就是人们之所以重视家庭教育的根本原因。

这种分析是很实际的，也是很深刻的。也正是基于这种原因，颜之推才亲自撰写了这本家训。他相信自己的话，比“傅婢”“寡妻”的话，会更容易为子孙后代所接受和听从，如他所说：“吾望此书为汝曹之所信，犹贤于傅婢寡妻耳。”

颜之推从家庭成员之间的亲近关系和父母在子女心目中的天然威望的角度，分析了家庭教育的特殊作用，在我国古代这是第一次。它符合现代社会学中的血缘群体或首属群体对人的成长有重要和直接的作用的理论，是科学的。

二、家庭教育的六大原则

（一）“固须早教”

颜之推认为，家庭教育抓得越早越好，甚至主张要从十月怀胎开始。他说：“古者，圣王有胎教之法：怀子三月，出居别宫，目不邪视，耳不妄听，音乐滋味，以礼节之。”

这段话是说，古时候，帝王家庭都讲究胎教，孕妇怀子三个月，就要迁居别室，耳目要清静，不看邪恶的事物，不听不正当的声音，而是用优美的音乐陶冶性情，以礼仪支配自己的言行，这对胎儿的成长发育很有益处。此外，他还指出，那时候“生子咳提（即孩提），师保固明孝仁礼义，导习之矣”。是说孩子刚刚生下来，就设专人少师、少保教导训练孝仁礼仪。

颜之推从一般人的实际可能性出发，认为即或不能做到像古代皇室家庭那样实行胎教，实施“超前教育”，也应当尽一切可能及早施教。

他说：“凡庶纵（老百姓）不能尔，当及婴稚识人颜色，知人喜怒，便加教诲，使为则为，使止则止。”意思是，一般人家应当在孩子能感知喜怒哀乐，能与别人交流沟通感情时，就要开始教育，告知什么可以做，什么不可以做，进行最初步的行为规范训练。

他认为，这样坚持数年，儿童就会越来越懂事，“比及数岁，可省笞罚”，免得养成坏习惯再用体罚手段去纠正。

他还引用古时候的俗语：“教妇初来，教儿婴孩。”提到了对孩子进行教育，要从婴幼儿时期开始。

为什么要主张及早施教呢？颜之推有他的理论依据。他说：“人生小幼，精神专利，长成已后，思虑散逸，固须早教，勿失机也。”他认为，孩子小的时候，思想单纯，精神专一，感受敏锐，容易教育。等长大以后，思想变得复杂，感受迟钝，就难以教育了。应抓紧时间进行早期教育，不可错失大好的教育时机。这种理论符合儿童心理发展的规律。

颜之推还认为，早期教育之所以很重要，是因为抓紧早期教育和训练，有利于儿童形成良好的习惯。他说，“人在年少，神情未定”，有很强的可塑性。他引用孔子的话说：“少成若天性，习惯如自然。”他认为，经早期教育和训练养成的习惯，就像与生俱来的那样稳固，像自动化了一样，不须任何努力。如果“骄慢已习，方复制止，捶挞至死而无威，忿怒日隆而增怨，逮于成长，终为败德”。这是说，不抓紧早期教育，等到儿童已经养成恶习，再去纠正，就是打死他也没用，还会加深孩子的逆反心理，一辈子都难以改正，最终成为无德无用之人。

为了进一步说明早期家庭教育的重要性，颜之推还在《颜氏家训》中回顾了自己一生成长的经验教训。他谈到，他小时候所受到的家庭教育本来是很严格的，只是到他 9 岁时，父母不幸双亡，“便丁荼蓼（tú liǎo，意为处境困难），家涂离散，百口索然”，一家人无依无靠，他只好由哥哥抚养教育。

哥哥看他年幼，只是可怜他、心疼他，对他是“有仁无威，导示不切”，舍不得严格要求和管教他。那时候，虽然他也读过《礼记》之类的儒家经典著作，但并没有什么长进，反而受到不良社会环境的影响，沾染了一些不良习气，“肆欲轻言，不修边幅”，性情放荡不羁，行为不受约束。

到十八九岁的时候，形成顽习，“习若自然，卒难洗荡”，实难消除。到20岁以后，尚懂得了一些事理，虽“大过已稀”，没犯什么大错，但内心却矛盾重重，“每常心共口敌，性与情竞，夜觉晓非，今悔昨失”。往往是言行不一，缺乏理智，反复无常。有时晚上想明白了，早晨一起床又糊涂了；昨天刚做完的事，今天又反悔，心里非常烦躁。他认为，自己之所以在成长过程中出现这样的问题，就是因为失去父母以后，没有得到良好的早期家庭教育所致。

颜之推从自己成长过程中的教训出发，不仅谈到了早期教育在品德习惯形成中的作用，还论述了早期教育对知识学习的重要作用。他回忆道，“吾七岁时，诵《灵光殿赋》，至于今日，十年一理（温习），犹不遗忘”，而到了“二十（岁）之外所诵经书，一月废置，便至荒芜矣”。是说他小时候读过的书，每隔10年稍加温习，几十年内都没有忘记；而20岁以后读过的书，即便是1个月不温习，就都忘记了。

颜之推对早期家庭教育的重要意义，通过摆事实、讲道理，论述得非常深刻，令人信服。他所提出的早期教育的理论根据也是科学的。

（二）“威严而有慈”

颜之推认为，父母在教育子女时，态度应当是既威严又慈爱，二者不可偏废，要做到严慈结合。他说：“父母威严而有慈，则子女畏惧而生孝矣。”是说父母对子女态度严明且慈爱，子女才会言行谨慎，听从父母的教诲。

他主张父母对子女的态度要掌握好分寸，严和爱都要适度。他告诫父母说：“父子之严，不可以狎；骨肉之爱，不可以简。”就是说，父母与子女之间的关系应当严肃，不可过分亲近而失于态度不庄重；父母应当怜爱自己的亲骨肉，不可对子女无理，要求过苛过严。他认为，如果在态度上掌握不好分寸，“简则慈孝不接，狎则怠慢生焉”。如果对子女滥用父权，子女不会孝敬；而过分宠爱，子女则不会听话。

颜之推还列举了历史事实给予佐证：“由命士以上，父子异宫，此不狎之道也；抑搔痒痛，悬衾箧枕，此不简之教也。”大意是说，相传，过去士大夫以上的家庭，平时父母和子女分室而居，为的是不使父母和子女之间过分亲近而失于庄重；那时的子女孝敬父母，为父母按摩保健、整理床铺，是因为父母没有对子女过苛过严，而没有使子女怠慢的缘故。

父母对子女的态度，即人们常说的“教养态度”，是决定教育成败的一个很重要的因素。由于父母和子女具有血缘关系，在对待子女的态度上，或是严得过分，有严无慈，或是不分父母子女界限，有慈无严，这是家庭教育中常常出现的两种极端，而这两种极端，往往是导致家庭教育失败的重要原因。颜之推提出“威严而有慈”的教育原则，反映了他对家庭教育的特点有着很深刻的认识。

（三）不要娇惯溺爱

颜之推从日常观察中认识到，在家庭中由父母亲自教育自己的子女，最容易出现的，也是最普遍存在的问题是娇惯溺爱。他说：“吾见世间，无教而有爱，每不能然；饮食运为，恣其所欲，宜诫翻奖，应呵（诃）反笑，至有识知，谓法当尔。”

颜之推发现，人世间有许多父母对子女只知道“爱”，而不知道“教”，任其为所欲为。甚至有的是该批评的，反而给予奖赏；有的本应斥责的，却表示赞赏。这样是非颠倒，久而久之，孩子就会误以非为是，以恶为善，把错误的事当成是合理合法的，很难纠正过来。颜之推所批判的这种问题，在今天的家庭中仍然存在，他对父母的告诫现在仍有实际意义。

颜之推主张对子女要严格要求，不能娇惯溺爱。为了让父母接受这种主张，他还列举了当时社会上正反两个方面的实例。

正面的例子是：梁朝时期，车骑大将军王僧辩的母亲魏夫人，“性甚严正”，从小就对儿子要求十分严格，毫不娇惯溺爱。以至王僧辩长大成人，“为三千人将，年逾四十（岁）”的时候，其母看到他在执行公务中有过错，“少（稍）不如意，犹捶挞之”。因此，王僧辩“能成其勋业”，很有作为。

反面的例子是：同样是在梁朝，“有一学士，聪敏有才，为父所宠，失于教义，一言之是，遍于行路，终年誉之；一行之非，掩藏文饰，冀其自改”。这位学士的父亲对儿子宠爱至极，要是儿子说对了一句话，便走到哪里夸到哪里，终年夸耀不绝于口；要是儿子做错了事，则极力文过饰非，替儿子隐瞒，指望他偷偷地改正过来。由于父亲的娇宠放任，儿子养成了骄横无理的毛病，长大做官以后，因出口伤人，惨遭别人陷害。

这两个事例的鲜明对照，表明颜之推认为严是爱，惯是害。严格要求，能促其成才；娇惯溺爱，无益有害。惯子必骄，骄子必败，这种教训非常深刻。

（四）以身作则，树立良好家风

颜之推认为，在日常的家庭生活中，父母兄长以身作则非常重要。他指出，“夫风化者，自上而行于下者也，自先而施于后者也。是以父不慈则子不孝，兄不友则弟不恭”。颜之推针对家庭教育是在家庭日常生活中由父兄言传身带的方式实施的这一特点，指出上行下效、先行后学这种家庭风俗教化的作用，对儿童影响极大。父慈，子才知孝敬，兄长讲友爱，弟弟才知恭敬；否则，上梁不正，下梁必歪。

要树立良好的家风，就要求家庭中的长者都能以身作则。他说：“兄弟不睦，则子侄不爱；子侄不爱，则群从疏薄；群从疏薄，则僮仆为仇敌矣。”他提出这样一个问题，是很有针对性的。

在中国封建社会的家庭里，家长制盛行，子弟长大成年后也不允许分家单过，一般都是“三代同堂”“五世同居”，家庭成员序列多，结构复杂。长者的一言一行时刻影响着幼者，作为长辈的兄弟之间不和睦，子侄一辈人就不会友好，子弟之间相互疏远，到最幼小的一辈人甚至会相互视为仇敌，影响极坏。

颜之推强调长辈对后辈的影响，是认识到家庭长者自身的品行和人格是一种非常重要的教育因素，是无声的语言，对后代教育的影响极大。

中国古代的家庭教育理论向来认为“治家”是“教子”的前提和基础。家不“治”，不能形成良好的“家风”，就会给子孙后代以不良的影响。颜之推提出“风俗教化”的问题，指出父兄之间关系不好对后代的不良影响，实际上是在强调“治家”对形成良好家风的重要性。

（五）一视同仁，不要偏爱

在多子女家庭里，父母对子女一般做不到一视同仁，这是古今中外家庭教育中常见的问题，也是造成家庭教育失败的重要原因之一。颜之推注意到了这个带有普遍性的弊病。他指出：“人之爱子，罕亦能均；自古及今，此弊多矣。”

他认为，对子女偏宠偏爱的现象相当普遍，危害也很大。他告诫父母：“贤俊者自可赏爱，顽鲁者亦当矜怜。有偏宠者，虽欲以厚之，更所以祸之。”就是说，对于有德行、才智的子女，父母自然应当赞赏、爱戴，对于德行、才智不太好的子女，父母同样应当加以同情、怜惜。有的家长偏爱某个子女，其用心是为了孩子好，但结果却是害了他。颜之推的这种观点是很有道理的。被父母偏爱者，往往会形成骄横放任的毛病，因为偏爱已超过了有益的爱的限度，是一种不清醒的爱，是溺爱。

父母偏爱子女，还会人为地造成子女之间的矛盾和隔阂。这种情况发生在一般家庭，会使家庭气氛不和谐，弄得一家人都不得安宁；而这种情况如果发生在掌权者的家庭里，所造成的危害就不仅仅是对一个家庭的影响了。

颜之推为了说明偏宠偏爱子女的巨大危害，列举了我国古代历史上四个真实的故事。他指出：“共叔之死，母实为之。赵王之戮，父实为之。刘表之倾宗覆族，袁绍之地裂兵亡，可为灵龟明鉴也。”

这四个故事是这样的。

一是“共叔之死”。据《左传 · 隐公元年》记载，周朝郑武公妻姜氏生有二子。生长子庄公时难产，姜氏遂不喜欢他；生次子共叔段时很顺利，姜氏就偏爱共叔段，她请求立共叔段为嗣。古时候，帝王家一般确立长子为继位者，因此郑武公不允许，还是立了庄公为继承人，于是庄公继承了王位。其母不甘心，破例让共叔段掌管京都大权，但他多行不义，后终被庄公所克。

二是“赵王之戮”。据《史记 · 吕后传》记载，汉高祖的戚姬生了赵隐王如意，戚氏偏宠。她日夜哭哭啼啼，非得要将其子如意立嗣，以代替太子。高祖刘邦死后，吕后乃令永苍囚禁戚夫人，又毒死了赵隐王如意。

三是“刘表之倾宗覆族”。据《后汉书 · 刘表传》记载，刘表有二子：刘琦、刘琮。刘表看到刘琦的相貌酷似自己，尤为爱之，于是，刘琦、刘琮之间就发生了矛盾。刘琮依靠母族的势力，诬蔑、攻击刘琦，并将他排挤到外地做官。刘琦是长子，本应立他为嗣，结果反立刘琮为嗣，使刘琦受到陷害。就在他们兄弟之间争权夺利时，曹操趁机进攻，刘琦逃走，刘琮投降，造成“刘表倾宗覆族”，家族彻底落败。

四是“袁绍之地裂兵亡”。据《后汉书 · 袁绍传》记载，袁绍有三子：袁谭、袁熙、袁尚。袁谭、袁熙德行好，袁尚长得英俊漂亮。袁绍的后妻刘氏偏爱袁尚，故排挤袁谭、袁熙。官渡之战，袁绍失败，发病而死，但未来得及立嗣，兄弟之间相互争执不下，自相残杀。遂在曹操攻击下，“地裂兵亡”，惨遭失败。

从这四个历史故事中可以清楚地看到，父母偏宠偏爱子女，是有百害而无一利的，因此，颜之推主张，父母对子女要一视同仁，不能偏爱。

（六）重视环境熏陶

孩子们不仅生活在家庭里，和家庭成员朝夕相处，还要和家庭以外的各种人接触、交往。家庭成员的言行，对子女有影响；同样，家庭以外的社会生活环境，家庭成员以外的人，对孩子也有很大的影响。特别是对于未成年的少年儿童，影响更大。

颜之推清楚地认识到了这一点。他认为："人在年少，神情未定，所与款狎，熏渍陶染，言笑举动，无心于学，潜移默化，自然似之。"这段话的意思是，人在幼小的时候，思想尚未定型，可塑性很强，周围环境对其的濡染、熏陶，影响很大。周围人的言行举止，孩子虽不是有意识地用心学习，但久而久之，耳濡目染，潜移默化，就会"自然似之"。

他还进一步阐述道："是以与善人居，如入芝兰之室，久而自芳也；与恶人居，如入鲍鱼之肆，久而自臭也。"这是在说，与德行好的人相处，就像进入芝兰花房一样，自己也会养成良好的德行；同德行不好的人相处，就像生活在卖咸鱼的铺子，自己的德行也会变坏。颜之推还引用墨子对环境影响作用的论述："染于苍则苍，染于黄则黄，所入者变，其色亦变，五入而已则为五色矣，故染不可不慎也。"这是在告诉家长"近朱者赤，近墨者黑"的道理。

正是因此，颜之推建议家长要教育子女"必慎交游焉"，即选择品性良好的朋友交往。就像古人所说的那样，"结交胜己者""无友不如己者"。

为了使家长坚信他的主张，他还深刻地分析了"梁朝全盛之时，贵游子弟，多无学术"的主客观原因。当时，社会上为何有"膏粱难整"之说呢？就是因为他们"以其为骄奢自足，不能克励也"，这是主观原因；"吾见王侯外戚，语多不正，亦由内染贱保傅，外无良师友故耳。"他亲眼所见的保傅师友不良的影响是重要的客观原因。

颜之推从环境对少年儿童成长的巨大影响出发，提出"必慎交游"的主张，非常中肯。

三、丰富的家庭教育内容

颜之推所主张的家庭教育内容很丰富、很全面，主要有以下几个方面。

（一）勤学

颜之推教育子弟要“勤学”的主张，主要体现在《颜氏家训·勉学》篇中。在这一篇的开头，颜之推说：“自古明王圣帝，犹须勤学，况凡庶乎？”连古代的圣明帝王尚且要勤学，一般百姓更应刻苦学习。

他主张，无论是农、工、商、学，都必须勤学，以求得进步，他厌恶像士大夫那样饱食终日，无所事事，消磨岁月。因此，他告诫子弟，与其不学无术，一生愧辱，不如数年勤学。他说：“多见士大夫耻涉农商，羞务工伎，射则不能穿札，笔则才记姓名，饱食醉酒，忽忽无事，以此销日，以此终年。或因家世余绪，得一阶半级，便自为足，全忘修学，及有凶吉大事，议论得失，蒙然张口，如坐云雾；公私宴集，谈古赋诗，塞默低头，欠伸而已。有识旁观，代其入地。何惜数年勤学，长受一生愧辱哉！”

他深刻分析了当时贵族子弟不学无术的原因。他说：“梁朝全盛之时，贵游子弟，多无学术，至于谚曰，‘上车不落则著作，体中何如则秘书’”“治官则不了，管家则不办，皆优闲之过也。”不学无术的根本原因在于沉溺于养尊处优的生活。

他要求子孙后代要像古人那样勤学：“古人勤学，有握锥投斧，照雪聚萤，锄则带经，牧则编简，亦为勤笃。”他列举了中国古代许多勤学苦读的故事，勉励子孙后代积极效法。

（二）自立

他要求子弟要学习一技之长，以自立之本，反对依赖父母。他说：“人生在世，会当有业：农民则计量耕稼，商贾则讨论货贿，工巧则精致器用，伎艺则沉思法术，武夫则惯习弓马，文士则讲议经书。”不论是农民、商贾、工巧、使艺、武夫、文士，都应具有自己专门的技能技艺。他告诫子弟：“有学艺者，触地而安。”有一技之长，才能立足于社会。

他严肃地指出："父兄不可常依，乡国不可常保，一旦流离，无人庇荫，常自求诸身耳。"不能依赖父母，必须自立，对此，他有亲身的体会。他还借用中国古谚说："积财千万，不如薄技在身。"这是千真万确的真理。

（三）务实

他认为，读书的唯一目的就在于"利行"。他说："夫所以读书学问，本欲开心明目，利于行耳。"他尖锐地批评了当时社会上某些读书人，书读得不少，满腹经纶，却只会夸夸其谈，不做实事，光会说，不会练。他说："吾见世中文学之士，品藻古今，若指诸掌，及有试用，多无所堪。……保俸禄之资，不知有耕稼之苦；肆吏民之上，不知有劳役之勤。""但能言之，不能行之，忠孝无闻，仁义不足；加以断一条讼，不必得其理；宰千户县，不必理其民；问其造屋，不必知楣横而棁竖也；问其为田，不必知稷早而黍迟也；吟啸谈谑，讽咏辞赋，事既悠闲，材增迂诞，军国经纶，略无施用。"

他要求子弟："学之所知，施无不达。"即读书所掌握的学问，要能用来解决实际问题，不能只会空谈。

颜之推尖锐地提出读书的风气问题，是很有进步意义的。

（四）节操

颜之推在北齐主持文林馆时，多培植汉族人士，因此遭到鲜卑贵族的嫉恨。当时，不少汉人学鲜卑语，以之为入仕的捷径。在《颜氏家训》中，颜之推给其子孙后代讲了这样一个故事："齐朝有一士大夫，尝谓吾曰：'我有一儿，年已十七，颇晓书疏，教其鲜卑语及弹琵琶，稍欲通解，以此伏事公卿，无不宠爱，亦要事也。'吾时俛而不答。异哉，此人之教子也！若由此业，自致卿相，亦不愿汝曹为之。"

这个故事是颜之推在《教子》篇里讲述的。那位士大夫要求儿子学鲜卑语、弹琵琶，目的是服务于异族鲜卑统治者，他对此非常反感。他正气凛然地说，即或是能当上宰相，也绝不允许自己的子孙去干那种卖国求荣的勾当。在讲述这个故事的字里行间，体现了颜之推很重视对子弟的节操教育，很令人敬佩。

（五）重农事

他说："古人欲知稼穑之艰难，斯盖贵谷务本之道也。夫食为民天，民非食不生矣。三日不粒，父子不能相存，耕种之、茠锄之、刈获之、载积之、打拂之、簸扬之，凡几涉手而入仓廪，安可轻农事而贵末业哉！"

在"劳心者治人，劳力者治于人"的轻视体力劳动的世俗观念占统治地位的封建社会，颜之推认为"贵谷"是"务本之道"，教育子孙不要"轻农事"，这是十分可贵的。

（六）勤俭而不吝啬

他引述孔子的话说："奢则不逊，俭则固；与其不逊也，宁固。"他反对奢侈浪费，主张讲究俭朴。

同时，他又指出："然则可俭而不可吝也。俭者，省约为礼之谓也；吝者，穷急不恤之谓也。"他教导子弟要分清"俭朴"与"吝啬"的界限：对己生活节省，是俭朴；对穷人不抚恤，是吝啬。他要求子弟做到"俭而不吝"。这是中华民族的传统美德，今天也应得到继承和发扬。

（七）"婚姻勿贪势家"

这是颜氏家族的家传。颜之推的九世祖靖侯曾经告诫子侄："自今仕宦不可过两千石（官名），婚姻勿贪势家。"在子孙婚嫁时不可高攀，一味考虑对方家产的多少。颜之推继承了祖上规矩，他说："婚姻素对，靖侯成规。"门当户对即可，万不可贪图钱财，这是祖上定下的规矩。

颜之推特别鄙视那种在婚姻嫁娶时只重对方家产多少的庸俗观念，他指出，"近世嫁娶，遂有卖女纳财，买妇输绢，比量父祖，计较锱铢（金银财宝）"，这样是“责多还少，市井无异”，讨价还价，和商人做买卖一样。他严肃地告诫子弟：“贪荣求利，反招羞耻，可不慎欤！”

另外，颜之推还注意到，要搞好家庭教育，关键在于家长自身的修养。在《颜氏家训》一书中，颜之推对家长提出了许多要求，诸如，兄弟之间要互相团结友爱，妯娌之间要和睦相处，做继父的不可宠惯妻子的前夫之子，做继母的不可虐待夫君的前妻之子，等等，这些问题是家庭生活中常常出现的，加强这些方面的修养是很有必要的。

综上所述，我们可以看到，颜之推的家庭教育思想已经形成了一个完整的体系，这是我国古代家庭教育理论体系中的一份珍贵的遗产，对于我们建立有中国特色的家庭教育科学理论体系，很有借鉴意义。

当然，我们也必须看到，在颜之推的家庭教育思想中不可避免地体现出阶级局限性，有封建糟粕和唯心主义的东西，如宣扬“上智不教而成，下愚虽教无益”的天才论，“牝鸡晨鸣，以致祸也”的贱视妇女的思想，以及鄙视劳动人民为“小人”的思想，等等，这些都应摈弃。毫无疑问，颜之推教育子孙的目的也是为了做官，为巩固封建统治阶级地位服务。他希望子孙将来能成为“朝廷之臣”“文史之臣”，以便“务先王之道，绍家世之业”。对这些我们都应有清醒的认识。

尽管如此，从整体上看，颜之推仍不愧为我国古代家庭教育理论的先驱者和奠基人，他的《颜氏家训》一书不愧为我国家庭教育理论发展史上的一座丰碑。

本节引用文献：

[1] 颜之推．颜氏家训[M]．上海：上海古籍出版社，1980：序言．

[2] 范文澜．中国通史简编[M]．北京：人民出版社，1953：528．

第三章

司马光的家庭教育思想

第一节　司马光与《温公家范》

一、司马光好学、忠直的一生

司马光（1019～1086），字君实，北宋大臣、著名史学家。陕州夏县（今属山西）涑水乡人，世称涑水先生。宋哲宗赐以“文正”的美谥，封为“太师”“温国公”。

司马光家世代贵胄，到北魏时传至司马阳，曾为东征大将军。死后，葬于夏县涑水乡高堠里，这里便成为这个贵族之家的籍贯。

北宋初年，司马光的祖父司马炫考中进士。司马光的父亲司马池，官居四品，为兵部员外郎、天章阁待制、河中知府，后又调杭州知府，以清直仁厚闻名于天下，成为名臣。

这个家族曾经家道中衰，但在乡里始终是有地位、有影响的大家族。这个家族累世聚居，人口众多，常常是几十口人共同生活在一起，却都能和睦相处，宗族间也从无间言。因为他们祖祖辈辈诗礼传家，重视家庭教育。对内，勤俭自励，辛苦经营，治家有方；对外，慷慨尚义，关心乡里，抚恤孤寡，很受乡里尊敬。

司马光的先辈和堂兄们多是好学之士，爱好诗文，从祖父司马炫到司马光这一辈有六七人当官，都是进士出身。这个家庭是一个颇具从政经历和学问素养的家庭。

司马光的父亲司马池是一个有抱负、有见地的人。少年时就胸怀大志，对数十万家财弃而不要，全部交给叔父们，自己则专心读书，力求进取。后来，他考中进士，当了官。他办事明快干练，颇有能力，为官清廉，待人诚挚，不谋私利，洁身自好，个人生活俭朴。司马光的母亲是秘阁校理聂震的女儿，才德俱佳，是典型的贤妻良母。

司马光出生时，他的父亲在光州光山县当县令，便以出生地名给他起名为“光”。司马光出生在这样一个书香门第、贵胄之家，在品行端庄、见识深远的父母的直接影响和教育下健康成长。

司马光的父亲家教很严格，虽然生司马光的那年他已经 51 岁，是老来得子，但对于这个“老来幼子”并不溺爱，从小就注意在各方面精心培养和教育。

司马光 6 岁那年，父亲就开始教他读书，并且经常讲些少年有为的人勤奋好学的事迹给他听，勉励他以这样的人为榜样，努力读书学习。在父亲的指点下，司马光学习非常努力，进步很快，不久便对书籍产生了浓厚的兴趣，第二年便开始学《左氏春秋》。

他学习十分刻苦，甚至达到废寝忘食的程度。他曾用一截圆木当枕头，取名“警枕”，夜里睡觉，只要圆木一滚动，他就醒了，便披衣起床，挑灯夜读。就这样到了 15 岁，他不仅学识广博，而且学得很扎实，甚至“终身不忘”。直到成年之后，还保持着刻苦读书学习的良好习惯。

司马光还养成了勤于思考的好习惯。在 7 岁的时候，发生了这样一件事：一天，他和几个小伙伴在院子里玩耍，院子里放着一口大缸，缸里存满了水。

有一个小伙伴爬上缸沿，不慎掉进了水缸里，大家一看不好，都吓跑了。只有司马光没跑，他搬起一块石头向水缸砸去，缸破了，水流出来，小伙伴得救了。在当时这件事被广为传播，开封、洛阳等地有人把它画成《小儿击瓮图》，广泛流传，这个故事至今还流传于世。

司马光不仅有读书学习、钻研思考的良好习惯，在品德上也受到了良好的教育和影响。司马光五六岁的时候，有一天想吃核桃了，他让姐姐替他剥皮，却怎么也剥不开。姐姐走开后，一个女仆把青核桃放进开水里烫了一下，核桃皮就剥了下来，姐姐回来问他是谁给剥的，他却说是自己剥的。父亲见他撒谎，就严厉地训斥他说："小孩子怎么能学撒谎！"这件小事给他印象很深，从此他再也不说假话了。诚实成为他一生为人处世的根本信条。多少年后，他当了大官，有人问他：待人律己最重要的是什么？他回答说："就是一个'诚'字。"再问他从何做起？他说："从不说假话做起。"

司马光在父亲的教育和影响下，也养成了生活俭朴的习惯。他从小就不喜欢华贵的打扮，大人给他穿金银美服，他都不要。由于从小养成了这种习惯，以致他考中进士，参加闻喜宴时，大家都戴着花，唯独他不肯戴。后来，还是一个朋友告诉他，这花是皇帝所赐，不能不戴，他这才戴上了。

他一生"于财利纷华，如恶恶臭"，虽身居高位，日常生活还是"食不敢常有肉，衣不敢纯有帛"。他编修《资治通鉴》，一切费用都由朝廷供给，但他所用的稿纸却是用过的废纸。他用淡墨把原来的字迹涂掉，再用来写书稿。晚年，他还特别写了《训俭示康》一篇专文，对儿子司马康专门进行廉洁俭朴的教育。

司马光在父亲的影响和教育下成为一个诚实聪明、十分懂事的孩子，父亲很喜欢他，经常带他出游。15岁以前他就已经跟着父亲走过好多地方，访古探今，了解各地的风土人情，在书本知识之外，学习了许多社会知识和生活常识。

宋朝有一种恩荫制度，五六品以上的大臣的子弟和后人都可以"补官"。司马光开始做了郊社斋郎，是朝廷掌管郊社典礼的一个小职务。很快，又改授他为将作监主簿，掌管官衙里的土木工程营建。当时他尚未成年，虽然有了官职，但实际上算不得进入仕途。他以为，靠父亲的地位恩补入仕，毕竟不是光彩的事。司马光是个胸怀大志的人，当然不甘心于如此平庸地生活。他一面当差，一面读书习文，也接触了一些前辈名士。20 岁时，司马光参加了会试，并且一举高中进士甲科。即在当时，像他这么年轻就考中进士，也是不多见的。

金榜题名之后，朝廷改授其奉礼郎、华州（今陕西华县）判官之职。司马光在华州任职不过一年，他父亲就由同州调任杭州。按照封建社会“父母在，不远游”的传统观念，为了侍亲方便，他便辞去了华州判官的职务，申请调到苏州。由于他忠直正派、坦率诚实，理事不徇私情，得罪了一些人，后遭弹劾被降调到偏僻的虢州（今属河南灵宝）。

庆历六年（1046 年）冬，他接到改授大理评事补国子直讲的诏旨，便启程进京。后升任馆阁校勘，负责编校图书典籍。皇祐五年（1053 年），迁任殿中丞，是专职史官。仁宗末年，任天章阁待制兼侍讲知谏院，专事批评君臣过错。任此职，他一直忠于职守，是宋王朝忠实的谏臣。

几十年的为官生涯，他感到人君要治国安邦，巩固封建统治，不可不以史为鉴。在京城为官期间，又接触了大量史书，于是，司马光立志要编撰通志，以作为统治阶级的借鉴。治平三年（1066 年），撰成战国到秦朝部分，宋英宗阅后，非常欣赏，并下令成立书局，继续编撰。至宋神宗元丰七年（1084 年）十一月，一部编年体巨著完全修成。宋神宗以这部书“鉴于往事，有资于治道”，将其命名为《资治通鉴》。《资治通鉴》共 294 卷，上起周威烈王二十三年（公元前 403 年），下迄周世宗显德六年（公元 959 年），记载了 1362 年的历史，是一部出类拔萃的史学巨著。

司马光毕生致力于学问，不愧为一个伟大的卓有贡献的史学家。他在史学领域的贡献，不仅仅是为后人留下了一部《资治通鉴》，更重要的是，他经过艰苦的治史实践，为历史编纂学的发展提供了新思想和新经验，大大促进了封建史学的繁荣。

毋庸讳言，司马光是封建社会的史学家，他的头脑里充满了封建儒家思想。他所推崇的儒家的封建礼教和封建道德，不仅贯穿于《资治通鉴》一书，而且集中体现在他的另一部伦理学专著《温公家范》之中。

二、《温公家范》

《温公家范》是一部比较完整地反映我国封建社会家庭道德关系的伦理学著作。书中宣扬了儒家的修身、齐家、治国的思想，完全是为维护封建礼教和封建道德服务的。该书以丰富的史实为论据，阐述了司马光的封建伦理观点，语言精练，层次清晰。全书分上、下两册，共十卷。首先引证《易经》《诗经》《大学》中有关“家范”的论述，得出“家正而天下定、礼为治家之本”的中心思想。

在此思想指导下，对父母、子女、兄弟、夫妻、姑嫂等关系做了符合礼数的粗略解释。然后，从第二卷到第十卷，分别对祖、父、母、子、女、夫、妻等家庭成员提出了详细的、符合封建社会需要和家庭需要的道德要求。

纵观全书内容，既有反映封建地主阶级的正统思想和浓烈的政治要求，也有继承中华民族传统美德的伦理范畴。从具体的历史条件出发进行评价，也不无合理和可取的部分。

特别是在《温公家范》一书中反映出的司马光的家庭教育思想，尤为值得有分别地加以借鉴。《温公家范》一书可以说是继北齐颜之推的《颜氏家训》一书之后的又一部影响较大的家庭教育著作。

《温公家范》一书不仅从“治家”和“治国”的关系上论述了家庭教育的重要社会意义，也具体地论述了家庭教育的原则和方法，并且针对不同家庭成员在家庭中的不同地位，提出了教育子孙的不同要求。这也是一部很有特色的家庭教育专著，从内容到写作方法上均对后世影响很大。在人们越来越重视家庭教育的今天，研究司马光《温公家范》一书所体现的家庭教育思想，并加以批判和继承，是一件很有意义的事。

第二节 《温公家范》——治国之本在于齐家

司马光所生活的时代，正处于中国封建社会的中后期。在封建社会，我国长期处于自给自足的自然经济状况下，男耕女织，世代相传，家庭不仅是一个生活单位，也是一个生产单位。家庭是国家和社会的基层组织单位，是最微小的“细胞”。如果把国家比作一个有机体的话，那么，家庭便是这个有机体的细胞。家庭的状况和国家、社会的状况关系较密切。司马光作为一个封建的思想家、政治家，在《温公家范》一书中首先论述了“治家”和“治国”的关系，其中特别论述了“家庭教育”和“治国”的关系。

一、家庭教育的社会意义——齐家而天下定

司马光在《温公家范》卷之一的一开头，首先引用了《周易·家人》这一卦辞的一句话说：“利女贞。”《经彖下》解释这一卦辞说：“父父、子子、兄兄、弟弟、夫夫、妇妇，而家道正。正家而天下定矣。”意思是说，在家庭里，如果每个家庭成员都遵守自己的道德规范，家道就正了；而家道正，国也就安定了。三国时期的陆绩对此卦进一步解释说：“圣人教先从家始，家正则天下化之。”他认为，家庭教育搞好了，家道正，整个国家也就安定了。

司马光为进一步说明家庭教育和国家、社会的关系，又详细引述了《礼记·大学》篇里对于“家庭”“国家”“天下”这三者关系的论述：“古之欲明明德于天下者，先治其国；欲治其国者，先齐其家；欲齐其家者，先修其身；欲修其身者，先正其心；欲正其心者，先诚其意；欲诚其意者，先致其知。致知

在格物，物格而后知至，知至而后意诚，意诚而后心正，心正而后身修，身修而后家齐，家齐而后国治，国治而后天下平。”

那么，为什么说“欲治其国者”，必“先齐其家”呢？司马光又继续引述《礼记·大学》篇的论述说：“所谓治国必先齐其家者，其家不可教，而能教人者，无之。故君子不出家而成教于国。”这里是说，之所以说“治国必先齐其家”，是由于“齐家”的核心问题或基本措施就是教育家人，教育好家庭成员。能教育好家庭成员，便可以推而广之，影响和教育全国的人。事实上，连家里人都教育不好的人，是不会教育好其他人的。掌握权力的士大夫之所以能教化全国的人，首先是由于他们教育家人有方。

司马光对家庭教育重要社会意义的认识，继承了我国古代历来从“治国”“化乎天下”的高度来认识家庭教育重大意义的根本观点。家庭教育必须从国家和社会的要求出发，同时，家庭教育也必须为国家和社会的需要而服务。尽管在《礼记》里宣扬的这种观点有其鲜明的阶级性，完全是为巩固封建统治秩序服务的，然而，正是由于历代封建统治者都毫无例外地宣扬和坚持“治国必先齐家”的理论观点，把“治国”和“齐家”结合起来，用“政权”和“族权”来统治人民，用“法治”和“德治”来治理国家，才使得我国的封建社会一直延续了两千多年。显然，这种理论观点为巩固封建统治发挥了十分重要的历史作用，但是，这正说明“治国必先齐家”是经过历史检验的一条规律，这对于我们今天认识家庭教育的社会意义，也有着极为深刻的启示。

司马光能用这种理论作指导，阐述“齐家”和家庭教育的重要意义，把“齐家”和家庭教育当作一个关系到国家和社会的政治问题对待，而不仅仅视为一家一户的私事，这一点是很可贵的。在这一点上，他比颜之推又前进了一步。

二、家庭教育的指导思想——治家莫如礼

司马光是一个具有封建统治阶级地位的政治家、思想家。他认为，由于五

代时期的节镇割据和庆历年以后发生的数十次兵变，给人们带来了深重的灾难，要清除这种纲纪败坏的现象，巩固封建统治秩序，必须有一条治国的最高原则，于是，他提出立政以“礼”的主张。而家庭是社会的“细胞”，于是，他又主张“治国必先齐家”，认为只有“家齐”而后才能“国治”。因此，在“齐家”的问题上，他提出“治家莫如礼”的思想，主张“以礼法齐其家”。在司马光看来，家庭或治或乱，皆系于“礼”。他说：“礼之为物大矣，用之于身，则动静有法而百行备焉；用之于家，则内外有别而九族睦焉。”既然如此，那么家庭教育总的指导思想就是“礼”，如他所说：“教之以礼。”即主张以“礼”为规范来管理整个家庭和教育家人。

（一）对所有家庭成员的要求

司马光所说的“礼”，实际上指“三纲五常”的封建伦理道德。他要求所有家庭成员都要做到尊卑有等，长幼有伦，内外有别，亲疏有序，各安其分，各尽其责。他引用春秋后期思想家晏婴的话说：“父慈而教，子孝而箴，兄爱而友，弟敬而顺，夫和而义，妻柔而正，姑慈而从，妇听而婉。”

这既是司马光所主张的家庭教育的出发点，也是家庭教育的归宿。在《温公家范》一书中，司马光根据这个总的要求，又具体地阐述了他对每个家庭成员的要求：“为父母者，慈严、养教并重；为子女者，孝而不失规劝；为兄者，富弟并友好待之；为弟者，恭敬而顺从；为夫者，相敬不悖礼；为妻者，谦顺且守节；为姑者，慈爱无别；为妇者，屈从不苟言。”

总的来看，司马光对于封建家庭的每个成员所提出的行为规范，同晏婴的思想是一致的，属于封建家庭的伦理道德范畴。但与晏婴不同的是，他对家庭中主要受教育的对象，又提出了一些新的要求。

（二）对子孙的基本要求

司马光对子孙的要求，着重强调了两个方面。

1. 孝而不失规劝

封建家庭教育对子孙的最高要求是“孝”。“孝”也是评价古人封建道德的重要标准。司马光对于子孙的首要要求是“孝”。

他引用《孝经》的话说：“夫孝，天之经也，地之义也，民之行也。天地之经，而民是则之。”认为子孙孝敬父祖是天经地义的事，是人们的首要行为规范。不孝，是人们最大的罪过。《孝经》说：“五刑之属三千，而罪莫大于不孝。”司马光借用孟子的话指出不孝的种种表现：“不孝有五：惰其四支，不顾父母之养，一不孝也；博弈好饮酒，不顾父母之养，二不孝也；好货财，私妻子，不顾父母之养，三不孝也；从耳目之欲，以为父母戮，四不孝也；好勇斗狠，以危父母，五不孝也。”

司马光认为，子孙孝敬父祖，首先应当做到“敬”。他引用孔子的话说：“今之孝者，是谓能养。至于犬马，皆能有养。不敬，何以别乎？”只是能赡养父祖不为敬，重要的是尊敬父祖。敬父祖，具体应当体现在，唯父是从，“父母之命勿逆勿怠”“出必告，反必面，居有常，业无变”“子妇无私货，无私畜，无私器”；不忘父母教诲，“是故先王之孝也，色不忘乎目，声不绝乎耳。心志嗜欲不忘乎心。致爱则存，致悫则箸，箸存不忘乎心”；对父祖应“冬温而夏清，昏定而晨省”；在精神上给父祖以安慰，“不辱其身，不羞其亲”；要在父母面前严于律已；等等。

司马光对于孝的这些具体要求，基本上还是儒家的道德要求，其目的是将子孙对父祖的绝对服从推及到君臣关系上，推及到政治生活中，为巩固封建统治秩序服务。但有一点，司马光对儒家家庭伦理道德规范在认识上具有突破，那就是“孝而不失规劝”。

司马光是一个勇于进谏的身体力行者。在任侍讲知谏院职务时，他经常以“上书”“进谏”等形式，批评君臣过错，借《周易》《道德经》等经籍古训，揭示“治乱兴衰”之理，替君臣出谋划策。尤其是对王安石的新法，他无所避顾，廷争疏议，一直坚持了十余年。尽管由于直谏他屡屡受挫，但他一直坚持犯颜直谏，必达目的而后已。他把对社会生活行为的体验移植到家庭伦理中，主张子孙对父祖应当做到“孝而不失规劝”。

他说：“谏者为救过也，亲之命可从而不从，是悖戾也；不可从而从之，则陷亲于大恶。然而不谏，是路人。”意思是说，子女对父母的言行进行规劝，是为了补救父母的过失。父母之命是正确的，应当听从，如若不听从，那是不对的。但是，若父母言行是不正确的，不该听从，而子女却听从了，那就等于助长父母的过失，这种子女就像和父母是毫无关系的人，那也是不孝。

同时，司马光又提出子女规劝父母时应注意方式方法。他主张子女要看父母的情绪好坏，等到父母平心静气时，方可柔声规劝；假如父母不听子女的规劝，孝敬之意也不能有丝毫减弱，反而应更加强烈，等父母高兴的时候再次去规劝。

司马光主张子女可以规劝父母以及规劝时要注意方式方法，这是可取的。这种主张对于传统的“子孙受长上诃责，不论是非，但当俯首默受，毋得分理”的绝对服从的愚孝来说，确实前进了一大步；这种主张的前提是，承认父母也会有“过”，不能不说这种主张是对于“天下无不是的父母”的庸俗陈旧观念的一个突破。

然而，司马光又提出：“父母有过，谏而不逆。”如果规劝父母引起父母不高兴、反感，就要宁愿和父母同陷于过，也不能再次规劝。可见，司马光所主张的规劝父母是有原则的，受到了封建尊卑等级观念的限制，是在“服从”这个最高原则下进行规劝的。尽管如此，也应当充分肯定司马光这一主张的巨大进步意义。

2. 要和睦相处

司马光强调家庭成员要和睦相处。为了说明和睦相处的必要性，司马光用通俗形象的比喻进行了阐述。他说：“夫人爪牙之利，不及虎豹，膂力之强，不及熊罴，奔走之疾，不及麋鹿，飞飏之高，不及燕雀，苟非群聚以御外患，则反为异类食矣。是故圣人教之以礼，使之知父子兄弟之亲。人知爱其父，则知爱其兄弟矣；爱其祖，则知爱其宗族矣。”

这是说动物具有超乎于人的种种能力，它们为了防止外部的侵扰，避免为其他动物所吞食，都要群聚相处，那么，我们人类更应懂得和睦相处的重要性。因此，圣人主张以礼教化家庭成员，使人们懂得父子兄弟之间相亲相爱、和睦相处是十分必要的。

他举例说，吐谷浑的首领阿豺，有20个儿子，在临死之前，将所有儿子叫到病床边，要每个儿子手持一支箭。然后，让他的弟弟慕利延当众折一支箭，慕利延轻而易举地将那支箭折断了；又让慕利延同时折19支箭，他费了九牛二虎之力也未能折断。儿子们目睹此情此景，不知父亲要做什么。阿豺语重心长地对儿子们说："你们知道其中的道理吗？'单者易折，众者难摧'。只有你们兄弟20人团结一心，我们的国家才能巩固。"说完就死去了。司马光借这个传说引申说："作为游牧部族的首领，尚且懂得'宗族相保以为强'的道理，更何况我们中原汉族人。"

司马光又指出，自古以来的圣贤之人，没有不知先亲其九族，而后才能亲及他人的道理的。只有和睦相处，团结一心，才有力量。假如有什么愚蠢之人，"弃其九族，远其兄弟，欲以专利其身"，只知考虑个人利益，这样肯定会把自己孤立起来。而"身既孤，人斯戕之矣，于利何有哉"？把自己孤立起来，就会受到外界的侵害，对自己有什么好处呢？

因此，司马光主张家庭成员要和睦相处。

三、家庭教育的四大基本原则

司马光在《温公家范》一书中对家庭教育问题做了详细而深刻的论述。他的写作形式很有特点，与颜之推的《颜氏家训》不同，他是采用对家庭中主要教育者分别论述的方法，即祖父母教育子孙容易发生什么偏向，如何纠正，应当怎样教育；父母教育子女又容易发生什么偏向，如何纠正，应当怎样教育；等等。不过，归纳起来，可以清楚地看到，司马光在分别论述的过程中，仍提出了几个带有普遍指导意义的家庭教育原则。

（一）及早施教，“慎在其始”

司马光充分肯定中国古代注重孩子早期教育的优良传统，认为抓紧早期教育对人一生的成长都是很有益的。

中国古人在孩子出生以前就注重实行胎教。他举例说，周朝文王之母太任，在怀周文王的时候，“目不视恶色，耳不听淫声，口不出傲言，能以胎教”。虽然太任是“溲于豕牢，而生文王”，然而，就是由于太任注意实行胎教，“文王生而明圣，太任教之以一而识百”（《列女传·周母三室》）。这是说，注意实行胎教，生的孩子会聪明过人。因此，司马光说：“古有胎教，况于已生？”古人在孩子未出生时就注意胎教，那么，孩子出生后更应抓紧教育。

古人注重早期家庭教育，在孩子出生后尚未懂事的时候，就开始进行教育了。他举例说，周初周成王出生以后，“赤子而教”，即在襁褓中就对他进行教育。那时候，圣王的太子出生以后，就设有“三公”和“三少”专事太子的教育事宜。“三公”分别负有的责任是：“太保，保其身体；太傅，博其德义；太师，导之教训”；“三少”则是同太子居处出入在一起，按照“三公”的要求从事具体辅导的人（西汉贾谊《新书·保傅》）。

他又举例说，据《礼记·内则》记载，古时候，“子能食之，教以右手；能言，男唯女俞；男鞶革，女鞶丝”。就是说，幼儿出生后至能够自己饮食时，先教以使用右手；能讲话时，就要对男孩、女孩教之以不同的说话声调；男孩要系皮革制作的腰带，女孩要系丝制的腰带，以陶冶男孩、女孩不同的情操。他又说，一般的人家即或不能做到像古代君王的太子那样的早期教育，也应当做到“当及婴稚，识人颜色，知人喜怒，便加教诲，使为则为，使止则止”（《颜氏家训》）。

司马光认为，中国古代“教妇初来，教子婴孩”的谚语，非常有道理。他认为，抓紧孩子的早期家庭教育，有利于养成良好的习惯。就像孔子所说：“少成若天性，习惯如自然。”只要基础打好了，“比及数岁，可省笞罚”（《颜氏家训》），长大以后，免得用体罚去纠正之前养成的不良习惯。

他认为，早期教育抓好了，甚至有利于人一生的成长和发展。他举例说，战国时期的孟轲之所以成为中国古代著名的儒家学者，就是得益于孟母对他实行的早期家庭教育。

在孟轲小时候，孟母为了给不懂事的孟轲选择一个有利于他成长的居住环境，曾不惜“三易其家”，这就是“孟母三迁”的故事。还有，孟轲小时候，有一天看到东邻家杀猪，他回家问母亲：“东邻杀猪干什么？”孟母随口说：“杀猪给你吃肉。”刚刚说出口，孟母又自觉后悔，责备自己说：“在孟轲还未出生时，我的言行举止就很注意约束自己，严格实行胎教，这都为的是使孟轲成长为一个有出息的孩子。可今天，在他不太懂事的时候，我竟然这样信口开河，我怎么能欺骗他呢？”为了挽回即将造成的言而无信的不良后果，贫穷的孟母真的买了猪肉给他吃。就因为孟轲受到了母亲严格的早期家庭教育，所以他长大后才能刻苦学习，终于成为大儒。

司马光指出，也有一些父母不懂得早期教育的重要意义，在孩子小时候往往采取放任不管、任其自由发展的态度。理由是孩子还小，不大懂事，管教早了没有用处，等长大了再管教也不迟。他认为这是一种十分有害的思想。

他说：“俟其长而教之，是犹养恶木之前芽，曰俟其合抱而伐之，其用力顾不多哉！又如开笼放鸟而捕之，解缰放马而逐之，曷若勿纵、勿解之为易也。”这段话的意思是说，孩子小时候不管不教，等长大了再管教，这就好比是种树，树还嫩时不修剪整枝，任其自然生长，很容易长得又歪又斜，等树长成合抱之木，再去修剪整枝时，能不费更大的气力吗？！这样做，又像是打开鸟笼把鸟放走，然后再去捉，好像是松开缰绳把马放跑，然后再去追，哪有当初就不开笼放鸟、不解绳放马更为省力呀！司马光对忽视早期教育的思想根源和造成的危害，进行了中肯而深刻的分析，很发人深省。

司马光主张及早施教，是继承了我国古代“慎始”的教育思想，他注重

“人之初”的教育，是很有道理的。正如他所说：“古有胎教，况于已生？子始生未有知，固举以礼，况于已有知？故慎在其始，此其理也。”

（二）树立榜样，给予正面影响

针对儿童的心理特点，司马光认为，对儿童进行早期教育的重要手段是给儿童树立正面的榜样，用正面的形象去影响儿童。他主张使儿童“习其目端正”。意思是说，要让儿童经常看到正面的榜样。

司马光根据儿童模仿性强，而分辨是非善恶的能力比较差的年龄特点，提出展示在儿童面前的应当是正面的形象，“尝示以正物，以正教之”的观点。他告诫父母：“毋诳欺。”即千万不要欺骗孩子。在这个问题上，春秋末年的曾参是父母的典范。

据记载，有一天，曾参的妻子要上街，儿子哭着闹着也要跟着去。为了摆脱孩子的纠缠，妻子对孩子说：“你在家里等我，回来给你杀猪炖肉吃。”孩子信以为真，就放弃了跟母亲上街的要求。当妻子回来，只见曾参正磨刀霍霍要杀猪。妻子赶快阻拦说：“我是哄孩子随便说的，怎么你真的要杀猪？”曾子说：“小孩子的一言一行都是跟父母学的。我们对孩子言而无信，就是在教孩子撒谎。”为不给孩子造成言而无信的不良影响，曾参果真杀了猪，兑现了妻子对儿子的许诺。司马光借用这个故事提醒父母，在儿童面前言行举止要慎重，不能给儿童以不良的影响。

司马光还介绍了古代圣王对太子进行早期教育的情况。他说，过去的圣王在太子出生以后，为了不使其看到成人不良的行为举止，都是“选天下之端士，孝弟博闻有道术者，以卫翼之，使与太子居处出入”。于是，太子在出生以后，是“见正事，闻正言，行正道，左右前后皆正人也”。在这种环境下，太子看到的都是正面的形象，听到的都是正确的言论，所行的也必定是正理、正道。由此，司马光谆谆告诫父母：“夫习与正人居之，不能毋正，犹生长于齐不能不齐言也。习与不正人居之，不能毋不正，犹生长于楚地，不能不楚言也。”这是说，孩子和好人在一起生活，必定学好，就像是在齐国生长不可能不说齐语；与坏人生活在一起，不可能不学坏，就像是生长在楚国，不可能不说楚语一样。这表明，司马光特别重视用正面形象去影响儿童。

（三）不要娇惯溺爱，要爱而有教

司马光注意到，家庭教育是由父母亲自教育自己的孩子，这样很容易产生娇惯溺爱的现象。他说：“为人母者，不患不慈，患于知爱而不知教也。古人有言曰：‘慈母败子’。爱而不教，使陷于不肖，陷于大恶，入于刑辟，归于乱亡，非他人败之也，母败之也。自古及今，若是者多矣，不可悉数。”这段话的意思是，由母亲亲自教育自己的孩子，不必担心不慈爱孩子，使人担心的是母亲只知道爱孩子，却不知道教育孩子。古人说过：一味溺爱肯定会宠坏孩子。只爱不教育，就会毁掉孩子，这不是别人的过错，完全是母亲的过错。像这种教训，从古到今屡见不鲜。

父母娇惯溺爱孩子，往往是任其为所欲为，毫不加管教，这样做危害极大。他指出：“若夫子之幼也，使之不知尊卑长幼之礼，遂致侮詈（骂）父母，殴击兄姊，父母不加诃禁，反笑而奖之，彼既未辨好恶，谓礼当然；及其既长，习已成性，乃怒而禁之，不可复制。于是，父疾其子，子怨其父，残忍悖逆，无所不至。此盖父母无深识远虑，不能防微杜渐，溺于小慈，养成其恶故也。”

这是说，在孩子小时候，不教育孩子懂得尊卑长幼的道理，而是一味地娇惯溺爱、迁就放任，甚至当孩子辱骂父母、殴打兄姐时，父母不但不加以制止，反而称赞、夸奖。这样做，就会使孩子误以非为是，以错误行为为理所当然的事。久而久之，就会习以为常，养成恶习，到那时候再愤怒地去纠正，已不可能奏效。于是，父母子女之间便互相抱怨，发生严重对抗，孩子就会为所欲为，越陷越深。这完全是由于家长缺乏远见卓识，只知娇惯溺爱，不懂得防微杜渐的道理，才造成的恶果。

春秋时代，卫国有一个大王叫石碏，他有一个儿子叫石厚，在朝为官，多行不义，石碏大义灭亲，为维护国家的利益和道义，亲自派人将石厚杀了。

他根据自己的切身体会曾进谏卫庄公说："臣闻爱子，教之以义方，弗纳于邪。骄奢淫佚，所自邪也，四者之来，宠禄过也。"（选自《春秋左传·隐公三年》）

司马光引用石碏的这段话是说，"我以为父母爱子女，必须教之以正理正道，不能眼看着他走邪路"。有的人之所以骄奢淫逸，走上邪路，完全是父母过分溺爱的结果。司马光告诫父母们："夫爱之当教之使成人。"是说父母若是真正地爱孩子，就应当设法把他们培养成品德高尚的人，不能只爱而不教育。

司马光举出许多有远见卓识、爱而知教、教之以方的父母的例子。

比如，孟轲的母亲对孟轲从小就爱而知教，严格要求、严格教育；汉朝丞相翟方进小时候家境贫寒，母亲为教子成才，随儿子到长安（今西安市），以织草鞋赚钱供儿子求学进取；唐朝赵武孟从小不好好读书，好游荡，每天都外出打猎，打来猎物就送给母亲。母亲看他不务正业，很是伤心，对他说："你这样成天游荡，不去读书，你长大了我有什么指望呀！"并且从来不享用他打来的猎物。赵武孟深受刺激，后发愤读书，终于成才。唐朝大臣李景让，其母对他严格要求，在他做了大官、头发已经斑白时，在政务中若有小过，其母还会殴打他，在母亲的严格教育下，他一生为官"终日常兢兢业业""简素寡欲，门无杂宾"，很受人尊敬。晋朝陶侃在做县太令时，凭借职权将官家鱼塘之鱼遣人送给母亲，以示孝敬，其母将鱼原封不动地退回，并写信狠狠批评了儿子化公为私。在母亲的教育下，陶侃一生为官清廉，备受称道。战国时期齐国大臣田稷子，为官期间收受部下贿赂2000两黄金，送给母亲，以示孝敬，母亲非常生气，责令他去皇帝那里认罪，请求处罚，田稷子遵照母亲的意旨去请罪。皇帝得知田母如此深明大义，不但没有处罚田稷子，还奖赏了教子有方的田母。

为了避免父母出现娇惯溺爱孩子的现象，司马光强调父母对待孩子的态度不要过分亲昵，要保持一定的距离。在和孩子的接触中，要保持一定的分寸。他告诫父母："心虽爱之，不形于外，常以严庄莅之，不以辞色悦之也。"

司马光非常赏识孔子教育儿子伯鱼的态度。他说，据《论语》记载，孔子有一个学生叫陈亢，怀疑孔子教育儿子要比教育学生特别一点。有一天，他问孔子的儿子伯鱼："你听到过夫子对你有什么特殊的教育吗？"伯鱼说："没有啊。有一次遇到父亲，问我学诗没有。我说没学。父亲对我说了不学诗的害处。又有一次父亲问我学礼没有。我说没学。父亲又说了不学礼的害处。除此以外，没有别的。"陈亢听伯鱼这么一说，很感慨地说："我问了一个问题，得到了三个收获：一是知道要学诗，二是知道要学礼，三是还知道了圣人对儿子没有亲教，而是'远其子也'。"

司马光对孔子的做法解释说："远者，非疏远之谓也，谓其进见有时，接遇有礼，不朝夕嘻嘻亵狎也。"是说孔子"远其子"，并不是疏远儿子，而是在和孩子的接触中讲究尺度、分寸，有章法，而不是过分亲昵，没有界限。

司马光又引用颜之推的话说："父子之严，不可以狎；骨肉之爱，不可以简。简则慈孝不接，狎则怠慢生焉。"这是说，过分严厉，孩子会不尊重父母；而过分亲昵，则容易使孩子行为放肆。因此，他主张父母对孩子应严明而慈祥，这样就可以有效地避免娇惯溺爱。

（四）不要"遗之以利"，要"遗之以德"

家庭里的祖辈人给子孙遗留什么样的"遗产"，是物质的，还是精神的？这是两种不同的家庭教育观念，其教育后果也截然不同。司马光在《温公家范》卷之二中专门论述了这个问题。

人到老年，往往想得最多的是子孙后代的事。司马光说："为人父祖者，莫不思利其后世。然果能利之者，鲜矣。"是说做祖父母的人，都想为子孙后代谋利益，为的是让子孙后代生活得更好。然而，真的对子孙有益处的，却是极少。

为什么这样说呢？司马光说，做祖父母的尽一切努力为子孙积攒财产，"田畴连阡陌，邸肆跨坊曲，粟麦盈囷仓，金帛充箧笥。慊慊然求之，犹未足；施施然，自以为子子孙孙累世用之，莫能尽也"。这是说，给子孙积攒大量土地、房产、粮食、金银财宝，总嫌不多，企图使子孙后代总也吃不完、花不尽。然而，这些做祖父母的人却不知道“以义方训其子，以礼法齐其家”，如果不去兢兢业业地治家教子，结果会怎么样呢？往往是几十年辛辛苦苦、省吃俭用、好不容易积攒的财产，“而子孙于时岁之间，奢靡游荡以散之”，时间不长就被子孙后代挥霍殆尽。

子孙后代不仅不念其祖父母之好，反而讥笑祖父母太傻，不知道自己享受；也有的子孙继承了祖父母的大批财产后，还不满足，却埋怨祖父母吝啬，“无恩于我”，从而虐待祖父母。

在祖父母健在，尚得不到财产时，有的子孙就偷窃家中财产，以满足私欲；不能偷窃的，就擅自去借债挥霍，等到祖父母死后得到财产再去偿还债务。也有的为了早一点得到遗产，就怕祖父母长生不老。更有甚者，迫不及待地要继承遗产，祖父母生病，不给治疗；极个别的还有在药里埋了毒的，毒害祖父母致死。“所以利后世者，适足以长子孙之恶，而为身祸也。”这是说，像这样只知为子孙后代积攒财产而不知教育子孙的祖父母，积攒的财产越多，就越助长了子孙后代变坏，而且自己也深受其害。

司马光举例说，有一位士大夫，其祖先是“国朝名臣”“家甚富”。然而，这位士大夫却特别吝啬，“斗升之粟，尺寸之帛，必身自出纳，锁而封之”。白天把钥匙带在身上，晚上则压在枕头下边，钥匙从不撒手。后来，这位老人得了重病，不省人事，趁此机会，他的子孙把钥匙偷了出来，“开藏室，发箧笥，取其财”。

当老人苏醒以后，心里首先惦记的是那保管家财的钥匙，伸手一摸，看钥匙不见了，一急之下便死去了。他的子孙们此时没有一个人痛哭，却纷纷争抢家财，连没有出嫁的姑娘也吵吵闹闹，“以争嫁资”，闹得乡亲邻里无不耻笑。之所以出现这种情况，“盖由子孙自幼及长，惟知有利，不知有义故也”。

司马光说：“夫生生之资，固人所不能无。然勿求多余。”对子孙不加教育，“虽积金满堂”，也不会对子孙有什么好处。一心一意“多藏以遗子孙”，是很愚蠢的。

司马光说，同上述的祖父母相反，圣贤之人从来不是“遗子孙以利”，而是“昔者圣人遗子孙以德以礼，贤人遗子孙以廉以俭”。是留给子孙以德、礼、廉、俭等好的风尚、品德。

当初，舜从平民百姓成为一国之帝王，“子孙保之，享国百世而不绝”，都是由于他留给子孙以传统美德。周朝自文王至武王“能子孙承统八百余年”，一直兴盛不衰，完全是由于历代帝王都“积德累功”“言丰德泽，明礼法，以遗后世”。因此，司马光主张为人祖者，应当遗子孙以“义”，而不要遗子孙以“利”。

司马光还介绍了许多贤明的为人祖者，以供后人效法。

春秋时期，楚国宰相孙叔敖临死之前对儿子说：“皇帝要分封良田给我，我没有收。我死后，皇帝还会分封给你良田，你也不要收。”孙叔敖死后，皇帝果然要“以美地封其子”，其子遵父嘱，婉言谢绝，历来被传为佳话。

汉朝皇太子的老师疏广，年老退休回家，皇帝赐给他黄金 20 斤，太子又送他黄金 50 斤。回家后，疏广每天都摆宴席，宴请乡亲、邻里、朋友、故旧，花去许多钱财。子孙希望能得到一些财产，就托一老人劝说疏广给子孙留下一些，置些产业。疏广说：“我不是不想着子孙。我是说，我家现有的田产，只要子孙能勤劳经营，就足以满足他们的衣食住行之需，能维持一般人家的生活水平。如果再给子孙多留遗产，使之不劳而获，实际上是在教子孙们懒惰。常言说：‘贤而多财，则损其志；愚而多财，则益其过。’我死后，愿意给子孙留下美德，不愿留大批财产而助长他们的过错。”疏广很有远见。

南唐时德胜军节度使兼中书令周本，从来都是“好施乐助”。有人劝他说：“你年事已高，应当多少留点遗产给子孙呀。”周本说：“我穿着草鞋跟随武王打天下，现位居将相，这是谁留给我的？”他是希望子孙学习他的奋斗精神。

南唐时涿郡太守杨震，为政清廉，生活简朴，教子有方，子孙生活也朴素，同老百姓一样。朋友劝其为子孙置办些产业，杨震不肯。他说：“使后世子孙成为清白吏子孙，把清白家风留给子孙，这比什么遗产都丰厚！”其见解非常深刻。

宋仁宗时的宰相张文节，做宰相期间，生活朴素，“所居堂室，不蔽风雨，服用饮膳，与始为河阳书记（做小官）时无异”。有的亲戚对他说：“你身为一国之宰相，俸禄很多，可你却如此俭朴。在外人看来，你这样做并不是什么清俭之美德，而认为你是装穷。”张文节却不以为然。他说：“我今日为宰相，不能说俸禄不多，也不是不够享用。常言说：‘由俭入奢易，由奢入俭难。’我的俸禄不可能永远这么多，一旦我的俸禄减少了，一家人已经习惯于豪华奢侈的生活，很难一下子适应较清贫的生活，那时家人会在精神上经受更大的磨难。现在我让全家人过俭朴的生活，将来我过世以后，他们会生活得很好。”人们都称赞张文节深谋远虑，有远见卓识。

司马光高度评价上述为人祖者说，“此皆以德业遗子孙者也”，值得后人效法。

司马光不仅从道理上论述了遗子孙以德、以义的重要意义，并大力提倡这种美德，而且身先士卒，以俭朴的美德教导自己的子弟。他曾专门为其子司马康撰写了《训俭示康》这一有名的家训。在家训中，他以司马家族世以清白相承的家风、他自己俭朴的生活态度和古代圣人以俭为美的道德观念教育儿子，希望儿子司马康继承和发扬中华民族俭朴之美德，告诫司马康“以俭立名，以侈自败”的道理，而且要求司马康将俭朴家风世代传承下去。他对其子说：“你不但自身应当俭朴，而且还应当教训你的子孙，使他们继承我家先辈俭朴的家风。”

四、对司马光家庭教育思想的评价

司马光并不是一位教育家。他之所以如此重视家庭教育问题，是因为他充分认识到家庭和国家、社会发展的密切关系，他的这种认识是相当深刻的，足见司马光具有敏锐、深邃的政治眼光，不愧为一位伟大的政治家。

从司马光对家庭教育诸问题的见解和论述中，可以清楚地看到，他的教育思想未超出儒家思想的范畴。他一方面继承了儒家的伦理道德观念，另一方面也继承和发扬了中国家庭教育理论的优良传统，尤其受颜之推家庭教育思想的影响。然而，司马光的家庭教育理论，比颜之推的家庭教育理论更为深刻，从某种意义上说，又进一步发展了中国传统的家庭教育理论，比如“慎在其始”的思想，“习其目端正”的主张，“遗子孙以德”的见解，等等。而且，司马光对这些家庭教育理论问题的论述，摆事实、讲道理，论述深刻、说明透彻。特别引人注意的是，他列举了中国古代许多教子有方的典型事例，使读者学有榜样，给人留下了极为深刻的印象。

另外，《温公家范》的写作体裁也有独到之处，司马光根据家庭长者的地位和与子孙的关系不同，分别论述了祖、父、母在教导子孙时应当特别注意的问题，并且针对每位长者的特定位置、身份加以具体指导，这很符合一般家长的实际需要。这种指导家庭教育的方法是很有益于家长教育子孙的实践的，对于今人编写家庭教育教材也是很有启示的。

本节引用文献：

[1] 司马光：《温公家范》。

[2] 刘向：《列女传·周母三室》。

[3] 颜之推：《颜氏家训》。

[4] 左丘明：《左氏春秋》。

第四章

袁采的家庭教育思想

第一节　袁采与《袁氏世范》

在中国古代众多的家训中，仅次于《颜氏家训》的是袁采的《袁氏世范》，被后人称为“《颜氏家训》之亚”。

袁采，字君载，衢州（今属浙江）人。南宋孝宗隆兴元年（1163年）以会试第三登进士第，曾为乐清、政和县令，以廉明刚直著称。官至监登闻鼓院。著有《乐清志》《政和杂志》《县令小录》等，今皆不传。

袁采自小受儒家之道影响，以儒家的“修”“齐”“治”“平”等信条来砥砺自己，颇有长进，才德并佳，时人称其为“德足而行成，学博而文富”。

步入仕途后，袁采颇能以儒家之道理政；而且，为官一任，他很重视教化一方，时人赞之“爱人之政，‘武城弦歌’不是过矣”。

在他任乐清县县令时，感“昔子思论中庸之道，其始也，夫妇之愚皆可与知，夫妇之不肖皆可能行”。于是，想撰写一书以“厚人伦、美习俗”。

袁采认为，当时老师、宿儒们的语录，议论过于精细，即使是专门的学者，如果“所造未至”，就是勤诵深思，也理解不了；中人以下，就更不必说了。小说之类虽较浅近，但对以正名定分为主要内容的礼教来说，却没有多大的裨益。有人撰写了家训，以戒示子孙，但也存在着内容不甚全面详细和流传不广的弊病。作者正是为了弥补这些方面的欠缺，才决定撰写此书的。

袁采撰写此书，希望达到以下目的：一是让“中人以下”的人也能读懂；二是要有益于名教；三是内容详尽，大众都能从中汲取养料，不只是教袁氏一门子弟。

《袁氏世范》初名《俗训》，著于宋孝宗淳熙五年（1178 年）。作者昔日的太学同舍生、刚刚上任的隆兴府通判刘镇为此书作序。他通读此书，发现此书义理精微，“敦厚而委曲，习而行之，诚可以为孝悌，为忠恕，为善良而有士君子之行矣”。认为此书不仅“可以施乐之清”，而且“达之四海可也”；不仅“可以行之一时”，而且“垂诸后世可也”。于是，建议将此书改为“世范”，即《袁氏世范》。

但刘镇也只是说：“而欲目是书曰《世范》，可乎？”似乎是“建议”，当时并没有改定。旧本在刘序之末，有袁采一跋，在介绍更改书名的情况时，这样说：“同年郑公景元，贻书谓余曰：‘昔温国公（指司马光）尝有意于是，只以《家范》名其书，不曰‘世’也。若欲为‘一世之范模’，则有箕子之书在。今恐名之者，未必人不以为谄，而受之者或以为僭，宜从其旧目。’此真确论，正契余心，敢不敬从。且刊其言于左，使见之者知其不为府判刘公之云云而私变其说也。采谨书。”

由此可见，作者最初并没有用《世范》这一书名。在刘镇提出之后，他也谦虚地没有接受。宁宗绍熙（1190 年）时，此书付刊，作者虽认为刘镇所命《世范》一名“似过其实”，但“三请易之不听”，也不好，“遂强从其所云”。最早印版，用的正是《世范》这一名称。

《袁氏世范》一经写成，就获得了人们很高的评价，并很快广为流传开来。成编后尚未刊行，“假而录制者颇多”。由于抄袭的人太多，作者“不能遍应”，这才锓木（刻板）付梓，以广为流传。

袁氏子孙更视之为“吾家故物”，大力宣扬。如明朝的袁表，说它“皆吾人日用常行之道，实万世之范也”。袁褧也说：“书中皆修齐切要之语，诚余家所当世范也。”清朝的袁延梼则说：“其言约而赅，淡而旨，殆昌黎所谓其为道易明而其为教易行者耶？”

清代学者杨复吉说它各项内容，“大要明白切要，使览者易知易从。俗训云乎哉？即以达之四海，垂之后世，无不可已。”“微特袁氏所当世宝，抑亦举世有心人亟奉为典型者也”。《袁氏世范》一书影响之广，以致人们一直视之为“《颜氏家训》之亚”。

此书意在训俗，是为着不识字或少识字的大众所写，因此作者力求明白切要，使读者易懂易行。正因为语言通俗易懂，旧时家塾也往往将其用作训蒙之书，这就更扩大了它的流传度。旧时在农村流传极广的通书，如《新编群书类要事林广记》之类，也曾节取其内容编入。至于各种丛书本，更是历代不乏，如明代陶宗仪所辑的《说郛》、明朝沈节甫所辑的《由醇录》、陈继儒所辑的《宝颜堂秘籍》、钟人杰和张遂辰合辑的《唐宋丛书》，以及清代的《四库全书》《知不足斋丛书》《西京清麓丛书》《津河广仁堂所刻书》《青照堂丛书》等，都收录有此书。其影响之大，流传之广，确乎可与《颜氏家训》相伯仲。

《袁氏世范》共分上、中、下三篇，即“睦亲”“处己”“治家”。每一篇内又分数十则，内容非常丰富。该书内容多涉及读书、修身、敬业、重贤、尊老爱幼，治家理财、人伦之道、处世之道等多方面，反复详尽。可以说事无大小，无不一一解析告诫，娓娓道来，如话家常。其目的是营造一种和睦安宁的家庭氛围和社会氛围。

其实，能做到这一点天下就承平无事了。因此，《袁氏世范》全书虽不大谈为政治国之道，只就“睦亲”“处己”“治家”三门而论，却对为政治国有很大的作用。

全书虽然以儒家之道为依据，却也思想开明，富于哲理。

袁采认为，人性是影响一切的重要因素。无论修身、齐家还是处事，必须首先看到每个人的个性，要承认人的个性差异，并尊重这种客观存在，“性不可以强合”，人性有缓急、刚柔、轻重、收放、动静、大小之分，若必欲强合必导致纷争和不和睦，所谓“江山易改，本性难移”就是这个道理。即使是最亲的父子兄弟之间，若做父兄的不通情悟理，而要求子弟“惟己是听”，也会产生不和之情，甚至终身失欢。

同样，做子女的见到父母有了错误，要耐心给予改正的时间，才不失尊重长辈的美德。这些见解出自一个生活在封建礼教社会而又身为朝廷命官的人，不能不说是思想之开明了。在“恶事可戒而不可为”这一节里，他说：见人做不好的事而不成，这是“天之所爱”，终无后患，更不用怨天尤人；见人做不好的事而称意，不用羡慕，那是“天之所弃”，待其积恶深厚才重重处罚，不在其身就在其子孙。这些见解都颇富哲理，意味深长。

《袁氏世范》也具有一定的超前意识，即对某一问题不停留在已有的成见，而善于用发展的眼光去分析和看待。他在“子弟当谨交游”一节里，批评世人唯恐子女年幼，血气未定而在外面沾染恶习，就禁止出门，断绝交游，结果反而将子女变成了愚昧无知、不近人情的人。

袁氏认为，年轻人“情窦初开，如火燎原，不可扑灭”，即使关在家中，也会因为无所用心而密为不轨之事，因而作为家长应因势利导，让其选择时间外出，有条件地交游，增长见闻，自然也就能识破善恶黑白。纵然稍染恶习，也不至于愚昧而不近人情，全为小人操纵。这对今天的家庭教育也很有借鉴意义。

在另一节里他又谈道，“人生世间，自有知识以来，即有忧患不如意事”，即使大富贵之人，天下之仰羡以为神仙，而其不如意处各自有之，与贫贱人无异。只是其所忧虑之事异耳；而且，“人无足心满意者，能达此理而顺受之，则可少安”。这些内容不仅在当时，就是在今天也可以将其作为人们立身处世的信条。

《袁氏世范》内容实际，近于人情，前人说读《袁氏世范》如同事在眼前，不觉得半点说教，堪称“其为道易明，而其为教易行者也”。如“父母不可妄憎爱”里讲：人之有子，多在儿时爱得忘其丑恶，任其所求，任其所为，无故叫喊，不知禁止，而归罪于保姆；欺侮别的孩子，不知警告，也归罪于他人。日积月累，养成恶习。孩子长大，父母的爱有所淡薄，一遇孩子做错事或不合己意，便愤怒不止，在亲朋面前历数其错，并加罪名为“大不孝”，弄得孩子灰心丧气。父母须知“教子当在幼时”，幼而分辨是非，长则无作恶之患；幼而遵守礼节规矩，长则无悖慢之心。孩子大了，违背己意，也不可深憎之。“大抵所爱之子孙未必孝，有的早亡。而晚年之依托及身后葬、祭，多是所憎之子孙。世上常有此事，请以他人之已验之事观之”。

诸如此类的事都好像发生在自己身边，所以读起来往往有袁氏不愧为“留心风化之士”的感叹。

全书文字通俗，语言文白相间，稍有文化的人都能读懂此书。文风朴实无华，然一字一药，堪称金玉良言，足以警醒世道人心。《传世名著百部》收录此书，其目的是让广大读者通过阅读此书，取其精华，特别是取其对我们这个时代和社会有用的东西，身体力行，必定能营造出良好的家庭氛围和社会氛围，推动社会主义精神文明的发展和进步。

《袁氏世范》所训诫的对象是整个袁氏家族的人，不完全是针对未成年人和教育未成年人所写的。但它在中国家庭教育思想发展史上，也应当有一席之地。

第二节　“《颜氏家训》之亚”——《袁氏世范》

一、家庭教育的五大原则

《袁氏世范》所训诫的对象，有未成年人，也有成年人。其中，也有专门对已经做了父母的家庭成员进行的训诫，即告诫他们如何做父母，如何教育子女。

（一）父母不可妄憎爱

父母正确地爱子女，是教育好子女的前提，然而，父母往往不懂得如何正确地爱自己的子女。这里的“妄”字，就是胡乱的意思，“妄憎爱”，即胡乱疼爱，胡乱憎恶，随意性太大，爱憎都没有章法。

袁采首先指出，父母对子女的态度容易发生的第一种偏向是“曲爱”。“曲”，即弯曲，与直相对，引申为不公正、不合理。“曲爱”可以说是不公正、不正确、过分的爱，就是指娇惯溺爱。他说：“人之有子，多于婴啼之时，爱忘其丑，恣其所求，恣其所为，无故叫号，不知禁止，而以罪保姆。凌轹同辈，不知戒约，而以咎他人。或言其不然，则曰小未可责。日渐月渍，养成其恶，此父母曲爱之过也。”

这意思是说，在孩子小时候，由于父母太爱自己的孩子，往往对孩子的缺点视而不见，放任自流，有求必应，百依百顺，任其为所欲为，从不加管教。孩子吵吵闹闹，父母不加禁止，而是怪罪保姆。孩子欺负别人，也不管教自己的孩子，反而把责任推给别人，说是别人的不对。若是有人指出，父母不能这样纵容、放任孩子，父母则说：“孩子还小，不懂事，不能管得过严。”在父母这种思想的娇纵、庇护之下，久而久之，孩子就会养成许多坏毛病，这完全是由于父母娇惯溺爱的过错所造成的后果。

紧接着，袁采又指出，父母对子女态度容易发生的第二种偏向，与第一种态度恰恰相反，那就是“妄憎”，也就是过分地憎恶。他说：“及其年齿渐长，爱心渐疏，微有疵失，遂成憎怒，摭其小疵，以为大恶。如遇亲故，妆饰巧辞，历历陈数，断然以大不孝之名加之，而其子实无他罪，此父母妄憎之过也。”

这意思是说，随着子女年龄一天天增长，父母对子女的爱心也日渐淡薄。子女的言行稍有过失，父母就大发雷霆，抓住一点小的毛病就大做文章，吹毛求疵，任意夸大。如有亲戚朋友到家里来做客，则是捕风捉影，无中生有，添油加醋，把子女说得一无是处，数落个没完没了，硬说子女是大逆不道。其实，子女并不像父母所说的有那么多、那么大的过错，完全是父母对子女过于苛刻所致。

我们说，父母对子女爱和严都是应该的。但是，正如袁采所指出的那样，父母的爱和严往往失之过分。小时候，父母往往过分地爱；长大了，又往往过分地苛刻。这种“曲爱”和“妄憎”的现象，在许多父母身上都存在。这都是不正确的态度。

袁采告诫父母：“子幼必严以待，子壮无薄其爱。”就是说，子女小时候，父母要予以关爱，但不要娇惯溺爱，要严格要求；子女长大了，要严格要求，但也不要完全丧失爱心，过于苛刻。应该避免两种不正确的态度。袁采主张父母对子女爱和严都要一以贯之，不能前后矛盾，更不能走向两个极端。

（二）教子当在幼

父母对子女的教育，应当及早实施，若不及早实施，则很难避免子女走上邪路。袁采说：“人有数子，饮食衣服之爱，不可不均一；长幼尊卑之分，不可不严谨；贤否是非之迹，不可不分别。幼而示之均一，则长无争财之患；幼而教之以严谨，则长无悖慢之患；幼而教之以是非分别，则长无为恶之患。”

这意思是说，如果家里有几个孩子，父母在饮食、穿衣方面的关爱，不能偏心，应一视同仁；家庭里的尊卑长幼之礼，不能不教孩子严格遵守执行；是非善恶的行为，不能不教孩子分辨。

孩子小时候，父母能一视同仁，不偏憎偏爱，孩子长大了就不会发生争夺家产的现象；孩子小时候，父母及早教他们懂得尊卑长幼之礼，长大了就不会发生违背伦理道德的行为；孩子小时候，能及早教他们分辨是非善恶，长大了，就不必担心他们去做恶事。袁采这是在告诫父母，早期教育是人生中的基础教育。基础打好了，长大以后就会避免孩子走上邪路。

袁采联想到当时中国家庭教育的实际情况，不免有些担忧。他说：“今人之于子，喜者爱其厚，而恶者其爱薄，初不均平，何以保他日无争？少或犯长，而长或陵少，初不训责，何以保其他日不悖？贤者或见（被）恶，而不肖者或见爱，初不允当，何以保其他日不为恶？”

他是说，现在父母对待孩子，喜欢的就过分地关爱，而厌恶的就爱不起来，小时候偏爱偏憎，不能一视同仁，怎么保证他们日后不发生矛盾？孩子们小的时候，或是小的对大的没有礼貌，或是大的欺负小的，父母看到了也不加管教，怎么能保证他们长大了不做违背伦理道德的事？品行好的孩子，父母厌恶，而品行不好的孩子，父母却很喜欢，孩子小时候，父母没有正确的评价和态度，是非不分，黑白颠倒，怎么能保证孩子日后不做恶事？

袁采在这里反反复复论证的是，父母要懂得抓好早期家庭教育的重要性。中国有句古语：“差之毫厘，失之千里。”孩子小时候的教育，即或是有很小的偏颇，长大之后，也很有可能在行为上发生严重的问题。家长一定要特别重视孩子的早期家庭教育，并且要特别慎重。

（三）父母和子女要相互理解

袁采指出了家庭中的一种司空见惯的现象：在同胞兄弟姐妹中，年龄大的常常被父母讨厌，而年龄较小的则往往被父母所疼爱。这是什么道理呢？他说，自己曾经认真思考过这个问题，大概是这种原因：孩子在一两岁的时候，天真活泼，聪明伶俐，自然招人喜爱。就连别人都很喜爱，更何况父母，哪能不喜欢呢！到了三四岁，以至五六岁的时候，孩子往往变得任性，好吵吵嚷嚷的，有时候还损坏东西，胆大妄为，经常捅娄子、闯祸，这一切都让人讨厌。而且孩子还很固执，不听从管教。所以，父母非常厌恶，甚至憎恨。

就在大孩子让父母讨厌的时候，正是小弟弟、小妹妹招人喜欢的时候，父母自然便将爱的重心转移到了小弟弟、小妹妹身上，而且是特别地爱。因此，父母的憎爱之心，就分别反映在对不同年龄孩子的态度上。当最小的孩子长到让人讨厌的年龄，父母不再生育了，再也没有使人疼爱的小孩子了，父母的爱心无处转移，于是，便始终爱那最小的孩子。一般的规律，就是这样。

袁采在描述了上述情形以后，首先对做儿女的说：“为人子者，当知父母爱之所在，长者宜少让，幼者宜自抑。”是说做儿女的应当理解父母爱心的置放点，年龄大的子女对小弟弟、小妹妹要谦让一点，年龄小的弟弟妹妹，要注意克制自己的行为，不要过于放任。

尔后，袁采又对做父母的说：“为父母者，又须觉悟，稍稍回转。不可任意而行，使长者怀怨，幼者纵欲，以致破家可也。”是说父母要反省自己，认识偏爱偏憎的危害，注意纠正偏向，调整对孩子的态度。不要一意孤行，免得让大孩子怨恨，让小孩子放纵自己，把一个好端端的家庭弄得四分五裂。

父母对子女的态度，直接影响着教育子女的效果。被偏爱的孩子，会由于家长的纵容变得言行放纵；被偏憎的孩子，往往会由于父母的厌恶而怀恨父母，从感情上不乐于接受父母的教导。

要解决这个问题，父母和子女双方要共同努力，子女首先要理解父母，不要怨恨父母；父母也要反省自身，尽量做到对子女态度一致、一视同仁，不要由着父母的性子行事。在这里，袁采希望父母子女之间要相互理解。他的这种主张很有点民主、平等的意味。

（四）要尊重子弟的个性

古人说：“家和万事兴。”中国人向来十分重视家庭的和睦团结，把家庭是否和睦团结，视为关系到家族兴衰的大事。袁采说：“人之至亲，莫过于父子兄弟。”而在家庭里，父子兄弟出现不和睦，往往不是由于父母对子女要求太高，责备过切，就是由于兄弟之间争夺财产，各不相让。

袁采指出，人的脾气禀性天生是不同的。他说：“盖人之性，或宽缓，或褊急；或刚暴，或柔懦；或严重，或轻薄，或持检，或放纵，或喜闲静，或喜纷拏；或所见者小，或所见者大，所禀自是不同。”意思是说，人的禀性，有的性子急，有的性子慢；有的刚强，有的软弱；有的喜欢清静，有的喜欢热闹；有的见识少，有的见识多。总之，人的天生禀性是千差万别的，做父兄的应当充分认识到这一点。

如果做父兄的认识不到这一点，做父母的非要强制子女合乎自己的禀性，做兄长的非要弟弟妹妹符合自己的禀性；但做子女的、做弟弟妹妹的，不见得与父兄的禀性相吻合，他们的所作所为更不见得合乎父兄的要求和希望。这往往是造成家庭不和睦的根源。

况且，遇到一件具体的事，有的认为是对的，有的认为是错的；有的以为应当先做，有的认为应当后做；有的主张要急办，有的认为可以缓行，这是日常生活中经常发生的事。如果大家都各持己见，都希望对方服从自己的意见，必定会引起争论。一次争论，未分出胜负，一而再，再而三，甚至争论十多次，争来争去，争论不休，于是，父子兄弟之间的隔阂便由此而生，弄不好会造成终生不和。

袁采说，假如做父兄的能明白这个道理，“为父兄者通情于子弟，而不责子弟之同于己。为子弟者仰承于父兄，而不望父兄惟己之听。则处事之际，必相和谐，无乖争之患”。即做父兄的理解子弟，尊重子弟的个性，不强制子弟服从自己；做子弟的尊重父兄，不奢望父兄全听从自己的意见。这样处理问题，相互之间的关系必定会和谐，就不会发生违背情理的争吵了。

袁采还指出，自古以来，人们的道德水平有高有低。一个家庭的人也是如此，有的人品行不大好，可又是不可能很快改正的。怎么办？人们应持宽怀容忍的态度，不要操之过急。

袁采承认每个人都有独特的禀性，这是一种唯物的观点。特别是在封建家长制、“三纲五常”伦理道德盛行的时代，他主张父子、兄弟之间要互相理解，相互尊重，对人采取宽怀容忍的态度，不主张父母、兄长强制儿女、弟妹服从自己的意志，这种思想具有进步意义。

有这样一个成语：“通情达理”，是说“情通”，“理”才能“达”。孟子说：“敬人者，人恒敬之。”（《孟子·离娄章句下》）尊重别人，才能受到别人的尊重。教育者和受教育者之间能够沟通、理解和相互尊重，是顺利进行教育和取得理想教育效果的重要前提。

（五）要以身作则

古代中国家庭的规模很大，兄弟们长大了，成家了，也不会分家单过。在一个大家庭中生活，长辈的以身作则，就显得更为重要。袁采说，人们对于自己的孩子，个个都喜爱，这是人之常情。而在兄弟之间，则往往发生矛盾，出现不和睦的现象。孩子们受父辈的影响，也往往对叔叔、伯伯不尊重。正所谓“上梁不正，下梁歪”。

袁采谆谆告诫做了父亲的人说，你们兄弟，都是你们父亲的儿子；自己的儿子们，也是同胞兄弟。你们做父亲的一辈人不和睦，将来你们的儿子辈人，就会效法你们，也会像你们这样不和睦。你们这些父辈人做得不好，能管得了儿子辈的人吗？儿子辈如果不尊重叔叔伯伯，也会不孝敬自己的父亲，这完全是家庭生活环境浸染积习的结果。

因此，袁采指出：“故欲吾之诸子和同，须以吾之处兄弟者示之。欲吾子之孝于已，须以其善事伯叔父者先之。”这是说，要想使自己的儿子辈的人将来能和睦相处，父辈人兄弟之间首先要和睦相处，给他们做出好的榜样。要想使自己的儿子孝敬自己，那么，要首先使自己的儿子尊重他们的伯父、叔父。这正是孔子所说的那样：“其身正，不令而行；其身不正，虽令不从。”（《论语 · 子路篇》）也正是孔子所说的那样：“不能正其身，如正人何？”（《论语 · 子路篇》）

袁采列举兄弟和睦的例子，论述父兄以身作则在教育子弟中的重要作用，很具有说服力。袁采的观点很明确：父兄以身作则，这本身就是一种教育；同时，也只有父兄能够以身作则，才具有教育子弟的资格和主动权，才能取得理想的教育效果。

二、家庭教育的内容——“睦亲”“处己”“治家”

袁采的《袁氏世范》中所列举的家庭教育内容主要包括三部分：一是“睦

亲”，二是“处己”，三是“治家”。（详见第76页附：《袁氏世范》目录）

所谓“睦亲”，说的是家庭和睦；所谓“处己”，说的是个人道德修养；所谓“治家”，说的是治理家庭的章法。

从总体上看，袁采所列举的家庭教育内容非常广泛，也十分丰富，所主张的家庭教育内容，主要是在思想道德教育范畴。

（一）人不可不孝敬父母

《袁氏世范》首先告诫子弟，一定要孝敬父母。为什么呢？

因为我们每一个人从小到大都得益于父母真诚的爱抚、无微不至的关怀和舍身忘我的保护。袁采说：“人当婴孺之时，爱恋父母至切。父母于其子婴孺之时，爱念尤厚，抚育无所不至。”之所以如此，“盖由气血初分，相去未远，而婴孺之声音笑貌，自能取爱于人”；另外，“方其子初脱胎卵之际，乳饮哺啄，必极其爱，有伤其子则护之，不顾其身”。

孩子小时候非常爱恋父母，父母也关爱孩子，可以说是无微不至。原因是，孩子刚刚脱离母体，气血相连，孩子天真活泼，讨人喜欢；孩子刚刚生下来，不能独立生存，一切都要依靠父母提供，父母不顾一切地保护孩子的安全。不仅人是如此，就连飞禽走兽、微小的生物亦是这样。

飞禽走兽长大之后，能够独立生存，“则母子不相认识”，那是因为它们是动物，不具备人的情感。而作为人，由于是高等动物，绝不能像低等动物那样。做儿女的，时时刻刻都要想到，“父母于其子幼时，爱念抚育，有不可以言尽者”，那种爱抚子女之情是难以用语言表达的。袁采告诫子女们，父母对子女“尽其慈”，子女理应对父母“尽其孝”，即或是“终身承欢尽养，极尽孝道，终不能报其少小爱念抚育之恩”。

那么，假如有人不孝敬父母怎么办？袁采说：“凡人之不能尽孝道者，请观人之抚育婴孺，其情爱如何，终当自悟。”他是说，让那些不孝敬父母的人，去亲眼看一看年轻父母是怎样抚育、关怀、体贴、照料自己的孩子的，他们就会从中领悟到，为什么要提倡儿女应当孝敬父母的道理。

袁采还用天地养育万物来比喻父母养育子女。他说，人们为了感激天地养育万物之恩，“有对虚空焚香跪拜，或召羽流斋醮上帝”，不管采取什么形式祭祀供奉，最多只能报答“万分之一”的养育之恩。以此推理，对自己父母的养育之恩，无论怎样孝敬都不为过。

（二）人贵忠、信、笃、敬

袁采告诫子弟，对人能做到忠、信、笃、敬，就可以取得乡亲邻里的敬重。他说：“言忠信，行笃敬，乃圣人教人取重于乡曲之术。”

何谓“忠”“信”“笃”“敬”呢？袁采分别做了详细的解释：

“忠”——“盖财物交加，不损人而利己；患难之际，不妨人而利己，所谓忠也。”即在面对物质的利害关头，不见利忘义，不为自己占便宜而损害别人的利益；在遇到危难时，不以邻为壑，不为保全自己而嫁祸于人，这就是“忠”。

“信”——“不所许诺，纤毫必偿；有所期约，时刻不易，所谓信也。”即交往要做到言而有信，答应了的事就要兑现；与人约会，要守时守信，不能失约，这就是“信”。

“笃”——“处事近厚，处心诚实，所谓笃也。”即与人交际，要亲近厚道，实实在在，不虚情假意，这就是“笃”。

“敬”——“礼貌卑下，言辞谦恭，所谓敬也。”即与人交际，要谦虚谨慎，尊重别人，这就是“敬”。

袁采指出，能做到忠、信、笃、敬四个方面，就会处处受到尊重。在这四者之中，他认为“笃”最重要，也最难做到。因为“笃”是言行一致，表里如一，这是最高尚的道德修养。

说到忠、信、笃、敬四种修养，袁采指出，要首先自己做到、做好，然后再去要求别人，绝不能“在已者未尽而以责人”。就是说，自己尚未做到、做好，却用这种道德标准去要求别人，那是不行的。他说，当今能自觉地用忠、信、笃、敬的道德标准要求自己的人，相当稀少；而用这种标准要求别人的人，却大有人在。这是很不正常的现象。

袁采告诫子弟，正确的态度应当是："虽然在我者既尽，在人者亦不必深责。"就是说，即或是自己已经做得很好了，也不要过多地责怪别人。责备别人过多，会引起别人的反感，这也不是宽容豁达的人的所作所为。他的意思很明显，是要子弟以自己的行为感化别人。

（三）人不可怀慢、伪、妒、疑之心

袁采告诫子弟，在为人处世过程中，对别人常怀有傲慢之心、虚伪之心、嫉妒之心、猜疑之心的，都是自作自受，让人鄙视的人，凡是品德高尚的"盛德君子"，都不会做这种事的。

袁采对慢心、伪心、妒心、疑心的具体表现及其后果，分别进行了剖析：

"慢心者，自不如人，而好轻薄人。见敌己以下之人，及有求于我者，面前既不加礼，背后又窃讥笑。若能回省其身，则愧汗浃背矣。"这是说，怀有慢心的人，自以为比别人强，看不起别人。见到不如自己的人，或有事求诸自己的人，当面不尊敬人家，背后又讥笑挖苦人。其实，冷静思考一下，会惭愧得汗流浃背，无地自容。

"伪心者，言语委曲，若甚相厚，而中心乃大不然。一时间，人所信慕，用之再三，则足迹露见，为人所唾弃矣。"这是说，怀有虚伪之心的人，说话婉转，表面上好像对别人有多么好似的，其实，心里并不是真的对人好。交往时间短，别人还可能信任仰慕你，打交道多了，真相就会败露无遗，从而被人唾弃。

"妒心者，常欲我之高出于人，故闻有称道人之美者，则不以为然。闻人有不如己者，则欣然笑快。此何加损于人，只厚怨耳。"怀有嫉妒之心的人，总想自己高人一头，因此，听到有人称赞别人好的时候，则不以为然；听到有人不如自己时，则喜在眉梢，心中快慰。这样，对于别人并无所损，只会结怨

更深。

“疑心者，人之出言，未尝有心，而反复思绎，曰：‘此讥我何事，此笑我何事。’与人缔怨，常萌于此。贤者闻人讥笑，若不闻焉，此岂不省事！”这是说，怀有猜疑之心的人，别人说话本无什么用心，却疑神疑鬼，胡乱猜疑：这是讥笑我什么事，那是嘲笑我什么事。与别人无缘无故地结下怨恨，往往是因为疑心太重。有德行的人，即或是亲耳听到别人讥笑，都好像没有听到一样，应漠然处之。这样，怎么会自寻烦恼或跟别人结下怨恨呢？

（四）君子有过必思改

这句是说，人要严于律己，正确对待自己的过错。袁采指出：“圣贤犹不能无过，况人非圣贤，安得每事尽善？”是说圣贤之人都有过错，何况我们都不是圣贤之人，不可能每件事都做得尽善尽美、完美无缺。他说，一般人有过错，除非父兄，别人谁会去管教呢？除非平时关系不错的人，还有谁能向你提出批评、建议呢！一般不太熟悉的人，看到你有过错，只“不过背后窃讥之耳”罢了。

袁采告诫子弟：“君子唯恐有过，密访人之有言，求谢而思改；小人闻之有言，则好为强辩，至绝往来，或起争讼者有矣。”是说品德高尚的人，恐怕自己有什么过失，经常主动暗地里查访别人对自己有什么议论。听到别人的意见，则诚心诚意地感谢人家，并且主动改正。而无德行的人，听到别人指出自己的过错，则是强词夺理，极力为自己辩解。这种人不是弄得与别人断绝往来，就是和别人争吵起来。千万不要做这种人。

他提醒子弟：有的人善于颂扬我，使我听着欢喜，还不觉得是在奉承。品德不端的人就是这样做的。这种人当面奉承我，使我高兴，而在背后却偷偷地讥笑我愚蠢。要警惕啊！

他希望子弟要经常反省自己，若“能常悔往事之非，常悔前言之失，常悔往年之未有知识”，那么，就表明德行已经在不知不觉之中提高了。

袁采要求子弟做到“闻过则喜”“闻过则拜”、有过必改、反躬自问，这是很高的思想境界，难能可贵。

（五）正确对待富贵贫贱

袁采告诫子弟，生活富裕、地位显贵，不要以此而傲视乡亲邻里。他指出：“若本自贫窭，身致富厚；本自寒素，身致通显，此虽人之所谓贤，亦不可以此取尤于乡曲。”这是说，即或是靠自己的努力奋斗而由贫寒变富贵，也不应该作为傲视别人的资本。假如是靠“祖父之遗资而坐肥浓，因父祖之保任而驯至通显”，也就是说，是继承祖业而富贵，受父辈荫庇而升官，以此傲视乡亲邻里，那是非常可怜、可耻的。

对待别人的富贵贫贱，也要有正确的态度。他说，有一些无知识、无修养的人，对人不能一视同仁、以礼相待，而是以“富贵贫贱”“高下等级”区别对待。“见有资财有官职者，则礼恭而心敬；资财愈多，官职愈高，则恭敬又加焉。至视贫者，贱者，则礼微而心慢，曾（更）不少顾恤。”这是一种典型的“势利眼”习气，是要不得的。袁采说：“长厚有识，君子必不然也。”凡是有修养、有道德的人，绝不会这样行事。

他谆谆告诫子弟说：“殊不知，彼之富贵，非吾之荣；彼之贫贱，非我之辱。”你富贵，也不是我的荣耀；你的贫贱，也不是我的耻辱。为什么要以富贵贫贱为依据，对人态度不同呢？

袁采还告诫子弟，为人要诚实守信、家庭和睦、邻里团结，造桥修路要助财力、要按规定缴纳税赋，等等。

三、对袁采及《袁氏世范》的评价

《袁氏世范》对子弟的教导，较为全面地继承和发扬了中华民族的传统美德，对于子孙后代的道德要求是相当高的。不仅对子孙后代提出了要求，而且对父母也提出了要求。其中对子孙的要求，有对人、对己、对事诸方面。他不仅告诫父兄、子弟应当如何做，而且对于为什么要这样做，或为什么不要那样做，进行了深入浅出、人情入理的分析说明，很有说服力。

如果把《袁氏世范》和《颜氏家训》等家训类著作相比较，就可发现《颜氏家训》中有很多篇幅是讲学问，全书从头至尾有很多引自经传的话，有许多是对经、史文章等所做的考证，对书法、绘画、射箭、算术、医学、弹琴等方面的见识。这些充分体现了像颜之推这样的人多才多艺或博学多识的风采。《颜氏家训》向我们展示了浓重的书卷气和学术特色。

而《袁氏世范》给人的感觉是一个对人生世相似乎了然于胸的长者，把他的宝贵处世经验娓娓道来。更多地反映了宋朝士人的价值观从理想性向现实性转化，从学术上向世俗方面转化，由重理论转为重经验以及对世俗生活的指导的特点。

中国的历史典籍，以前大多是帝王将相的英雄史，后来又充斥了斗争哲学，而实际上，当时百姓的衣、食、住、行等生活的原态，反而极少涉及。《袁氏世范》这部书好在原汁原味，不仅引起了当时诸多国内学者青睐，也使袁采在隔了许多个世纪以后走向了世界。如今，在西方汉学界，袁采的著作引起了不少学者的重视，美国汉学家伊霈霞、墨子刻、约瑟夫·麦克德莫特和包弼德，都研究过《袁氏世范》。

伊霈霞将《袁氏世范》翻译成英文出版，并著有《宋代中国的家族与财产：袁采的社会生活观》一书（此书被列为《剑桥插图中国史》所附《进一步阅读书目》）；包弼德在《斯文：唐宋思想的转型》一书第一章（长篇导言）中，把《颜氏家训》和《袁氏世范》进行比较研究，以论证由南北朝到唐宋时期中国知识分子思想观念的转型。

被誉为"《颜氏家训》之亚"的《袁氏世范》，在中国家训发展史上占有重要的地位。《袁氏世范》包含丰富的家庭伦理教化和社会教化思想，在许多方面都将中国古代家庭教育和训俗的内容和方法提升到一个新的高度。研究《袁氏世范》，对我们今天的社会道德文明建设具有很好的借鉴意义。

本节引用文献：

袁采：《袁氏世范》。

附：

《袁氏世范》目录

卷之上——睦亲

1. 性不可以强合；
2. 人必贵于反思；
3. 父子贵慈孝；
4. 处家贵宽容；
5. 父兄不可辩曲直；
6. 人贵能处忍；
7. 亲戚不可失欢；
8. 家长尤当奉承；
9. 顺适老人意；
10. 孝行贵诚笃；
11. 人不可不孝；
12. 父母不可妄憎爱；
13. 子弟须使有业；
14. 子弟不可废学；
15. 教子当在幼；

16. 父母爱子贵均；

17. 父母常念子贫；

18. 子孙当爱惜；

19. 父母多爱幼子；

20. 祖父母多爱长孙；

21. 舅姑当奉承；

22. 同居贵怀公心；

23. 同居长幼贵和；

24. 兄弟贫富不齐；

25. 分析财产贵公当；

26. 同居不必私藏金宝；

27. 分业不必计较；

28. 兄弟贵相爱；

29. 众事宜各尽心；

30. 同居相处贵爱；

31. 友爱弟侄；

32. 和兄弟教子善；

33. 背后之言不可听；

34. 同居不可相讥议；

35. 妇女之言寡恩义；

36. 婢仆之言多间斗；

37. 亲戚不宜频假贷；

38. 亲旧贫者随力周济；

39. 子孙常宜关防；

40. 子弟贪缪勿使仕宦；

41. 家业兴替系子弟；

42. 养子长幼宜异；

43. 子多不可轻与人；

44. 养异姓子有碍；

45. 立嗣择昭穆相顺；

46. 庶孽遗腹宜早辨；

47. 三代不可借人用；

48. 收养义子当绝争端；

49. 孤女财产随嫁分给；

50. 孤女宜早议亲；

51. 再娶宜择贤妇；

52. 妇人不必预外事；

53. 寡妇治生难托人；

54. 男女不可幼议婚；

55. 议亲贵人物相当；

56. 嫁娶当父母择配偶；

57. 媒妁之言不可信；

58. 因亲结亲尤当尽礼；

59. 女子可怜宜加爱；

60. 妇人年老尤难处；

61. 收养亲戚当虑后患；

62. 分给财产务均平；

63. 遗嘱公平维后患；

64. 遗嘱之文宜预为。

卷之中——处己

1. 人之智识有高下；

2. 处富贵不宜骄傲；

3. 礼不可因人分轻重；

4. 穷达自两途；

5. 世事更变皆天理；

6. 人生劳逸常相若；

7. 贫富定分任自然；

8. 忧患顺受则少安；

9. 谋事难成则永久；

10. 性有所偏在救失；

11. 人行有长短；

12. 人不可怀慢伪妒疑之心；

13. 人贵忠信笃敬；

14. 厚于责己而薄责人；

15. 处事当无愧心；

16. 为恶祷神为无益；

17. 公平正直人之当然；

18. 悔心为善之几；

19. 恶事可戒而不可为；

20. 善恶报应难究诘；

21. 人能忍事则无争心；

22. 小人当敬远；

23. 老成之言更事多；

24. 君子有过必思改；

25. 言语贵简寡；

26. 小人为恶不必谏；

27. 觉人不善知自警；

28. 门户当寒生不肖子；

29. 正己可以正人；

30. 浮言不足恤；

31. 谀巽之言多奸诈；

32. 凡事不为已甚；

33. 言语虑后则少怨尤；

34. 与人言语贵和颜；

35. 老人当敬重；

36. 与人交游贵和易；

37. 才行高人自服；

38. 小人作恶必天诛；

39. 君子小人有二等；

40. 居官居家本一理；

41. 小人难责以忠信；

42. 戒货假药；

43. 言貌重则有威；

44. 衣服不可侈异；

45. 居乡曲务平淡；

46. 妇女衣饰务洁净；

47. 礼义制欲之大闲；

48. 见得思义则无过；

49. 人为情惑则忘返；

50. 子弟当谨交游；

51. 家成于忧惧破于怠忽；

52. 兴废有定理；

53. 用度宜量入为出；

54. 起家守成宜为悠久计；

55. 节用有常理；

56. 事贵预谋后则时失；

57. 居官居家本一理；

58. 子弟当习儒业；

59. 荒怠淫逸之患；

60. 周急贵乎当理；

61. 不可轻受人恩；

62. 受人恩惠当记省；

63. 人情厚薄勿深较；

64. 报怨以直乃公心；

65. 讼不可长；

66. 暴吏害民必天诛；

67. 民俗淳顽当求其实；

68. 官有科付之弊。

卷之下——治家

1. 宅舍关防贵周密；

2. 山居须置庄佃；

3. 夜间防盗宜警急；

4. 防盗宜巡逻；

5. 夜间逐盗宜详审；

6. 富家少蓄金帛免招盗；

7. 防盗宜多端；

8. 刻薄招盗之由；

9. 失物不可猜疑；

10. 睦邻里以防不虞；

11. 火起多从厨灶；

12. 焙物宿火宜儆戒；

13. 田家致火之由；

14. 致火不一类；

15. 小儿不可带金宝；

16. 小儿不可独游街市；

17. 小儿不可临深；

18. 亲宾不宜多强酒；

19. 婢仆奸盗宜深防；

20. 严内外之限；

21. 婢妾常宜防闭；

22. 侍婢不可不谨出入；

23. 婢妾不可供给；

24. 暮年不宜置宠妾；

25. 婢妾不可不谨防；

26. 美妾不可蓄；

27. 赌博非闺门所宜有；

28. 仆厮当取勤朴；

29. 轻诈之仆不可蓄；

30. 待奴仆当宽恕；

31. 奴仆不可深委任；

32. 顽很婢仆宜善遣；

33. 婢仆不可自鞭挞；

34. 教治婢仆有时；

35. 婢仆横逆宜详审；

36. 婢仆疾病当防备；

37. 婢仆当令饱暖；

38. 凡物各宜得所；

39. 人物之性皆贪生；

40. 求乳母令食失恩；

41. 雇女使年满当送还；

42. 婢仆得土人最善；

43. 雇婢仆要牙保分明；

44. 买婢妾当询来历；

45. 买婢妾当审可否；

46. 狡狯子弟不可用；

47. 淳谨干人可付托；

48. 存恤佃客；

49. 佃仆不宜私假借；

50. 外人不宜入宅舍；

51. 溉田陂塘宜修治；

52. 修治陂塘其利博；

53. 桑木因时种植；

54. 邻里贵和同；

55. 田产界至宜分明；

56. 分析阄书宜详具；

57. 寄产避役多后患；

58. 冒户避役起争之端；

59. 析户宜早印阄书；

60. 田产宜早印契割产；

61. 邻近田产宜增价买；

62. 违法田产不可置；

63. 交易宜著法绝后患；

64. 富家置产当存仁心；

65. 假贷取息贵得中；

66. 兼并用术非悠久计；

67. 钱谷不可多借人；

68. 债不可轻举；

69. 赋税宜预办；

70. 赋税早纳为上；

71. 造桥修路宜助财力；

72. 营运先存心近厚；

73. 起造宜以渐经营。

(摘自：《袁氏世范》(选自《知不足斋丛书》)

作者：〔宋〕袁采（撰）；上海古书流通处出版；1921 年版)

近代篇

JIN DAI PIAN

中外家庭教育思想简史

第五章

近代家庭教育思想概览

中国的近代历史是从1840年的鸦片战争开始的。从整个世界来说，近代历史是从1640年英国资产阶级革命成功开始，至1917年俄国社会主义革命。因此，近代的家庭教育历史，应当是从欧洲开始的。

一、家政学形式的家庭教育

"文艺复兴"是指14世纪在意大利各城市兴起，以后扩展到西欧各国，于16世纪在欧洲盛行的一场思想文化运动，它带来了一段科学与艺术的革命时期，揭开了近代欧洲历史的序幕，被认为是"中古时代"和"近代"的分界。马克思主义史学家认为，文艺复兴是封建主义时代和资本主义时代的分界。

在我国家庭教育科学发展史上，家庭教育学的研究最初是以除家长以外的全体家庭成员为对象的；在西方国家，则是从研究幼儿的家庭教育开始的。在我国，家庭教育理论是以"家训"的形式首先出现的；在西方国家，家庭教育理论出现的形式则是"家政学"。我国最早的家庭教育专著出现于三国时期，现存最早的家庭教育专著《颜氏家训》，出现在魏晋南北朝时期，处于封建社会中期。而西方国家最早出现的家庭教育专著是在文艺复兴时期，要比中国晚几百年之久。

14 世纪末到 15 世纪，由于城市商品经济的发展，资本主义生产关系在欧洲封建制度下产生，富饶的商业城市在欧洲各地丛生。其中，意大利的佛罗伦萨以生产丝织品和贸易为主，成为这个时期具有代表性的繁荣的城市。

一些大家族为了维护和巩固自己家族的地位，提高家族的声誉和名望，赢得信任和友好，从而使家门兴旺，都要求培养自己家业、家产的继承人。于是，许多商人亲自撰写家政论，留给后代，教育后代。这样，就出现了家政学形式的家庭教育专著。

对于名门世家来说，重要的是维持买卖的繁荣和家世。要培养优秀的接班人，必须调整家庭生活的方方面面。比如，对于配偶的选择、家庭成员的关系、同亲朋好友的交际、房屋和土地的管理等，家政论中都有论述。

特别是对儿童的培养方法，从与事业经营的兴衰有关的方面开始，都做了极其详尽的论述。作为商人，必须取得所有人的信任和承认，所以，不可树敌，同时，还要同城市中的实力派进行交际。因此，要求子女姿容端庄、做派典雅、讲话有派头、性情稳重、办事公正等。另外，还需要忌避引诱拉拢和随声附和。因为所从事的事业需要经常开拓新的市场，所以要求培养具备准确判断和沉着果断的能力的人。于是，他们要求儿童具备办事周全，同时又有独特才华、出类拔萃的双重人格。对于儿童的家庭教育主要是这些内容。

一般来说，幼儿和女孩由母亲负责养育，儿子由父亲负责养育。关于养育的方法，强调与其恐吓和强制，莫如赋予爱和理解，因为对待儿童态度上苛刻，就等于从小摘取了他们朝气和自发性发展的幼芽。母亲对幼儿的影响是很大的。待儿童稍大一点，即到了适当的时期，儿子的养育工作就由父亲所信赖的家庭教师来接替。在家庭教师的选择上，重人格先于学识的深浅。对小男孩的训练，最好的办法是避开城市公馆而到乡下的住宅里进行。在那里，能够牢固地奠定健康的基础和发挥生命的活力。

为培养孩子吃苦耐劳的精神、对户外活动的兴趣、熟悉大自然以及提高对实践感觉的灵敏性，他们极为注重儿童手的使用。为防止发生引诱拉拢和粗暴的行为，会培养明快的协调性，鼓励孩子从事体育运动。但是，他们忌避那种夸耀武艺和华而不实的做法，他们认为，在父母的职责中，保证幼儿身体和性格的健全发展是最重要的。

在中世纪教会制度的影响下，他们寄希望于所教育的是直观的、思辨的生活态度。哪怕在肉体上受尽折磨，只要能为更大的秩序而献身就是最有价值的。这是旧制度崩溃之后产生的以人格为中心的教育思想。

但是，必须注意的是，它同后来出现的尊重儿童期的独特价值和出于儿童悲惨处境而采取的隔离、保护的想法，其出发点是不同的。文艺复兴时期的幼儿家庭教育的重点，在于维护和经营共同体门第荣誉和财产的大前提下的人才开发。商业贵族非常盛行以口授经验和家庭教育的形式来教育后代。文艺复兴时期的幼儿教育思想，正是从这种家政论的母体中发展起来的。

二、人文主义教育论的积极影响

近代儿童家庭教育思想的发端，可以到文艺复兴时期人文主义者的教育论中寻觅。

首先值得注意的是对待儿童的方法和教育儿童的方法的人道化和个性化。1450年，意大利人文主义者维吉乌斯（1406～1458）撰写了《儿童教育论》一书，他要求父母做到对待儿童要“酌情和慎重”。他说：“成年人要以经常赞扬好的行为，饶恕宽大细小过失的办法来教育儿童，应该在赞扬和羞辱、拔擢和谴责之间求得一个适中的办法。根据情况，成年人要表示出严肃认真或充满爱抚的心情，有时可给点礼物，使儿童高兴。这种礼物是一种将儿童引上正道的再好不过的手段。”

主张这种反禁欲的、世俗的、人道主义教育方法的，不仅维吉乌斯一人，而是人文主义者共同的主张。其全面的倡导者是北欧的人文主义者伊拉斯谟(1466～1536)。他在1529年撰写的《幼儿教育论》一书中这样解释，儿童会通过对教师的爱达到对学习的爱，所以作为教师，最重要的是必须是一个深受儿童爱戴的慈祥的人。他反对给孩子讲授大道理，强调采取“充满好意、适度、高明的对待方法”。

维吉乌斯还主张：“父母的楷模是良好教育的首要条件。”他说：“教育方法必须根据儿童个性的不同而有所区别，这是不言自明的。”值得注意的是，这种强调父母楷模作用和教育方法个性化的理论源于希波克拉底以来的传统的四元素论①，是其人道主义教育方法主张的其中一个环节。西班牙人文主义者比维斯（1492～1540）的《论心灵和生活》就是从经验心理学的角度来论述这种教育个性化的。

第二个值得注意的是对于胎教以及儿童安全和健康的合理化建议。维吉乌斯就婴儿、幼儿的安全和健康问题详细地指出：一是用母乳来哺育；二是不给奢侈的食物；三是根据自然提供衣食；四是尽早地锻炼耐寒能力；五是保证充分的睡眠；六是不给危险的器具；七是保护他免遭危险；等等。应当说，在科学知识还不够普及的时代，这些建议和指示，对于保护儿童的生命，培养其健康的体魄是极其重要的。

第三个值得注意的是实用主义的幼儿教育论。西班牙人文主义者比维斯在1523年撰写的《基督教女子教育论》一书，讲的是英格兰国王亨利八世的女儿玛丽的家庭教育。他在该书中论述了，通过游戏的选择和道德方面的童话来教育贤良妇女，同时，强调提供有益于未来生活的游戏的意义。他说：“该时期已经应该努力帮助女孩子做一些有意义的游戏了。……比利时就做了很多小型铝制或铅制的厨房用具，我认为这是最好的游戏器。孩子们既可以兴致百倍地用

① 四元素论：希波克拉底从“四元素学说”出发，提出了著名的“体液学说”，即人体有四种重要的体液，分别是血液、黏液、黄胆汁和黑胆汁，四种体液之间的平衡是相对的，并且在不同人之间形成不同的平衡模式，这导致了每个人不同的性格。

以做各种游戏，还可以通过游戏熟悉其名称和每一用具的使用方法。”

文艺复兴是以中世纪末期发展起来的以中世纪城市为基础的商业资本主义的文化。因此，文艺复兴时期人文主义者们的教育论，多是以城市统治阶层的贵族和大商人的子弟为教育对象的，而庶民子弟在他们眼里是没有地位的。维吉乌斯公开地说：“他们（指孩子们）不应该接触最下边的国民阶层。因为他们只能从这些阶层发现不讲节操、见异思迁、享乐主义和贪婪的思想。”

维吉乌斯在他的《儿童教育论》中反复表明了这种对下层民众露骨的蔑视态度，从另一方面则强调了资产阶级所谓的“高尚”的礼仪教育。他说：“我们应该教育孩子要热情地问候、亲切地答礼，客人来去要殷勤有礼貌，不拘客人多少。”

无论是教育方法的人道化和个性化，还是对儿童健康的关照以及实用主义的幼儿教育论，都是为了把上层阶级的儿童培养成为有才干、质朴而又品格高尚、具备基督教道德的贵族和大商人。文艺复兴时期人文主义者的儿童教育思想，通常都具有这种局限性。

不过，也有个别的人文主义者的思想超出了这个限度，那就是所谓的“乌托邦思想”。为抗击西班牙殖民统治、谋求南意大利解放和独立而斗争的多米尼克斯派修道僧康帕内拉（1568 ～ 1639）的《太阳国》(也称《太阳城》）的附录，在狱中写完，并于1623年出版，应该说它是“乌托邦思想”的代表作。

《太阳国》一书刻画了立足科学和社会平等的共产主义城市国家，对于男女之间的关系以及由此而产生的儿童教育问题，是从维护种族的立场提出并置于国家管理之下的。在那里，儿童一生下来就可以被送到国立公共育儿室，在母亲的哺育和医生的指导下进行抚养。一经断奶，即刻转送到国立的托儿所，由国家录用的男女教员实施抚养，从7岁开始接受正规的学校教育。

康帕内拉的这种儿童教育思想中，值得注意的有：第一，将这种城市国家的所有儿童都能得到平等的保护和教育作为国家的责任，试图通过在公共机构中由专家进行集体保护和教育来保障实施；第二，试图将科学基础教育、体育和劳动教育所构成的教育内容，通过“娱乐的方式”进行。

康帕内拉的这种教育思想完全超脱了许多人文主义者的思想限度，这种限度只不过描述了企图为南意大利解放和独立而败北的空想的愿望。然而，这种教育思想却给予捷克斯洛伐克教育家夸美纽斯以及 19 世纪前半期的法国乌托邦社会主义者们，尤其是傅立叶以深刻的影响。

三、夸美纽斯与近代教育思想

从资本主义上升时期开始，现代教育学和心理学体系的建立，有力地促进了世界各国家庭教育理论的研究。

现代教育科学的奠基人，捷克斯洛伐克著名教育家夸美纽斯（1592～1670），与康帕内拉一样，是一个将毕生奉献给为在德国殖民主义者压榨下的捷克斯洛伐克民族解放和独立而奋斗的人；同时，他又是一个信奉科学力量的人。他的教育学理论就是由这种观点构成的。他在教育学方面的代表作《大教学论》，于 1632 年用捷克语完成，1638 年被译成拉丁语。

在这部著作里，夸美纽斯主张以 6 岁为期，来划分学校制度。学校的最初阶段被称为“母育学校”。它不是普通的学校，而是以 0～6 岁的婴幼儿为对象的，由母亲进行的一种家庭教育。

他的著作《母育学校指南》一书，系统地论述了幼儿家庭教育。于 1632 年出版，1652 年改名为《幼儿学校》。他在书中主张，对幼儿的教育主要应该是家庭教育。其理由阐述如下：

“首先，幼儿期需要十分谨慎和仔细的照料，这远比一名教师同时照料身边很多儿童要好。因此，该时期儿童们最好连续置于母亲的照料之下。

“第二就是大脑能胜任劳动之前，就要使其合理的生长较为稳妥。儿童到 5、6 岁时，整个大脑才开始闭合，而且大脑的构成趋向合理。因此，在该年龄阶段，他们自发地、略微地，而且可以说在游戏中，能在家庭学到什么就学些什么就已足矣。”

夸美纽斯的幼儿教育思想是立足于对幼儿期教育的重要意义认识的基础上的，即把儿童视为“神的最珍贵的恩赐，是无价之宝”。

夸美纽斯认为，幼儿教育的目的，包括“信仰、道德的高洁、言语及科学知识”等方面。根据这个目的，他的幼儿教育内容的结构是：①信仰；②道德；③健全的学习。由三种学习内容组成：一是认识方面的学习，包括有关自然事物的知识、光学、天文学、地理学、纪年、历史、家政、政治学；二是行为方面的学习，包括辩证法、算术、几何、音乐、劳动；三是言语方面的学习，包括文法、辩论术、诗歌。④健康。

如上所述，夸美纽斯反对在幼儿时期进行读、写的教育和训练，并且主张将幼儿时期的重点放在“外部感觉训练”上。因此，这些学习内容，可以理解为仅限于使儿童掌握最初步的感觉性经验。

尽管这样，这些内容仍然不失为与泛智教育家夸美纽斯本人相称的百科全书性的教育内容。我们必须承认，夸美纽斯在母育学校的教学计划中，提出了要孩子学习一切知识的初步基础，这种主张是有一定进步意义的。

夸美纽斯对于幼儿学习指导方法的原则有以下两点。

一是“通过眼见耳闻来学习”。这个主张对后来的教育家影响很大，是后来裴斯泰洛齐的“直观教学法”的先驱。根据这个教育主张，夸美纽斯就指导儿童学习语言的问题这样论述道：①通过指出事物来教给名称；②应该从一个大统一体的名称教起，比如，从“头”“眼”“尾”等开始，尽早地教给“狗”的名字；③从简单的语言教起；④事物的提示和言语的学习，常常是同时进行的。为此，夸美纽斯还亲自编写了带有插图的教科书《世界图解》，这本教材在世界上影响很大。

二是“在干中学习”。他曾说过：“积极的生活是真正的生活。懒惰虽生犹死，我们为工作而活着。”从这一立场出发，他积极拥护儿童的游戏，要求进行指导时把这种游戏同“未来真正的劳动”联系起来。

他说："人们应该让儿童观察实际的劳动，将他们带到工作场所、田间、打谷场等地，如果他们自己要动手做什么，那就不要打搅。非但如此，为使他们做好这种游戏，应该为其购买这一类的器具。

"如果不便于给幼儿实际的器具，也可以给他们铅制小刀、木制剑、木制锄、小车、小雪橇、小水车、小房子之类的玩具。儿童利用这些玩具既可以玩得开心，又锻炼了身体，增进了健康；同时还可以使其精神焕发，四肢敏捷。他们建造小房子，垒砌黏土或陶瓷器、木头、石头的墙壁等等，非常愿意表现自己的建筑才能。一言以蔽之，如若孩子们喜欢玩的材料，不管是什么，只要无害，与其阻止，莫如满足。自主的行动是达到才华横溢的诀窍和关键。"

夸美纽斯非常重视家庭教育，他把母亲视为教师。他主张："父母对自己孩子的教育义务，一是要认真地；二不是苛刻而是亲切地；三是坚持不懈地尽其义务。"这就是夸美纽斯要求父母和教育人员要做到的对待儿童态度的三个原则。

夸美纽斯的家庭教育思想对近代家庭教育思想的建设是有贡献的。他对所有儿童人格尊严的认识、对游戏教育意义的高度评价、游戏的指导必须同生产劳动联系起来的观点，以及他的直观教学法等，都是非常杰出的。可以说，从此，近代家庭教育思想的基础得以确立，为 18、19 世纪欧洲的家庭教育思想的发展带来极大的影响。

四、裴斯泰洛齐的教育思想

19 世纪初期，瑞士著名教育家裴斯泰洛齐的家庭教育思想也值得关注。

裴斯泰洛齐（1746 ～ 1827）出生于瑞士苏黎世一个医生家庭。1768 年开始经营农业。1774 年发表以 3 岁半的爱子雅科博的《育儿日记》为契机，开设了贫民学校。1780 年，当经营农业和开办学校难以为继时，就专心著书。先后出版了《隐士的黄昏》《林哈德和葛笃德》等著作。1801 年，出版了《葛笃德怎样教育他的子女》一书。

裴斯泰洛齐的家庭教育思想主要反映在他的幼儿教育中。他非常重视家庭教育，对于他来说，连初等教育的学校也是为自我否定而存在的，最终应被家庭教育所取代。他说：

“父亲的家，你是人类一切自然熏陶的基础。父亲的家，你是道德和国家的学校。……

“我原想通过我的尝试，想要证明家庭教育所具有的长处必须被公共教育所模仿。并且还要证明后者只有通过模仿前者才对人类有价。……

“……我的目的是促使所有的教育简单化，让所有普通的人能更方便地教育他们的孩子，并且把为进行初等教育而设立的学校逐渐变为多余的东西。正如母亲是孩子身体的最初养育者一样，她也应该按照上帝的命令，成为孩子精神的最初培养者。并且，我认为通过在为期尚早的学校教育和室外活动，发现孩子们外表行为的一切陋习是很重要的事。要达到任何母亲在没有其他人的帮助下也能进行教育，而且通过那种教育，她自己也同时一面学习一面进步的程度。我们在使教育简单化上时，就是接近了那个时代。

“我个人的经验证明，我有关这方面的判断是正确的。我发现在我的周围，在这方面走我的道路的孩子正在增多。甚至教育设施将来以自身的能力和心理学理论同劳动设施相结合的时候，一方面，可以使到现在为止的学习所用去的时间、努力连十分之一也用不了，另一方面，这种教育能在时间、努力和方法上，同家庭的各种需要相一致，其结果要求普通的父母在各方面让自己或者家中的任何人熟练地掌握这种教育。这样通过教学法的简单化和受完全学校教育人数的增加而使教育逐渐变得容易。我比以往任何时候都更加坚信，通过经验而理解的一代人一定能够产生。”

裴斯泰洛齐如此重视家庭教育，那么，家庭教育的长处究竟是什么呢？那就是父母（在幼儿教育时期特别是母亲）同孩子之间的爱和信赖（父母的心和孩子的心），在以“自然建立的最初的但却是最理想的人和人的关系”为基础的生活中，通过生活或者为了生活，进行以获得“纯粹的人的智能”的教育。

裴斯泰洛齐认为，“爱是第一的必要条件”。他要求，母亲要把全部的女性的爱尽可能充分地表露出来，并且在自己的行为中通过考虑而调节母爱。

这种爱和信赖的关系，根据裴斯泰洛齐的看法，是基于父母的爱和信赖的具体表现而产生的。通过母亲喂奶、父亲给食物等具体行为，“孩子的感觉是充满动物的生活，当感觉到其动物的要求得到补偿时，在其满足的一刹那”，从孩子方面便产生了对父母的爱和信赖。

从孩子方面产生的爱和信赖的关系，首先必须是依靠父母方面的爱和信赖的具体行动。裴斯泰洛齐的这一主张也贯穿于他的政治观点中。他强调，当权者只有实行基于人民的爱和信赖的基础上的具体政策，人民对当权者才能产生爱和信赖。这就是强调，统治者热情关怀人民是自身的政治责任。“是上帝的仁慈，民众的虔诚；君主的仁慈，国民的敬重，这是一切幸福的源泉。”

“无论是出身多么低下的奴婢，在他们的本质方面，同他们的统治者都是平等的，所以统治者负有满足奴婢的各种自然要求的责任，使民众从心情上得以满足，这是做领导的和做父亲的义务。”

正如强调统治者的政治责任一样，在教育上强调父母的关怀和孩子对父母的敬爱，也支撑了儿童有发展人格的权利以及为此而要求受教育的认识，这同强调父母的教育义务是表里的关系。

裴斯泰洛齐认为：“关于母亲本身的权威，唯一正确的看法是，与其把它作为特权者，莫如作为义务；而且这种义务也绝不能看作是绝对的东西。”

然而，在当时，贫儿和孤儿被剥夺了接受这种教育的家庭环境。裴斯泰洛齐主张，这些孩子与其在“优越的市立孤儿院”和“弃儿教育院”里被培养，莫如在自耕农和手工业者，即可靠的中产阶级家庭中培养和受教育，“以淳朴的心灵在平凡的工作中兢兢业业，虔诚地信教，同附近人们友好相处”的家庭中培养和教育贫幼儿。之所以这样，就是因为考虑到，在这种以爱和信赖为基础的家庭生活中，教育他们是必要的。“儿童之家”同样必须是以母爱为基础的家庭。

因此，裴斯泰洛齐一生的努力，就是为贫民阶级能有这样教育的家庭，为恢复“纯粹的家庭幸福和快乐”而努力。为了这个目的，他主张立足于人道主义的政治改革和减少人民的负担的经济改革，欢迎并且协助进行这样的改革，并且为教学法的简单化、教育和劳动相结合以及普及和提高民众教育等教育改革作出贡献。

五、福禄培尔论家庭教育的重要性

19世纪中期，德国著名教育家福禄培尔（1782～1852）在重视幼儿教育的同时，很注重家庭教育的改革。他说：“国民的命运，与其说是操在掌权者手中，倒不如说是握在母亲的手中。”为世界各国奉为经典论断。

福禄培尔出生于一个虔诚而贫穷的牧师家庭里。出生9个月时失去了母亲，之后便是在冷酷的继母和严厉的父亲身边长大的。他做过家庭教师、林务局学徒、农场打杂人员、测量土地的帮工、农场会计助理等。在上大学时因交不起学费，曾难堪地蹲过大学的监禁室。青少年时代的这些经历，为他晚年的教育思想奠定了基础。

年轻时，福禄培尔在当家庭教师期间曾拜访过瑞士教育家裴斯泰洛齐。后辞职做教师，1808年至1810年，福禄培尔在裴斯泰洛齐学园生活了两年，他的教育思想受裴斯泰洛齐的影响很大。

早在1809年，福禄培尔就已经意识到儿童早期家庭教育的重要性，并把早期家庭教育看成国民教育制度中不可分割的组成部分。为了扭转父母，尤其是母亲对自己的孩子的成长，几乎没有采取过任何措施，忽视儿童的家庭教育和早期教育的现象，福禄培尔亲自设计了一个教育改革的方案。

1826年，福禄培尔出版了《人性教育》一书。这部代表性的教育名著，论述的是儿童的婴儿期、幼儿期和少年初期，即关于儿童幼儿期的发育与教育的问题。他认为，幼儿教育“仍然完全依赖于母亲、父亲、家庭成员和其本人（幼儿），通过自然或者是基于自然而成浑然一体的一个整体的人们的影响，而后期，则应主要依靠父母的共同引导”。他提醒父母：“要教育好我们的孩子！”他说：“父亲的各种工作或从事各种职业中的其中一种，即父亲的天职，就是为自己的孩子开辟一个接受人类一切知识的学习起点。”

在这部著作中，福禄培尔向父亲们奉献过这样的箴言：

“你们这些做父亲的人哪，要知道，你们的那些孩子都具有极其深刻、极其敏锐、极其准确的预感。无论你们打算在什么地方停留，去往何处，计划或从事什么事情，总之在所有场合，孩子都会出现在你们的面前并不离你们的左右。这时，请你们不要冷淡地喝斥他们，并不要把他们从自己的身边赶走。当孩子提出疑问并喋喋不休地重复他的问题时，请你不要流露出厌烦的表情。要知道，当你每次粗暴地驱赶或申斥孩子的时候，都是在扼杀孩子们那具有生命力的智慧的萌芽和寻求成长的智力的萌动。但是，你不愿回答，孩子自己又不能解决的一些问题，可不必直接给予解答。因为，自己寻求答案，发现答案，比起从别人那里得到现成的回答，当然后者要容易得多，但这样一来，孩子多半恐怕只能获得囫囵吞枣、一知半解的知识。然而，如果让孩子利用自己的能力去发现答案，哪怕只有四分之一的收获，这对孩子来说，也比囫囵吞枣、一知半解的收获价值要大得多，意义也重要得多。……因而，对于孩子提出的疑问，最好不做正面的回答。只需要适应孩子智力的发育与其实际经验的积累程度，在孩子们的观察范围内，提供可使其用自己的智慧寻觅到答案的必要条件。”

福禄培尔认为，早期家庭教育是学校教育的基础；学校教育是在家庭教育的基础上发展起来的。他主张，少年初期儿童学校教育内容的构成，必须在培育他们成长起来的家庭生活与经验的基础之上，进行整理和补充。为此，必须进行家庭教育的改革。他说，如果不重视和着手家庭教育的改革，学校教育便会缺乏正确和稳固的基础。

六、活跃的家庭教育理论研究

随着欧洲产业革命的发展，各社会阶层发生了分化。不同阶层家庭的子女生存状况和家庭教育状况产生了很大的不同。

18 世纪，欧洲城市的小商人和手工业者以及农民，即所谓“中产阶级”的孩子们，都享有同样的自由。一方面，他们同父母一起祈祷，一面唱着赞美歌，一面听父母给他们讲关于耶稣和上帝的《圣经》故事。他们还在家务、农活儿、手工等各种劳动中帮助父母，在一边生活、一边受教育中成长起来。的确，孩子们正是在“祈祷和劳动中成长”。另一方面，他们“完全有游戏的幸福”。他们同近邻的孩子们一起，从父母的劳动和周围的生活以及各种自然现象中，自己去组织游戏，自己去制造玩具，开展自由的集体的游戏。在那里，没有贵贱之分，无论是谁，只要他能做的事，都会被重视。他们往往忘却了家庭的贫穷，只是兴高采烈地在一起游戏。对于他们来说，特殊的知识确实不是家庭给予的，而是在这样的游戏生活中获得的，从而锻炼了他们的才智。实际上，“游戏和玩具都是孩子们自己创造的”。

下层阶级家庭子女的生存、生活状况和家庭教育的状况，便是另外一种情形，令人担忧。

当时，父亲们为了工作而去工地、田间或工厂，为的是得到微薄的生活费用。母亲们也不能整天待在家，靠洗衣服和做农活儿、家庭副业等赚钱帮助父亲。她们经常是早晨很早就离开了家，这是因为只靠父亲一个人工作，根本维持不了一家人的生活。

父母不在家的时候，孩子们在哪里呢？如果没有祖父母或其他闲人来照看他们，孩子们就被捆在床边，或者吊在摇篮里，或者是关在黑暗肮脏的屋子里，门窗都紧闭着，为的是不让外面的任何人进来。幼小的生灵好像笼子里的动物一样，在黑屋子里坐着、躺着，或者蹲着。

开始时，孩子痛苦地抽泣，不久，由于饥饿、无聊，以及因为脏衣服擦伤身体的苦痛而大声哭喊，诉说他们的满腹怨恨。然而，谁也听不见，谁也不想照料这些孩子。这些孩子在绝望中竭尽全力哭喊，喊“妈妈”，叫“爸爸”，但都没有用，紧关着他们的“牢房”丝毫没有改变。最后，这些可怜的孩子，由于痛苦和徒劳的挣扎而筋疲力尽地睡着了。孩子睡着后，在睡梦中微笑着，他们大概梦见了母亲。然而，谁也没有看到，孩子又醒了，再次喊叫着“妈妈”和“爸爸”，但仍旧是枉然。

情况不止这些。许多妻子由于丈夫的不良行为而陷入水深火热之中，她们经常同丈夫一起饮酒，贫苦家庭的孩子比孤儿还可怜。做父母的，在回家的路上走进酒馆，大量地饮酒，而贫穷的孩子尽力以眼泪和恳求的目光予以制止，结果是徒劳无用的，这些父母会推开紧紧抱住自己的孩子。孩子们知道，一方面，父母早就花光了所有的钱；另一方面，在家里，连一片供自己充饥的面包也没有，孩子便打消了劝说父母的念头，毫无办法地等待着，等待着……

恩格斯在 1845 年写成的《英国工人阶级状况》的调查报告中，记载了更为残酷的情况。他描述说，工人家里没有家具，所说的“床”，实际上就是塞满稻草和甘葛藤的袋子。另外，也不过只有掉底的两条腿的椅子，断了两条腿的一张桌子、一个有缺口的茶杯和一个小盘子。在只有 10 米或 12 米的一间屋子里，丈夫、妻子、四五个孩子，有时甚至还有祖父、祖母都住在一起，在一起干活、吃饭、睡觉，处于极端狭窄、贫困的状态。

由于无知，为了让孩子老实一点，父母给孩子喝用鸦片制成的名为“神威强心剂”的药水，终于使孩子死去了。在曼彻斯特，不到 5 岁儿童的死亡率，工人家庭的孩子占 57%，上流阶级家庭的儿童占 20%，在 5 岁之前，半数左右的儿童死亡率是令人震惊的。法国的卢梭在《爱弥儿》一书中也记载说，当时工人家庭生下来的孩子中，最多有一半能活到青春期。

上流阶级家庭子女的生存、生活状况和家庭教育的状况与上述两个阶层完全不同。

许多贵族家庭，父母都不太关心子女的家庭教育，都是依靠家庭教师实施家庭教育。这是因为父亲东奔西忙，埋头于资本的原始积累，无暇顾及；母亲则沉溺于社会交际和娱乐之中，把孩子的教育管理完全委托给所聘请的家庭教师，这对于许多新兴的上层中产阶级是再合适不过的了。因此，在上流阶级的家庭里，父子的权威、服从关系，就更是名存实亡了。

由于有了家庭教师的教育，导致父子不能经常直接地一起生活。因此，父子之间的关系很难有亲密而牢固的基础。父母对于孩子们莫如说只是“应该尊敬的人”“无条件地敬畏和权威的对象”。在孩子们的头脑里，“盲目地敬畏”，往往同恐怖没有两样。

新兴的上层阶级普遍重视孩子的智育。比如，德国中产阶级家庭的孩子从小就学法语，进一步是拉丁语，接着学习希腊语。有的孩子，3 岁时就几乎可以像使用母语一样地讲拉丁语。孩子们一般在接受义务教育之前，在家里学习读、写、算的初步知识。

另外，资产阶级家庭非常关心的是尽可能把他们的孩子关在屋子里，尽可能让他们多读书，而忽视孩子们对健康和娱乐的适当考虑。到 18 世纪末期，在资产阶级中，特别是在有教养的家庭里，人们常常使孩子脱离外部世界和同龄的孩子，并且与一切自由活动相隔离。

资产阶级家庭的孩子，生活被宗教和道德观点约束，被包围在佣人和家庭教师的语言和行为里，不允许和同龄的孩子们随便游戏。如果说给他们安排体育运动，也不过是不适合孩子们的骑士训练。

总之，一方面，这个时期上流社会孩子的生活和教育，还留有中世纪的残余；另一方面，同中下层阶级的情况还有不同，那就是他们忽略了孩子的自然性，违反自然规律的倾向更加严重。于是，就出现了一些反对这种倾向，开展适合自然的家庭教育的思想。如泛爱主义者[1]就严厉地批评了沉溺于自己社会交往和娱乐而不担负育儿责任的母亲，批评了对孩子溺爱以及把孩子关在屋子

---

① 泛爱主义宣扬泛爱思想和人道主义，认为教育的目的在于培养幸福、健康，对社会有用和能促进人类幸福的人。

里、拼命进行为期尚早的知识教育的母亲。谆谆告诫母亲对于孩子教育的责任，告诉她们幼儿教育的重要性，提出合乎自然的、合理的方法是泛爱主义者们的共同态度。

在近代社会发展史上，欧洲关于家庭教育理论的研究相当活跃，取得了令人瞩目的成就。17 世纪末，英国著名哲学家洛克出版了《教育漫话》一书，是专门论述绅士家庭教育的著作；18 世纪中期，法国著名启蒙思想家卢梭出版了一部题为《爱弥儿》的家庭教育专著；俄国革命民主主义思想家、文学批评家别林斯基于 1840 年发表了《新年的礼物》一文；英国资产阶级教育家斯宾塞 1861 年出版了《教育论》一书。这些教育家在他们的著作中都比较系统地论述了家庭教育理论。

列宁的夫人克鲁普斯卡娅也非常重视家庭教育，对社会主义社会的家庭教育有许多重要论述。她曾说，家庭教育，对父母来说，首先是自我教育。她的这一论断，在国际上影响深远。

第六章

洛克的家庭教育思想

第一节　洛克与《教育漫话》

一、洛克的生平

约翰·洛克，17 世纪英国著名的资产阶级哲学家、政治思想家、教育思想家，是西欧早期的资产阶级革命时期具有进步思想的代表人物之一，马克思称他是“一切形式的新兴资产阶级的代表”。

洛克于 1632 年出生在一个省府的小地主家庭。父亲是一个自由派律师。他们父子关系极好，父亲对他的政治态度和教育思想有很大的影响。1646 年，洛克入威斯敏斯特公学，在这所旧式的学校接受了经院主义的中等教育，于 1652 年毕业，随即升入牛津大学。

洛克具有广泛的兴趣和广博的知识，在牛津大学上学期间，他同时学习法学和语言学，又阅读了笛卡儿、培根、牛顿等伟大学者的哲学和自然科学著作，一度还爱好化学和气象学实验。他喜欢神学，因为当时无真正的职业性神职机会，转而习医，打算以医为业。1658 年，获得硕士学位。大学毕业以后，洛克留在学校任教，做希腊语和修辞学教师，1668 年成为英国皇家学会会员。

1640 年至 1688 年，英国发生了资产阶级革命，开始了近代历史的新时期——资本主义时期。洛克小心谨慎地观察了当时在英国广泛开展的革命斗争。1667 年，他结识了站在资产阶级方面反对国王的辉格党领袖沙夫茨伯里伯爵阿什利，两人交谊很深，后他当了伯爵的家庭医生和伯爵孙儿的家庭教师。

1675 年，由于伯爵失势，洛克健康又不佳，迫不得已去法国住了 3 年，在那里结识了一些科学家和文人学者。由于他赞同伯爵的政治观点，1683 年被迫与伯爵一起流亡到荷兰。1688 年革命以后，英国建立了君主立宪政体。也是在 1688 年，洛克回国，并先后在政府担任贸易和殖民地事务大臣等要职，在英国享有很高的声望。晚年在佛兰西斯 · 马沙姆爵士家度过，1704 年逝世。

由于各种条件的限制，英国资产阶级革命最终以资产阶级和封建贵族之间的妥协而告终。洛克亲身经历了这场革命，他的全部思想观点无不打上阶级的烙印。在政治上，他反对封建专制制度，但又拥护君主立宪制。在哲学上，他既赞同唯物主义，同时，又在许多问题上对唯心主义做了重大让步。在教育上，他主张培养既具备封建贵族的精神面貌，又具有资产阶级所需要的知识技能的绅士。正如恩格斯在《致康 · 施米特》信中所评价的那样，洛克“是 1688 年资产阶级妥协的产儿”。

洛克非常重视教育。当时，英国资产阶级虽然已经分享到一部分政权，但受教育的权利大部分仍由教会和封建贵族所独占。为争得与贵族有同样受教育的权利，他坚决反对天赋思想，强调指出儿童的心灵生来就像“一张白纸或一块蜡”，可以随心所欲地想要怎样塑造就怎样塑造，想要塑造成什么样的人就塑造成什么样的人。他宣称：“我们日常所见到的人中，他们是行为端庄或品质邪恶，是有用或无用，十分之九都由他们的教育所决定。人与人之所以千差万别，均仰仗教育之功。”

这表明，洛克充分相信并高度评价教育的作用和力量，尽管这种说法未免有点夸张，但在当时却是具有积极意义的。

洛克的主要教育思想是“绅士教育论”。他认为，教育的目的就是培养绅士，培养有德行、有才干并善于处理自己事业的社会上层人物或未来的统治者。他指出，一位绅士必须是“理智”而有才干，“机敏”而“有预见”，态度“优雅”而善于处理各种事务的人，即所谓“有德行、有能耐而又具才貌与良好教养”的人。这实际上就是贵族式的资产阶级实业家。他大声疾呼，提醒刚刚掌握政权的资产阶级，要把绅士教育放在头等重要的地位。他认为，有没有这种良好的教育，能不能培养出这样的人，是关系到资产阶级“国家的幸福和繁荣”的大问题。

二、《教育漫话》

洛克十分重视家庭教育。认为绅士教育的基本途径就是家庭教育，并且形成了一套以资产阶级子弟为教育对象、以培养绅士为目的的家庭教育理论体系。

他的家庭教育理论主要体现在著名的《教育漫话》一书中。

洛克的家庭教育理论具有丰富的实践基础，他在担任沙夫茨伯里伯爵阿什利的孙儿的家庭教师时，积累了一些实际的家庭教育经验。在流亡荷兰期间，他又担任友人爱德华·葛拉克之子的家庭教师。在他与爱德华的多次通信中，讨论了关于贵族与大资产阶级子弟家庭教育的种种问题。

在此基础上，经友人请求，他把与爱德华的通信进行了整理，并改为论文形式，于1693年正式出版，取名为《教育漫话》。

该书公开出版以后，在欧洲影响很大，先后被译为荷兰文、法文、瑞典文、德文、意大利文，并在1937年被介绍到我国，由著名教育家傅任敢先生翻译，由商务印书馆出版。1957年，经原出版者同意，译者将译文稍加修改后再版。

《教育漫话》一书集中反映了洛克的绅士教育论思想，亦即家庭教育思想。

该书与其说是一部一般的教育论著，不如说是一部家庭教育专著。这部论著的内容很丰富，论述了家庭体育、德育、智育三个方面的教育目的、内容、方法和原则，共写了217节，论述极为详尽。

尽管该书所论述的家庭教育完全是绅士教育，是为新兴的资产阶级服务的，具有鲜明的阶级性。但是，论著中体现出了作者重视家庭教育，重视发挥家庭教育在儿童青少年体、德、智发展等多方面的职能作用，讲究教育艺术，注意教育方式方法等教育思想，在一定程度上反映了家庭教育的特点，符合家庭教育的一般规律，值得我们批评性地借鉴和吸收。

该书是在洛克与友人通信的基础上整理而成的，其写作手法还保留了私人通信的风格，行文随意、流畅，语言通俗易懂，深入浅出，使人读了感到十分亲切，毫无空洞说教之感。如他在1692年3月7日《致奇布勒地方的爱德华·葛拉克先生》的信中所说：“这些漫话，与其说是拟供公众阅览的论文，不如说是两位朋友之间的私人谈话。”

第二节　培养绅士的《教育漫话》

洛克十分重视家庭教育，认为绅士只能在家庭中培养。家庭教育可以使未来的绅士有健康的身体，有“道德、智慧、礼仪与学问”。洛克在《教育漫话》一书中系统地阐述了他的家庭教育学说，对家庭体育、德育和智育分别进行了论述。

一、家庭教育必须在家庭中进行

在《教育漫话》一书中，洛克坚决主张培养绅士的教育一定要在家庭里，通过父亲或聘请家庭教师来完成，而不要到公共的学校中进行。这是为什么呢?

(一) 早期教育是基础教育

洛克认为，孩子小时候感受能力极强，可塑性极大，小时候受到的教育和影响极为深刻，甚至会影响一个人一生的成长和发展方向。他在《教育漫话》一开头便说："我们童稚时所得的印象，哪怕极其微小，乃至无法察觉，都有极重大、极久远的影响；犹如江河的源泉，水性异常柔软，一点点人力便可以影响河流的流向，乃至使河流的方向根本改变，总之，从源头上加以引导，河流就接受了不同的趋向，最后流向十分遥远的地方。"

这种比喻实际上就是"失之毫厘，谬以千里"的意思，这说明，早期教育在人一生的成长发展过程中，起着奠基和导向的作用。而早期教育，恰恰是在家庭中进行的。因此，洛克主张对早期家庭教育一定要慎而又慎，不可掉以轻心，如果出现错误，将难以得到补救。他说："教育上的错误正与错配了药一样，开始搞错了，决不能借助第二次或第三次去弥补，它们将携带根深蒂固的污点，通过人生的各个道口及车站。"

洛克这种说法虽然有点绝对化，但他的用意是说明早期家庭教育之重要，其出发点是要引起人们的高度重视。

(二) 家庭教育是人走上社会的准备

洛克认为，要使孩子离开家庭走上社会以后，能够很好地适应复杂的社会生活，必须首先在德行上做好准备。一个青年人在离开父亲的住宅和导师的保护以前，就应该具有一种不屈的决心，应该熟悉人情，使自己的德行不至于发生动摇；否则，在他没有十分明白交友的危险，不能镇定地抗拒一切诱惑以前，很容易陷入危险的歧途，走上致命的绝境。因此，他主张，对于德行是不能不在事先多加准备，使它深深固定在孩子们身上的。

这种准备工作，只能在家庭中进行，而不能在学校进行。他认为，家庭教育容易使孩子形成良好的德行。因为孩子留在家里，和亲人比较亲近，比较容易习得一些品性，做个有用的和能干的人。把青年绅士留在家庭里面，放在父亲跟前，由良好的导师去教导，只要有法子办到这一点，运用又恰当，就是达到教育上的主要目标的最好、最安全的办法。把儿子留在家里教养，较之送到外面，就有较多的机会跟儿子接近，父亲也能给儿子以应给的鼓励。他尖锐地批评道："如果做父亲的人一点儿也不肯淘神费力去教养自己的儿子，不啻治家之下策。"他告诫家长："无论他的境遇如何，亲自教养儿子就是对于儿子的最好馈赠。"

当时英国的贵族和资产阶级，依靠自己手中的钱财，选聘专门的教师在家中教育子女。等子女长到一定的年龄，再直接送入专供富家子弟就读的中等学校接受教育。这是很普遍的现象，洛克十分赞同。他一再告诫资产阶级家庭父母，千万不要把自己的子弟送到普通的国民小学里去学习。

他认为，学校是一个复杂的集合体，是教养恶劣、成分复杂和染有各色各样恶习的儿童的集合地。在那里，与顽童为伍，斗骗欺诈，无所不学，很容易受到鲁莽、粗暴、诡计、戏谑、欺骗等不良影响。他非常担心的是，学校里面这种伙伴的父母的人品通常是很不齐的，做父亲的人希望子弟混在里面，究竟能获得一些什么品行，真是难说得很。他认为，未来绅士的教育不能在学校里进行，在那里是不能形成一个绅士所应具备的品质的。一个能干的人才的养成，是由正直、大方和严肃的品质，加以观察与努力而成，这些品质学校里的学生们是不能彼此学到多少的。

（三）家庭教育是个别教育

洛克认为，培养孩子具有绅士的各种品格，只有通过个别教育、指导和训练才能实现，而在学校里是难以做到的。一个家庭里面的两三个孩子和一所学校里面上上下下挤满一屋子的七八十个学生，这其中的分别是很大的。因为无论教师怎样努力、有本领，他教着 50 或 100 个学生，除了他们聚集在学校的时间以外，他是绝对没有法子照顾到的；除了书本以外，别的事项他也是没有希望把他们教出成绩来的；学生的心理和礼貌的形成是需要不断注意的，并且还得个别教导才行，这在大群大群的学生中间是行不通的；即使教师有时间去考察，并且有时间去改正学生的个别缺点和错误倾向，但是学生在一天 24 小时之中，绝大部分时间都是由他自个儿去消磨的，或者还要受到同辈恶习的感染，教师的努力只能是徒劳无功。

洛克认为，就是不完全的家庭教育，也要比在学校中所获得的知识和技能有用得多。因此，他坚决主张凡是家里请得起导师的人，一定要把绅士的教育交给有很好素养的家庭教师，因为导师较之学校里的任何人必定更能使他的儿子举止优雅，思想刚毅，同时又能知道什么是有价值的，什么是适合的，而且学习也更容易，成熟也更迅速。

洛克主张家庭教育主要由所聘请的家庭教师担任，为此他认为，要严格挑选家庭教师。首先，他认为，做教师的人自己便应具有良好的教养，随人、随时、随地，都有适当的举止与礼貌。因为没有教养的人有了胆量，胆量就会带有野蛮的色彩，而别人也会以野蛮相看待。学问就变成了迂气，才智就变成了滑稽；率直就变成了粗俗，温和就变成了谄媚。没有礼仪，无论什么美德都会变样。

其次，他认为导师还要深知世故人情，懂得人的行径、癖好、过失、诳骗和缺点。学生到了能够懂得这些事情的时候，要把这些情形告诉学生，应该使学生练达人情，应该把各色人等的假面具向学生揭破，使学生看得出假面具底下的真相。

洛克对导师的要求如此之高，连他自己也认为不大容易选聘得到合适的。因为，年龄小、能力和德行都差的人，是不宜担负这种工作的；而年龄高、能力和德行较好的人，则又不容易请来担任这种工作。为此，洛克劝说资产阶级家庭不要怕麻烦，应及早四处去访求，不要吝惜钱财，要不惜用高薪去聘请合适的导师。他认为，这是我们在儿童身上花得最好的一份钱。谁能在这上面花点钱，使得自己的子弟具有善良的心地，有德行、有能耐，而又具有礼貌与良好的教养，则较之用这笔钱去购买田地，便合算得多了。假如能得到一个这样的导师，是决不会后悔所花的金钱的。

洛克主张导师要具备很高的条件，要求家长不惜重金聘请好的导师。这一点也充分说明他是非常重视家庭教育的作用的。

洛克从早期家庭教育的重要作用、家庭教育和学校教育相比较所特有的优势，认识到了家庭教育的重要意义，这是很可贵的。但有一点要说明的是，洛克否定学校教育，并不是否定一般的学校教育，而是否定当时还由封建贵族把持的教会学校教育。

二、体育——绅士教育的基本要素

洛克很重视家庭体育。他把体育看成绅士教育的基本要素，并且把它放在全部教育的首位。洛克所说的“体育”，实际上属于“健康教育”的范畴。

（一）家庭体育十分重要

洛克认为，一个人拥有健康的身体才会有健全的精神。他在《教育漫话》一书开宗明义地第一句话便指出：“健康之精神寓于健康之身体。”（洛克在书中引用前人的一句话）他把一个人的工作、幸福与身体健康直接联系起来，要能工作，要有幸福，必须先有健康。这无疑是非常正确的观点。同时，他又把一个人能否“忍耐劳苦”“出人头地”和身体强健与否联系起来。为了能忍耐劳苦要有强健的身体，这是正确的。但为了出人头地而要有强健的身体，显然是对洛克资产阶级世界观的明显表露。

尽管如此，也应看到，洛克是西方第一个明确提出“健康教育”的教育家，这具有开创性的意义。特别是在欧洲中世纪，天主教会极力鼓吹“禁欲主义”，宣扬“身体是灵魂的监狱，理所应该受摧残和折磨，以求灵魂的解脱，获得清白”，无视人的身体健康，反对体力锻炼。而洛克却恰恰与此相反，他特别关心人的幸福和健康，这无疑是对经院主义教育的一个有力冲击，具有重大的进步意义。

（二）家庭体育的任务和方法

洛克认为，家庭体育的任务是培养孩子具备健康的体魄，成为能够吃苦耐劳的人。他指出，当时英国家长对儿童娇生惯养，大多数儿童的身体都因娇生惯养及溺爱之故而不太健康，甚至受到伤。他告诫家长，不要对孩子娇生惯养，要通过锻炼使他们对疲劳、困难、气候变化及各种活动，都能忍受而不觉痛苦，成为一个能够吃苦耐劳的人。为此，洛克根据他的医学保健知识和经验，针对当时一般资产阶级家庭体育的弊端，提出了一系列健康教育的方法。

1. 无论春夏秋冬，儿童的衣着都不可过暖。对于风寒不必过于防范。孩子从小经受锻炼，养成习惯，是什么都经受得了的。过暖了，容易生病。

2. 孩子每天用冷水洗脚，鞋要穿得薄些，最好能透得进去水。这不但不会损害健康，反而会使身体“健康坚实”。

3. 孩子要学会游泳，经常进行冷水浴。这不仅对身体健康有好处，学会游泳还可以应付紧急情况。

4. 要多过露天生活，冬天也尽量少烤火。这样，他就既能忍受冷，也能忍受热；既能忍受晴，也能忍受雨。这种习惯要从小及早培养。多在户外生活，对健康很有利，也有利于儿童一生的成长。如果始终不让他受风吹、被日晒，免得伤了他的肤色，“这也许不失为养成一个酷男帅哥的可行方式，但绝非造就有用人才的正确途径”。

5. 女孩子的衣服不可做得太紧，尤其是胸口部位不能太紧。衣服太紧会影响体态的自然发育，使身形不优美；衣服太紧会使胸部压抑，呼吸短促，肺弱和佝偻；胸部是心脏的所在，是生命的中心，胸口束缚得太紧，对健康极为不利。

6. 饮食应清淡、简单，至少在两三岁以前，应该禁止肉食。这样可以减少疾病的发生。

7. 进餐不要定时，要日日更换进餐时间。早饭不要吃得过饱。

8. 饮品要清淡，禁止儿童喝酒或烈性饮料。

9. 水果要有选择地适当地吃。

10. 要保证儿童有足够的睡眠，养成早睡早起的习惯。

11. 儿童的卧床要坚硬，不可过软。硬板床可以锻炼身体，对增强外出旅行时的体力也有好处。

12. 坚持定时大便，最好养成早餐后大便的习惯。

13. 千万别给儿童用任何药物去为他预防疾病，要尽可能少用药，除非到万不得已，绝对需要的时候，一般情况下能不用药则不用药。

洛克凭借他的医疗保健知识，提出了一套符合当时科学水平的保健方法，对于今天的儿童保健仍有一定的参考价值。尤其值得注意的是，他特别重视儿童的身体锻炼，为了使之能适应各种情况的变化，这是具有重要意义的主张。

洛克重视儿童的身体保健和锻炼，是为了把绅士培养成为强壮而又干练、勇敢而又坚定的人，以便适应社会的需要。他说："一个绅士，无论处在何种年龄段，都应这样养育，务使他能随时操刀舞剑，当好一名士兵。一个人使其子生来就只会仰仗老子留给自己的大笔财富优哉游哉，安逸度日，他若是这样养育儿子，那么这种人既不曾借鉴过所见到的榜样，也不明白自己所处时代的需要。"

洛克把儿童的体育和资产阶级的政治联系起来，而不是只看成儿童个人的事，这也给了我们一定的启示。

三、家庭德育——绅士教育的灵魂

在《教育漫话》一书中，洛克对绅士的道德品格教育予以极大的关注，用了大量的篇幅来论述。

（一）家庭德育的重要意义

洛克认为，道德和道德教育是绅士和绅士教育的灵魂。他认为，通过道德教育，使绅士具有理想的德行，有两种意义。

1. 它关系到绅士个人的幸福。他认为，在一个人或者一位绅士的各种品行中，德行是第一位的，是最不可缺少的；要被人看重，被人喜爱，要使自己也感到喜悦，或者也还过得去，德行是绝对不可缺少的。一个人如果没有德行，在今生来世都得不到幸福。

2. 它关系到绅士在事业上能不能成功。他认为，教育上难于做到而又具有价值的一部分目标是德行。唯有德行才是真实的善。德行愈高的人，其他一切成就的获得也愈容易。因为，凡是能够尊重德行的人，对于一切合于自己的事是不会采取一种执拗或倔强的态度的。

洛克之所以重视绅士的道德教育，不仅仅是从绅士个人的幸福和事业上的成功着眼，而且联系到了国家的地位。他说："对于下一代的年轻人，如果不去关注与保存他们的率直、严肃及勤奋的美德，却又希望他们随后在人生舞台上取得成功，并具备充足的德行、本领与学问（正是这些使得英国成为世界上举足轻重的国家），那简直就是笑话。"

洛克所重视的德行，当然是资产阶级的道德修养，有鲜明的阶级性。但他把道德和道德教育同个人幸福、事业上的成就联系起来，特别是和国家的地位联系起来，是很令人深思的。

（二）家庭德育的任务

洛克提出，一位绅士必须具备"理智""礼仪""智慧"和"勇敢"这四个方面的道德品质。因此，他认为家庭德育的任务就是着重培养这四种品质。

1. 培养理智

洛克很注重培养儿童的理智。所谓“理智”，是指根据资产阶级标准去判断事物或衡量人的行为规范。洛克认为，一个具有“健康精神”的人，必须能够运用理智（亦称理性）去驾驭和支配自己。“精神健康”的标准在于一个人能够克制自己的欲望，使之“顺从理性”的指导。所以，洛克说：“身体强健主要体现在能吃苦耐劳，精神的强健同样如此。一切德行与价值的重要原则及基础在这一点上：一个人能抗拒自己的欲望，能够不顾自身的自然倾向而纯粹顺从理性最好的指向，尽管与欲望背道而驰。”

洛克认为，理智是一位绅士所必备的首要的品质。他说：“一切德行与美善的原则在于，当欲望得不到理性的认同时，我们需要具有克制自身欲望得到满足的能力。”欲望是人的天性。有欲望并不可怕，可怕的是不能自我克制。人类在各种年龄阶段有各种不同的欲望，这不是我们的错处；我们的错处是在不能使得我们的欲望接受理智的规范与约束；这中间的分别不在有没有欲望，而在有没有管束欲望的能力与克制自己某种欲望的功夫。

他认为，一个儿童，如果从小缺乏理智的教育和训练，长大以后很难成为一位真正的绅士。他说：“凡是小时候不惯于使自己的意志服从于他人理性的人，一旦长大，到了自己能运用理性时，他也是很少会去留意倾听或服从自己的理性。这类儿童会成为哪一类人，其实不难预见。”

洛克对于当时一般英国家庭不注意培养儿童的理智的做法，提出了严肃的批评。他指出：“据本人观察，人们在教养儿童方面有个重大错误，对一个问题没有给予及时充分的注意；这就是人的精神在最纤弱、最容易支配之时未能使其习惯于遵守约束，服从理智。”

他认为，爱子女是人类的天性，但是爱应当有理智。“为人父母者无不爱护自己的子女，但是如果理性不是极为严密监视这种自然的爱，就容易流于溺爱。”溺爱孩子，会使孩子养成刚愎自用、为所欲为的毛病。被溺爱的孩子必定学会打人、骂人，他哭着要什么东西，他便一定能得到，他心里想做什么事情，他也一定要做。企图希望运用自己的意志去支配一切，这样就是把儿童的“本性”给弄坏了。等孩子长大了，形成了恶习，再想纠正，那是很难的。这恶习就像是种下的莠草，等想拔除的时候，“然而杂草已根深蒂固了，这时想铲除也许已为时太晚”。

因此，洛克主张，对于服从理智和自我克制的能力的培养要及早进行。他说：“这种能力的获得及改进依靠习惯，而使之轻松、熟练地发挥则靠早期实践。”他建议，“儿童自呱呱坠地时起就应该习惯于克制自己的欲望，做事行动时不要对这种欲望念念不忘”。

2. 培养礼仪

洛克主张，要重视对儿童礼仪的培养和训练。他所说的“礼仪”，主要是指礼貌、礼节和风度。他认为，一位绅士一定要懂得上流社会的人情世故，懂得在上流人士中流行的那套为人处世、待人接物的礼貌和风度。洛克把这看成是绅士所不可缺少的美德。他说：“礼仪是在他的一切其他美德之上加上的一层光泽，使之具有效用，去为他获得一切与他接近的人的尊重与好感。缺乏良好的礼仪，其余的一切成就就会被人看成骄矜、自负、徒然或愚蠢。”“倘若缺乏礼仪，无论什么美德在他身上都会扭曲，使其形象大损，反而对他不利。”没有礼仪是很难有成就的，也不会成为有价值的人。“一个没有德行，不懂得人情世故，缺乏礼仪，却有成就、有价值的人，恐怕哪里都难找到。”

洛克所重视培养和训练的礼貌、礼节和风度，首先表现在仪表堂堂、文质彬彬，见人要脱帽退步致敬上；进而在容貌、声音、言辞、动作、姿势以及整个外表的举止都要优雅有礼，能够博得朋友的好评，使人感到安逸与高兴。再进一步要做到，按照各人的地位与身份保持敬重与距离；最后，达到懂得“礼仪”，懂得“人情世故”，要保持一定的“风度”“高雅、友善”“思想刚毅”“举止具有丈夫气概”“谈吐更能镇定自若”。

洛克强调指出，教会儿童懂“礼节”，讲“礼貌”，有“风度”，这是“第一件大事”。他认为，礼仪对品德来说是一种装饰，它可以使品德更加放出异彩。

他做了这样的比喻："品德加上礼仪，犹如钻石经过琢磨。"他说："未经琢磨的钻石无人喜欢，即使戴上，也乏善可陈，显示不出高雅华贵。然而一旦经过琢磨，加以镶嵌之后，它们便流光溢彩了。美德是精神上的宝藏，但使之焕发光彩的则是良好的礼仪。"

正是从这个意义上，洛克把整个道德教育，把品德，特别是把"礼仪"看得比学问、比知识还重要得多，尤其比当时正盛行于欧洲的古典拉丁文重要得多。他认为："作为绅士，需要的是事业家的知识及合乎其身份的举止，同时要能按照自己的地位，成为对他的祖国大有裨益的出类拔萃的人物。"

他一再强调，"礼仪与人情世故的知识"是非常重要的。不"明白人情世故"，不"娴于礼仪"，就算不上一个有良好教养的人。一位英国绅士不具备应有的行为，也"决不能够变成一个上流的人"。他指出，一位青年绅士，当他获得了礼仪这种美德，凭着这一点点成就，门路就可以更宽，朋友就可以更多，在这世上的造诣就可以更高。因此，洛克认为，对未来的绅士来说，首要的品德是"礼仪"。

洛克认为，有五种毛病是和礼仪不相容的，这五种毛病往往导致人缺乏礼仪。为使孩子形成良好的礼仪，应避免使孩子受这些不良行为的影响，或者应使孩子从这些不良影响中自拔出来。

（1）一种天生的粗暴。这种毛病使得一个人对别人没有礼貌，因而不知道尊重别人。无限地放任自己的脾气，使人横冲直撞，完全不去理会别人的看法。凡是愿意别人觉得自己还有一点礼貌的人身上都没有它的地位。因为礼仪的目的与作用，本在使得本来的顽劣变柔顺，使人们的气质变温和，使他敬重别人，并和别人合得来。

（2）轻蔑，或者缺乏适当的敬意。这种毛病是可以从面容、言辞或姿态上面发现的；表示轻蔑的不论是什么人，它总是使得别人不安的。因为谁也不会心甘情愿地被人家看不起。

（3）非难别人，找别人的错处。这种毛病是和礼仪直接对立的。他指出，人们无论犯了什么过失，或者其实没有犯，他们总不愿意人家当着他们，或者当着别人的面，把它们在光天化日之下公开宣布出来。任何人有了污点，都会感到羞耻。

(4) 刁难。这种毛病不仅常常带来不合宜的、使人生气的言语和举止；而且也是对于对方的无礼的一种无言的非议和责备。

(5) 礼节太繁。这种毛病就是执意把过分的，别人受了也不能不感到愚蠢或惭愧的礼节强加给别人。这种情形看起来与其说是尊重人家，还不如说是嘲弄人家；至少也像是和人争强斗胜，充其量也不过是使人家讨厌而已，绝不是良好的礼仪。

3. 培养智慧

洛克认为，一位绅士应具备的第三种品德是“智慧”。他所说的“智慧”，与人们一般所理解的经过知识的学习，使人的认识、理解和判断等能力（总称智力）得到发展，并不完全是一回事。他所指的主要是一种实际的本领，正如他所说的那样：“我将智慧理解为：一个人在世上处理其个人事务时精明强干并富于远见。这是善良天性、心智专一和经验结合的产物。”

他认为，要使孩子逐渐形成智慧的美德，必须使之做一个坦白、公正、聪敏的人；同时，“应使一个儿童习惯于获得关于事物的真实观念，不达此目的就不满足；应使儿童把心智用在伟大的、有价值的思想上，而与虚假以及包含大量虚假成分的狡猾保持距离；这才是儿童对于智慧的最合适的准备。”

在洛克看来，培养儿童这种智慧的美德，一个最需要注意的问题，就是要特别防止沾染上狡猾的毛病。因为“狡猾仿效智慧，却与智慧相离最远；它像一只猴子一样有近似人的外表，但是缺乏人的实质，因此更为丑恶不堪”。他告诫人们，世上决没有一个狡猾的人，能够狡猾得使人家不知道他们是狡猾的；他们一旦被人发觉以后，人人都会讨厌，人人都不喜欢狡猾的人；全世界都会联合起来反对他们，攻击他们。他主张要教育儿童“习惯于真实与诚笃”，要尽力阻止他们变狡猾。

从洛克对智慧的字面意义的解释来看，他强调有本领、有才能、有远见卓识、善于处理各种事务的品质；也强调聪敏、真实、诚笃的品质，等等。这些理论在一定程度上反映了新兴资产阶级的求实精神。

4. 培养勇敢

洛克注重对儿童勇敢品质的培养和训练。他把勇敢也称为“刚毅”，他认为，勇敢、刚毅是绅士必备的美德，也是一个真正有价值的人的品性。他说：“刚毅是其他德行的保障与支柱；一个人没有勇气是很难恪尽职守，从而具有一个真正的有价值的人的各种品性的。”他还说：“我以为真正的刚毅是：当一个人无论被什么灾祸或危险缠身时，都能镇定自若，不受干扰地尽职尽责。”“真正的刚毅要准备遭受各种各样的危险，无论遇到了什么灾祸威胁，都要岿然不动。”而勇敢正可以抵抗各种危险和灾祸。他说：“防止灾祸的方法不是逃之夭夭，也不是被恐怖所困扰、所慑服、所阻止。我们的名誉及我们的责任都要求我们继续前进。”

要使未来的绅士形成坚忍、勇敢的品质，必须从小锻炼他们的胆量，使之能忍受痛苦，克服怯懦、脆弱的本性，遇到困难不躲避，要刚毅、勇敢、果断。这一切就是洛克所说的“对付人生的战斗”。

可以看出，洛克围绕着实现绅士个人的幸福和利益而提出的“理智”“礼仪”“智慧”和“勇敢”等绅士所必备的品质，完全是从资产阶级利己主义出发的，这充分反映了绅士家庭教育的资产阶级实质。但有一点应当肯定，就是他很注重对人的道德品质基本素质的培养和训练，这是难能可贵的。

（三）家庭德育的方法

在家庭道德教育问题上，洛克根据儿童的年龄特征，提出了不少行之有效的积极的教育方法。

1. 榜样和示范

洛克特别重视榜样和示范在儿童道德教育中的作用。他认为，在教导儿童的各种方法中，其中，“最简单易行且富有成效的方法是：将儿童应该做出或避免做出的事情的榜样放到他们跟前。在他们知识所及的个人实践上，一旦你向他们展示了他们所熟知的人的榜样，同时说明这些榜样为何美丽或丑恶，那种吸引或是阻碍他们去模仿的力量将比任何可以为他们提供的说教都要大。”“采用这种观察他人榜样的方式，儿童在许多事情上，对于有良好教养所展示的风采，对不良教养所暴露的丑恶，必然懂得更清楚，印象更深刻，这是任何规则及教训都无法企及的。”“与榜样相比，没有任何事情能这么温和而又深入地打动人的心扉。”

洛克之所以如此重视榜样和示范的作用，是有他的心理依据的。他说：“儿童的行为方式（或许应当说，不仅儿童，成人也何尝不是如此），大半是通过模仿得来的。我们都是一种模仿性极强的动物，每每从贴身事物受到感染，获取印象；因此，对于儿童来说，耳闻不如眼见，原是不足为奇的。”

为此，洛克一再强调，父亲和教师要特别注意检点自己的言行，以身作则。他告诫说，父亲应当以身作则，教导儿童尊敬导师；导师也应以身作则，使儿童去做希望他做的事情。导师的行动千万不可违反自己给孩子的教训，除非是存心使儿童变坏。导师自己如果任性，那么，教训儿童克制感情便是白费力量的；自己如果行为邪恶，举止无礼，则儿童的行为邪恶，举止无礼，也就无法改正。坏榜样比良好的规则更容易被采纳，所以，应时时留心，不可使儿童受到不良的榜样的影响。

洛克特别提醒父母，绝不要给孩子做出不好的榜样。因为，不好的榜样给孩子在心理和思想行为上的影响极坏。他说：“你不愿意他去效法之事，你自己便决不可当着他的面去做。假若某件事情，他做了你认为是一件过错，而你自己却不小心照做不误，那么，他便必定会以你的榜样作为掩饰的口实，那时你再想用正当的方法去纠正他的错误就非易事。倘若他看见你亲自做了某事，一旦他去做了同样的事你又去加以惩罚，那么他决不会认为你的严厉乃是出自对他的关爱，出自你殷切希望他改过的用意；而他一定会做如下的解读：你不过是在倚仗老子的专横霸道，只许州官放火，不许百姓点灯而已，自己享有自由，可到处寻开心，却不许做儿子的人去享受同样的权利，这样做哪里站得住脚！”“若是你觉得你之所以随便一点是年长者的特权，这种特权是一个孩子所不能奢望的，那么你这种想法反而激发他更想去效法。你总该随时记得，儿童之爱冒充成人是比我们所预计的还要早些。”

为此，洛克反复告诫父母，你不愿意他去仿效的事，你自己便绝不能在他的面前做。

洛克除了重视父母和教师的榜样和示范作用以外，还重视儿童的伙伴的影响和作用。他认为，如果儿童常常和一些好的伙伴在一起，定能受到好的影响，从而对父母和教师的教育影响起配合或促进作用。反之，就会损害或削弱父母和教师的影响和作用。

2. 练习

洛克很重视“练习”对形成各种行为习惯的作用。他认为，要养成儿童某种行为习惯，不能光靠死记规则和教训，如果光靠死记规则和教训的办法，收效甚微。他说：“儿童绝非用规则可以教好，规则迟早会被他们忘掉的。倘若你感到他们有什么必做之事，你便应该利用一切机会，甚至在可能的时候创造机会，为他们提供一种不可缺少的练习，使之在他们身上固定。这就可以使他们养成一种习惯，有关习惯一旦培养成功，便无须借助记忆，轻易自然地就能发生作用了。”

他批评某些父母企图只靠规则教育儿童的做法。“有些做父母的人，把大堆的规则加在儿童身上，可是可怜的孩子连那些规则的十分之一都记不住，更遑论去实行了。可是，一旦他们违反了这众多繁杂的、不恰当的规则，呵斥与鞭挞便会接踵而至。由于儿童的注意力分散，记不住大人所说的一切，因此自然而来的后果是，他们知道自己很难做到不违反成人的清规戒律，从而招致谴责，于是对他们来说异常明显的事实就是：不去理会各种条条框框。”

因此，他告诫父母：“故规则应该少定，一旦定下，便须严格遵守。于儿童而言，小小的年龄只需少少的规则，待他年龄渐长，当一种规则经过练习，奠定基础之后，方可再去增加另外一种规则。”

采用练习的方法培养儿童的习惯，不仅使儿童不必再靠记忆与回想，自然而然就做得出，成为一种自动化的行为方式。对于父母和教师来说，还有两个好处：第一，“采用这种方法我们就可以知道，我们要儿童去做的事情是否符合他的能力，他的天资及体格”；第二，采用这种方法，还可以研究儿童的天性和才能，看他们最容易走哪一条路，哪一条路最与他们相适合；儿童缺乏的是什么，那些缺乏的东西他们是不是能够通过努力去获得，由练习去巩固的，并且值不值得去努力。

由此看来，洛克所说的“练习”，对儿童来说，包含“实际锻炼”的意思。对于父母和教师来说，它更具有实际考察、了解教育对象，便于因材施教的意义。

洛克认为，指导儿童的各种练习，必须注意两个问题：“第一，你若要他们通过练习去培养你希望在他们身上形成的某种习惯，最好和颜悦色地去进行劝导与提醒，不可疾言厉色地责备，仿佛他们是有意违抗；第二，还需注意的一件事是不可同时培养太多的习惯，以免花样太多，让他们不知所措，结果反而一事无成。要等到某一种习惯经过经常的练习，变得轻松自然，儿童做来不假思索时，你才可以再去培养另外一种习惯。”

在这里，洛克是强调两个教育的一般原则：一是循循善诱，二是量力而行、循序渐进。他告诫家长不要简单急躁，不能急于求成，这是很科学的。

3．说理

“说理”，即说服教育。洛克强调“说理”在家庭道德教育过程中应占有的重要地位。他不同意有些做父亲的人，处处用“权力”或“命令”去制服儿童，他反对用强制的手段迫使儿童去做父亲所希望的事情。

他坚持对待儿童也要说理，并认定说理是对待儿童的真正办法。他说：“儿童一到使用语言之日，就是明了道理之时；如果我的观察不错，儿童之希望被看作是具有理性的生物，远比人们通常想象的年龄为早。他们这种自负的态度应当得到珍惜，我们也应该尽量利用这种态度，将其（指说理）作为支配儿童的重要工具。”他提醒家长：“最好少行使权力，少下达命令……在大多数场合，温和地据理说服，效果必定更佳。”

为了使说理发挥更好的作用，洛克认为在说理时，应该注意以下几个问题。

（1）说理要符合儿童的能力与理解力。长篇大论的说教和富有哲学意味的辩难，充其量不过使得儿童感到惊奇与迷惑而已，并不能给他们以教导。儿童就更不能够了解空泛遥远的理论了。冗长的演绎是不能够打动他们的。如果要用道理打动他们，那种道理便须明白晓畅，符合他们的思维，而且应该能够触到和被触到才行。所说的理与他们的年岁相符合，应为他们所了解，同时应以极少的极明白的措辞行之。

洛克注重说理要符合儿童的年龄特征，适合儿童的认识能力、思维能力和理解能力，这是非常可贵的。

（2）进行说理时，态度要镇定、温和、亲切，使儿童从感情上“乐于受教”。特别是随着孩子年龄的增大，做事知道审慎，而行为又很良好的时候，要逐步和孩子亲近，亲切地谈话，甚至还可以就他所知道或了解的一点点事物，征求他的意见，和他商量。洛克认为，这样亲切的、平等的谈话，有两大好处：

第一，可以使得孩子认真地思考，加深对问题的理解。家长愈是及早把他当作一个成人看待，他便愈能及早变成一个成人；假如有时你能让他和你认真地谈论，你便无形之中把他的心理成熟度提高了。这种说法很有道理。

第二，还可以加深孩子与你的友谊。建立和巩固友谊与善意的最好方法，莫过于互相信赖地闲谈心事与家常。孩子看见你把胸襟向他展开了，看见你因为要交给他的事物终会到他手里，你的事情也肯让他参与了，那时他肯定会关心你的事情，如同关心他自己的事情一样；你既然并不把他当作一个外人看待，他便会去忍耐地等待自己的机会，同时又能爱你。这样对待孩子，他便愈会知道自己能有这样一个好意的朋友，这样一个谨慎的父亲，替他照管一切，实在是自己的幸福。青年人如有这样一个可靠的朋友，遇事可以依靠，随时可以商量，不可能不喜欢。

4. 奖励

洛克重视奖励的神奇作用。他所说的“奖励”，包括尊重、称誉、赞扬。他认为，儿童爱护自己的名誉，也就是有了自尊心，是教育的极为有利的条件。他说：“儿童一旦领略到尊重与耻辱的含义，对于他们的心理，二者便是所有因素中最为有力的刺激物。如果你能使儿童爱好信誉，知道羞辱，你就使他们掌握了一个真正的原则。该原则将长期发挥效能，并使他们走上正轨。”

儿童都是喜欢表扬、称誉的。他说：“儿童对于赞扬与奖励——也许比我们所想到的还要早一些——就极其敏感的。他们感到被别人称赞及得到好评，尤其是被父母及自己依赖的人看得起，是一种快乐。所以做父亲的若看见子女行为端庄，便予以爱抚及赞扬；若看见子女行为不轨，便显出冷若冰霜及不屑理会的神色；同时母亲及儿童周边的人都用同样的态度去对待他们，这样，无须多久，儿童就会感到其中的差异；这种方法如能坚持贯彻下去，我毫不怀疑其功效一定比威胁或鞭挞要大得多。”

因此，他主张对儿童要多用奖励。那么，进行奖励时应注意哪些问题呢？

（1）赞扬应当众进行。他说：“儿童应受赞扬时，则应当众去得到。儿童受到赞扬之后，经过大家一番传播，则奖励的意义就要翻番。”

（2）既不要为讨好儿童而奖励，也不要用物质刺激儿童做某件事情。如果这样做，就是“牺牲了他们的德行，颠倒了他们教育的秩序，教他们去爱奢侈、骄傲、贪婪”。他举例说，倘若他去做点该做的事，便用钱币去酬劳他；见他念了书，便拿些甘美的食物去报酬他的辛苦；你要他完成一点小小的课业，便去许他一些镶花边的颈巾、漂亮的新衣。那么，你提出的这种种报酬的意思岂不是说，他应该以这些好东西做目标，鼓励他去想望这些东西，使他习惯于把自己的快乐放在这些东西上面吗？

洛克告诫父母，对于物质奖励要采取慎重态度，这是很可取的。

5. 惩罚

总的看来，洛克基本上主张尽量不用惩罚的方法，也反对体罚。他说：“严酷的惩罚益处很少，不，或许应该说它在教育上的害处颇大。”“频频发生的鞭挞或呵斥应谨慎地予以避免。因为这种惩罚的方法，除了使儿童对于带给他们的不幸的行为产生一种羞耻与憎恶的心思以外，决不会再有别的益处。”他反复强调，惩罚既然应该尽量避免，鞭挞尤其不可多用。鞭挞是教育上最不适用的一种办法。

对于惩罚、鞭挞的害处，洛克做了深刻的分析。

(1) 惩罚、鞭挞是发生一切邪恶与罪过的根源。惩罚、鞭挞只能增加惧怕皮肉痛苦的心理，而不能增强羞于做错了事的心理，从而使我们应该根除的根源，现在反而在他身上生长起来，实际上会更加助长邪恶与罪过。

(2) 惩罚、鞭挞会使我们希望儿童热爱的事物，反而遭到儿童的厌恶。儿童对于某些事物，本来是喜爱的，但是后来他们由于为得到那些事物受了鞭挞与呵斥，岂不反而厌恨那些事物了吗？他举例说，不适宜的情境是常常可以影响到与其相关的、无辜的事物的。譬如有人常用某个杯子去喝让人恶心的药水，他只要一见那杯子就可以作呕。这里洛克所说的这种现象，就是现代心理学所提到的“条件反射”现象。

(3)“这种奴隶似的纪律所造成的也是一种奴隶似的性格。”他分析说，“一旦教鞭高悬，出于对它的畏惧，儿童会顺从，佯装听话；可是一旦教鞭收起，逃脱了大人的监管，知道无处罚之虞时，他便会更加放任自己的天性；这种倾向完全不会因此而有所收敛，恰恰相反，会在他身上潜滋暗长，不断强化；经过这种约束之后，一旦爆发，更加来势汹汹。”

(4) 惩罚、鞭挞会使儿童变得颓丧。假如管教到了极度严酷的地步，也可以治好目前任性的毛病；但是，接着来的常是更恶劣、更危险的心情颓丧的毛病，到那时，你便算是丧失了一个放荡不羁的青年，换来了一个心神沮丧的家伙。这种人只能取悦于智力障碍者们，但这种人终生对于自己和别人都是没有用处的。

（5）惩罚、鞭挞会“毁灭羞耻心”。他认为，自尊心是对人的一种真正的约束。如果常常对儿童施以体罚，“它只是看起来弥合了目前的创伤，使伤口蒙上一层表皮，但并未触及痛楚的核心；只有发自内心的羞耻心和不愿令人厌恶的畏惧心，方可称作一种真正的约束。”其结果，只能是“使儿童的羞耻心泯灭殆尽”。

洛克主张基本上不用惩罚，尤其反对体罚，这种观点是值得肯定的。他对于惩罚、体罚的种种害处的分析，相当深刻而全面，是非常令人信服的。

对于必要的责备、斥责，洛克并不一概否定，但是他强调指出，不能挫伤儿童的自尊心。他说：“在儿童犯有过失时，斥责和呵斥有时难以避免，但这样做时不但用语应严肃认真，不受情绪支配，而且应当背着别人私下进行。”这样做很有好处：“父母只在私下揭露子女的过错，子女对于自己的名誉就会愈加珍惜，他们觉得自己是有名誉的人，因而会更加小心地去维持别人对于自己的好评”；相反，“若你在大庭广众中宣布他们的过失，使其无地自容，他们便会灰心丧气，致使钳制他们行为的工具都化为乌有，他们越是感到自己的名誉受到了打击，则他们设法维持别人好评的心愿就会愈加淡薄”。这就是说，要破罐子破摔了。洛克对于父母的这个提醒，是很重要的。

但是，洛克对待惩罚问题的态度不是始终如一的，是很不彻底的。有时他又公开主张对于犯有“顽梗”或“反抗”过失的儿童，必须给予鞭挞；而且，要打就打个彻底，“非等到目的完全达到方可终止，而且还要逐渐加重”。这种主张就值得商榷了。

洛克对待体罚的态度是矛盾的。如他自己所说：“鞭挞是矫治儿童不端行为的方法中最糟的，也是最后的一个。”他承认鞭挞不好，但同时他又承认，它是一种可以使用的教育方法。这种在惩罚问题上的自相矛盾，恐怕和他在政治上的妥协性与哲学上的不彻底性不无关系。

四、家庭智育

在《教育漫话》中，洛克详细地论述了绅士的家庭智育。

（一）家庭智育的地位

在《教育漫话》最后一部分，洛克谈到了“学问”问题。“学问”，亦即智育问题，也就是智力教育问题。

洛克认为，有“学问”对于一位绅士来说，是很必要的，然而，他又认为，“学问”是第二位的。他说：“读书、写字和学问，我也认为是必需的，但却不应成为主要的工作。”在他看来，一位绅士，健全的精神是最主要的，但健全的身体是其前提，而“健全的精神”包括道德品质的完善和一定的知识修养，在这二者之中，道德品质又是首要的。

他说：“我想，如果有人竟然不知道将一个德者或者智者看得远比一个大学者更为可贵，你也会觉得他是一个愚而不可即之人。”他还认为：“我并不否认，对于心智健全的人来说，学问对于辅佐德行与智慧都极有帮助，然而同时我们也得承认，对心智不是那么健全的人来说，学问就徒然使他们更加愚蠢，乃至沦落。”

在洛克看来，道德品质教育是排除不良的和邪恶的习惯的。如果不能排除不良的和邪恶的习惯，那么，文字、科学以及教育上的其他一切成就都没有用处，就只能使得一个人变得更坏、更危险。因此，他说：“学问固然不可少，但应居于第二位，只能作为辅助更重要的品质之用。”

洛克把绅士的道德品质教育放在首位，把智力教育放在第二位，一方面，这表明他的绅士教育的鲜明的阶级性，完全是为培养资产阶级的接班人，为资产阶级政治经济服务；另一方面，洛克的这种观点，也正确地揭示了政治和业务、德育和智育的辩证关系，对于我们社会主义国家的家庭教育也不无启示。

（二）家庭智育的内容

洛克的绅士家庭智育的内容，不仅限于一般的文化知识学习，同时，还包括获得各种技能、技艺。他认为，对于一位绅士来说，前者是必要的，是主要的，后者也是不可缺少的。因此，他要求绅士一方面要通过学习和研究获得多种知识，增长学问，发展智力；另一方面还要通过各种技能、技艺、课业的练习去获得技能、技巧。在洛克看来，对一位绅士来说，这二者都是绝对需要的。

在学习书本知识方面，洛克提出了一个很广泛的学习科目：阅读、书写（写字)、图画、速记、外语（法语、拉丁语、希腊语等)、作文（写作)、神学、地理、算术、天文、几何、历史、伦理学、法律、逻辑、修辞学、自然哲学，等等。在这些科目中，有不少当时新出现的学科和日常生活所需要学习的知识门类，另外，宗教神学和古典主义学科比当时学校实际设置的要少得多。这些学科设置的特点，反映了洛克所生活的历史时代的特征，反映了资产阶级政治经济的要求。

在获得其他技能、技艺方面的课业有：舞蹈、音乐、击剑、骑马，画图、园艺、细木工、薰香、油饰、雕刻、铁铜银工、刻板、琢磨、安配宝石或者琢磨光学玻璃、商业计算、出国旅行，等等。在这些课业中，既有文艺体育，又有各种手工技艺，也有经商所需要的本领。

（三）家庭智育的任务

洛克所列的这一系列的学习科目和技能训练课业，都是紧紧围绕着“培养绅士”这个目标提出来的。这些知识和技能都是绅士的生活和活动所需要的、所必备的。

在文化知识方面，阅读、书写、作文等基本上属于一门学科，都是本国语文教学的范畴。洛克断言，本国语文无论对任何人都是需要的，特别是对绅士来说，是不能不学习、不能不熟悉的。他们读了书，就可以变成美好的绅士，得到人人的喜爱。作为一位绅士，需要研究其他各种文字，尤其应该研究本国文字，以便对于自己常用的文字得到一种绝对正确的了解。

一般人学习语文的目的是为日常的社交和交换思想之用，至于绅士的职业，主要得靠口舌笔墨过日子。这些人说话，最好能够说得合适而又正确。因为一位绅士无论说哪种话，单能说得使人懂是不够的。他应该研究文法以及别种可以帮助他说话说得好的方法，免得说出一些违背文法的、令人不快的，不合规范的话，使听者听了刺耳。作文（写作）也是一种说话，它能够教人说到任何题目的时候说得漂亮、说得好，而一位绅士随时说话说得好、说得中肯，这对他是最合适的，在一切生活的情境中也最有用。

关于外语的学习，洛克提出，法语是接近英语的一种语言，说话时用得多些，应该先学。拉丁文在一般的日常生活中没有什么用处，而对于绅士则是绝对必需的，因为他将来或者可能要和有关人士接触，便于应付，或者在有些学科的学习上也是不可缺少的。

图画对于一位绅士有时候是极有用的，尤其是在旅行的时候，所见所闻用图画表示最方便、明了。

他认为速记是值得学习的，因为它一则可以使人敏捷地记下要记的东西；二则可以使人把自己不愿公开的事情隐藏起来。

绅士要外出旅行，要走南闯北，要到世界各地进行经商贸易，不懂得地理知识是不行的。

算术在生活、工作的各个部分都是要普遍运用的，几乎没有什么事情离得开它。应当经常练习计数，从计数进而掌握运用数的技术，进行计算。

天文学可以教给人各种星座的形象、位置，应知道哥白尼的学说（指哥白尼提出的“太阳系运动以太阳为中心”的学说），解释行星的位置和每颗行星距离它们周转中心——太阳的远近，进而懂得行星的运行及其学说。

洛克认为，几何学要学，但无须多学，只学点欧几里得的几何知识就够用了。

历史学能教人懂得整个历史的进程和历史上几个大的时期的轮廓。他说，历史是公民知识的核心，是绅士和事业家应该研究的。历史能给人教训，也最能使人感到愉快。

法律对绅士来说更重要。如果认为一位英国绅士不应该懂得自己国家的法律，这是很奇怪的。作为一位绅士，不论他处在什么地位，法律都是必须懂得的。没有一个地方、一个部门不需要法律。

洛克还强调，要学习修辞学、逻辑学，它们与文法的关系很密切。作为一位绅士，如果不能通过写作或谈话去很好地表达自己的意思，那就是他的一个最大的缺点。而要做到这一点，除了懂得一些修辞学、逻辑学的文法以外，更重要的是对文体的锻炼，要注意经常通过书写（写作）来记叙一些故事或表达自己的思想。正确地写作与正确地说话，可以使人说话时显得优雅，可以使别人注意他所说的话。

与此相联系，洛克还特地引用别人的话论述了语文知识的重要性。儿童是很少会因为语文知识过多而负担不了的。语文知识对于各种身份的人都有用处，语文“一视同仁”地为他们开辟道路，使他们达到学问的极深处，或使他们尝到学问的比较有趣的部分。语文方面的良好基础是能在一切事物都容易在心里印下深刻的印象的时候去奠定的，当记忆鲜明、迅捷的时候；当一个人的头脑与心胸还没有挂虑、没有情欲、没有图谋的时候，由管束儿童的人充分运用他的权力，使儿童长久去用功。这一见解，有一定的道理，很值得重视。

在技能、技艺方面，洛克认为，像舞蹈这种课业关系到一位绅士终生有无优雅动作的问题，舞蹈还能够使得儿童具有一种大丈夫气概和一种合适的自信力。他觉得无须重视舞姿，所注重的应是舞姿所产生的优雅的态度。

音乐与舞蹈有密切的关系。一个乐器玩得好的人，人人都很看重。但他又不正确地认为，音乐不属于正经的事业，不能花费太多时间，也不能摆在其他一切成就的前面，只能是最末的一位。

洛克认为，骑马是最有益于健康的一项运动，骑马对于一位绅士在平时与战时都是有用的。它不仅可以训练马听从人的指挥，而且还可以使人在马背上习得镇静与优雅。

击剑对健康来说，是一种很好的运动，当然它对于生命安全是很危险的，不宜多练。但洛克又承认，既然击剑与骑马都被认为是一位绅士的教养所必备的，那么要使任何绅士完全不具备这种“特色”，当然是困难的，因此不能不练。

洛克提倡手工劳动，有两个方面的考虑：一方面，从未来绅士的身体发育出发来考虑问题，在他看来，手工技艺活动对健康确有好处，在手工这种技艺上面，健康与进步是可以合二为一的；一个以书本与学习为主要工作的人，应该从中选择一些合适的技艺当作他的娱乐，娱乐包含着变换工作，把疲倦了的部分舒畅一下的意思。另一方面，他认为，一位乡下绅士最好能学点园艺与木工，学会木工之后可以在天气不好、不能在园中操作时就做木工活儿；而学了园艺，还可以管理并教导他的园丁。至于在城市中的绅士，则可以学学金工、油饰、雕刻等技艺，使他在学习、运动时间之外，如还有空余时间，便可以把时间消磨在这些活动上面了。

商业算学（簿记）不能帮助一位绅士去获得财富，却可以帮助他保持原有的财富，所以，他奉劝一切绅士都要去彻底学会商业算学，运用这个技能，起码可以随时看清自己的财务状况。

关于旅行，洛克认为，一位绅士完成学业以后，到外国去旅行是有很大好处的。年龄较小时去国外旅行，一则有益于学习外文，这可以使智慧上有长进；二则可以结交各种各样的人，了解他们的脾气秉性、习俗和生活方式，这对于智慧和待人处世都有好处。而一位成年绅士到了国外旅行，应争取多与上流人士接触，可以学习他们的礼仪习俗，以及法律、政治，争取得到有才识的人的帮助。

综上所述，我们可以看到，洛克所主张的绅士家庭智育的内容是相当丰富、充实的。他不是片面强调教给儿童书本知识，还提倡训练各种能力，以便应付未来的实际生活。洛克对于智育的理解是较为全面的，这种见解不仅在当时有积极意义，就是对于今天的家庭智育也很有借鉴意义。

（四）家庭智育的方法

在家庭智育方面，洛克很讲究教学的艺术性，并提出了一些很有价值的见解。

1. 学习方法对于学好文化科学知识是很重要的

他认为，方法好，学习的成绩一定会好，进步一定会快；方法不对路，则事倍功半。没有什么事情比良好的方法更能为学者清除道路，帮助他前进，使他在做任何学问的时候做得这样容易，走得这样深远。他主张，在学习前应该使孩子明了掌握良好学习方法的重要性和必要性。

至于究竟采用什么方法，不能一概而论，要根据所学科目和内容的不同而有所不同。比如，学习历史绝不能忽略时间的顺序，而应以时间次序为主；学习哲学就不能离开一定的、当时当地的条件。

洛克告诫说，父母和教师的工作不是要把世上可以知道的东西全部教给学生，而在于使得学生爱好知识，尊重知识；在于使学生采用正当的方法去求知，去改进他自己，提高求知的欲望。他又说："教师的重大作用和技巧就是在尽力使得一切事情变得容易。"

洛克主张教给儿童学习的方法，增强求知欲望，这是很可贵的。

2. 教儿童学知识，要由简到繁，由少到多，量力而行，循序渐进

教孩子学习文化科学知识，他主张要从简易明白的地方开始，要适合孩子的理解力，不要过难。"对儿童授课时，务必小心在意，要从明白简单的地方开始，一次教授的内容要尽量减少，须等到有关材料在他们头脑里扎根，教学才可继续进行，才可再教那门科学里面的新材料。最初可以给他们一个简单的观念，当看到他们正确吸收、充分理解之后，然后要做的事是，在达到你的目的的路途中，挑出第二个简单的观念，并增加到第一个上面；这样温和地、不知不觉地一步一步迈向前去，不会错乱，也无须惊慌，儿童的悟性就可以开启，思想就可以拓展，乃至远远超过人们可以预期的程度。”随着年龄的增长，就要逐步引导孩子运用理智去思考问题，发展理解力，并使之克服各种困难，达到自己去解决问题的目的。

他还强调：“一个人如果学会某种知识，要使他记忆牢靠，要鼓励他继续前进，最好的方法则莫过于使他将这种知识再转教别人。”这个见解是很有道理的。

3. 教材有趣，教学方法灵活多样

为了使孩子对所学的内容感兴趣，学得容易，学得快，教材要尽可能是有趣的，教学方式方法也要灵活多样。他说：“教师的突出技巧在于集中并且保持学生的注意；一旦办到之后，他就可以在学生力所能及的范围内向前推进。”要尽可能选择一些有趣的故事，或用讲故事的形式给孩子传授知识，肯定会收到较好的效果。有时采用游戏的方式进行教学，比单纯的教师讲、学生听的办法，更生动活泼，收效也更大。

比如，可以在骰子和玩具上面粘上字母A、B、C、D……教儿童在游戏时学习字母；比如，教孩子读书，应该给他选择一本容易、有趣而又适合他的能力的书，书中的乐趣，就可以使他前进，就可以酬答他读书时所付出的辛苦。

教师要尽量使孩子明白他所教的内容的用处，使孩子对教师产生好感，使他们肯于去听。为此，教师的教导应是和蔼的，举止应该显得很慈祥，应该经常对儿童表示一种慈爱和善意，使孩子跟教师相处时，感到安心、自由，而不是拘束乃至畏惧。温和勉励的言辞对于一个顺从的心理的效力比粗暴专横的办法好。

4. 激发好奇心

在学习知识时，要注意激发孩子的好奇心。洛克指出：“儿童的好奇心是一种追求知识的热望，因此应加以鼓励，这不仅因为它是一种令人欣慰的迹象，而且因为这是自然为他们提供的扫除天生愚昧的优良工具。如果缺乏这种急切的求知欲，无知就会将他们变成呆滞无用的动物。”

激励儿童的好奇心，并使之经常保持的方法，洛克认为有下列几点。

（1）“儿童无论提出什么问题，切不可制止或羞辱，也不可使他受到讥笑；你应按照他的年龄特征与知识容量，回答他的一切问题，解释他所想要明白的事物，使他尽量懂得。”他告诫家长和教师，不能阻碍儿童的好奇心，不能忽视儿童提出的问题。

（2）要及时表扬孩子，采用“特殊的称誉的方法”。比如，当着孩子的面，告诉孩子所敬重的人（如家长），说孩子懂得了什么知识，取得了什么进步。还可以给孩子机会显示他的知识、才能，如让孩子将自己学会的知识去教给他的弟弟妹妹。

（3）要认真地、正确地回答孩子提出的种种问题，不要给予虚妄的答复，不能欺骗孩子。如果我们跟他们作假，我们就不独欺骗了他们的期望，阻碍了他们的知识学习，而且也毁坏了他们的天真，使他们学会了最邪恶的邪恶。

（4）创造一定的情境，“通过使儿童领略新奇的事物，引发问题，并提供机会让他们自己去求得了解的方式，以激发他们的好奇心”。当然，如果因为好奇心的驱使，使他们提出的问题是他们不应该知道的事情，你就坦白地说，这是他们不应该知道的。

洛克在家庭智育的方式方法上的见解，反映了他对儿童心理活动规律的正确认识和教学过程发展规律的理解，对于家长发展孩子智力、传授孩子知识是很有启发的。

在《教育漫话》一书中集中反映的洛克的绅士教育思想体系，也是洛克主要教育思想的体现。从总体上看，洛克的教育思想是为资产阶级服务的，其目的是把资产阶级子弟培养造就成新贵族。

然而，洛克作为一个新兴资产阶级的代表人物，他的教育思想仍是进步的，顺应了社会发展的潮流。首先，他所主张的体育、德育、智育等方面的教育内容和任务，反映了新兴资产阶级的求实精神；其次，在洛克提出的体育、德育、智育几方面的教学方式方法上，一般也是科学的，反映了教育的一般规律。总之，这对于现代家庭教育，以至学校教育的发展，都有重要的参考价值。

特别值得一提的是，《教育漫话》这本书是近代史上第一部典型的家庭教育专著，是近代家庭教育思想发展史上的开山之作，对于后来家庭教育思想的发展产生了巨大的影响。

第七章

卢梭的家庭教育思想

第一节　卢梭与《爱弥儿》

一、卢梭的生平

让·雅克·卢梭（1712～1778），法国18世纪启蒙运动中卓越的代表人物，坚定的反封建斗士，也是卓越的教育家。他的自然教育思想对欧美教育历史的发展产生了重要的影响。

卢梭的祖先原是巴黎的书商，因笃信加尔文派新教，不容于天主教，遂于16世纪为着信仰自由而迁居瑞士的日内瓦。卢梭在1712年生于日内瓦。

卢梭的父亲是手工业者，以修造钟表为生，是一位思想先进而感情丰富的爱国主义者。受到父亲的影响，卢梭自幼便养成了浪漫的性格和读书的爱好。不料后来，10岁的卢梭竟和父亲离别了。他那不畏豪强的父亲因为和军官发生冲突，不得不远走他乡。

卢梭出生不久就失去了母亲，现在又失去了父亲，便成了无依无靠的孤儿。他在舅舅家寄居两载，受到了良师兰贝色尔的启迪与教导，乃是卢梭一生中所受的正规教育。之后，他被送到公证人事务所去做仆人，卢梭厌烦那种教唆词讼的勾当，遂改习雕刻业。不幸的是，由于师傅打罚，卢梭又被迫放弃这桩他由衷喜爱的手工职业。

1728 年，16 岁的卢梭被迫开始了流浪生活。在颠沛流离中，偶经天主教士彭佛和劝导新教徒改宗旧教的华伦夫人的规劝，他轻率地由新教而改奉天主教。不过，这并未使卢梭对天主教产生真正的信仰，反而增加了他的厌烦。他继续漂泊，曾经充当伯爵夫人的仆役，担任过旅行瑞士的希腊教僧的文牍，做过法国驻威尼斯使馆的随员，而且曾经和华伦夫人热恋过。他和华伦夫人恋居山村数年，期间，刻苦自学，读书求知。他聪颖过人，又苦心钻研思考，学识大为进步，哲学、文学修养都达到较高的水平。

1740 年，他在里昂马布里家任家庭教师。马布里是当时具有远见卓识的空想社会主义者。虽卢梭在他家不久便不欢而去，但这却大大触发了卢梭对教育问题的浓厚兴趣。1742 ～ 1749 年，他在巴黎参加《百科全书》的撰写工作期间，结识了狄德罗、伏尔泰等启蒙学者，接触了法国唯物主义者霍尔巴赫和英国哲学家休谟，思想深受他们的启发。

卢梭嗜学而博览群书，除古代作品之外，近代知名学者如笛卡儿、莱布尼茨、洛克、波普、开普勒、牛顿等人的著作，无不是他嗜爱的读物。他广泛涉猎当时的政治、哲学、数学、历史、地理、天文、物理、生理等科学的最新成就；同时，在长期的漂泊生活中，广泛接触社会，和进步学者交游，掌握了渊博的学识，洞悉了当时政治、社会的恶浊，并且锻炼了反抗封建势力的坚强意志。他不畏强暴，不贪浮名，成为说实话、讲真理的人。

卢梭登上法国文坛始于他 37 岁时。1749 年，法国第戎学院进行征文活动，卢梭以《论科学与艺术》为题的论文参加征文。他的论文获得了第一名，卢梭也因此而扬名天下。

1753年，他发表了社会政治理论著作《论人类不平等的起源和基础》，指出封建社会罪恶现象的根源是腐朽的封建制度和私有财产，宣传自由和平等是不可剥夺的“天赋人权”的资产阶级政治观。

1761年，卢梭出版的书信体小说《新爱洛伊丝》，谴责了封建等级偏见给青年婚姻问题造成的恶果，表达了资产阶级的婚姻观。

1762年，卢梭著成并发表著名的《社会契约论》（旧译为《民约论》）和《爱弥儿——论教育》两部著作，这是在政治、教育和宗教领域内反对封建统治的宣言。

在《社会契约论》中他指出，社会的当政者原是人们公认的服务员，绝非高居于人上的统治者。如果他们作威作福，违背民意，人们有权罢免他们。

卢梭在《爱弥儿》中所要求的，则是对封建教育的根本改造。他说：“请牢记我们业已确定的条件，假如你只是一个迂腐的人，我这本书（指《爱弥儿》）就不值得你阅读了。”

卢梭发表以上一系列向封建社会讨伐的檄文，激起了强烈的社会反响。英国哲学界富有声望的休谟在1765年说：“法兰西那种举国称赞卢梭的热情，是无法形容和想象的，以往不曾有任何人像卢梭那样引人重视。”

卢梭的《新爱洛伊丝》出版后，人们争相购买，以至书籍供不应求，读者只好以日计或以小时计租书阅读，一些天主教高级僧侣也不免因读其著作而销魂。德国鼎鼎大名的哲学家康德，竟因阅读《爱弥儿》而打破了他那行之多年不曾更改的生活规律。可见卢梭的著作对国内外影响之深。

不幸的是，《爱弥儿》一书问世以后，卢梭被天主教会视为离经叛道的罪人，在教会的煽动下，卢梭的著作遭到焚毁，巴黎高等法院宣布《爱弥儿》为禁书，国会还通过了惩处著作者的议案，卢梭不得不先后逃亡瑞士、普鲁士、英国。

卢梭说，巴黎和日内瓦惩戒他的命令，给予全欧各国以指使，叫他们都以空前的暴戾来厌弃他的呼声。所有报纸、杂志、书册都发出了最可怕的警告。特别是法国，那些文雅、客气而慷慨的法国人，他们素日以优美的修养和尊重不幸者自豪，如今却突然忘记了这些美德，竞相以频繁而狠毒地侮辱他为能事。卢梭被他们称为异教徒、无神论者、癫汉、疯人、野兽、豺狼……总而言之，巴黎人无论发表任何著作，假如不曾侮辱他，就似乎怀有将和警察冲突的戒心。

从卢梭对自己当时处境的描述中可以看到，他对于封建社会制度曾给以怎样沉重的抨击，引起了封建统治者何等程度的震惊。

卢梭是坚定的反封建“战士”，他鄙视封建帝王。法王路易十五在1752年曾有意召回卢梭，卢梭回避了。在卢梭亡命途中，普鲁士王腓特烈二世曾于1765年，英王乔治三世曾于1767年，先后提出给卢梭提供年金，都被他干脆谢绝。马克思说卢梭，“不断避免向现存政权做任何即使是表面上的妥协”，称赞这种道义上的机智使他不曾向封建势力低头忍让。

卢梭浪迹各地，历尽了艰辛，于1770年才得到赦罪令而重返巴黎。在这段时间前后，他陆续著成《忏悔录》，直到他于1778年与世长辞，他那反封建的精神贯彻始终。

二、《爱弥儿——论教育》

卢梭的家庭教育思想集中体现在《爱弥儿——论教育》一书中。

《爱弥儿》一书是卢梭的主要教育著作，副标题为“论教育”。该书在近代教育学史和儿童心理学发展史上都占有重要地位，为1789年法国的资产阶级革命做了思想舆论上的准备。

《爱弥儿》一书同洛克的《教育漫话》一样，是以富家子弟为对象、以家庭教师进行家庭教育的形式来论述的私人教育理论著作。不过，在体裁上不同于《教育漫话》，该书是一部夹叙夹议的教育小说，故事优美、情节细致、文笔生动，富有文学价值。《爱弥儿》是卢梭精心的杰作，他自称：“《爱弥儿》一书，构思20年，撰写3年。”

卢梭一生中只有短短一段时间从事家庭教育的实践，为什么他要写这样一部教育方面的专著呢？这不是偶然的。

在当时，法国教会统治着法国的教育，天主教耶稣会派的学校是神学的奴婢，那种教育戕害儿童天性，灭绝儿童心智，新教学校同样不高明。冉森派主教克利安，虽以重视教育著称，但这位新教徒宗奉奥古斯丁的宿罪论，认为“儿童尚未出生以前，他的灵魂早已为罪恶所掌握”，受洗只是使他暂时向善，并不能永保其善。唯一的止恶方法是教师严于监督。

克利安的神学偏见驱使他采取极端的教育方式。他要求父母把孩子完全地献给学校，割断父母和儿童的日常联系，而教师则不但白天与儿童形影不离，夜间也与他们共寝共眠，进行不眨眼的督察、监视；学校课程全为神学所侵蚀，要求心育高于脑育，德育重于智育；学校课本和读物都须从宗教和道德的角度加以仔细审查，凡能引起疑义的篇章统统删除。当时的封建教育完全是荼毒生灵的勾当。

在当时，狄德罗和爱尔维修（法国启蒙思想家）力谏法国政府取代教会而举办学校，同时更新教育内容，然而却力量微弱，没有引起人们足够的注意。也有的人著书立说反对旧教育，但只破未立。

针对这种情况，卢梭在《爱弥儿》一书的序言中说：“很早以来就有人在大声反对这种旧有的教育方法了，可是从来没有人准备提出一套更好的来。我们这个时代的文学和科学，倾向于破坏的成分多，倾向于建设的成分少。人们可以用师长的口吻提出非难，至于说到建议，那就需要采取另外一种口气了。然而，这种口气，高傲的哲学家是不太喜欢的。尽管有许多的人著书立说，其目的，据说完全是为了有益于人群；然而，在所有一切有益于人类的事业中，首要的一件，即教育人的事业，却被人忽视了。”因此，卢梭决意撰写《爱弥儿》一书。

《爱弥儿》一书共五章，前四章以富家孤儿爱弥儿为主人公，论述了男子教育的改革问题，揭露法国封建教育的腐朽荒谬，并提出了新的教育原则和理想，最后一章借爱弥儿未来的妻子苏菲的教育，论述女子教育的革新。

全书宣扬自然主义教育思想，阐述性善论。认为人有天赋的自由、理性和良心，顺性发展就可以成为善良的人，形成善良的社会氛围，所以教育应受天性的指引，以培养自然人为目标。自然人应是身心协调发展、体魄健康、感觉灵敏、理性清晰的人；相反，封建教育造就王公贵人和国家公民，却把人的天性泯灭了，使天真纯洁的儿童沦为社会传统的俘虏，失去了善良的本性。

全书还尖锐批判了封建教育把年幼无知的儿童当作哲学家、道学家和神学家对待，揠苗助长、戕害身心。在卢梭看来，要纠正封建教育的谬误，就应当使教育归于自然，即排除恶劣的习染，使儿童的天性自由地、自然地发展。

书中把受教育者的成长分为婴孩期、儿童期、青春期和青年期四个阶段，呼吁家长和教师要适应孩子各时期的年龄特征，同时还要适应个性差异和两性差异。卢梭在该书中对体育、感觉教育、知识教育、道德教育、宗教教育、女子教育，都提出了改革的意见和主张。

《爱弥儿》一书对于从婴幼儿到青年的教育做了全面系统的论述，对于父母和教师从事教育实践很有实用价值。正如卢梭自己所说的那样："很多教育著作充满着言之无物和毫无用途的论证，大谈主观想象的儿童职责，却只字不讲教育中最重要和最困难的课题，即如何从婴孩过渡到成人阶段的桥梁问题。本书如果有它真正有用的部分，那就是我对于这种确是十分重要而竟被其他著作完全忽略了的问题，肯于不顾旁人吹毛求疵和自己的表达困难，而进行了详尽的论述。"

卢梭的教育思想顺应了社会发展的潮流，因此，也是进步的。他的教育思想对于后来世界各国的许多教育思想家，特别是康德、裴斯泰洛齐、杜威，都有启发和影响。当时和后来的各国关心教育改革的思想家、政治家和教育家，一致推崇卢梭的教育理论是人类共有的文化财富和教育瑰宝。

《爱弥儿》一书曾于 1929 年由商务印书馆出版了魏肇基的节译本。1978 年又出版了李平沤的全书译本。卢梭的教育理论在中国也得到了传播。

第二节 《爱弥儿》——家庭教育就是培养“自然人”

在《爱弥儿》一书中，卢梭假设爱弥儿是个孤儿，没有父母，由他承担了父母的责任，也继承了父母的全部权利。从爱弥儿出生，一直到青年时期结婚，全部教育过程都由卢梭负责。他所叙述的这个全部教育过程的教育思想，就是卢梭的整个家庭教育学说。

一、家庭教育——培养自然人的主要途径

卢梭是性善论者。他认为人的天性是善良的，教育的任务是要发展儿童的善良天性，把儿童培养造就成自然人。

卢梭理想中的自然人，不是帝王、朝臣、豪绅、巨富，不是“傲慢的智力障碍者”“歹徒”“恶棍”“暴君”“疯子”等畸形异状而残缺丑陋的人，不是依附、效忠于封建权贵的法官、律师、教士、骑士等爪牙，也不是受封建社会支配的臣民，而是身强力壮、心智发达，而又感情丰富、能爱能仁的人。他不固着于某一特定的地位、阶级或职业，而以身心的能力发达为主，且能适应各种客观发展变化的需要。

在卢梭看来，唯有这种人物，才能在消极方面不囿于旧社会的传统和流俗的偏见，才不至于成为徒受书籍所累而无实际生活能力的书痴、书呆，也才不至于成为坐生寄食而行为邪恶的暴君和歹徒，从而能使社会免于堕落和灭亡。在积极的方面，这种人物才是真正能发挥人类本性之善的充满幸福的人，社会的进步和文化的发扬，更是奠基在这种身心畅旺的新人肩头的。

卢梭所憧憬的这种培养目标，不同于封建社会教育的培养目标，它反映了资本主义发展的需要，显然是具有进步意义的。

从性善论的哲学观点出发，卢梭认为，教育的作用就是保持和发展人的善良的天性。鉴于此，卢梭认为，真正的保姆是母亲，真正的教师便是父亲。培养自然人应由家庭负责。

他告诉父母，要是你们希望保持他原来的样子，则从他来到世上的那个时刻起就保持它。他一诞生，你们就把他掌握在自己的手里，他尚未成人，你们就不要放弃他，不这样做，你们绝对不会成功。他要求父母自始至终要亲自担负起抚养教育子女的责任来。

然而，他又指出，法国当时的许多父母并没有承担起这一重要的责任。做父亲的只是考虑或忙于自己其他的工作、职责，而对其根本的职责——做父亲，却考虑得很少，有的干脆完全推卸；而那些年轻貌美的母亲呢，则是完全摆脱了抚养教育子女的责任，把孩子交给了雇来的保姆去哺育，自己却是高高兴兴地在城里寻欢作乐。他认为这样做是极不应该的，对孩子的成长是极为有害的。

他告诫家长们，一个做父亲的，当他生养了孩子的时候，还只不过是完成了他的任务的三分之一。他对人类有生育的义务，他对社会有培养合群的人的义务，他对国家有造就公民的义务。凡是能够偿付这三重债务而不偿付的人，就是有罪的，要是他只偿付一半的话，也许他的罪过还要大一些。不能以贫困、忙工作为借口而免除亲自教养孩子的责任。他说，读者诸君，请你们相信我这一番话。凡是有深情厚爱之心的人，如果他忽视了如此神圣的职责，我可以向他预言，他将因为他的错误而流许多辛酸的眼泪，而且永远也不能从哭泣中得到安慰。

在《爱弥儿》一书中，卢梭具体分析了不亲自抚养教育子女的危害。

首先，他分析了母亲不亲自哺育、抚养子女的害处。他指出，人从一出生就开始接受教育。他说：“我们一开始生活，我们就开始教育我们自己了；我们的教育是同我们的生命一起开始的，我们的第一个教师便是我们的保姆。”他这里说的“保姆”，如他所说，“真正的保姆是母亲”。但是，当时法国不少母亲“轻视她们的头等责任，不愿意哺育自己的婴儿，便只好把婴儿交给雇佣的保姆”。而雇佣的保姆，觉得自己给别人的婴儿做母亲，对婴儿在天性上就不投合，所以尽量想方设法减少麻烦。当保姆稍微忙一点儿的时候，便把孩子当作一包破衣服似的随便放在一边，任他们去哭，也不去管，只要不摔断胳膊或大腿就行。保姆把孩子整个身子捆得紧紧的，血液都不流通，脸色都是青的，严重损害了婴儿的身体健康，甚至有的孩子还丧了命。

把孩子交给雇佣的保姆去哺育，在心理上也给儿童造成了严重的危害。做母亲的把做母亲的权利让给别人，孩子就不会爱自己的母亲。有的母亲为了避免这种情况出现，便教唆孩子轻视他们的保姆，把保姆当仆人看待。结果，事与愿违，孩子反而更看不起生身的母亲。

把孩子交给无知的保姆，保姆用错误的管教方法管教孩子，会使孩子形成不好的观念和习惯。有时候，人们为了哄他，就轻轻地摇他两下，夸他几句；有时候，人们为了不让他吵闹，就吓他、打他。要么他喜欢怎么做，我们就怎么做，要么我们硬要他照我们的意思做，不是我们顺从他奇奇怪怪的想法，就是我们要他顺从我们奇奇怪怪的想法。折中的办法是没有的，不是他命令我们，就是我们命令他，所以他首先获得的观念，就是权势和奴役的观念。还不会说话，他就在支配人了；还不会行动，他就在服从人了；有时候人们惩罚他，可是他还认识不到他犯了什么过失。

卢梭认为，母亲的哺育、抚养，是在给儿童的成长奠定基础。母亲没有亲自担负教育子女的责任，这个基础就打不好，再将孩子交给教师——父亲去教育，是很难把孩子教育好的。一个孩子要这样在妇女们的手中度过六七个年头，结果是成了她们和他自己乖僻任性的牺牲品；她们教他这样和那样以后，也就是说，在他的脑子里填入了一些他不明白的语言或对他一无好处的事物之后，用她们培养的情绪把他的天性扼杀之后，再把这个虚伪的人交到一位教师的手里，由这位教师来发展他业已充分养成的人为的病源，教给他一切知识，却就是不教他认识他自己，不教他利用自己的长处，不教他如何生活和谋求自己的幸福。最后，当这个既是奴隶又是暴君的儿童，这个充满学问但缺乏理性、身心都脆弱的儿童投入社会，暴露其愚昧、骄傲和种种恶习的时候，大家就对人类的苦痛和邪恶感到悲哀。

卢梭还从家庭生活本身是一个重要的教育因素的角度，论述了家庭教育对儿童健康成长的重要作用。他认为，家庭生活的乐趣是抵抗坏风气的毒害的最好良药。母亲不亲自哺育自己的孩子，也会影响父亲对孩子的关心。一个人的妻子不愿意哺育他们爱情的果实，则他（指父亲）就不愿意对他的孩子进行培养。母亲、父亲都不负抚养、教育子女的责任，那么，就好像一幅动人的图画少了一笔，把整幅图画就都弄糟了。他说："整个的道德秩序都变了，大家的天性都泯灭了，家里也没有那种活泼的气氛了，一个新家庭的动人情景再也系不住丈夫的心了，也不受外人的尊重了；人们看不见孩子，也就不那么尊敬孩子的母亲了；在家里再也住不下去了，习惯也不能增进血缘的关系了；父不父，母不母，子不子，兄不兄，妹不妹；大家都几乎不认识了，怎么能相亲相爱呢？每个人都只顾他自己。当家庭变成了一个凄凄惨惨的地方，那就需要到别处去寻求快乐了。"一家人在家庭里聚会，不再使人感到生活的甜蜜，不良的道德就势必来填补这些空缺了。家庭失去了生活的乐趣，对儿童来说是很危险的，很可能走上邪路。

因此，卢梭首先要求从那些做母亲的人开始，要她们负起她们的责任来。而一旦妇女们又负起做母亲的责任，则男子立刻就可以负起做父亲和做丈夫的责任。这样，父母共同担负起抚养、教育子女的责任，就可以保存和发展儿童善良的天性，把儿童培养成理想的自然人。

卢梭从母亲亲自哺育、教养子女在儿童身心发展中的意义，又谈到家庭生活本身对儿童健康成长的巨大作用，主张家庭教育是培养教育儿童的重要途径。他之所以主张父母要亲自抚养、教育自己的子女，不但是因为他充分认识到家庭教育对儿童成长发育所能发挥的特殊作用；而且，也是由于他感到，当时的学校教育不能担当起他所要培养的自然人的任务。从这一点上看，他的主张也体现出了对旧教育的抵制和反对。

另外，我们还要注意到，卢梭重视家庭教育，积极倡导家庭教育，但并不像洛克那样坚决反对学校教育的实施，他还未走上极端。一方面，他热切地唤起父母教育子女的责任感，希望父母重视家庭教育；另一方面，他又要求国家兴办学校，政府管理学校，力图追求教育平等。他把家庭教育和学校教育并列，比洛克前进了一步。

从教育发展史上看，随着社会生产力的发展，由家庭负责全部的子女教育工作，逐步过渡到由国家负责公民的教育，这是历史的潮流。而17、18世纪正处在这一过渡时期。卢梭既重视家庭教育，又重视发展学校教育，正是顺应了这个历史发展的潮流。从这一点上看，卢梭的教育思想也是进步的。

二、家庭教育要适合儿童的天性

卢梭不但肯定人的天性至善，而且肯定这种善良的天性是逐步发展的，它在儿童不同的年龄阶段表现出不同的特征。在儿童发展的不同阶段，众多的儿童之间具有个性差异，而且男女之间也有身心方面的显著差异。家庭教育工作要取得成功，必须适应儿童天性所表现出来的这些特征。

（一）教育要适应儿童的年龄特征

儿童在发展的不同年龄阶段所表现出的不同特征，是教育工作必须适应的。他认为，教育和环境如果不适应儿童天性的发展，就无法谋求天性的正常发展，就无法收到良好的效果。

在《爱弥儿》一书中，卢梭反复强调："要按照你的学生的年龄去对待他。"

他认为，在万物中人类有人类的地位，在人生中儿童期有儿童期的地位，必须把人当人看待，把儿童当儿童看待。只有这样使教育的实施和儿童天性的成长彼此对准口径，才能保证儿童的天性不受戕害，才是教育的正当途径，否则就会贻害无穷。

传统的封建教育不顾儿童的天性，抹杀儿童与成人的区别，把儿童当作具体而微的成人，以致不根据儿童的特点施教，却把成人通用的教育强加于儿童。在卢梭看来，这是在使儿童成为教育的牺牲品。卢梭一再批评这种揠苗助长的教育。他说："儿童是有他特有的看法、想法和感情的；如果企图用我们成人的看法、想法和感情去代替他们的看法、想法和感情，那简直是最愚蠢的事情；我们不应当希望10岁的儿童有判断力，和不应该希望他长5尺高是一样的。"

首先，卢梭指出这种教育因为不顾儿童的天性发展，硬把成人时期所需要而非儿童所理解的知识，向儿童强行灌输，这是为着渺茫的将来而葬送儿童当前的幸福。这样做不能使儿童获得真正的理解，反而使他流于猎取虚伪的知识，使他养成盲目轻信的习惯，使他把学习当作可畏惧的事情而避之唯恐不及。他说："如果孩子们从奶娃娃一下子就能成长到有理智的年龄，你现在的这种教育方式也可能对他们是十分适宜的；但是，按照自然的进程来说，他们所需要的教育同你实行的教育恰恰相反。在他们的心灵还没有具备种种能力以前，不应当让他们运用他们的心灵。因为，当它还处在蒙昧的状态时，你给它一个火炬它也是看不见的；而且，在辽阔的思想的原野中，它也不可能找到理性所指引的道路，因为那条道路的痕迹是这样的模糊，就连最好的眼睛也难于辨认出来。"对于当时不顾儿童心理水平而贪高、图深的教育，卢梭是坚决反对的。

其次，卢梭指出这种不顾儿童天性的封建教育，不但在教育内容的深度、难度上不考虑儿童的年龄特征，而且在安排教育进度上也一味图快，超越儿童身心能力的负担范围。卢梭指出，有许多为父、为师者，不把儿童看成儿童，而是看成成人，对儿童进行教育，操之过急。他们这样做的理由是爱惜时光，以求高效，实际上，这同样是折磨无辜的儿童。他指出："你说你了解时间的价值，所以不愿意有分秒的损失。可是你没有看到，由于错用时间而带来的损失，比在那段时间中一事不做的损失还大，一个受了不良教育的孩子，远远不如没有受过任何教育的孩子聪明。”

最后，他还举例说，要是一个人为了不浪费时间，就不去睡觉，你会说他是个疯子。因为抛弃睡眠的结果，便是奔向死亡。他规劝家长和教师，为了防止邪恶的产生，是不能那样急于为善的。因为，只有在他明白道理的时候，才能这样——如果推迟到明天教也没有什么大关系的话，就最好不要在今天教了。应当像种庄稼一样，顺其自然。

卢梭热情呼吁家庭教育要针对儿童的现实，要适应儿童的发育特点。切忌把不适合儿童心理状况的老一套强加给儿童，为成人而牺牲儿童，为将来而牺牲当前。

（二）厘清不同年龄阶段的教育重点

卢梭为了使家庭教育适应儿童、青少年的天性发展，根据儿童、青少年的身心发育把未成年期划分为四个阶段，逐一指出各阶段身心发展的特征，并且根据特征的不同而安排了不同的教育重点。

第一阶段——婴孩期

卢梭认为，人由出生到2岁是“婴孩期”。他认为，婴孩和儿童的分界线就是能否会说话。婴孩是指不会说话的孩子。

婴孩的特征是软弱无能，事事得求助于成人。卢梭认为，正是由于婴孩软弱无能，他们才有教育和发展的需要和可能。他说：“我们生来是软弱的，所以我们需要力量；我们生来是一无所有的，所以需要帮助；我们生来是愚昧的，所以需要判断的能力。我们在出生的时候所没有的东西，我们在长大的时候所需要的东西，全都要由教育赐予我们。”

婴孩的身体正是由于软弱无能，才最能接受各种锻炼，而且人的身体发育是心灵发育的基础。因此，卢梭认为，婴孩期的家庭教育应以身体的养护和锻炼为主，通过合理的饮食、衣着、睡眠和游戏，养成健康的体魄，为儿童一生的健康和幸福打下基础。

第二阶段——儿童期

卢梭认为，人生由婴孩期到 12 岁为“儿童期”。这时，身体活动能力和语言能力都发达了，感觉能力也开始发达了，但理性还未发达，“儿童期是理性睡眠时期”。他具体描绘了儿童期的心理特征：“在达到有理智的年龄之前，孩子不能接受观念，而只能接受形象。”根据这个特点，他认为，儿童期正是发展儿童感觉能力的时期。他说，当他柔嫩而灵活的器官还能自行适应它们所接触的物体时，当他的感官尚未受到幻觉的影响而保持纯洁时，正好趁此机会锻炼它们承担它们固有的任务，正好趁此机会学习认识事物同人之间可以感觉到的种种关系。

而要发展感觉能力，必须有强健的感觉器官，因为感觉器官是智慧的工具。所以，他主张在此时期，不仅要重视感觉教育，也必须继续锻炼儿童的身体。

第三阶段——青年期

卢梭认为，人生由 13 岁到 15 岁属于“青年期”。它是人类一生中能力最强的时期，是最可贵的时期。他指出，人在儿童期由于受过感官教育和训练，他的感觉能力和感觉经验都已有了基础，因而这个时期进入理性发展的时期了。过去，儿童只有感觉能力，现在开始产生观念；过去，儿童对事物只能产生情感，现在他开始思索了。另外，青年对于知识的好奇心也在这个阶段开始了。当身体的活力极度发达的时候，精神的活力也跟着要受到教育。开始，孩子们只不过是好动，后来就变得好奇，这种好奇心只要有很好的引导，就能成为我们现在所讲的这个年龄的孩子寻求知识的动力。

因此，卢梭断言，现在是到了工作、教育和学习的时期了；请大家注意的是，这并不是我们任意选择的，而是大自然指导人这样做的。青年时期的教育重点是进行知识教育。

第四阶段——青春期

卢梭把人生由16岁到20岁称为“青春期”。青春期是参加社会生活的开端。他说：“人生有两次诞生：一次是为了存在，另一次是为了生活；一次是为了做人，另一次是为了做一个男子。”

卢梭认为，这一阶段有两个显著特征：

第一，它是情欲发动的时期。卢梭形容道：“正如暴风雨的前奏是一阵海啸一样，这狂风暴雨似的巨变也用了一阵日益增长的欲念的低鸣宣告它的来临，一种暗暗无声的骚动预告危险即将到来了。性情的变化，愤怒的次数的频繁，心灵的不断的激动，使他几乎成了一个不守规矩的孩子了。他对我向他说的话以前是乖乖地服从的，而现在则是充耳不闻了；他成了一头发狂的狮子，他不相信他的向导，他再也不愿意受人的管束了。”这一特点，实际上指的是强烈的成人感和独立意识的出现。

第二，青春期是人们开始意识到社会关系的时期。他说：“人所应该研究的，是他同他周围的关系。在他只能凭他的肉体的存在而认识自己的时候，他应当根据他同事物的关系来研究他自己，他应当利用他的童年来做这种研究；而当他开始感觉到他的精神的存在的时候，他就应当根据他同人的关系来研究自己，他就应当利用他整个的一生来做这样的研究，现在我们已经达到开始做这种研究的时候了。”这一特点，实际上指的是，这一阶段的青少年的思想意识开始具有社会性了。

卢梭根据青春期的这两个显著特征，主张此时期的教育应以道德教育和宗教教育为主。《爱弥儿》一书所阐述的爱弥儿所受的教育即到此结束。

卢梭划分的四个发展时期，包括了婴孩、儿童、少年、青年身心发展的全部过程，这也是他所设想的人的天性发展的一般顺序。教育根据这个顺序而实施，因而体育、感觉教育、知识教育和道德教育，便是这种尊重天性的教育的重要内容。

（三）教育要适应儿童的个性特征

卢梭不但承认儿童、青少年身心发展具有不同的年龄特征，而且承认众多的儿童、青少年之间还具有个性差异。因此，他主张家庭教育不仅要适合儿童、青少年的年龄特征，还要适合不同儿童、青少年的个性特征。他说，不同的儿童具有不同的心理倾向，“要知道哪一种培养道德的方法最适合他，就必须对他特有的天资有充分的了解。每一个人的心灵有它自己的形式，必须按它的形式去指导他；必须通过它这种形式而不通过其他的形式去教育，才能使你对他花费的苦心取得成效。谨慎的人啊，对大自然多多地探索一下吧，你必须好好地了解你的学生之后，才能对他说第一句话，先让他的性格的种子自由自在地表现出来，不要对他有任何束缚，以便全面地、详详细细地观察它。”

他认为，儿童的天赋有高下之分。他说，有些孩子年龄小而天资特别高；有些儿童貌似愚钝，实际上并不愚钝。不能轻率地给孩子下判断，这样很容易犯错误。

他举例说，在古罗马时代，有一位有眼光的政治家叫小卡托，在小时候性情执拗，不喜言论，被人看成蠢货。他在很小的时候就反对恺撒独裁政治，后来恺撒因暴政而大失人心，事实果然证明小卡托的幼年的预见。卢梭还举出他的好友、法国哲学家狄亚克的例子。在狄亚克年龄已经很大的时候，还被众多的亲友认为天资愚笨、头脑简单，然而他后来却成为最出色的思想家、哲学家之一。所以，卢梭下结论说：“要尊重儿童，不要急于对他作出好或坏的评判。让特异的征象经过一再地显示和确实证明之后，才对它们采取特殊的方法。”

（四）教育要适应男女两性差异

卢梭不但认为儿童发育阶段不同而身心特征不同，众多儿童之间身心特征也不同，而且还认为，男女之间也有身心方面的显著差异。他说：“男人和女人共同的地方在于他们都具有人类的特点，他们不同的地方在于他们的性。从这两个观点来看，我们发现他们之间既有那样多相同的地方，也有那样多相反的地方。以至我们可以说，大自然把两个人既做得这样相像，又做得这样不同，确实是奇迹之一。”

卢梭认为：“所有这些相同和相异的地方，对人的精神道德是有影响的；这种影响是很显著的，而且大家都是亲身经验得到的。”就是说，男女两性的天赋不同，对于促进男女青年的身心成长和塑造他们的精神面貌，能够产生巨大的作用。

男女的不同禀赋，在卢梭看来，是人的天性，必须给予尊重。他说：“如果你想永远按照正确的道路前进，你就要始终遵循大自然的指导。所有一切男女两性的特征，都应当看作是由于自然的安排而加以尊重。”不能任意违背。应当根据男女两性不同的特征，实施不同的教育。他指出：“当我们论证了男人和女人在体格和性情上不是而且也不应当是完全相同之后，我们便可由此得出结论说：他们所受的教育也必须有所不同。”

在这种教育思想的指导下，卢梭以爱弥儿的教育作为对男子进行家庭教育的典范，而后在《爱弥儿》一书的第五章以苏菲为典型专门论述了对女子的教育。

卢梭主张家庭教育要适应儿童的年龄特征、个性特征和性别特征，这是很科学的，也是人类思想史和教育史上的第一次。尤其可贵的是，卢梭提出这种教育主张的时候，生理科学尚不发达，心理学科学体系尚未建立。在这种情况下，他能提出如此科学的见解，确实是难能可贵的。

但是，他主张的人生四个阶段的不同教育内容，则有过于绝对化的倾向。当然，每个时期的教育确实应有侧重，但不能过于集中，应适当分配。

三、家庭体育保健

卢梭想象的自然人是身心调和发达的人，是有运动家身手的人。所以，身体的养护和锻炼被视为儿童家庭教育最基本的组成部分。

在中世纪的欧洲，基督教神学家把身体当作灵魂的囚牢，认为在身体和灵魂之间存在着绝对的矛盾，人们唯有毁身绝欲，才能脱离尘俗的诱惑，才能维持精神的纯洁，才能诚笃地信仰上帝，才能获得神的怜悯和永享天堂的幸福。这种违反人类天性的理论，使人生坠入槁木死灰和阴森悲惨的境地，让人们的身心日趋衰败。因此，在18世纪的法国，儿童的身体养护和锻炼确实是一个急待解决的问题。

卢梭认为，人有健康的身体是十分重要的。

首先，只有健康的体魄才能使人忍耐疾苦，勤于工作，获得幸福和延长寿命。他说："身体愈弱，它的要求愈强烈；身体愈壮，它愈能听从精神的支配。"又说："长寿的例子，差不多在所有喜欢锻炼、最受得住劳累和最爱干活儿的人当中都是可以找得到的。"（本段话是卢梭摘自英国当时的一份报纸）

其次，卢梭认为，健康的身体是理性发展的基础。他说："只有在保持自身生存所需要的体力以外还有多余的体力时，才适于把这种可以做其他用途的体力用来发展它的思考能力。所以，如果你想培养你的学生的智慧，就应当先培养他的智慧所支配的体力。不断地锻炼他的身体，使他健壮起来，以便他长得既聪明又有理性，能干活，能办事，能跑，能叫，能不停地活动，能凭他的精力做人，能凭他的理性做人。"

最后，卢梭认为，好的身体是优良品德的基础。他说："所有一切坏事都是来源于柔弱，孩子之所以淘气，只因为他是很柔弱的；假使他的身体健康有力，他会变得挺好的：事事都能干的人，绝不会做恶事。"

因此，卢梭把儿童身体的保健和锻炼当作家庭教育的主要内容。

（一）儿童的保育

1. 生活环境要健康

卢梭重视生活环境对儿童身体健康的作用。他认为，乡村的环境是自然环境，宜于儿童身体发育。他反对妇女到城市里去生孩子和哺育儿童，而主张城市妇女要到乡村去生孩子和哺育儿童。把孩子送到乡村去，可以说，他们在那里自然地就能够自力更生，并且可以恢复他们在人口过多的地方的污浊空气中失去的精力。

他主张儿童要多在户外活动，在自然怀抱中锻炼。他不但不让爱弥儿待在空气污浊的屋子里，反而每天都把他带到草地上去。在那里，让他跑，让他玩，让他每天跌一百次。他认为，这样反而好些，他可以更快地学会自己爬起来。

2. 饮食要简单

卢梭主张，儿童饮食要简单，多吃蔬菜水果，不要食过量的肉类，食肉太多容易生病。为了使吃奶的婴儿吃到优良的乳汁，他还主张乳母应当吃素食。他还主张，儿童要养成能吃各种食物的能力，食物不能太单一，目的是使儿童将来有较强的适应生活变化的能力。

3. 衣着要宽松、朴素、适当

卢梭认为，为适应儿童身体的自然发育，穿着要宽松。他说，孩子小的时候，不要给他戴什么帽子，不要给他系什么带子，也不要给他包什么襁褓；而要给他穿上肥大的衣服，让他四肢能够自由，既不沉重到妨碍他的活动，也不暖和到使他感觉不出空气的作用。这样，可以使孩子得到正常健康的发育。孩子长大一点了，所穿的衣服应当宽大，但绝不能让衣服妨碍他们的活动和成长，衣服也不能太小。

他主张，儿童的衣着要朴素。他批评那些眼光短浅的母亲以穿着华美的服装来奖励儿童，也反对以穿着朴素粗陋的服装作为惩戒儿童的手段。他认为，华贵的衣服会使孩子不舒服、不痛快，受到种种束缚，失去自由和快乐，成为他们生活中的枷锁。最简朴和宽敞的衣服，最使他不受拘束的衣服，在他看来，才是最珍贵的。

他主张儿童不要穿着太多，以养成适应天气变化的能力。一般地说，我们给小孩子穿的衣服都太多，尤其是在幼童时候，穿的衣服更多。他主张，从小让孩子习惯于冷，这样即使遇到大冷天他们也不会感到不舒服。受得住酷冷的人比受得住酷热的人长得健壮。

他还主张不要给儿童裹头、戴帽、穿袜、穿鞋，要光头、赤足，这有益于儿童正常发育，养成抵抗疾病的能力。

4. 睡眠要充足

卢梭主张，对儿童的睡眠要施以适当的训练。儿童睡眠的时间要能随环境的需要而改变。他认为，日出而起，日落而眠，是最健康的方式。儿童从事激烈的活动后，要多睡眠，但白天要少睡。环境变了，睡眠的规律也可以打破。为培养儿童适应变化的能力，可以训练他们要睡便睡，要醒便醒。

5. 睡觉的床褥不可过于温暖、舒适

一张软床，人睡在上面就淹没在了被子里，会把人的身子“融解”了，腰部盖得太热就会发烧，因此，常常患结石症或其他的毛病，而且必然使人的体质虚弱，百病丛生。他主张，儿童要睡木板床，并习惯于睡木板床。艰苦的生活一旦变成了习惯，就会使愉快的感觉大为增加，而舒适的生活会带来无限的烦恼。

（二）儿童的锻炼

卢梭不仅注重对儿童的保育，而且强调儿童要进行体格锻炼。

他认为，加强儿童体格锻炼是非常重要的，可以增强孩子的体质，提高抵御疾病和灾祸的能力。只要我们不使他们做超过其能力的事情，则使他们的体力同爱惜他们的体力相比，其危害还是要小些。因此，要训练他们经得起他们将来有一天必然要遭到的打击。

锻炼他们的体格，使他们能够忍受酷烈的季节、气候和风雨，能够忍受饥渴和疲劳。

他认为，一个人一生中很难避免遭受灾祸，要抵抗灾祸，就必须在他未遭受这些灾祸以前把他武装起来。其办法就是从小加强儿童的体质锻炼。

卢梭引用古代寓言说，有一位母亲，为使其孩子成为面对任何艰苦折磨都不倒的硬汉，曾把她的幼子投入大河，企图使之经受严格的锻炼。卢梭接着说，现在是完全反其道而行之，慈爱的母亲不叫子女经受任何磨难，这些子女在将来都不可避免地会遭受磨难之苦。这些母亲和寓言里说的那位母亲都是残酷的，只不过是殊途同归，同样是在害孩子。

卢梭主张对儿童进行多方面的体格锻炼。

1. 锻炼儿童忍受苦痛

他说，假如儿童摔倒了，头碰肿了，鼻子出血了，手指戳伤了，家长不要惊慌失措地急忙跑到他身边。如果急急忙忙、惊慌失措、大惊小怪，反而使儿童更加害怕，让他觉得更加疼痛。其实，当我们受伤的时候，使我们感到痛苦的，并不是所受的伤，而是恐惧的心情。家长镇静，儿童也会镇静，他会以为创伤已经好了，不再痛了。这样做，可以让儿童变得勇敢。

2. 锻炼儿童忍受疾病

卢梭对于医药采取了淡漠的态度，对于当时富贵家庭过于重视医药的风尚很反感。他说："医药这一门学问对人类的毒害比它自认为能够医治的一切疾病还有害得多……他们给我们带来的病症实在是足以害死人的，例如懦弱、胆怯、轻信和对死亡的恐惧。所以，虽说他们能治好身体，然而他们却消灭了勇气。"

他认为，不迷信、依赖医药保全身体健康，是锻炼人勇敢的好方法。如果你们想找到真正勇敢的人，就请到没有医生的地方去好了。

3. 让儿童参加多种体育锻炼

卢梭认为，体育锻炼能增强人的体力和智力。所有那些研究过古人生活方式的人都认为，正因为他们有了体育锻炼，所以才有那样的体力和智力，使他们和现代的人有明显的区别。

为此，他主张儿童多参加技巧活动，以便动作灵敏。他提倡儿童从事跳跃、舞蹈、爬墙、爬树、登山、游泳、竞走、球类、射击等体育活动，以增强体力。

卢梭认为，让儿童参加体育锻炼，要适合儿童的兴趣爱好和身体发育水平，要正面引导、循循善诱。注意在儿童参加体育锻炼的过程中，训练他们的感觉和智慧，培养道德品质，使之机敏勇敢，姿态优美，发挥体育的多方面教育功能。

（三）青春期的性教育

欧洲中世纪的禁欲主义要求人们戒除和压抑情欲，与此同时，社会上的纵欲风却盛行。这种种偏见对青年身心发育影响很不好，而青春期正是情欲萌动的时期，卢梭认为，很有必要对青春期的子女进行性教育。

卢梭主张进行性教育要顺从自然发展，不盲目抑制，也不妄加激发，而应该节欲。他说，如果发情期和性能力成熟太早，年轻人很早就耗尽了他们的精力，会长得很矮小、柔弱，发育不健全，而且衰老得快。

当然，企图以掩饰性的问题去抑制青年人的性欲，也会适得其反，会更刺激他们的好奇心。最好的方法是顺从自然发展，延缓性意识发展的进度，这样可以使年轻人获得更多的精力，拥有更强健的体质。

他认为，最要紧的是防止青年人性欲早熟。那么，如何防止呢？

1. 要使青年人远离不良的诱惑

他说，当年轻人快要达到懂事的年龄时，我们就只能够让他们看到一些可以克制而不刺激欲念的情景，就应当拿一些不仅不刺激他们的感官，而且还能遏制他们想象力的活动的事物给他们看，以便把他们日益增长的想象力从那些刺激欲念的事情上加以转移。

因此，他主张让青年人远离大城市。因为大城市里的妇女们的穿戴打扮和不正经行为将会加速和提前青年人的性欲发展。

2. 用适当的工作和运动转移青年人的注意，使他们的精力有发泄的出路

他认为，青年人无所事事，整天孤独、懒散、坐着不动的生活，很容易把他们引向危险的边缘。因此，他主张利用其他的事物去转移他们的感官的注意力。他认为，艰苦的劳动可以遏制那些把他们引入歧途的想象力的活动。当他们身体十分疲乏的时候，就绝不会冲动。

3. 及早地、巧妙地灌输性知识

同时，家长的生活要严肃，不要引起他们对性的好奇心。

其次，当孩子提出一些并不是非解答不可的问题时，可以制止他们提问。

如果家长认为非回答孩子的问题不可的话，那就要回答得简单、明了，不要含糊其词；要慎重、简短而肯定，不能犹豫不决；要真实，不要撒谎欺骗；要坦率，不要拐弯抹角、兜圈子；要态度十分朴实。

4. 要实行晚婚政策

卢梭同意青年人到了结婚的年龄就应该结婚。但是，他认为他们结婚的年龄总是太提前了，其原因是我们大人使他们早熟，我们应当使结婚的年龄延迟到他们发育成熟的时候。他认为，早婚对青年人本身和子女的身体发育都有危害。《爱弥儿》中，苏菲尚不满 18 岁，爱弥儿才满 22 岁，正是恋爱时期，未达结婚年龄。卢梭不但指导爱弥儿和苏菲的恋爱，还指导他们婚后的性生活。

卢梭重视儿童、青少年身体的养护和锻炼。他所提出的许多儿童养护和锻炼身体的措施，有其独到的见解，在今日看来也是科学的。特别是他在 200 多年前就严肃地提出了儿童、青少年的性教育问题，这是中外教育史上都未有先例的，具有开创性的意义，而且他的性教育方法也是很实用的。

四、儿童的感觉教育

卢梭认为，感觉经验是理性发展的凭借，要培养人的理性，必须充实人的感觉经验。他说，周围事物“是通过人的感官而进入人的头脑的，所以人的最初的理解是一种感性的理解，正是有了这种感性的理解做基础，理智的理解才得以形成。所以说，我们最初的哲学老师是我们的脚、我们的手和我们的眼睛”。脚、手、眼睛等都是人的感觉器官。

要充实人的感觉经验，培养人的理性，必须训练感觉器官的感觉能力。因此，卢梭重视儿童感觉器官的训练，把感觉教育当作儿童期的主要教育内容。

卢梭对于儿童的视、听、嗅、味、触各种感觉的发育和特点，有着精深的观察，并据此提供了进行感觉教育的方法。在这几种感觉中，他对于人的触觉和视觉是特别注重的。他认为，这两种感觉的用途是最经常和最重要的，它们的训练方法可以作为其他感觉训练的典范，因此，我们重点介绍卢梭的触觉教育和视觉教育。

（一）触觉教育

卢梭指出，人在幼年时期，触觉常常在无意识中受到训练。因为触觉器官遍布人的表皮下，它们永远忙碌着，正像警察总是在尽其守望的职责一样。尽管如此，他认为还是必须要对儿童的触觉进行训练。他说，在一切感觉中，触觉使用的时候最多，最能给我们以保存生命所需要的直接知识。然而，由触觉得出的判断比由其他感觉得出的判断更粗糙和更不全面，所以，必须训练儿童的触觉。

怎样进行触觉训练呢？

1. 试用触觉代替视觉

他说："我们都知道，盲人的触觉比我们敏锐和准确，因为他们不能凭借视觉，所以就不能不唯一地从触觉中去判断我们用视觉判断的事物。我们为什么不可以像他们那样练习在黑暗中行走，在黑暗中辨别我们可以拿到的物件，判断我们周围的环境。一句话，我们为什么不能练习在黑夜中不要灯光也能做他们白天睹着眼睛做的事情呢？"

卢梭具体地举例以说明进行触觉代替视觉的训练。他说："你在深夜的时候关在一间房子里拍手，根据回声你就可以判断那间屋子是大还是小，判断你是站在屋子的当中还是站在一个角落里……你坐在船上，根据迎面吹来的风势，不仅可以知道船是向哪个方向走，而且还能判断船在水上走得快还是走得慢。"

他说，经过训练后，根据触觉，甚至在什么东西都不接触的情况下，我们也能获得许多由视觉得来的知识!

2. 试用触觉代替听觉

既然声音在发音体中能引起可以感觉出来的颤动，那么，经过训练的触觉为什么不能像它代替视觉那样在一定程度上代替听觉呢？他举例说，当我们把一只手放在小提琴上时，我们就可以无须眼睛和耳朵的帮助，单凭音箱的震颤就能分辨它发出的是低音还是高音。这样训练，就可以使触觉变得越来越敏锐和精确。

3. 为保持和增进皮肤的敏感，应注意保护皮肤，加强皮肤锻炼

他要求尽量避免过多地接触粗糙而坚硬的物体，因为粗糙而坚硬的物体会使皮肤变得粗且厚，使皮肤感觉迟钝。卢梭强调，爱弥儿不穿皮鞋而赤足活动，一方面是为了体格锻炼，一方面是为了保持足部皮肤那敏锐的感觉能力。

（二）视觉教育

卢梭认为，人们的视觉是容易发生错误的，它的可靠性比其他感觉低。其原因有三：一是因为视觉能延伸到很远的地方，太远了就容易判断不准确；二是因为视觉最先接触物体，它的作用发挥得太快，其他的感官不能立即加以配合；三是因为视觉涉及的范围太广，看到的事物太多、太复杂，难免不产生错觉。

卢梭举例说，工程师、测量师、建筑师、水泥匠和画家的眼力一般都比我们眼力看得准，是由于他们经常进行视觉训练。而我们一般缺少这种训练，就会估计得非常不准，因此，他主张加强儿童的视觉训练。

怎样进行视觉训练呢?

1. 用触觉来辅助视觉的发展，用触觉鉴定视觉所获得的印象

卢梭主张，训练某一种感觉要用另外一种感觉来验证，以便提高感官的感觉能力。训练视觉要用触觉来辅助，如果没有触觉，没有前进的运动，则世界上最敏锐的眼睛也无法告诉我们这个空间是什么样子。因此，需要常常把视觉同触觉加以比较，才能使它熟练观察形状和距离之间的正确关系。他要求对儿童进行视觉训练，先让儿童目测距离，再实地测量一下，以便纠正他们得到的错误印象，逐步提高视觉能力。

同时，他又提醒道，不能对实地测量产生依赖性。如果总是采用测量的方法，则感官对仪器将形成依赖，不能获得正确的感觉能力。要在适当的时候抛弃测量而用视觉独立判断。

2. 通过学习绘画帮助儿童理解透视的道理，养成儿童敏锐的观察能力

我们要正确地判断物体的广度和大小，就要认识它们的形状，甚至能把它们描绘出来。因为，归根到底，描绘物体是绝对要按配景的法则去画的。如果对这种法则一点也不懂得，就不能根据它们的样子估计远近。他希望儿童学习绘画，不是照画纸上的图形，而是照着实物画，照着房子画房子，照着树木画树木，照着人画人，这样，经过屡次的观察，就可以使儿童理解透视的道理。

通过绘画培养儿童的观察能力是有效的途径。卢梭在指导爱弥儿学绘画时，任爱弥儿乱涂乱画，一条线做人的臂，一条线做人的腿，手指比臂还长。然后，引导他观察人体各部位的比例，这样训练就可以提高儿童的观察能力。

卢梭还主张通过学习几何的方法来发展儿童的观察力。儿童学习几何不是像成人那样学习思维的艺术，而是要儿童学习观察的艺术。学习的方法也不同于成人，而是由观察物体的形状而发现物体的形象。比如，教师在墙钉上系了一条线，并利用这条线画出圆形，画完后，又一步步地测量圆的径。当教师如此笨拙地测量时，学生就会指出，既然圆形是用同一条线画成的，半径当然相同。这样就会提高儿童观察的本领。

3. 通过活动来练习儿童的观察力

卢梭举例说，让儿童玩羽毛球，可以锻炼他的眼睛看得准、观察得敏锐、判断得准确。让儿童进行竞走比赛，跑道长短不同，结果轻率地选择较长路线的儿童失败了，要是再比赛竞走，他就会用眼睛测一测距离远近了。

卢梭关于感觉教育的理论是具有革命性的。他破除理性得自天赐的迷信，给理性找到了现时的感觉经验的根源，这是继英国的洛克之后给予唯心哲学的又一修正。

他重视感觉在认识上的价值，把感觉教育作为儿童时期的主要教育任务。这是继捷克教育家夸美纽斯之后，对于崇尚理论灌输的教育倾向的有力纠正。

卢梭的感觉教育理论是符合唯物主义认识论的。感觉是获得知识的必要途径，没有感性认识，人的认识是不可能上升到理性认识的。

卢梭主张在儿童期重视对感觉器官的训练和感觉能力的培养，这是符合科学理论的，而且培养感觉能力的基本途径是通过实践，这个主张也是十分有意义的。不过，如果能够在进行感觉教育的同时，与知识教育结合起来，效果会更好。卢梭把这两个截然分开，孤立起来进行，这是不太合理的，实际上也是不大可能的。这不能不说是他思想上的偏颇。

五、家庭知识教育

欧洲中世纪的教育理论认为，知识是“上帝的恩赐”，阅读《圣经》是通往知识的路径。在这种理论的指导下，学习便成为脱离现实的书本诵读和脱离事物的纯粹思辨。先天观念论的教育思想和教条主义的教学方法，把教育搞成了与世隔绝的空中楼阁。文艺复兴运动虽然震动了旧的教育理论和教学方法，但后来又回到过去的老路上去了。古典主义和教条主义把大批青年重新造就成了冥顽不灵的书痴、书呆。在资本主义生产迅速发展的形势面前，这种教育势必要彻底改造。

卢梭严厉地批评了当时法国的教育，在叙述爱弥儿的家庭教育的过程中，提出了新的教育内容和教育方法。

（一）家庭知识教育的内容

卢梭把学习知识和死钻文学、背诵经典著作，看成截然不同的两码事。他指出，使儿童、青少年陷入咬文嚼字的书本教育，是摧残心智的。书读得虽不少，但并没有掌握真正的知识。他说："一直由母亲放在房间中带养大的孩子，连什么叫重量和阻力都是不知道的，所以，竟想去拨动大树和掀掉岩石，谁比得上他那分傻气呢？"

卢梭面对当时无补于实际的经典著作，把人们折磨成呆头笨脑的惨象，痛心疾首。学习知识本来是使人变得聪明善辩，本来是使人能干有为，但是流于纸上谈兵的书本教育却成为人类的灾祸，它使人不明真理，不达人情，一经实践考验只能甘居失败，一事无成。卢梭指责这种空疏无用的知识教育，说它脱离了人生的实际，徒然把人弄成蠢材和废才。

卢梭主张，儿童、青少年的知识教育要从儿童的现实出发，引导他们学习、掌握与现实有关的知识，避免空论或说教。要使儿童跳出书本的樊笼，要他们到现实事物中去寻求知识、探索真理，以便掌握真正有用的知识。

卢梭想要使儿童、青少年学习和掌握的真正有用的知识，内容是很广泛的，它包含关于自然科学和社会科学方面的知识。在自然科学方面，卢梭主张学习关于物理、化学、天文、地理、农业和手工业生产劳动的知识；就社会科学知识而言，卢梭主张学习人与人关系方面的知识，学会评议社会制度，了解人类历史的发展，掌握应有的道德知识。

学习和掌握这些知识，卢梭主张要密切结合生活实际，而只有结合实际学到的知识，才是真正有用的知识。在《爱弥儿》一书中，卢梭以许多实例表明他的主张。譬如，爱弥儿在浓密的林海中迷失了路途，于是在教师的指引下，根据阳光照射的方向和森林所在的位置，推断出了回家的道路。这就是说，天文和地理方面的知识是在解决现实问题的场合学习和掌握的；又如，魔术师操纵水盆中的蜡制小鸭游来游去，这桩秘密被爱弥儿揭穿了，在这一场景中，爱弥儿懂得了有关磁铁的知识；再比如，爱弥儿参加宴会时，在交谈中知道了佳肴是经无数人的劳动做成的，因此而恼恨富人的奢侈浪费而自求珍惜人力、物力；爱弥儿接到请柬去漫步或泛舟，但因不识字而错过了机会，在这样的刺激下才开始学习书札和文字，等等。

（二）家庭知识教育的方法

1. 知识教育的内容要适合儿童、青少年的理解能力

卢梭主张，家长或教师要根据儿童、青少年的理解水平来选择知识教育的内容，切忌好高骛远。他坚决反对把儿童看作成年人，把成年人能理解的知识强加于儿童、青少年。他指出："他们本来是不知道的，我们却以为他们知道，他们本来是不懂的，我们却要他们讲一讲其中的道理。我们还有一个错误是，要他们去注意那些同他们没有一点关系的问题……硬要可怜的孩子们去研究这些东西，往往会使他们把心思用到同他们毫不相干的事情上去。"这样做是很有害的。

他告诫家长，不能把孩子当成成年人看待，"一个小孩子不能理解的事物，就绝不能告诉他"。同小孩子当前无关的事物，也不要提前教给他。他反复强调，纯理论的知识是不大适合孩子的，即使孩手接近于长成少年的时候，对他也是不大适合的，不必叫他去深入钻研理论。而且，教给孩子知识，要始终从最普遍和最显著的现象教起，由浅入深，由简到繁，由近及远。

2. 教孩子学习知识，速度、数量要适当，不可急于求成，不可贪多求快

卢梭说："你要始终记住，我所施行的教育，其精神不是要教孩子以很多的东西，而是要让他头脑中获得完全正确的和清楚的观念。"贪多求快，"其进锐者，其退也速"，学得多，学得快，遗忘得也快，最后，等于什么也没学到。

他用一个非常形象的比喻来说明这个问题："当我看见一个热爱知识的人，沉湎于知识的美，学了一门知识又赶快去学另外一门知识，而没有一刻停息，我就认为，我所看到的这个人就好比在海滩上拾贝壳的孩子，起初拾了一些贝壳，可是看到其他的贝壳时，他又想去拾，结果扔掉一些又拾到一些，及至拾了一大堆贝壳不知道选哪一个好的时候，只好通通扔掉，空着手回去。”

不但如此，即或学到一些知识，由于贪多求快，势必囫囵吞枣，食而不化。不理解的知识，是不能称其为知识的。他说：“心灵和肉体一样，有多大力量才能做多大的事。在他把各种事物贮藏在记忆里以前，他要使它们经过他的理解，此后，他从记忆中取出来的东西才是属于他的。不然的话，要是懵懵懂懂地在头脑里记一大堆没有经过自己思考的东西，结果，所记的东西没有一样是自己的。”

因此，他主张教孩子学知识，速度、数量要适当，要和儿童、青少年的身心发展相适应，一定不要操之过急，急于求成。庄稼要长得好，最好的办法之一就是要尽可能延缓作物的生长，使其发育虽缓而可靠。同样，培养造就人也是如此，他说：“采用这个办法，我们的进步很慢，但决不会走一步冤枉的路，决不会在前进不了的时候又不能不倒退回来重新学起。”

3. 教孩子学习知识要注意启发其自觉性

卢梭认为，要教孩子学习知识，应该让孩子首先对知识学习产生兴趣；没有兴趣，没有学习的愿望，是很难学好知识的。

他说：“人们在煞费苦心地寻找教读书识字的最好办法，有些人发明了单字拼读片和字卡，有些人把一个孩子的房间变成了印刷厂。洛克则主张用字骰教孩子们学识字。这岂不是找到了一个最好的办法吗？真是可怜！其实有一个办法倒是比以上的办法都更为可靠的，但这个办法一直被人们所遗忘了：这个办法就是促使孩子们有学习的欲望。你使孩子们先有这个欲望，然后把你那些字卡和字骰都通通拿开，这时候，随你用什么方法去教都可以把他们教得很好的。”

卢梭认为，引起孩子对于学习的欲望是最重要的。因此，他告诫家长和教师：“问题不在于教他各种学问，而在于培养他有爱好学问的兴趣；而且在这种兴趣充分增长起来的时候，教他以研究学问的方法。毫无疑问，这是所有一切良好的教育的一个基本原则。”

要启发孩子学习的兴趣和欲望，不能用填鸭式的方法去灌输现成的知识，而要让孩子自己去观察、去思考、去发现。他说："使你的学生去观察自然的种种现象，不久以后就可使他变得非常好奇。不过，为了培养他的好奇心，就不能那么急急忙忙地去满足他的好奇心。你提出一些他能理解的问题，让他自己去解答。要做到：他所知道的东西，不是由于你的告诉而是由于他自己的理解。不要教他这样那样的学问，而要由他自己去发现那些学问。"这样教给孩子以学习知识的方法，养成获得知识的能力，就可以受益无穷。卢梭就是用这种方法教育爱弥儿的，效果很理想。

他说，他的爱弥儿"有一个能包罗万象的心胸。其所以这样，不是由于他有知识，而是由于他有获得知识的能力；他心思开朗，头脑聪敏，能够临机应变。现在，正如蒙台涅所说的，他虽然不是一个学识渊博的人，但至少是一个善于学习的人"。

4. 教孩子学习要注意对于事物的接触

卢梭认为，感觉是知识的门户，要把感觉经验视为发展理性的凭借，在知识教育上极为注重从外界事物获得印象。他认为，对于事物有了直接的观察和体验，才能确实了解事物的意义和观念。他说："我们真正的老师是经验和感觉。"

卢梭十分重视爱弥儿的实地考察和旅行参观，以便使他在丰富而确实的感性知识的基础上，探索事物的规律。爱弥儿学习农业、土壤、物产和种植方法，是在亲自下田观察和同农民一道实地操作中进行的。他还采集植物和矿物标本。

卢梭还举例说明了直观原则的实际运用。他手中拿着一块石头，假装要把它放在空中，手一松，石头就掉下去了。他看到爱弥儿很注意他的动作，便问爱弥儿："这块石头为什么掉下去了呢？"他带着爱弥儿夏天观看日出，冬天又带爱弥儿去，两次都在同一个地点，爱弥儿发现，夏天和冬天日出的地方不同了。卢梭就是用这种直观的方法启发爱弥儿的求知欲望，教给他知识的。

卢梭关于家庭知识教育的内容、原则、方法的主张，是很有价值的，直到今天都是人们可以借鉴的。

六、家庭道德教育

卢梭在家庭道德教育方面，提出了一些很有价值的原则和方法。

（一）既反对过分严格，也反对过分放任

有些人对孩子是过分严格，有些人则是过分放任，卢梭认为，这两种倾向都是错误的，同样都是要避免的。

首先，他反对对孩子过分放任。过分放任孩子，就会助长孩子不合理的欲望。他说："你知道不知道用什么方法准可以使你的孩子受到折磨？这个方法就是：一贯让他要什么东西就得到什么东西。因为有种种满足他的欲望的便利条件，所以他的欲望将无止境地增加。结果，使你迟早终有一天不能不因为力量不足而表示拒绝。但是，由于他平素没有受到过你的拒绝，突然碰了这个钉子，将比得不到他所希望的东西还感到痛苦。起初，他想得到你手中的手杖，转眼间他又想要你的手表，接着，他又想要空中的飞鸟，想要天上闪烁的星星！他看见什么就要什么。除非你是上帝，否则你怎么能满足他的欲望呢？"

卢梭的话是十分令人深思的。

对孩子过分放任，会使孩子变成暴君。他说，要是一个孩子想得到什么就可以得到什么的话，他就会自以为是天下的主人，把一切人都看作他的奴隶；而在你最后不得不拒绝给他某种东西的时候，就会把你的拒绝看作一种反叛，因为他原以为他一声令下就可以要什么就得到什么；由于他还没有达到明白事理的年龄，所以他将把你向他解释的种种理由看作借口，他认为你处处都对他不怀好意。因此，他所认为的不公正将使他的性情更加乖戾，对一切人都怀恨在心，对他人的殷勤照顾不仅不感谢，而且稍不如意就大发雷霆。

过分放任孩子，就会使孩子失去幸福。他指出，有的孩子竟想叫人一下子把房子推倒，竟要人把钟楼上的风标拿下来给他们，竟要人拦住正在行进中的军队，好让他们多听一会儿行军的鼓声；只要你不及时服从他们的指挥，他们

就会整天价地啼哭，不听任何人的制止。大家白白地忙一阵，谁也没有办法使他们高兴；他们的欲望由于有获得一切东西的便利条件而愈益强烈。因此，他们偏偏要那些不可能得到的东西，从而处处遇到抵触、障碍、困难和痛苦。成天啼哭，成天不服管教，成天发脾气，他们的日子就是在哭泣和牢骚中度过的。像这样的人，是很幸福的吗？”

过分放任孩子，会使孩子踏入社会以后难以适应复杂的社会生活，失去生活的勇气和能力。他说：被过分放任的孩子，“平时看惯了任何人对他们都是那样的畏惧，可是一踏入社会，却觉得所有的人都在反抗他们，发现他们原来以为可以随意支配的世界竟重重地压在自己的身上。这时候，他们该是多么地吃惊呀！他们傲慢的态度和幼稚的虚荣心是必然要给他们招来许多屈辱、轻蔑和嘲笑的。他们受到侮辱的时候，只好像喝水一样地把它吞下去，残酷的事实不久就会使他们明白，他们没有认识到他们的地位和力量。当他们什么事情都不能办的时候，他们就认为自己是一点儿能力都没有了。有那么多素来没有遇到过的障碍在阻挡他们，有那么多轻蔑的眼光在藐视他们。于是，他们就变得十分地懦弱和畏缩，正如以前把自己看得是多么高贵一样，现在又把自己看得是多么卑贱”。

正是由于过分放任孩子有上述诸多的危害，卢梭主张对孩子要严格要求，对于不合理的要求不要随意迁就。如果你一看见他流眼泪就给他东西，那就等于在鼓励他哭泣，是在教他怀疑你的好意。不合理的要求，一定要加以拒绝，一旦表示拒绝之后，就不应当又回头表示答应。

同时，为了孩子的幸福，卢梭还主张让孩子体会一些痛苦。他说：“为了要感到巨大的愉快，就需要他体会一些微小的痛苦，这是他的天性。身体太舒服了，精神就会败坏。没有体会过痛苦的人，就不能理解人类爱的厚道和同情的温暖。这样的人，势必心如铁石，不同他人往来，他将成为人类中的一个怪物。”

此外，卢梭也反对走向另一个极端，即父母和教师滥施权威，压抑儿童的天性。因为对孩子滥施权威，会使儿童变得怯懦、惧怕、欺骗、反抗。父母或教师对孩子过分严厉，动不动就责备、处罚，很容易使孩子学会撒谎。卢梭举例说，撒谎并不是孩子的天性，孩子是为了避免受到父母或教师的严厉责备或处罚，只好用撒谎的手段隐瞒事实真相的。卢梭说："孩子的撒谎，完全是老师造成的，他们想教会孩子说实话，结果却教会孩子说谎话。"撒谎完全是由于教育者对孩子过分严厉所造成的。

（二）主张运用"自然后果"教育孩子

卢梭反对用人为的惩罚去教育犯了错误的孩子，也不要期望孩子请求你的宽恕，因为孩子缺乏善恶观念。他说："不要对你的学生进行任何种类的口头教训，应该使他们从经验中去取得教训；也不要对他们施加任何种类的惩罚，因为他们还不知道他们的错究竟是错在什么地方；也不要叫他们请求你的宽恕，因为他们还不知道他们冒犯了你。由于他们的行为中没有任何善恶的观念，所以他们也就不可能做出从道德上看来是一件很坏的、而且是值得惩罚和斥责的事情。"空空洞洞地讲大道理训诫和惩罚，都不会有理想的效果。他让孩子从经验中去取得教训的主张是值得重视的。

使孩子从经验中去取得教训，就是使孩子在因为不正确的行为而产生了不良后果的面前受到自然的教训。他说："你使孩子只依赖于物，就能按照自然的秩序对他进行教育。如果他有冒失的行为，你只需要让他碰到一些有形的障碍或受到由他的行为本身产生的惩罚，就可以加以制止。这些惩罚，他是随时都记得的，所以无须你禁止，也能预防他顽皮捣乱。经验和体力的柔弱，对他来说就是法规。"

卢梭进一步具体说明"自然后果"的教育原则。他举例说：

"他打坏他所用的家具，你别忙着给他另外的家具，让他感觉到没有家具的不方便。他打破他房间的窗子，你就让他昼夜都受风吹，别怕他受风寒。因为，宁可让他着凉，不可让他发疯。绝不要埋怨他给你造成的种种麻烦，不过，你要让他头一个感觉到这些麻烦。”如果他又打破了窗子，怎么办？那就换一个方法，你就把他关在一间没有窗子的黑屋里。等他心烦了，并且记住了这个教训，再给他订一个条约，你还他的自由，今后他再也不打破窗子了。

卢梭对这种教育手段十分自信。他说，在这个世界上，只要还找得到一个孩子（当然是指尚未娇养坏的孩子）经过这样的教训之后还故意打破窗子的话，那就算他错了。

这就是卢梭主张的运用“自然后果”教育孩子。他说：“在这方面，我说的话已经是够多了。其目的是为了使大家明了，我们不能为了惩罚孩子而惩罚孩子，应当使他们觉得这些惩罚正是他们不良行为的自然后果。所以，你不要去斥责他们撒谎，绝不要仅仅因为他们撒谎而处罚他们，而要使他们明白，如果撒谎，则谎言的种种不良后果都要落在他们的头上。例如，即使说的是真话，也没有人相信，即使没有做什么事情，也要被别人不由分辩地指责说干了坏事。”

总之，卢梭主张用孩子做的“事情的本身的教训”去教育他们。

（三）力戒空口说教而应注重榜样的作用

卢梭认为，对于小孩子进行道德教育，最好不要整天空口说教，空口说教的教育效果肯定不会好。他对父母和教师说：“你为了向他们灌输你所谓的良好的观念，就成天讲道说教，卖弄学问。结果，在灌输你那个思想的同时，又把20个一点价值也没有的观念灌输给他们了。你尽管有满脑子的想法，可是没有看到在他们脑子中将产生什么效果。在你滔滔不绝地向他们高谈阔论的时候，你以为他们一句话也不会听错吗？你以为他们不会按照他们的方式去评论你啰啰唆唆杂乱无章地讲解的那些事情吗？你以为他们不会从其中找到一些材料来形成一套他们所理解的东西，以便有机会的时候就用来反对你吗？”

“你马上就会惊奇地发现，你所讲的那番道理在他心中变成了一个多么奇怪的样子：他简直说得乱七八糟、颠三倒四，使你生气，有时还提出一些料想不到的反问使你感到痛心；不弄得你哑口无言，就弄得你只好叫他停止讲下去。

这时候，要是他发现像你这样一个爱讲话的人突然沉默起来，他将做何感想呢？万一他占了上风，并且明白他胜过了你，今后就不要提什么教育了。从这个时候起，一切都完了，他不但不受你的教育，而且还要尽量找你的碴儿。”

卢梭竭力要求家长和教师以身作则，身体力行，给儿童在行动上作出表率，以引导儿童形成良好的品德。

卢梭指出，人是善于模仿的，动物也是一样。爱好模仿，是一种良好的天性。家长和教师不但要注意到儿童善于模仿的特征，还要注意到儿童分辨是非善恶的能力不强这一特点。他说：“像孩子那样的年龄，心灵还处在懵懵懂懂的状态，所以需要使他们模仿我们希望孩子们养成习惯的行为，以便他们最终能够凭他们自己的判断和对善的喜爱去实践这些行为。”

为了达到这样的目的，卢梭要求：“热情的老师，你要保持纯朴，谨言慎行……大自然把这个世界造成了人类的第一天堂，你在这个世界上要当心，不要在教天真无邪的孩子分辨善恶的时候，自己就充当了引诱的魔鬼。你既然不能防止一个孩子在外面学别人的样子，所以就必须集中精力把那些样子按适合于孩子的形象印在他的心中。”千万不能给年幼无知的孩子以不良的影响。

卢梭注意到，父母是孩子的首任教师，他要求父母的言行尤其需要谨慎，要加强自身修养，成为孩子学习的楷模。他对父母们说：

“你要记住，在敢于担当培养一个人的任务以前，自己就必须要造就成一个人，自己就必须是一个值得推崇的模范。当孩子还处在无知无识的时候，你尽可从容地进行一切准备，以便让他最初看到的都是适合他看的东西。”

卢梭这种“慎始”的思想是难能可贵的。

卢梭一再强调榜样的作用，他大声疾呼：“要树立榜样，要树立榜样！不以身作则，你就不可能成功地教好孩子。”家长和教师能不能为孩子做出良好的榜样，是家庭教育成败的关键所在。因此。卢梭不惜再一次强调，为了做孩子的老师，自己就要首先严格地管好自己。

卢梭不仅重视家长和教师的言行对孩子的影响，他还注意社会上的其他人对孩子的影响。卢梭在教育爱弥儿的时候，始终避免周围的人对爱弥儿产生不良影响。作为爱弥儿的教师，卢梭可以严格约束自己的言行，不给爱弥儿以不良影响，可周围的人是无法控制的，那怎么办呢？设法回避。比如，如果爱弥儿看到两个邻家妇女吵架，卢梭就赶快把他带走，用其他的事情分散他的心，使他很快把这件事给忘了；再比如，为了使爱弥儿不受城市不良风俗的影响，卢梭把幼年的爱弥儿带到乡间去培养。他认为，城市的不良风俗，往往装饰着好看的“外衣”，容易引诱和传染孩子；而在乡间，农民虽有种种缺点，但由于他们不掩饰，也显得那样粗鲁。所以只要你不去存心模仿，则它不仅不吸引你，而且还会使你产生反感，故而也不会去学习。

关于家庭道德教育，卢梭还主张应注意对儿童习惯的培养和道德情感的培养。

卢梭的家庭道德教育理论是很有价值的。他反对过分放任，也反对滥施权威，这是家庭教育中常常出现的两种偏向，他的见解无疑是很正确的。

关于“自然后果”的教育，是对封建家庭常常人为地惩罚、体罚儿童的一种反抗，在教育中让孩子用自己的切身体验教育自己，容易引起儿童的自我反省，这和他的天性论思想有密切的关系。这个教育原则，为后世的英国教育家斯宾塞等人所称道、继承和发扬，在教育史上产生了一定的影响。

他反对空口说教，主张家长以身作则，用良好的榜样影响儿童，这是符合儿童的年龄特征和教育规律的，有着很重要的实用价值。

七、女子的家庭教育

卢梭在以爱弥儿为“模板”论述了男子教育以后，又以爱弥儿的未婚妻苏菲为例论述了女子教育。在卢梭看来,“归于自然”的原则是适用于男女两性的，女子应当和男子一样接受符合天性的教育。

（一）男女两性之间存在差异

卢梭之所以将男女两性的教育分别加以论述，是有他的理论基础的：他认为，男女两性是存在性别差异的。

首先，他认为男人和女人在身体和性格上不同。他说："一个是积极主动和身强力壮的，而另一个则是消极被动和身体柔弱的；前者必须具有意志和力量，而后者只要稍微有一点抵抗的能力就行了。"

其次，他认为男人和女人在智力上也存在差异。他说："抽象地和纯理论地探求真理，探求原理和科学的定理，要求探求的人能够把他的概念做综合的归纳，那是妇女们做不到的。她们应当研究实际的事物，她们应当把男人发现的原理付诸应用，她们应当仔细观察，以便使男人们能论证原理……在需要运用思想的事物上，她们是没有理解的能力的，她们也没有相当精细的头脑和集中的注意力去研究严密的科学。"

最后，他认为，男人和女人担负的任务也不同。他说，生育子女是女人的责任，大自然既然委她以生儿育女的责任，男子就应当向对方负责抚育孩子。

正是由于卢梭认为男人和女人之间存在着身体、性格、智力和任务上的种种不同，因此他主张，对女子的家庭教育也应有不同的要求和内容。他分别论述了女子在体质、品德、能力和风格四个方面的教育和训练。

值得注意的是，卢梭提出的女子教育和训练的内容和要求，完全是针对男子对女人的需要来确定的，其目的是培养贤妻良母。卢梭说，首先要母亲的身体好，孩子的身体才能好；首先要女子关心，男子才能受到幼年时期的教育；而且，他将来有怎样的脾气、欲念、爱好，甚至幸福还是不幸福，都有赖于父母。所以妇女们所受的种种教育，和男人都是有关系的。使男人感到喜悦，对他们有所帮助，得到他们的爱和尊重；在幼年时期抚养他们，在壮年时期关心他们，给予他们安慰，使他们的生活很有乐趣，所有这些，在任何时候都是妇女们的天职，应当从她们小时候起就教育她们。他说，只要我们不根据这个原理去做，我们就会远离我们的目标，而我们教她们的种种训条，既无助于她们的幸福，也无助于我们的幸福。

（二）女子的体育

卢梭认为，应当养成女子强健的体魄。

首先，身体好，才能发展心智。他说，既然是身体先精神而生，我们就应当首先培养身体，这个次序对男人和女人来说都是一样的。

其次，要子女健康，必须注重女子的体育。他说："妇女们不应当像男子那样粗壮，但是也要强壮得同他们相配合，才能生育像他们那样健康的孩子。"母亲身体好，孩子身体才好。

最后，身体好坏也关系到女性美。他说，苗条并不等于瘦弱，为了讨得人家的爱，就不应当有一副不健康的样子。一个人生病的时候固然可以引起人家的同情；但是，要想得到人家的喜欢，就必须长得活泼，身体健康才行。

卢梭认为，女子虽然和男子一样都应当有健康的体魄，但对女子身体的要求却不同于男子。他说："（体育）培养的目的是不同的：在男人是培养他长得壮而有力，在女人则是培养她长得灵巧。这并不是说男性只能唯一无二地具有男性的品质，女性只能唯一无二地具有女性的品质，这只是说这些品质在每一种性别的人的身上应当有主有次。"

为培养女子强健的体魄，卢梭反对把女孩子关在屋里，过拘谨安静的生活；而主张多从事各种体育活动。他批评当时的家庭说："在女修道院寄宿的女子，吃的虽然是普通的饮食，但是由于在户外和花园中蹦蹦跳跳游玩的时候多，所以从这一点上说，在女修道院比在自己家里好。因为在自己的家里，一个女孩子吃的虽然是精美的饮食，然而由于时而受到大人的夸奖，时而又受到大人的斥责，并且成天都在一间关得紧紧的房间里坐在母亲的面前，不敢起来走一走，不敢说话或闹嚷，也没有片刻的自由去玩、去跑、去跳、去叫，随她们那个年龄的活泼的天性去做。结果对她们不是过于娇生惯养，就是不适当地管得过严，没有一样是做得合乎情理的。青年人的身心之所以遭到败坏，其原因就在这里。”

所以，卢梭提倡女孩子从小就要练习跳舞、参加游戏、多多活动、尽情欢笑，使身体灵巧而健康，心情愉快而舒畅。苏菲就是这种身强体壮、活泼好动、喜爱劳作，能耐辛苦的天使般的女子。

卢梭还希望女子要像古希腊时那样受到训练。

他说：“斯巴达的女孩子也像男孩子一样地做军操，其原因并不是为了去打仗，而是为了将来生育一些能够忍受战争的艰苦的儿子……青年女子经常出现在公共场合……在任何一个节日、集会或祭神的典礼中都可看到一队一队的优秀的公民的女孩子，她们戴着花冠，提着花篮，捧着花瓶和祭品，载歌载舞地玩着，使希腊人的迟钝的感官接触到一种动人的情景，抵消他们粗笨的体操所产生的不良效果。不管这种风俗对男子产生什么影响，它总是能通过轻松活泼的运动使女子在青年时期练成一副良好的体格，通过使人喜欢的殷切愿望培养她们的兴趣。而又不损害她们的性情。”经过这样的锻炼，“这样的母亲所生育的儿子才是地球上最健美的男子……在全世界，甚至在包括罗马人在内的所有一切民族中，只有古代希腊的妇女才是那样既聪明又可爱，既贤淑又长得漂亮的。”

（三）女子的品德教育

卢梭说：“她们从小还应当受到管束。如果这样做对她们是一种苦楚的话，这种苦楚也是同他们的性别分不开的；而且，要是不受这种苦楚，她们将来一定会遭受更大的痛苦的。她们一生都将继续不断地受到严格的约束：种种礼数和规矩。必须首先使她们习惯于这种约束，她们才不会感到这种约束的痛苦……最重要的就是要教育她们自己克制自己。”

在卢梭看来，之所以教育女子克制自己，是因为按照自然的秩序来看，妇女也是应当服从男子的，所以，卢梭要求女子要养成顺从之道，使柔顺成为第二天性，并认为这是女子品德教育的首要任务。

值得注意的是，卢梭虽然强调女子要以忍让为怀，但同时，他又不叫女子完全成为男子的羔羊。他鼓舞妇女利用自己的特性，以弱胜强，以柔克刚。他认为："女人天生就有一种驾驭男人的才能。"女人管束男人的方法是用温情去管束，是用巧妙的手腕和殷勤的态度去管束，她是采取关心男人的方式去命令男人做事的，她是采取哭泣的方式去吓唬男人的……他说，他可以担保，凡是治理得井井有条的家，也就是女人最有权威的家。要驾驭男人，根本的一条是受到男人的尊敬和爱戴。他说，能取得男人的尊敬和爱戴的妇女，只要她做一个手势，就可以把他们差遣到天涯海角，就可以叫他们到她所指定的地方去作战，去争取荣誉，去牺牲生命。"卢梭主张，妇女要花一番心思去获得这种崇高的威信。

他要求妇女成为男子的贤内助，他说，男子在一生中是需要导师和顾问的，妇女应当成为丈夫的贤内助。

卢梭注重女子的贞操观念的养成。他说："对一个心灵高尚的美丽的女人来说，保持贞操是一个极为可贵的道德。"保持贞操不仅是妇女终生的快乐，于家庭的和睦、幸福也是至关重要的。他说："任何人都是不容背信弃义的，任何一个不忠实的丈夫，如果在他的妻子尽到了女性的艰巨的责任之后，竟剥夺了她应当享受的唯一的报酬的话，他便可以说是一个不正直的野蛮人。但是，如果妻子不忠实，则后果就更糟糕了，她将拆散一个家庭，打破自然的一切联系。"

（四）女子治家能力的培养

卢梭仰慕古代希腊的妇女生活，因为她们在结婚后能够"相夫治家"。卢梭认为，"相夫治家"是女子的天职，能尽这种天职才是理想的妇女。希望年轻的姑娘们一结了婚，就再也不在公共场合露面了。她们待在家里，把她们的全部精力用来管理家务。自然性和理性给女性安排的生活方式就是如此。

卢梭所设想的苏菲是善于治家的女子。她既能缝纫、烹饪，又善于管理调动，既能从事各种杂役，又能掌握家庭经济。在卢梭看来，苏菲是极为精干的主妇。

卢梭认为，女子治家能力的培养，应当是在优秀母亲的指导下，以能干的苏菲为榜样，在家里从事实际家务的训练。然而，当时巴黎等大城市把优美的家庭生活和对女子进行的正常家庭教育统统破坏了。在大城市中，没有人对女孩子们进行家庭教育。大城市的社交场合是那样的多和那样的乱，以致再也找不到一个清闲的地方过安静的生活。甚至在自己的家里也如同在公共场合一样。由于她经常同其他的人厮混，她就等于没有家了，甚至连她的父母也几乎不认识了，她把他们当作外人，质朴的家庭气氛和使家庭趣味无穷的亲密情感都一起化为乌有了。

卢梭主张把家庭当作女子学习家政的场所，不要进入学校去学习。只有在母家才能学会怎样爱自己的家，如果做母亲的人在这方面没有对她们进行教育，她们将来也是不喜欢教养她们的孩子的。

他主张对女子进行治家能力的教育，不要啰里啰唆地干巴巴地说教，不要冷冰冰地训诫。千万不能拿她们所负的天职去吓唬她们，也不要把大自然强加给她们身上的束缚说得那样严重。你向她们讲述她们的天职时，话要说得简明、说得中肯，不要使她们以为履行那些天职是一件不愉快的事情，你切不可有一点不高兴或盛气凌人的样子。

（五）女子优美风格的培养

卢梭还认为，理想的女子应具有优美的风度、美好的容貌、高尚的智慧和清晰的头脑。

1. 优美的风度

他以苏菲为例，说明女子应有的优美风度。他这样描述，苏菲是一点世故的气息都没有的，但她对人十分亲切、殷勤，而且无论做什么事情都是温文儒雅的……她对人是有一定礼貌的。不过，她对人的礼貌既不落俗套，也不拘泥于时尚。不因时尚的变化而变化，而且还不是因袭习惯而照章行事的……她一句无聊的奉承话都不会说，也不会咬文嚼字地去恭维人……她尤其不喜欢转弯抹角地说话。对别人给予她的关心，对别人向她表示的尊敬，她也以礼相待……

2. 美好的容貌

卢梭认为，妇女的容貌是必须考虑的。女子的容貌最好是不太美，也不太丑。对一切事物，都求它一个中等，就拿美色来说，也不例外。清秀而楚楚可人的容貌，虽然不能引起你的爱恋，但能讨你的喜欢，所以应当选择这种容貌。这种容貌的女人，一方面，对丈夫没有什么损害；另一方面，对双方都有好处。他反对男人追求花容月貌。

卢梭反对妇女追求华丽的服装和容颜的粉饰。一个女人可以用化妆品来使她出一出风头，但要获得别人的喜爱，还是要依赖她的人品。我们的打扮并不等于我们的本身，由于穿的和戴的东西太考究，往往反而更加难看……真正的美，是美在它本身能显出奕奕的神采。

3. 高尚的智慧

他认为，美丽的容貌并不是每一个女人都有的，而且，这种容貌由于许多意外的事情将遭到毁伤，由于年龄的增长而日益消逝，由于风俗习惯的不同将损害它的美的效果。所以，只有智慧才能作为女性所拥有的真正的资本，没有这种智慧，女人就不是男人的伴侣，而是他的奴隶。

4. 清晰的头脑

他主张女子要有清晰的头脑，惯于周密思考而长于治理事务，这是女子所担负的任务所需要的。女子不善用脑筋思想，就不能很好地辅助男子，这样，夫妻“便缺少那种共同生活的最大乐趣”。

女子不善思想，就不能很好地教育子女。他说：“一个女人如果没有运用思想的习惯，她又怎样培养她的孩子呢？她怎能判断什么事情是适合于她的孩子去做的呢？连她自己都不懂得什么是美德，她又怎能教她的孩子去爱美德呢？

她只会宠爱或吓唬孩子，不把孩子们养成专横的人便会把孩子们养成胆怯的人，不把孩子们养成摹仿大人的猴子便会把他们养成鲁莽的顽皮儿童，在她手里是不可能养出聪明可爱的儿童的。”

卢梭关于女子教育的理论，注重女子的身体健康、治家能力、优美风格、善于用脑思想等各种素质的培养，注重女子修养对教育子女的重要作用，这是具有积极意义的。不过，他把女子看作男子的“附庸”，一切服从于男子，这是错误的，看来，卢梭还是有严重的“男尊女卑”的陈旧意识。

综上所述，可以看到，卢梭的教育思想是进步的，表现出了他的思想的革命性。他的许多教育主张也是科学的，不过，有许多思想也反映出了他的片面性和偏激性。比如，在早期，他主张重视家庭教育，这是有道理的，但他完全否定孩子进学校受教育的必要性，这是不妥当的。

尽管如此，卢梭的教育思想还是带有创新性质的，他的家庭教育思想已形成一个较为完整的体系，在世界家庭教育思想史上占有重要的地位，影响很大。对孩子从一出生到青年时期这一家庭教育的全过程，卢梭做了系统的论述，这在当时来说，甚至在今天来说，也是独一无二的。这是一份十分宝贵的家庭教育理论遗产，很值得我们批判地继承。

第八章

斯宾塞的家庭教育思想

第一节　斯宾塞及其《教育论》

一、斯宾塞的生平

赫伯特·斯宾塞（1820～1903），英国著名的实证主义哲学家、社会学家和教育理论家。

斯宾塞出生于英国德贝郡的一个教师家庭里，童年受到了良好的家庭教育。学生时代，对自然科学及技术有浓厚的兴趣，学到了数学、物理、化学、土木建筑学等知识。他没有读过大学，是靠自学成才。

1837年，他17岁的时候，在铁路局担任土木工程师的职务；1842年起，开始为英国各杂志撰写稿件；1846年，开始从事哲学、社会学、心理学和自然科学等方面的研究与著述工作；1848年至1853年，担任英国《经济学家》杂志的编辑，这是当时英国金融资产阶级的重要刊物。

1851～1852年，斯宾塞出版了《社会静态学》《演进假说》等社会学著作。1858年，他根据进化论的原则，解释一切自然现象和社会现象，打算写一整套概括人类所有知识的《综合哲学体系》。从1862～1896年，他相继用了30多年的时间完成了这一巨著。这一巨著包括五大组成部分，长达十卷。1862年写成《第一项原理》，1864～1867年写成《生物学原理》，1872年写成《心理学原理》，1876～1896年写成《社会学原理》（2卷本），1879～1893年写成《伦理学原理》。这一巨著集中反映了他的哲学、社会学、伦理学、生物学以及心理学的思想体系。他的教育思想则集中反映在19世纪50年代发表的《教育论》一书中。

斯宾塞生活在19世纪的英国。他生活的时代，正是英国经过产业革命，资本主义迅速发展的时代。资产阶级在资本主义经济发展过程中，不仅获得了巨额利润，也感受到了科学知识带来的收益。因此，他们需要从理论上论证资本主义制度的"合理性"和"永恒性"，论证科学知识的价值，论证资产阶级的教育改革。斯宾塞正是代表了这一时期英国资产阶级的利益，是把资本主义看作最理想、最合理、最完美的制度，认为必须从理论上来论证它的永恒性的著名人物。他称资本主义社会是人类的"黄金时代"，他本人则被人称为"资本主义制度的歌手"。

在哲学上，斯宾塞是英国实证主义的创始人之一。实证主义亦称"实证论"，产生于19世纪30年代，它是资产阶级哲学流派，创始人为法国的资产阶级哲学家和社会学家孔德（1798～1857）。斯宾塞认为，人们的认识是永远相对的，而事物的本质是不可认识的。实证主义标榜以积极的、实证的知识为根据，但在实际上，它不过是唯心论的一种变种。

在社会学上，斯宾塞以庸俗进化论为基础，把生物进化的规律搬到社会学中，杜撰了反科学的"社会有机论"。他把社会看成一个特殊的有机体，正如动物、植物一般。强调社会的有机性和均衡性，认为社会的职能也像生物有机体一样，通过适当的分工表现出来，如工农劳动者像人体的双手，担负着社会营养的职能；工商业者担任分配、调节和交换的职能，而作为社会头脑的资产阶级统治者则相当于人体的神经系统，对整个社会有机体起着支配作用。正像身体的各个器官统一于一体一样，社会各阶级之间也是一种合作关系。他把资产阶级和无产阶级的关系说成是“自愿合作”，从而得出资本主义的生产资料私有制的“合理性”的结论。

二、斯宾塞的《教育论》

斯宾塞以其哲学和社会学理论为依据，围绕资本主义的发展，并从资产者个人生活的幸福出发，形成了他的教育思想体系。

集中反映斯宾塞教育思想体系的教育著作是《教育论》（原名《智育、德育和体育》）。这本书共有四章，每一章都是原来发表在杂志上的论文：第一篇《什么知识最有价值》刊在《威斯特明斯特评论》1859 年 7 月号；第二篇《智育》刊在《北不列颠季刊》1854 年 5 月号；其余两篇《德育》和《体育》刊在《不列颠季刊》1854 年 4 月号和 1859 年 4 月号。这四篇论文分别论述了四个问题，但是合编起来大致可以形成为一个整体。当初，斯宾塞写这些文章的时候，本打算汇编起来出版，但由于遇到法律上的困难，未能如愿以偿。到了 1861 年 5 月才汇编起来在伦敦出版。

由于该书充分反映了当时资产阶级对教育的要求，出版以后，很快被译成 13 国文字，得到了广泛的流传，在西方教育史上产生了一定影响。在中国，1923 年由商务印书馆出版了该书的节译本。1962 年，人民教育出版社出版了胡毅的全译本。

斯宾塞重视教育对资本主义发展的作用，从年轻时代起就注意探讨教育问题。在《教育论》一书中，他继承并发展了英国资产阶级教育理论中的功利主义原则，批评旧教育的虚浮与不切实际，提出教育的根本任务在于为完满生活做准备。他把完满生活分为直接与间接保存自己、抚养子女、社交、娱乐等诸种活动。他指出，为这些活动做准备的最有价值的知识是科学知识；而教育目的、内容与方法的制定和选择，以及对每一教学科目的评价，也都应以学习科学知识为生活做准备为标准。

他提出并论述了一个包括各门科学知识的知识教育范围，在知识教育方法上，他强烈反对注入式的、压制儿童智慧活动的旧式方法，赞同瑞士教育家裴斯泰洛齐教学心理化的主张，要求适应心理发展的自然需要而进行知识的传授。

在道德教育上，他吸收了法国思想家卢梭的见解，提出用“自然后果”作为德育的基本原则。

他重视儿童体育保健，提出了一系列的保健措施。

他的这些主张，对于当时保守的英国教育来说，曾起到了一定的积极作用。

斯宾塞重视家庭教育，他把抚养教育子女作为一个人完满生活的重要内容之一，把“准备做父母的教育”作为实现完满生活的必要准备。

在《教育论》一书中，斯宾塞论述了家庭教育的重要性和掌握抚养、教育子女的科学知识的必要性，并分别阐述了家庭智育、德育、体育的要求、内容、原则和方法。

当然，斯宾塞所论述的家庭教育完全是资产阶级家庭的子女教育，而且其教育目的、任务以及教育内容，完全是为资产阶级服务的。但是，他所提出的一系列具体的教育原则和方法，对于今天的家庭教育仍有重要的借鉴意义。

第二节　斯宾塞的家庭教育学说

一、家庭教育——人人都必须掌握教育子女的知识

斯宾塞是从他所主张的教育目的和任务出发来论述这个问题的。

（一）准备做父母是“完满生活”的重要准备

斯宾塞理想中的人是资产阶级个人自由主义者。他在《什么知识最有价值》一篇中，首先提出并论述了教育的目的和任务。他继承并发展了英国资产阶级教育理论中的功利主义原则，批评旧教育的虚浮与不切实际，提出教育的目的和任务。他认为，教育的真正目的是使每个人知道怎样生活。

他说：“怎样对待身体，怎样培养心智，怎样处理我们的事务，怎样带好儿女，怎样做一个公民，怎样利用自然界所供给的资源增进人类幸福。总之，怎样运用我们的一切能力使对己对人最为有益，怎样去完满地生活？这个既是我们需要学的大事，当然也就是教育中应当教的大事，为我们的完满生活做准备是教育应尽的职责。”

根据当时英国资产阶级个人生活的内容，斯宾塞论述了什么是人类“完满的生活”。他把完满的生活的内容分为五项活动，并按它们的重要程度自然地排列为：①直接保全自己的活动；②从获得生活必需品而间接有助于保全自我的活动；③目的在于抚养教育子女的活动；④与维持正常社会政治关系有关的活动；⑤在生活中的闲暇时间满足爱好和情感的各种活动。

与此相适应，他又提出五种人们必须接受的教育：准备直接保全自己的教育；准备间接保全自己的教育；准备做父母的教育；准备做公民的教育；准备从事生活中各项文化活动的教育。

斯宾塞提出的完满生活的五种活动和五种准备，有三种属于个人生活，一种属于家庭生活，另一种属于社会生活；而且，他还把个人的自我保全放在首位。这个比重和排列次序，对于资产阶级来说毫不奇怪，真实地反映了以资产阶级个人生活内容为主要社会基础的社会需要。

值得注意的是，斯宾塞把抚养教育子女的活动置于仅次于个人生活，又重于社会生活的重要地位，足见斯宾塞对抚养教育子女给予了相当的重视。

斯宾塞之所以把抚养教育子女一事置于如此重要的地位，是因为他认为

“家庭福利是社会福利的基础”。他说：“因为家庭在时间上先于国家，因为在国家存在之先或国家消灭之后都可能养育子女，而只是在人们养育子女之后才可能有国家。所以，要求对父母的职责比公民的职责给以更加密切的注意。或再进一步说，由于良好的社会最终还是要靠它的公民的品质，早年训练又比其他一切更易于改变公民的品质，我们必然得出结论，家庭福利是社会福利的基础。”

在这一段简要的论述中，斯宾塞表明了他重视抚养教育子女这一活动的两个理由。

第一，家庭在人类社会中是一个永恒的社会组织形式，有家庭存在，家庭养育子女的职能就存在，因此，每个人的做父母的职责要先于做公民的职责。

第二，每个公民的素质直接影响社会发展的状况，而早期教育——家庭教育，在每个公民的素质形成中作用极大。因此，必须重视抚养教育子女的活动和做父母的准备。

尽管斯宾塞在这里提出的“国家”和“社会”都指的是资产阶级性质的，但他所揭示的抚养教育子女和国家、社会的关系，确实是历史唯物主义的，这无疑是正确的。

（二）不重视做父母的准备的危害

英国当时的教育的虚浮和不切实用的一个重要表现就是，不重视人们做父母的准备，在学校的课程中，关于教养孩子的知识一点也找不到。对此，斯宾塞提出了尖锐的批评，他说，这一定是他们那些不结婚的人的课程，即当时僧院宗派的学校课程。

旧学校是如此，资产阶级开办的新学校也不重视教给人们做父母的准备。他指出：“虽然多少注意了青年男女进入社会做公民的准备，人们却完全没注意他们做父母的准备。人们都看到为了谋生需要做复杂的准备，可是似乎都认为教养儿女就无须准备。一个男孩子花了许多年工夫去获得一些主要价值只在组成‘绅士教育’的知识，一个女孩子花了许多年工夫去学一些晚会上用的装饰性本领，而在管理家庭这一个最重大的责任上，倒没有花一小时去做准备。”

对于这种现象，斯宾塞非常不满。他质问道：“难道说他们不大可能要担负这个责任？并不是的。十个人当中九个人会有这种责任。难道说这个责任容易担负起来？肯定不是。在成人要做的一切事情中这是最难的。难道说每个人通过自我教育能够保证做好父母？也不是的，不只是大家不承认需要有这方面的自我教育，这个工作的复杂性也使自我教育在这里比在任何其他地方更难成功。”

斯宾塞严肃地指出，父母的责任重大，不重视人们做父母的准备简直是荒谬绝伦的咄咄怪事。他说：“说正经话，子女的生与死，善与恶，都在于父母怎样教养他们。可是，对于今后要做父母的人在教养儿童方面连一个字的教导都没有，这难道不是一件怪事吗？把新一代的命运放在缺乏理智的习俗、冲动、幻想中去碰机会，再加上一些不懂事的乳母的建议和奶妈们的带成见的劝告，难道不是荒谬绝伦吗？”

他认为，不重视人们做父母的准备，不具备抚养、教育子女的科学知识，简直是不可思议的事。他用最普通的生活常识比喻说：“如果一个商人毫无算术和簿记的知识就开始经商，我们会说那是瞎干，而眼看他要得到惨痛的后果。或者一个人如果没有学解剖学，就开始进行外科手术，我们也会为他的胆大包天感到惊讶，而可怜他的病人。可是，一般父母从未考虑过那些在身体、道德、智慧方面应该指导他们的原则，就开始教养儿童这个艰巨任务，却并没有引起对他们的惊讶，也没有引起对受害者的怜悯。”这简直是咄咄怪事！

斯宾塞指出，由于做父母的缺乏抚养教育子女的科学知识，对于子女身体发育、道德训练和智慧的培养都造成了极大的危害，带来了极为严重的后果。

1. 在身体发育方面

由于父母不懂得生理学的规律，不懂得儿童保健知识，经年累月地在忽视和损害儿童的体质。因此，不但使他们，还使他们的后代生病或早死。

有许多父母不会管理子女的生活，儿童的衣服穿得单薄、食物单调、缺乏营养，不准孩子到室外活动、游戏，致使许多儿童虚弱多病、发育不良、精力不足，健康和体力水平差。斯宾塞指出：英国“在死亡的几万人外，加上在虚弱体质下活命的几十万人，和长成而得不到应有的强健体质的几百万人，你就可以多少看出父母不懂得生命规律给子女带来的灾难”。

2. 在道德训练方面

由于父母缺乏这方面的知识，不知道儿童哪些行为该管，哪些不该管，不知道用什么办法去管，不知道管的效果如何。斯宾塞认为，这样的父母去管孩子，往往比完全不管更有害。

有的父母总是阻止儿童参加本来是很正常和有益的活动，结果减少了儿童的快乐和利益，使得父母、子女间发脾气而引起不和。有的只求孩子表面行为对头，而不考虑内部动机，因此，就培养了孩子虚伪、惧怕、自私而没有培养好感。在要求孩子诚实的时候，父母却做出不诚实的榜样；拿惩罚来威胁孩子，可又不执行；想培养孩子的自制力，可父母却每小时为了一些不该责骂的事怒骂孩子。斯宾塞指出，这样既无理论指导，又不了解儿童心理特点，其对孩子的管教就是任性的、不一致的、有害的。

3. 在智慧的培养方面

由于父母不懂得儿童智能发展的规律，正确的知识不讲，而把错误的知识，用错误的办法，照着错误的次序灌输给孩子，造成了极大的危害。

斯宾塞指出，有的家长把教育局限于书本知识，提前教孩子学习课本上的知识，忽视儿童的直接观察，迷信知识的符号，而不去探求知识本身。在早期家庭教育中，不懂得儿童智能的发展是从具体到抽象的过程，而是过早地教其抽象深奥的知识，传授知识不是按正常的次序安排，而是把定义、规则、原理都放在前面。使孩子学习知识死记硬背，为了字句而牺牲内容。这样传授知识的结果是：由于孩子早年受抑制和被迫注意书本，使知觉变得迟钝；由于教给孩子一些听不懂的知识，而且违背传授知识的自然次序而引起了心智上的混乱；

由于孩子不是主动追求知识而是被动地接受别人的观念，使孩子不能勤学好问；由于负担过重，使孩子心智的效率很难充分发挥；由于没有把知识系统化，大部分学过的知识很快遗忘；由于运用知识的技能未得到培养，孩子既不能准确观察，也不会独立思考。

总之，父母缺乏抚养、教育子女的科学知识，在儿童身体、道德和智慧的训练上，都是毛病百出。斯宾塞对于这个问题的分析，是非常深刻的。

（三）必须进行做父母的准备

斯宾塞从以上所列举的大量事实中得出了一个重要结论，“儿童的身心发育是遵照一定规律的。除非做父母的在某种程度上遵守这些规律，否则子女难免要短命；除非在很大程度上遵守这些规律，否则孩子的身心必然产生严重的缺陷。只有完全遵守这些规律，才能使儿童健康地成长起来”。

他认为，父母掌握抚养、教育子女的科学知识，不仅对子女的健康成长有好处，对父母本身来说也是有益的。能否掌握这门知识，也是父母心智成熟与否的标志。他指出：“无论是从父母本身的幸福看，或是从对子女和后代的性格和生活的影响上看，我们都必须承认懂得对儿童进行体育、智育、德育的正确方法是非常重要的知识。这应该是每个男女所受教育中的最后课题。如果说能够生儿育女是身体上成熟的标志的话，那么能够教养这些子女就是心智上成熟的标志。”

斯宾塞对于人们掌握抚养教育子女科学知识的重要意义的认识，是很实际的，一点儿也不过分。

因此，斯宾塞主张，所有将来有一天要做父母的人，都必须学习反映生命规律的知识，熟悉生理学的基本原理和心理学的初步知识。在学校，要设置关于教育理论和实践的课程，而且这些课程“是在教育中应该站最高地位的科目”。

在中外家庭教育理论发展史上，像斯宾塞这样重视人们做父母的准备，是很少见的。他是第一个系统地、全面地论述这个问题的教育家，也是第一个主张把教育知识列为学校的正式课程，要求人人都要学习和掌握的教育家。他的这个主张，对于推动家庭教育理论和实践的发展，有着十分重要和深远的意义。

二、家庭教育的内容

鉴于英国资本主义经济迅速发展的趋势，斯宾塞感到，英国传统的古典学校教育和家庭教育，已经不能适应这一发展的要求。因而，他一再表示反对传统教育，反对经院学派，反对迷信的教条、严酷的纪律、烦琐的禁令、虚伪的禁欲，等等。他提出一个包括智育、德育、体育三方面内容的教育体系，并且把智育摆在第一位。

（一）家庭智育

1. 提倡科学和实用的智育内容

在智育问题上，斯宾塞首先对传统的教育内容进行了批判。他说，传统的教育“所考虑的不是什么知识最有真正的价值，而是什么能获得最多的称赞、荣誉和尊敬，什么最能取得社会地位和影响，怎样表现得最神气。既然在整个生活中，问题不在于我们是怎样，而在人家将怎样看我们，所以在教育中问题也就不在知识的内在价值，而多半在于它对别人的外部影响。”

斯宾塞具体地指出，在英国的过去和当时，不管是学校教育还是家庭教育，总是把那些受人称赞的知识放在第一位，而将那些增进个人福利的知识倒放在第二位。比如，男孩子在整个一生中，十之八九用不到拉丁文和希腊文，可却下很大功夫去学拉丁文和希腊文，其目的无非是为了显示其社会地位，想受人尊敬。而女孩子呢，她们所受的教育是虚饰重于实用，大部分时间用来学习舞蹈、弹钢琴、唱歌、绘画，学习意大利文和德文，以为只有懂得这些知识才像个贵妇人，显得受过“良好”的教育。总之，出人头地，受人尊敬，并且逢迎上级，成了人们全力以赴的普遍竞争目标。矜财恃富、装模作样、衣着华丽、炫耀才华，每个人都想支配别人，成为人们追求的时尚。

对于这种教育内容，斯宾塞是非常厌恶的。

在新的历史条件下，在自然科学迅速发展的基础上，从为完满生活做准备的角度出发，斯宾塞提出，智育的内容要注重科学和实用价值。他指出："在目前和在遥远的未来一样，人们去了解身体、心智、社会生活方面的科学，对调节他们的行为肯定具有无法计算的价值；而他们应该了解一切其他科学作为生活的科学的入门。"

在这个思想指导下，斯宾塞根据他的完满生活的五种活动内容，提出了广泛的智育内容。这些内容不仅是学校智育的内容，实际上也是家庭智育的内容。

（1）为了直接保全自己或是维护生命和健康，要学习解剖学、生理学、卫生学等方面的知识。

（2）为了获得生活资料，为间接保全自己的活动做准备，需要学习广泛的科学知识。除了读、写、算等基本技巧外，还要学习逻辑学、几何学、力学、物理学、化学、天文学、地质学、生物学、社会学、外语等知识。

（3）为保存种族的活动，需要学习生理学、心理学、教育学方面的知识。

（4）为履行公民的职责，必须学习历史学方面的知识。

（5）为满足兴趣爱好和感情需要的闲暇活动，需要学习油画、雕塑、音乐、诗歌等方面的知识和技能。

斯宾塞关于智育内容的主张，虽然是从资产阶级的功利主义出发的，但它包含了很广泛的科学知识，对于发展资产阶级的教育，起到了极大的推动作用。

2. 提倡改进智育方法

斯宾塞认为，智育内容的改革，要求智育方法也要跟着改革。

他反对古典主义教育的传统智育方法，即传统教育中流行的形式主义、机械背诵、压制儿童心智发展的做法。他认为，这些老方法应被淘汰，而一些新的智育方法应当建立起来。

他认为，儿童的"心智演化有个自然过程，干扰它就会发生损害；我们不能把人为的形式硬加在一个正在发展的心智上；心理学也给我们提出一个供求规律，而我们要不出毛病就必须遵守它”。

因此，他提出，新的智育方法应该建立在儿童发展的基础上，遵循它的自然发展规律，适合儿童心智演化的自然过程，而不要去违背它、干扰它。

他赞同瑞士教育家裴斯泰洛齐的教育心理化的主张，要求按照心理的“供求规律”进行智育，即用适合儿童心理发展的自然需要向儿童传授知识。

依据上述的基本见解，斯宾塞提出了一些新的智育方法的原理。

（1）传授知识应当从简单到复杂。他说：“心智是在发展的。像一切发展中的事物一样，它是从相同到不同；一个正常的训练制度，作为这一主观过程的客观对照，就必须表现同样的进程。”他主张，开始时应学少数科目的知识，逐渐增加，然后是多种科目的知识齐头并进地学，从单一到组合。教儿童学具体的知识，要从简单到复杂，由浅入深，由易到难。

（2）传授知识应从不准确到准确。他认为：“同机体的其他部分相同，脑子也是在成年时才达到它完成的结构；由于它的结构还没有完成，它的动作就缺乏准确性。因此像最早的动作和说话的尝试一样，最初的知觉和思维也是十分模糊的。正如眼睛开始只能分辨明暗，逐渐进步，才能够很准确地区别色彩种类和深浅以及形式细节；心智的整体和它每一个能力，都是从分辨事物和动作的大概开始，逐步进到更细微、更明晰的分辨。教育内容和方法必须符合这个一般规律。把确切的观念教给未发展的心智是做不到的，如果能做到也没有好处。”因此，斯宾塞主张，向儿童传授知识要从粗糙的概念开始，使概念逐渐完整、准确。

（3）传授的知识应从具体到抽象。他认为，给儿童讲授原理的时候要通过事例，要从个别到一般，从具体到抽象。因为，科学原理是从大量具体事例中概括出来的，而只有已经获得了许多这种单一真理（即具体事例）以后，概括才容易记住和有助于推理；而让未掌握这些单一真理的人去概括，必然是个哑谜。

（4）传授知识要从实验到推理。他认为，人们认识一种客观规律，都是通过观察、比较、思索、实验这样一个过程，然后再进行推理。传授知识必须经过具体到抽象，必须先有实践，再加上积累的经验和对经验的概括才能形成科学。科学是组织好的知识，一定先要占有一些知识才能把它组织起来。因此，向儿童传授知识都应从纯粹实验入门，应该只在积累了充分观察之后才开始推理。

（5）引导儿童自己进行探讨和推理。他认为，人类完全是从自我教育中取得进步的，而为了取得最好的效果，每个人的心智必须多少照同样的方式取得进步。这一点在靠个人奋斗而成功的人的突出成绩上已经不断地得到证实。

他指出，儿童小时候并没有靠别人帮助就得到了关于周围事物的很重要的知识，具有普通能力的儿童可以不要什么帮助就能克服学习知识过程中的许多困难。而我们许多家长和教师，不让孩子接近他所感兴趣的、自己能主动吸收的事实，而是给他一些复杂得无从了解的事实，使他觉得讨厌。不给孩子所能学的知识，却硬塞一些他不能消化的知识，这样就会使儿童的能力发生病态，对一切知识发生恶感，变得呆滞、懒惰。因此，斯宾塞主张，在教育中应该尽量鼓励个人发展的过程。应该引导儿童自己进行探讨，自己去推论，给他们讲的应该尽量少些，而引导他们去发现的应该尽量多些。”

（6）在儿童学习过程中“造成一种愉快的兴奋”。他认为：“在正常情况下，健康的活动是愉快的，引起痛苦的活动是不健康的。”有的儿童讨厌这种或那种学习，家长和教师很焦急，其实这些厌恶不是天生的，而是不良教育的结果。如果儿童活动是健康的，他就能从其中的满足中得到乐趣，学习积极性就高，学习效果就好。

他说：“快乐的情感状态比冷淡或厌恶的状态远远有利于智慧活动。每个人都知道高兴的时候所读所见所闻的东西，比在漠不关心时所读所见所闻的能记得住。”孩子对学习不感兴趣，心智上就会怠惰，必然还会对后果怀着极端恐惧；而恐惧就会分散他的注意力，这就很难学好知识。因此，在儿童学习中应尽可能“造成一种愉快的兴奋”。

为了具体贯彻上述的原理，斯宾塞特别强调，向孩子传授知识时，要尽可能多地利用实物，引导他们去感觉、去观察。不仅利用身边的、室内的实物，还要扩展到更大的范围，利用田野、树林、山边、海洋中的各种实物；不仅在小时候这样做，到青少年时期也要这样做。

斯宾塞所提出的这一系列的儿童家庭智育的原理和方法，是符合人们认识事物的客观规律的，是符合儿童心理发展特点的。因此，也是符合现代心理学和教育科学的。

（二）家庭德育

1. 改善道德管教方法

斯宾塞认为，由于许多父母缺乏做父母的准备，在儿童的管教上，尤其是在儿童道德方面的管教上，做法很粗糙、混乱，前后不一致，其效果很不好。有的母亲，因为婴儿不吃奶，就一再生气地摇晃他；有的父亲听到孩子哭叫，看见孩子把手指夹在门缝里，不去帮他松出来，反而打他一顿；孩子的大腿骨脱了臼，得不到父母的同情，反而被痛骂一顿；孩子摔了一跤，母亲一把抓起来吼道：“你这个笨东西！”强令活泼的孩子安静地坐在那里；甚至坐火车时也不许孩子看窗外；等等。

这种管教方法，反映“在人类中有时也表现出促使野兽消灭它自己种类中弱者伤者的那种盲目本能”，其管教结果是可想而知的，绝不会有理想的管教效果，很难“教出一个有良好行为而又能在社会中上进的公民”。

他认为，在通常情况下，儿童的缺点就反映了父母的缺点。父母想制止子女身上的那些不良情绪，在父母身上就有。然而，有许多人却把管教中的“一切过失和困难全部归到儿童身上，而认为父母毫无责任”。

斯宾塞认为，这些看法是不符合事实的。他说：“在家庭管理上，同在国家管理上一样，目前都假定管人的都是好人，被管的全是坏人。从一些教育理论上看，似乎人们在他们和儿女的关系中都摇身一变成了好人。我们知道，同我们平常来往的人，我们在社会上所遇见的人，都是很不完美的。”其实，在父母当中，有许多人身上毛病很多，“儿童顽劣的那些家庭事故大部分归咎于父母的行为不当。”“在通常情况下儿童的缺点就反映父母的缺点。”

因此，斯宾塞认为，要改善儿童道德管教方法，必须加强父母自身的修养，要“具备超人的智慧、品德和自制的能力”。

2. 运用“自然后果”的道德教育原则

在道德教育问题上，斯宾塞反对惩罚。他认为，惩罚是人为地给予痛苦，“人为的惩罚没有能够改造人；在许多情况下，反增加了犯罪”。野蛮的教育方法势必促使儿童变得野蛮。他说：“野蛮家长的野蛮儿童多半只能用这些家长自发采用的野蛮方法来约束，而对这些野蛮方法的屈服也或许对于这些儿童将要参加的野蛮社会是个最好的准备。”

他主张培养文明社会的文明成员，必须采用文明的教育法。他所说的“文明的教育方法”就是，运用“自然后果”原则教育儿童。

何谓“自然后果”的教育原则？

斯宾塞认为，“自然后果”的教育原则，就是用儿童自身行为引起的必然的反应和不可避免的后果来教育儿童。他举例说，孩子跌了一跤或把头碰在桌上的时候，他会感受到痛苦，一想起这种痛苦就会使他比较谨慎；这种经验的重复终究会使他吸取教训，能够正当地指导他今后的动作。如果他拿炉条，伸手到火焰中，或泼了开水到身上，那烧伤、烫伤是不容易忘的教训。一两次这种事件会给他深刻的印象，以致日后无论怎样劝说也不能使他不理睬其中的规律。

他的意思是，儿童的错误行为造成了痛苦的自然后果，经过多次痛苦的体验，儿童就会逐步形成正确的行为规范和习惯。

斯宾塞提出这样一个道德教育原则，是有他的理论基础的。

(1) 人们往往是从对行为结果的体验来判断行为的好坏的。他说：“无论从什么假定出发，一切道德的理论都公认：一种行为，如果它当时的和日后的整个结果是有益的，就是良好行为；而一种当时的和日后的整个结果是有害的行为就是坏行为……归根结底，人们是从结果的愉快或痛苦来判断行为的好坏。”

他进一步举例说：“我们说酗酒是坏事，因为它伤害身体和给醉汉和家属带来道德上的坏处。如果偷盗使小偷和失主都感到愉快，也就不会算是一个罪恶。假如善行竟会增加人类的痛苦，我们就应该谴责它而不说它是件好事。”

(2) 儿童错误行为引起痛苦的反应是和过失成比例的。他说：“小小的意外引起轻微的痛苦，较严重的引起较厉害的痛苦。”儿童在日常经验中“从大小不同的错误中得到大小不同的惩罚，从而学会怎样行动”。

(3) 儿童错误行为的自然反应都是“固定不变的，直接的，毫不迟疑的和逃不掉的”。也就是说，是不可避免的后果。这种自然后果的惩罚是“严肃而善良的管教”，儿童如果受到痛苦，会“非常谨慎，决不再犯”。

由此他断言道：“真正有教育意义和真正有益健康的后果并不是家长们自封为自然代理人所给予的，而是自然本身所给予的。”

斯宾塞认为，“自然后果”的教育原则有几个优点。

“第一，儿童由于个人经验了好坏后果，就得到了正确和错误行为的理性知识”。

他认为，理解了行动的好坏后果，就比只根据权威相信会有这些后果时更能够保证生活中的正当行为。比如，一个孩子把玩具扔得满地都是，你就要他自己收拾整理好；如果他不整理，就把玩具收藏起来，他想玩玩具玩不到，这种后果是他自己造成的。孩子体验到乱扔玩具造成的不便，以后就知道整理好玩具了。而如果孩子把玩具扔了一地，家长很生气，训斥了一顿，或打了一顿，而后家长给收拾整理好，这样孩子就把家长训斥或殴打视为不良行为的主要后果。假如形成了这样一个固定的因果联想，一旦父母没有发现、儿童没有受到训斥或殴打，那么，孩子的不良行为照样改正不了。因此，只有儿童亲身体验了自己不良行为的自然后果的惩罚，才较为容易形成正确的因果观念和行为规范。

“第二，儿童因为只受到了自己错误行动的痛苦后果，必然多少明白地认识到惩罚的公正。”

他认为，儿童“只受到他自己不正当行为在自然安排中的不好结果时，就不大会像在受到人为地加在他身上的坏事时那么觉得委屈”。

他拿一个总是不爱护衣服的男孩为例，他把衣服弄脏、弄破了，如父母打他一顿，他会觉得受了侮辱而伤心，也不会追悔他的过失；如果让他尽量弥补他所造成的损失，去自己动手把衣服洗干净或缝补好，他就会认为这个安排是公正的。假如男孩还是不注意爱护衣服，还是把衣服弄脏了、弄破了，就不提前花钱给他做新衣服，或是因为衣服不整齐，故不能和家里人一同去度假。受到这种惩罚，他会感到是由于自己不爱护衣服，他就会不觉得冤枉，从而才会改正自己的缺点。

“第三，既认识到惩罚的公正，同时又是从事物的规律中而不是从哪一个人手中受到惩罚，儿童的情绪波动就可较少些。家长因为只在尽一个比较消极的责任，只是让自然惩罚发生影响，也比较能够保持平静。”

他举例说，比如一个孩子把玩具弄坏了，父亲打他一顿，然后自己又去买一个来，这样实际上是父亲把惩罚揽在了自己身上，使父亲和儿子双方的情绪都不必要地受了扰动。如果父亲告诉儿子要由儿子付款买一个，钱从儿子零花钱中扣除，这样两方面都会少发脾气，孩子也会从感受到的损失中体验到公平而有益的后果。

“第四，因为照这样防止了彼此的激怒，父子之间会有一个较愉快和较有力量的关系。”

他认为，父母对子女或子女对父母发怒都是有害的，因为这样是损害了同情，而同情的关系是良好管教所必需的。家长因孩子的过错打骂孩子，势必使父子之间产生隔阂，使父母渐渐不喜爱孩子，孩子也视父母为冤家。出现这种情况是道德教育的“致命伤”。采用自然后果来进行管教，就不会相互激怒和日益疏远。

“自然后果”的教育原则是斯宾塞提出的儿童道德教育的总的原则。这个原则强调自身行为产生的“自然”的后果的惩罚，反对人为给不良行为以惩罚。这样的教育，可以使儿童从实践中体验这种行为或那种行为引起的好的或坏的结果，从预见结果中逐步学会自治，自己管理自己，自己教育自己。这样的教育的确有些好处，避免人为惩罚造成的不良后果。而且，这个教育的原则，也反映了斯宾塞这样一种思想：“野蛮产生野蛮，仁爱产生仁爱，这就是真理。”还体现了他反对对孩子进行压制、体罚的思想。无疑，对这些方面是应当给予肯定的。

但是，必须指出，这种“自然后果”的教育原则，从根本上说是从他提出的“自我保存”这个重要的道德准则中引申出来的，是以自我为中心的。他判断行为好坏的唯一标准是行为结果对“我”是带来愉快，还是造成痛苦；而不是以对他人、对集体、对社会带来什么后果和影响力为标准。这样培养教育出来的人，其道德行为一切都是以对“我”有利还是有害为界限，实际上是一个典型的个人主义者。我们绝不能认为这个教育原则是完美无缺的，是“万能灵药”，而随便照搬照用。

在我们教育儿童过程中，这种方法当然还是可以使用的，实际上有不少家长有时也在自觉不自觉地运用这种教育原则。但要特别注意，在采用这个教育原则时，一定要同时进行正确的说服教育。不仅让孩子从自然后果中得到体验，也要使孩子懂得不良行为会给别人、给集体、给社会带来什么危害，以便从根本上提高孩子的思想觉悟和道德水平。而如果把这个原则视为管教孩子的“绝招”，处处事事都运用，而不进行正确的思想教育和引导，可能会减少孩子的某些行为过失；但是，却会使孩子的思想受到毒害，形成个人主义的道德行为标准。

3. 道德教育的具体定理和规则

根据“自然后果”的总的道德教育原则，斯宾塞提出了一些具体的道德教育的定理和规则。

(1) 不要希望儿童有任何大量的美德。儿童由于年龄小，本能在行为中起着很大的作用，身上会有不少的缺点，要耐心地对待儿童经常表现出来的缺点，逐步加以引导、教育。

（2）不要给儿童提出善良行为的高标准和急于促成儿童良好行为的实现。要求儿童道德上的早熟，其结果是有害的。因为道德行为的发展是比较复杂的，要使之循序渐进，标准要求过高和急于求成，孩子的性格发展是要吃亏的。为此，家长要很好地控制自己的脾气，不要用专制手段去控制儿童行为的一切细节。

（3）对儿童要少发命令。命令只在其他方式不适用或失败的时候才用。要尽量让儿童自己管自己，不要指望依靠权力压服孩子。当你真发命令的时候，就要果断，前后一致。如果出现的情况用别的办法真不能对付，那么就发布命令，既已发布命令，决不动摇。“前后不一致是教育中最严重的错误之一。”他告诫父母：“在社会中执法若不明确，犯罪的就会增多；在家庭中惩罚孩子如果迟疑不决或前后不一致，结果也会使过失大大增加。”

（4）要明确管教孩子的目的是养成一个能够自制的人，而不是一个要让别人来管理的人。要减少家长的管理，让孩子在实践中体验，自己的行为自然引起的好的或坏的后果，尽快使孩子从预见结果中学会自制。要注意培养孩子的自制能力，不断地增加让他自制的程度，使他逐步地做到不需要帮助的自制，渐渐做到完全不需要家长管教。

（5）要经常记住，正确地进行教育不是一件简单容易的事，而是一个复杂和困难的任务，成人生活中最艰巨的任务。对孩子的粗糙轻率的管理乃是缺乏教育力量的行为。要想对儿童理智地、有效地进行教育，家长必须做些心智上的努力：“要点钻研，要点理智，要点忍耐，要点自制。”要经常分析自己的做法和动机，克服自己“较低级的冲动”，发挥高尚的情感，在教育儿童时对自己要进行“较高的教育”。他告诫父母：“一个坏的制度对家长儿童的坏影响是双方造孽，而一个好的制度对教育者和受教育者是双重造福。”

斯宾塞所主张的“自然后果”的教育原则，是法国著名的启蒙思想家卢梭早在18世纪就已经提出来的。斯宾塞是继承和发展了卢梭的这种教育思想。这种教育思想是建立在反对惩罚、反对压制儿童的基础之上的，对于封建专制压制儿童的教育来说，是具有进步意义的。

斯宾塞所主张的“自然后果”的道德教育原则，并不是把教育工作简单化，他认为贯彻好这个原则也不是轻而易举的事。因此，他要求家长加强和提高自身的修养，并提出了贯彻这个原则应注意的具体事项，这些对我们是很有启发的。

（三）家庭体育

所谓家庭体育，实际上指的是儿童的家庭保健和体育锻炼。斯宾塞不仅重视儿童的家庭智育和家庭德育，而且十分重视儿童的家庭体育。他认为，保障儿童身体健康和健壮，“这是一件严肃的事情”。

1. 必须重视儿童的家庭体育

斯宾塞对于当时英国各个阶层的家庭不重视儿童体质保健和锻炼的现象，极为不满，并提出了尖锐的批评。他说，人们在茶余饭后，在集市上或酒店里，只是对于养马、养狗、养猪等养育和训练各种动物感兴趣；可是在茶余酒后或其他类似的交际场合，谁听到有人谈到养育儿童的事？乡绅们读了不少《兽医学》《农庄手册》之类的书，有谁读过管理婴儿和儿童的书？他批评这些人一心只是在谋利。

他认为，人们的体质强弱，不仅与每个人的幸福和成就有重要关系，而且和整个民族的兴衰有直接关系。斯宾塞借用别人的话说：“一个人要有成就必须首先‘成为一个好动物’，而成为一个好动物组成的民族是民族繁荣的第一个条件。”特别是在当时那种社会条件下，战场上的胜负和商业上的激烈竞争，都需要人们有强健的身体。他说：“不仅战场的胜负常取决于兵士的壮健程度，商场竞争也部分由生产者的身体耐力所决定……现代生活中的竞争是如此尖锐，以致很少有人能够经受负担而不受损伤。成千的人已经在所受的高度压力下垮台。”

因此，他认为：“在训练儿童的时候，使他们不只在心智方面适合于面临的斗争，也在身体方面经得起那斗争中的过度损耗，就显得特别重要了。”他主张克服“重视心智忽视身体”的倾向，在重视儿童心智的同时，也要重视儿童的身体。

2. 怎样进行家庭体育

(1) 注意饮食科学。斯宾塞主张，儿童吃得不要过多，也不要吃得过少，要适量。他尤其反对在儿童的饮食上的禁欲倾向。

他不仅在儿童饮食的数量上提出要求，而且还提出要注意饮食质量。他认为，儿童的活动量比较大，消耗热量也多、也快，需要及时从食物中补充热量；只有营养丰富，儿童的身体才能长得快，发育良好，身体健壮，精力旺盛，心智的力量才强。他还认为：“在消化上节约的劳动越多，就越有力量留下来去生长去活动。”因此，他主张：“儿童的饮食应该尽可能既富有营养又易于消化。”

他还主张，儿童的饮食要多样化，他说：“经常重复的食物所引起的腻味和久未尝到的东西所引起的满足，并不像人们随便假定的那样没有意义，而是在促进饮食的多样化；使他对身体有益。许多实验证明，任何一种食物，无论怎样好的食物，都很难照适当的比例或恰当的形式供给正常生命过程所需要的一切成分；因此，为了使所供给的成分能够得到平衡，最好是经常更换食物。”饮食多样化，还可以增强儿童的食欲，“加强心脏活动，使血液运行更为有力，而有助于消化”。

(2) 注意穿着科学。斯宾塞认为，儿童穿的衣服也同健康有关。他主张，儿童的衣服不要穿得过暖，也不要穿得过少，应保持温暖适度；儿童穿着衣服，不能只追求样式的时髦而限制儿童活动，衣服应该很结实，使它能够经得起儿童游戏的用力磨损而不易破烂；颜色应该不致因穿穿晒晒就变色。

(3) 注意身体运动。斯宾塞认为，体育活动是能够刺激儿童身体发育的重要因素，要让儿童多运动、多游戏。他认为，游戏比体操对儿童来说更为重要，因为游戏是一种“自然所推动”的活动，儿童更有兴趣，他们身体的各个部位都能得到锻炼，能促使身体匀称发育。

他还特别主张，女孩子和男孩子一样都需要体育活动。他批评那种反对女孩子进行体育活动的世俗偏见。有人认为培养壮健的体魄不是好事，把粗壮的健康和充沛的活力看成粗鄙；而要长得娇嫩，走路不能超过一两英里，吃东西不多又爱挑选，再加上娇滴滴，弱不禁风，才算像个“大家闺秀”。他认为这是“莫大的错误”，对女孩子和对男孩子一样，本能的游戏活动是身体健康所不能缺少的。

（4）注意用脑卫生。斯宾塞不仅重视儿童的身体各部位的保健与锻炼，还重视儿童大脑的发育和保健，主张儿童用脑也要注意科学、卫生、适当。

他认为：“能力的发展有它一定的顺序和一定的速度。如果教育的过程符合这个顺序和速度，那就很好。如果不这样，如果由于给一些过于复杂、过于抽象、他不容易吸收的知识来很早增加较高能力的负担，或者如果由于过分培养使心智的一般发展都超过那年龄的自然水平，所得到的不正常利益就不可免地会带来某些相等的或更多的害处。”

他认为，损害儿童身体健康和正常发育的重要原因就是用脑过度。他指出，在英国当时，由于社会竞争相当激烈，使人们常年处在一种紧张的状况，这种情况也反映在儿童、青少年身上。家庭和学校都是极端关心培养儿童的心智，而完全不管儿童的“身体福利”，用脑过度、过久而四肢运动不够，休息也相当少，精神负担、压力过重，致使许多孩子健康受损，身体虚弱、黄瘦、没精神、头晕、视力差，有的是大学毕业了却成了病号，有的因不能坚持学习而不得不中途退学。用脑过度对于成年人来说危害很大，对未成年的儿童、青少年来说更有害。

用脑过度对儿童身心发育有许多害处。

①用脑过度，损害身体健康。“超过正常分量的用脑，不可免地要引起身体上的扰动，在它还不够产生明显的病症时也一定使体质慢慢亏损。”例如，食欲

不振、消化不良、血液循环不畅，身体发育慢，停止发育早，身体结构不健全，身体各部位的功能不强，显得比较笨拙，等等。

②用脑过度，还会影响大脑的发育健全。他说："当用心大为过度的时候，结果就严重得更厉害，不只影响身体的健全，也影响到脑本身的健全。"他又说，任何器官在构造上不正常地迅速前进，就会使它的生长早期停顿；而这种情况，在心智的器官上，同在任何其他器官那里一样，肯定会发生。早年体积较大但构造不全的脑，如果被要求去通过过度活动发挥功能，在构造上就会有大于那个年龄应有的进展。但是，最终的效果会使它达不到本来可以达到的大小和力量。

③用脑过度，极大地、超量地消耗了儿童的精力，影响儿童的学习。他说："过度的教育在各方面都坏：坏在给予一些不久就忘的知识；坏在引起对知识的厌恶；坏在忽视知识的组织，而那比获得知识更重要；坏在削弱或损耗精力，而缺了它，训练好的心智就无用处；坏在产生健康不良，即使成功了也无法补偿，而失败了要加倍痛苦。"

④用脑过度，对于女孩子来说尤为有害。他说："家长们把这种高压力的办法强加在女儿身上，往往毁了她们的生活的前途。除使她们身体虚弱，对一切都感到苦恼、软弱无力和灰溜溜的以外，还并不少见地使她们命定独身。"因为她们身体虚弱，而对男子没有吸引力，精力不充沛也难以有助于同丈夫建立感情。而且女子身体虚弱，还会给下一代的身体发育造成不良影响。

⑤由于用脑过度而致使身体健康受到损害，最终会影响人一生的幸福和成功。他说："尽管假定它（指用脑过度）能使人在世上成功而不致失败，但是由于引起了健康不良，还是会带来超过等量的灾难。如果有财富的人经常生病，发财又有什么好处？如果盛名带来一些无名的抑郁，出名又有什么价值？肯定地用不着告诉任何人，消化良好、脉搏有力、情绪高涨，是任何身外利益无法胜过的幸福因素。长期的身体毛病使最光明的前途蒙上阴暗，而强健的活力就使不幸的境遇也能放金光。"

斯宾塞对于儿童用脑过度现象出现的社会原因，还做了深刻的分析。他认为，儿童用脑过度，是高压力教育造成的，而“这种高压力教育是我们当前即将过去的文化阶段的产物”。他说：“现在我们既然处在比较和平的情况下，机体力量除了体力劳动外用处不多，差不多各种社会成就很大部分靠智力；我们的教育就变成几乎全在心智方面。我们现在不是重视身体忽视心智，而是重视心智忽视身体。”

因此，他告诫家长和教师们：“身体既是心智的基础，发展心智就不能使身体吃亏。”他要求家长和教师注意加强儿童和青少年的身体保健和锻炼。

斯宾塞注重儿童和青少年的身体保健和锻炼，这是非常可贵的。他在论述这个问题时，其理论基本上符合现代生理学、心理学的规律，因此，也是科学的。

他不仅注重儿童和青少年的身体健康，还提出减轻孩子的学习负担，注意用脑卫生，这在教育发展史上恐怕还是第一次。

特别值得注意的是，他对儿童用脑过度现象产生的社会背景，进行了深刻的分析，而且明确指出是由于科学技术的发展，生产劳动中智力因素增加所必然造成的。这个结论是非常正确的。他的分析，对于我们国家当前孩子们的学习负担过重，单纯追求升学率的现象，也是适用的，对我们很有启示。

三、对斯宾塞家庭教育思想的评价

总之，斯宾塞的教育理论，是工业革命以来，在19世纪英国资本主义经济、政治、文化上引起巨大变化的产物。他以资本主义工业大生产，争夺海外市场和资产阶级现代生活的需要为依据，提出了“科学知识最有价值”的卓越见解，并相应地论述了家庭和学校智育、德育和体育改革的问题，是对传统的古典主义教育展开的一次强有力的挑战，极大地推动了近代科学教育的发展，在教育史上成为实科教育的奠基人。由于他的教育理论符合资本主义国家利益，所以得到广泛的流传，唤醒了广大家长和教育工作者，使他们认识到了教育改革的必要性和实施科学教育的重要性，对科学教育的深入发展产生了深远的影响。

必须明确的是，他的教育理论是典型的资产阶级教育理论，完全以资产阶级功利主义态度对待科学知识。他的教育理论，可以说是英国资产阶级哲学家、教育家洛克的“绅士教育”理论体系在19世纪的新发展。

第九章

别林斯基的家庭教育思想

第一节　别林斯基及其《新年的礼物》

一、别林斯基的生平

维·格·别林斯基（1811～1848），俄国革命民主主义思想家、文学批评家。

别林斯基出生在一个医生家庭。他的父亲开始是海军医生，当他5岁时，父亲带着全家人迁居到平札省琴巴尔城，在那里担任县医。别林斯基的童年和少年时代就是在这里度过的。

在童年和少年时代，别林斯基很少见到令人快活的事。

在社会上，他亲眼看到俄国农奴制度最后几十年的丑恶现实，不仅有官场生活的黑暗，而且有农奴制度造成的灾祸。这些童年的印象，促使他写出了自己的第一部文学著作《德米特里·卡里宁》，他强烈抨击农奴制度“噬尽自己亲人的骨肉，像喝水一样喝尽他们的鲜血与眼泪的毒蛇、鳄鱼、猛虎”的罪行。

在家庭里，别林斯基也亲身感受到了令人痛苦的人与人的关系。

他的父亲嗜酒如命，经常与那些没有教养的小县城的官吏在公事和私事上往来。他的母亲是个头脑简单、喋喋不休、浑身沾满了小市民觊觎“高贵”气息的女人。她认为，母亲的义务，不过是多给一些有味道的食物把孩子喂饱而已。她同丈夫时常吵得天翻地覆。她经常把孩子交给保姆照料，自己却毫不关心，孩子们从父亲那里同样也得不到慈祥的温情。1840 年，别林斯基在给他的朋友的一封信中，回忆自己沉痛的童年生活说：“父亲见不得我，他骂我、侮辱我、挑剔我，无情地粗野地殴打我——愿他永垂不朽吧。我在家庭中简直是个路人。”

别林斯基从学校里得来的印象也非常不好。

他 9 岁那年进了琴巴尔县立学校，学校充满了死读书、不务实际和体罚的气氛。教师中有的是酒鬼，有的是最热衷于惩罚和鞭打的角色。有的教师为了一己的痛快，甚至还鞭打那些无辜的勤勉好学的孩子，借口是“不打不成人”。

童年时代的处境和所见所闻，无疑在别林斯基的性格上留下了深深的痕迹，直接影响了他后来的教育主张的形成。

1825 年，别林斯基进了平札省立中学，当时，他家的物质生活条件虽然很恶劣，但并没有影响他对知识的不懈追求。他阅读了许多诗人、作家、哲学家的著作，并做了笔记和摘录。他异常聪明、勤奋、好学，在中学时代，同学们就称他为“哲学家”。

由于对中学教育的深深不满，他想在中学毕业之前升入大学。他不去上课，开始在家里准备参加大学入学的考试。因为旷课，他在 1829 年年初被学校开除了。

1829 年暑期，别林斯基就读于莫斯科大学语言文学系。在学校，他对于课外文学小组的兴趣超过了听教授讲课。在大学一年级，别林斯基就发表了他的第一篇教育论文《谈教育》。在大学期间，他撰写了《德米特里 · 卡里宁》，反对农奴制度，并因此于1832年被莫斯科大学开除学籍。从此，他便全力从事文学活动，给文学杂志撰写文章。

1834年，别林斯基发表了著名的论文《文学的幻想》，这使他一举成名，奠定了他走上文学批评的道路的基础。在这篇文章中，清晰地流露出他对启蒙与教育问题的兴趣。

由于杂志社被查封，在1838年前别林斯基就被迫终止给杂志撰写文学批评文章，转而着手编撰一本俄文文法教科书。这本书是由别林斯基自己掏钱出版的，尽管在教学实践中赢得了好评，但官方不承认它是教科书。因此，出版此书所花的钱无从取偿，使得别林斯基的物质生活陷于非常困窘的境地。

后来，他进入《莫斯科观察家》杂志社，从事他所喜爱的文学活动，在这里，他实际上做了该杂志社的主编，但不久，该杂志也被禁止发行。他于1839年秋迁居彼得堡，做了《祖国纪事》杂志的撰稿人。在那里，别林斯基一直工作到1846年，并以自己的文章使该杂志跃居当时杂志界的首席地位，别林斯基也在俄国进步阶层中享有非常高的声望。

从1846年起，别林斯基转到《现代人》杂志社去工作。可他的精力已经耗损殆尽，极其衰弱的身体，终为过度的工作所毁伤，在国外进行疗养旅行也无济于事。别林斯基于1848年与世长辞，他只活了37岁。

二、别林斯基与教育

别林斯基把他短促的却非常丰盈的光辉生命，首先奉献给了社会活动与文学活动。但是，从他踏上文坛的最初几年起，直到他生命的最后一天止，别林斯基始终对教育问题给予极大的关注。他一生中所撰写的第一篇论文是教育论文——《谈教育》，他的最后一篇论文——《天鹅之歌》，是一篇论儿童读物的书评，还是教育论文。别林斯基在短短的一生中，曾经撰写过130多篇评论教科书和儿童读物的文章，阐述了他全部的教育思想。

别林斯基生活的历史时代，正是俄国农奴社会制度趋于崩溃，资本主义生产关系发展和农民反对农奴制度的运动兴起的时期。在别林斯基的全部文学活动期间，最使他激动的社会问题，就是消灭农奴制度与专制暴虐的问题。这既决定了他的社会—政治思想，又决定了他的教育思想的总的方向。他一生都在同凶残暴虐的农奴社会制度进行顽强的斗争。

宣传个性的自由与独立，宣传保证它们得以实现的正义的社会主义社会制度，是别林斯基的座右铭，他一生都在为他的革命民主主义教育学说的实现而奋斗。他认为，农奴制下的俄国的全部制度和教育，都是人在发展道路上的可怕的障碍。教育必须改革，障碍必须排除。他对旧的教育进行了无情的揭露、批判和控诉。在当时检查制度相当严厉的情况下，别林斯基不可能在报刊上直接公开批评当时统治着中小学和大学的旧的学校秩序，不得不强调他所论说的不是学校教育，而是家庭教育。可实际上，别林斯基对家庭教育的全部批评，也都是针对学校教育的。

别林斯基一方面主张教育的公共性质，另一方面也很重视家庭教育。他认为，公共教育和家庭教育两者同样重要，但公共教育不能代替家庭教育。他引用伟大的德国哲学家黑格尔在德国纽伦堡文科中学学术讲演会上的演说词说：

“因此发现还有另一重要的事，使得学校更十分必要依靠学生的家庭关系，即是纪律。我在这儿辨认出风俗习惯的教育，不同于学生们的教养。学校目的，可能没有教育，可能在思想本身，没有风俗习惯的纪律。学生的教养呢，就学校的主导方面来说，教育手段并不是无所不包的。学校管教学生，应该以纯洁的道德为前提。进入我们学校的学生，我们必须要求他的，是他已取得了预先应有的教育（指家庭教育）。按照我们的时代精神，并不因为斯巴达人有过公众的、国家的教育，我们就全是公共的教育。父母担负有教育的职责与关怀。孤儿院，特种中等学校，以及这一类的机构，就是类似家庭教育的事业，包罗着青少年的全部生活。”（此段话为作者在书中引用的黑格尔的话）

别林斯基引用黑格尔的这段话，目的是印证他的“两种教育既然同样有必要，又不可拿公共的教育来代替家庭教育”的观点。他认为，家庭教育是一种独立的教育形式，有其特殊的职能和作用，是人们接受教育的起点；家庭是人们最初的生活环境，早期的教育和环境影响对人一生的成长起着重要的奠基作用。他说：“青年人往后的一切发展成就，直接影响他的，都以过去各种原始印象，起着强烈的作用。”

这里，他所说的“原始印象”，就是指的家庭的影响。

别林斯基尤为重视家庭教育在人们道德品质发展和形成中的作用。他认为：“公共的教育，在于优先地注意各种智慧才能的发展，并以知识使得智慧才能丰富起来。”他是说，智育是学校所应担负的任务；而发展和培养儿童良好的道德品质，实现他的人道主义教育的崇高理想，无论如何也不能由当时的学校来承担。因此，他断言：“造就子女成人是父母们的一种神圣职责。”这种职责非常伟大、非常重要、非常神圣，“因为人的一生幸福都操在他的手中”。

别林斯基很重视家庭教育，他关心家庭教育的现状和未来，批判旧的家庭教育，极力主张改革旧的家庭教育，实行新的家庭教育。

别林斯基在许多论文中都谈到了家庭教育问题，其中集中论述家庭教育理论和实践问题的论文是《新年的礼物》。

这篇文章是在1840年发表的。这是一篇文艺批评文章，评论的是德国作家霍富曼的两篇故事和俄国作家奥多耶夫斯基写的《依列涅老爷爷的童话》。这篇文章是他比较系统地论述教育的论文，文章论述了教育的本质、目的和作用，抨击了俄国当时的家庭教育，提出了改革家庭教育的主张，强调了儿童文学在儿童家庭教育中的重要性。他的家庭教育学说，集中体现在这篇文章中。

第二节　别林斯基的家庭教育学说

俄国的革命民主主义者都很重视家庭教育问题，其中的代表人物就是别林斯基。别林斯基对于家庭教育的基本问题做了论述。

一、批判农奴制社会制度下的家庭教育

别林斯基在《新年的礼物》一文中，对于农奴制度下各个阶层的家庭教育戕害儿童的罪恶，给予了无情的批判。

他并不否认，在社会各个发展阶段也有良好的儿童家庭教育的事例。但又指出，这只是一般情况的例外。当你仔细考察一下一般家庭教育的情况，那你就会痛心疾首。

别林斯基形象地描绘了三种典型的家庭教育的景象。

第一种情景，这类家庭的父母，口口声声说应当培养他们——教育他们！我们对于自己的孩子，没有丝毫吝惜！要尽最后的力量！送自己的孩子上学，买书——耗费很多！为自己的孩子请了女教师（外国籍的家庭女教师），以便他们既学会法文，又学会弹钢琴！

与他们滔滔不绝地谈的儿童与教育形成鲜明对照的实际情形却是：

“孩子碰上什么就吃什么，要吃多少就吃多少，温存的父母说：这碍什么事呀！他本来还是该子。孩子折磨狗或殴打童仆，关心的父母感叹说：这碍什么事呀！他本来还是孩子。一群孩子吵吵闹闹，只要不妨碍爸妈午睡或爸妈与客人谈话，即令是恶言恶语，号啕大哭，也不碍事，让他们吵闹罢：他们本来

都是孩子，他们长大了就不会吵闹的。一群孩子对骂，有时相打，跑到父母跟前相互攻讦，咦！得了吧！你们小鬼的争吵值得分辨么！倘若父母严厉，给孩子申斥一顿或鞭打一顿，使一个也占不了便宜；假若父母对孩子们和善，或者文雅地开导他们，给他们玩具或糖果，跟他们亲一亲，是的，父母走开后，他们又相打相骂了。孩子手中拿着书不学习，也不愿听讲，说是有什么必要，本来是孩子——孩子年纪大一些，也就会要学习，会变聪明的！孩子看到任何书，不论它是附有插图的解剖学或是'阿涅金'版画，都要抓在手里，说是这有什么需要——本来还是孩子呀！好在他是喜欢书，让他习惯读书，总比玩耍好些！教师对孩子的父亲说，您为儿子买的语法书不适用，或则已陈旧，或则没有条理，又由于书的作者自己不知道语言的性质和特点，对语法没有解释，所以这书也就没有意义了：这还有什么稀奇哩！老练而明智的父母感叹说，儿子本来还是孩子！——我为儿子花钱买的任何一本书，都是适用的，挺好！"

在这些家庭里，孩子可以随心所欲、为所欲为，想做什么就做什么，想怎么做就怎么做，父母毫不加干预。还总是以"他本来还是孩子"，为孩子胡作非为开脱。间或不得已干预一下，不是申斥，就是鞭打。别林斯基说，这是"似是而非的教育""这种教育只是听天由命，而实际上都是听之任之"，是"喂养"。——这是当时平民的、小市民阶层的家庭教育状况。

第二种情景，"就是照顾周到、严守一定规格的、贵族的教育。这种教育的全部关怀是面面俱到。"这种教育的具体情况是，"孩子吃东西既要依时，又要分量适当，吃饭前要跟家庭教师散散步，适度地做游戏，在装潢漂亮的台架上做体操，按钟点学习，起床和睡眠都按照规定。"这种家庭里的孩子，"他们那么流利地、那么漫不经心地讲法国语，丝毫也没有一点结结巴巴！（法国语仿佛是他们本民族语言，他们讲两句俄语就不通顺，写几行俄文，语法没有不错误，反而还那么惬意。）"

这一类型的家庭教育，使青年男女学会上层人物的礼貌和风度，在仪表上装出一副文雅、教养高和聪明相。然而，却使青年男女丧失了纯洁和人性，变得虚伪，巧于掩饰自己的真实情感。

第三种情景，是既瞧不起下层阶级，而又羡慕上层阶级的中等社会阶层的家庭教育。别林斯基指出，这种家庭教育，“它向下看，把蔑视贵族和阶级的自尊心贬到最低级，而向上看，把崇拜提到最高级。这个阶级殚思极虑的全部教育工作，本是骛小利；然而，它埋怨自己处在一个不多不少的中等社会地位，它自己的特点就在于缺少独创的特性，而是小资产者向贵族看齐，可以十足真实地表现它的特性。模仿贵族慢条斯理的风格和无伤大雅的戏谑，搞得矫揉造作、装腔作势。好风度——猴腔猴样。看去令人好笑又好气，‘恶棍侍者在衣帽室里，怎样扭扭捏捏仿效老爷的模样’”。

这种类型的家庭教育，表面上看来是“中庸之道”，别林斯基认为这是一种恶劣的教育，比前两种家庭教育更坏，因为这种教育太庸俗。

别林斯基在通过形象而生动地描述揭露三种类型家庭教育的特点、表现形式之后，深刻地指出：“教育：不论你看到哪里，哪里都有教育！而你看到哪里，哪里又没有教育。你在社会的各阶层，从最高阶层到最低阶层，都可以看到教育，可是又那么稀罕和那么反常。”

对于这种处处有教育，但又不是真正的教育的反常情况，对于这些“处处戕害儿童的生活和心灵，把儿童搞得像鹦鹉学舌和像洋娃娃随人搬弄一样的”教育，有许多人还称赞说“儿童们受到的训练挺好”！对此，别林斯基非常气愤，更为儿童的命运担忧。

直到别林斯基逝世前不久，他还忧心忡忡地写道：

请你们告诉我，为什么我们的青年很少有青年气，我们的儿童很少有天真的儿童气？你们在任何地方都不会像在我们这里，碰到一些多么死气沉沉、愁容满面的儿童；在任何地方都不会像在我们这里，有一种装出一副事务羁身的、严重的、重要人物相的多么了不起的野心……我们仿佛害怕失掉某种尊严似的，我们把一切天真快活的东西叫作幼稚行为，我们还没有做过青年，便老态龙钟了……从最幼小的年岁起，人们便开始把我们改变成大人，人们把我们的儿童的游戏当作胡闹，把我们的儿童的悲哀和眼泪当作哭闹和啜泣，把我们儿童的喜悦和欢快……许多人不是可以从自己的童年中回忆起这样的喜悦与欢快吗？从这些畏首畏尾的、被吓倒了的儿童中生长出一些畏首畏尾的、被吓倒的青年，而这些青年长大成人之后，结了婚，便又轮到自己来做自己孩子的迫害者，因为无论什么都不会像童年时受到的粗暴待遇那样把心灵弄得粗暴不堪。”

这是别林斯基对农奴制下家庭教育戕害儿童的生活和灵性的控诉。由此，他大声疾呼：必须要改革旧的家庭教育！

别林斯基对于农奴制下各种扭曲、压抑儿童天性和个性的家庭教育的系统的、深刻的揭露、批判和控诉，反映了他对农奴制的憎恨，也反映了他对人道主义教育的强烈向往与追求。

二、家庭教育的作用——发展人的个性

别林斯基不仅深刻批判了扭曲儿童天性和杀戮儿童个性的种种家庭教育，而且进一步从正面论述了家庭教育发展人的个性的作用。他明确地提出：“造就子女成人是父母们的一种神圣职责。”这里，他所说的“成人”，就是发展人的个性。

别林斯基在早期是一个唯心论者。他在解释人的个性时，反映了一种先验论的思想。他说：“任何人还在出生前，他本身就带着成为一定人物的可能性。这种可能性蕴藏在人的机体内，而人的气质、特征、各种才智、倾向性和适合于这种或那种活动的能力，适合于这种或那种社会舞台的能力，都是由这种可能性决定的。一句话，这些就是人的个性。”

别林斯基不仅承认人的个性的存在，而且对于个性怀有崇高的、深厚的感情，成为对人的个性的崇拜。1841 年 6 月 28 日，别林斯基在给波特金的信中写道，我身上滋长着一种对人的个性的自由与独立所产生的野性的、狂热的、幻想式的爱。这种自由与独立只有在基于真理与勇敢的社会中，才能获得……

人的个性这个问题，已成了我害怕我会因之而发狂的原因。

别林斯基承认人的个性，崇拜人的个性，反映了俄国19世纪中叶进步教育运动的特点，也反映了当时俄国社会与经济发展进程的需要。列宁曾经深刻地指出产生这种思想的经济基础。他指出，在俄国，那时旧有的劳动方式已极其迅速地被破坏，劳动力的买卖占了首要地位；它使农民挣脱家长制半农奴家庭，挣脱农村落后停滞的环境，并以纯粹资本主义占有方式代替农奴社会超价值的占有方式。这一经济发展过程，反映在社会生活方面，就是“要求个性解放的蓬勃高涨”，平民知识分子把地主阶级排斥于“社会”之外，文学上反对中世纪式的野蛮压迫个性的战争，等等。列宁的论述，说明了别林斯基崇拜人的个性的思想是社会经济变革的反映，它的产生不是偶然的。

别林斯基认为，人的个性是有发展的可能性的。“人是可以由赋予的人性，发展人类特性的。这好比把林间的野生植物移植在庭园中，经由园丁一番培育，它会开鲜丽的花，结美味的果。”而人的个性的发展动力就是教育。

他指出：“人的天性，也可以造成豺狼，也可以造成毛驴，也可以随便造成什么。”“理智教育的培养，可以使天性凶恶的减低程度，或者甚至变成良善的人。”

1829年，在他青年时期所著的《谈教育》一文中，就曾经流露过这样的思想：由于教育的结果，人可以成为“圣贤的苏格拉底”，也可以成为“堕落的尼禄”(罗马的暴君)。他形象地写道：“人可以因自己的智慧，或则使自己像天使，把自己的思想提到像疾驰高空的苍鹰一样的高；或则变成一个类似哑口的畜生、像令人看不起的鸣虫似的匍匐于尘埃之间；这都视被教育所指导的各种情况的发展过程而定。”

在这里，尽管明显地看出别林斯基的思想有“教育万能”的倾向。但他重视教育的作用，特别重视启蒙教育的作用，是应当给予充分肯定的。同时，也进一步反映了他对发展人的个性的强烈追求。

英国资产阶级教育家洛克曾经说过，儿童的心灵好像一块白板，可以在上面随意写上什么，别林斯基反对这种见解。他说："幼儿的心灵绝不是白板，而是种子时期的树木，可能发育中的人！"

他特别强调人的个性，并且强调这种个性在人的发展中的作用。他说："假如幼儿的心灵真正是白板，那么，写在这块板上活生生的字，其性质和意义，不仅要看写的语言和语言结构，而且要由这板本身的性质来决定。"教育的作用，只能是在人的个性发展的可能性的基础上，使人的个性得到充分发展，这就像园丁培育果树一样。他说："幼儿如同幼苗，从种子中冒出嫩绿浅黄的幼芽，有着新鲜气象；而教育者是园丁，为这些欣欣向荣的娇嫩幼苗尽力养护。利用接枝可以使野生林间的苹果树结出香甜又硕大的苹果，却不是酸涩又细小的苹果了；可是园艺上费尽气力，硬要使橡树产生苹果，而苹果树产生橡实，这是徒劳无效的。"

他针对当时农奴制下种种家庭教育的弊端，指出它们之所以错误就是错在忽视、扭曲、扼杀儿童的个性。他说："这种事实说明教育上大部分错误，也就正在把儿童禀赋与才能，以及把儿童所负使命的切实意义都忘却了！而且，认为可以强令儿童随便成为什么，仿佛是木料可以任意制成什么，甚至不辨属性，错认西瓜是胡桃。"

别林斯基深信，儿童具有优良的天性。他认为，生来就有恶德癖性的情形，只是一般规则的例外，所以，他断言，绝没有如此恶劣的人：连良好的教育都不能使他成为优秀的人物。别林斯基至死都保持着"人具有美丽天性"这个信念。

他在1845年写道：一般地说，人，按其天性而言，与其说恶劣，不如说美好；不是天性，而是教育、穷困、虚伪的社会生活使他们变得恶劣。差不多在所有的人的心灵中，甚至是在最恶劣的人的心灵中，都有其美好的个性的一面。只是很难窥察它，很难发现它罢了。

因此，他指出，教育工作者（其中首先是父母）的伟大任务，就是去发掘人的心灵中这美好的一面，并且帮助它得到天赋才能的充分发挥。现实生活中，愚笨而低能的人，主要是从小受到了不良的教育。如果人人同样享受到正常的教育是可能的话，天生不幸的人便会受到限制。他告诫父母们："教育就是一切：生与死，得救与灭亡。"

三、父母对子女应是有理智的爱

别林斯基很重视父母对子女的爱的问题。他说："爱应该是教育的工具，又是鉴别教育的尺度。"他认为正确的父母之爱，是教育子女成功的前提条件。他对于"父母之爱"的问题做了全面而深刻的论述。

（一）不正确的父母之爱

现实生活中，在许多家庭里似乎有教育，可实际却没有真正的教育，许多儿童的个性受到扭曲和扼杀。这是什么缘故呢？别林斯基认为："那就是世上生男育女做父母是无数的，成为爸爸和妈妈的多得很，但真正是父亲和母亲的却是少数。"有不少人虽然生育了子女，但并不懂得怎样做真正的父母，不知道去如何爱子女。

有的父母对孩子的爱是动物的爱，不是人的爱。他们像母羊爱自己的羊羔一样，"用乳哺羊羔，用舌头舐羊羔"。别林斯基说，有一位叫普洛斯塔柯娃的太太，她是这样爱她儿子米特洛古奴史加的："因为儿子吃多了和吃少了，她就狠狠地打女仆埃列米耶芙娜的耳光；她是这样爱她的儿子，假如儿子想要她打女仆的耳光，她会因钟爱的儿子打痛了自己的手而号啕大哭起来。这位太太还打算自己当作马，去运送坐在马车上的二十岁的儿子。那么，她的感情难道是母羊哺羔子和母牛哺小牛犊的乳一样的感情——难道这一切不是爱吗？——是爱，但是怎么样呢？她的爱如同动物一样，但不是人的爱。"

别林斯基说，人不同于动物，"羊那样感性的动物的爱，有着它真实的、合理的、美妙的和可称赞的地方；可是出自普洛斯塔柯娃太太，不是人类的，而是那种动物式的感情的爱，却毫无意思、不成体统、令人讨厌了”。

也有的父母打着爱子女的旗号，却做出伤风败俗的事。“再请你看一看，芭·阿·法模索夫是这样爱他的女儿索·巴甫洛夫娜的：他为了直接渔利而抛售女儿，是那么东奔西忙去追求高价出售他的女儿……出售？——多么骇人听闻的话！父亲出售自己的女儿，把女儿作生意经，卖给一个将叫作她丈夫的人，当然毕生只一次，她父亲不能像出售零星货物那样多次出售她了。然则不是为他自己打算，而是为了女儿幸福吗？……有的母亲不愿看到自己温柔可爱的女儿过着贫穷生活，因而开导或强迫她女儿以色相谋生，也就去做了。这样办，因为是对女儿出于爱吗？……在俄国17世纪时代，惯于受贿和监守自盗的法院书记官，难道不是以老子第一和神圣的父道，把肮脏的伎俩传给他那柔顺而受宠爱的儿子么？——我们也认为出自那样的一切爱，这就是问题！”

别林斯基认为，这是一种野兽式的爱。他说，人不同于野兽，野兽在饥饿时把幼兽吃掉，因为野兽爱自己是它生存的基础和规律。在动物界，这种事情出现，我们并不以为耻，我们毫不责怪它们。它们除了保存和发展自己外，一点也没有职责。而人却不能像野兽一样“依从这种自我保存的本能特性而力求改善自己的境况”。

（二）父母之爱是高级的爱

别林斯基认为，爱子女是父母最高的权利。他说，生育的权利——是尊严的父母神圣不可侵犯的权利——对于这一点，谁也不争辩；但生育的权利，还不是一切权利的终结，因为人生男育女还没有超越动物的本能，父母最高的权利是爱子女。

动物虽然也爱自己的子女，拼命保护它们的幼崽，但是这种爱是“自发的”，是一种“自然能力”“自然过程”。这是一种对它们“自身的职责”，只能说是一种低级的爱。而人不同于动物，“人除了对自身的职责外，还有对周围人的职责；除了具备动物也有的本能以外，人还有动物所没有的情感、理智和智慧；人是借植物、动物而生存的，人是官能的机体，也还有天赋才能和纯厚性格的心灵。因此，我们在整个自然界中所见到的爱，以人的爱居最高级”。

人的爱之所以说居于最高级，是因为人们从幼儿开始，他们的爱已经超越了动物。别林斯基举例说：“幼儿在对母亲的奶子生起了爱恋之情的同时，他（她）就浑浑噩噩地呆望着母亲，虽说这是无意识的，然而智慧的火焰却冒出了；幼儿对母亲微笑表示好感，也就在他（她）的笑容里，因欢喜而露出念头入神的光彩。幼儿表现爱恋的一切现象，并不是简单的、本能的现象，但也不是与理智无关的感情：幼儿的双足还柔弱无力，不能使他（她）进到生活里迈开步伐，而幼儿的爱却已超越了动物的爱。”

幼儿尚且已经超越了动物的爱，那么，已经是成年人的父母的爱，更不应当停留在动物自然性的水平上，必须超脱自己。“应当是意识清醒、思维聪智的感情，应当是高尚精神的爱。”

那么，这种爱是什么样的呢？

别林斯基说：“即是生活，即是精神，即是光辉：如果没有爱，则万物自身的生活是死气沉沉；如果没有爱，则万物自身的生长是七拼八凑；如果没有爱，则所见的是一片漆黑。爱的现实性是高尚的、完整的，在这种现实性之外的爱，只是妄想的、自迷于色的、有形式无内容的、在似是而非的境界中虚无缥缈的爱。表现智慧和表现事实的真相可以实现的，爱兼而有之，如同火焰一样一道发出光和热。一切由爱来维系，而全部世界就是爱的表现。爱流露自然本质像电一样；爱的心灵是智慧的思维，爱自身在实际的幸福方面播散着它所表现的力量。”

他接着指出，父母对子女的“爱情如此强而有力，使得难理解的东西迎刃而解，赛过空间、时间永恒不变的情况，超出软弱无力的肉体，而赋予幼儿莫大的力量”。

别林斯基指出了父母对子女的爱和动物对幼崽的爱的区别，从而深刻地揭示了父母之爱的本质特征。这对于父母正确地爱子女，提供了充分的理论依据，有利于克服形形色色的错误的父母之爱。

（三）怎样才算是正确的父母之爱

别林斯基指出，父母爱子女，这实际上指的是父母和子女之间的相互关系问题。

父母为什么会爱自己的子女呢？首先是因为子女和父母有血缘关系。别林斯基说：“父亲和母亲爱自己的儿女，因为儿女是他们生育的。血统的亲属关系占第一位，同时又是爱的起点，这是爱的神圣不可侵犯的基础，从这个基础推进爱情的发展。”

血缘关系是爱的起点、基础，固然很重要，然而，他又指出，以这个血统亲属关系为根据的自然爱，还远远不是人的爱所应有的，不能停留在这种水平上，仅仅局限于这种关系，它还要发展。从血统的和骨肉的亲属关系，应发展为精神的亲属关系，这是一种持久的、巩固的发展，这是一种真实的和现实的发展，这是一种人的自然性具有崇高的和高尚的发展。

现实生活中，有许多父母没有推进这种发展，还是停留在以血统亲属关系为起点、为基础的爱的水平上，结果出现了许多品行恶劣的儿童。他们辜负父母的爱，回报父母的仅仅是表面上的、形式上的尊敬，到他们长大成人后，就立即连表面上的、形式上的尊敬也失去了，不听父母的告诫和指示，甚至出现侮辱父母的情况。对此，别林斯基认为，父母不要一味地去咒骂自己的子女，而应当反省自己。他说，不能只是因为子女是你们生的才去爱他们，父母爱子女还必须作为未来的人去爱，即应当有理智地爱，这才是真正的爱。

那么，怎样才算是有理智的爱呢？

别林斯基认为：“有理智的爱，大概是父母与儿女之间相互关系的基础。爱以相互信任为前提——做父亲的也同做儿女的信任父亲一样，父亲也必须信任儿女。”

别林斯基提出父母和子女相互信任（而不是单方面的）是有理智的爱的前

提和基础，这个论断是十分深刻的、正确的。

他指出，现实生活中，有许多父母没有做到这一点。他们希望子女对他们不能有一点点隐瞒，要求子女要自认过错，承认坏思想，坦白欢乐、悲伤、肮脏的企图。这些父母以为这是引导子女对他们尊敬，实际上所引起的尊敬是“冷淡的、畏缩的、忐忑不安的”，这会使子女对父母“敬而远之”，还会不知不觉地养成拘谨和说假话的习惯。

别林斯基指出，做子女的应当尊敬父母。但这种尊敬应当是从爱护生出来的，是爱的结果，是子女出于心甘情愿。父母对子女一点也不信任；对子女采取冷冰冰的禁欲主义态度，这也不许，那也禁止，就会使子女变得孤僻、怯懦、呆板、与世隔绝，从而疏远父母。而一切危险的根源，都藏匿在儿童的孤僻性情和疏远父母之中。他说：“儿童或青年坦白的心灵，如同清澈的溪流，反射出晶莹而晴朗的天空！闭塞他们的心灵与世隔绝，如同幽暗的深渊，隐藏着成群的蝙蝠和癞头蛤蟆。”

别林斯基认为，充分信任孩子，是父母对子女理性爱的首要条件，也是教育成功的保障。只有“完全信任自己的儿女去约束儿女，而且对儿女敞开胸怀去提携儿女，使儿女幸福”，才能充分了解儿女，实施正确、有效的教育。

四、必须改变旧的父母和子女关系

在农奴制下，家长制盛行，父权在家庭中占统治地位。别林斯基主张改变这种父权统治家庭关系的制度。

在当时的家庭中，父母要求子女绝对尊敬他们，要求子女无条件地服从他们。“做父母亲的，硬要儿女带着尊重的心情，向他那恶劣的、不道德的行为，作为高尚的、合理的去学习……不管儿童看见的怎样，硬要儿童把白的说成是黑的，黑的说成是白的”。这样做是“把一已的个性置于真理之上”，是很有害的。

别林斯基指出："做父亲的不顾自然性和精神的规律，不顾发展个性的条件，他们期望儿女的，不是儿女所学所见的，而是以他的见解去行动；在儿女方面，任何的独立性，任何意志的独立性，都受到压制和伤害。这是怎样蔑视儿女，怎样挑起反抗父亲的权力——可怜的儿女，在父亲下面，有嘴不能说，父母摆出像煞有介事的架子，去感染奴隶般的恶习，从而儿女的能力、意志、特征、生活都被扼杀了——感染奴隶般的恶习，就是以阴险、狡猾和拘谨的行为，实行撒谎、欺骗和逃脱。"

他认为，这样做就断送了儿女的幸福，其结果是可悲的。他说："人的命运操在坏蛋们的手里是可悲的，命运操在好心肠的但又庸俗而愚蠢的人们的手里，同样是可悲的！"

这是多么深刻的论断！

别林斯基坚决反对父母要求子女绝对尊敬他们，反对父母要求子女无条件服从他们。因为，第一，这种权利，父母应当用自己的行为去取得，"父亲和母亲的一切生活，一举一动，应该作为儿女的榜样"，而不只是因为他们生下了子女就可以得到它。第二，这种权利，应当受到维护社会利益和儿童个人利益的限制。别林斯基说，爱戴和尊敬双亲，毫无疑问，是一种神圣的感情。可是，一切事物必须有自己的一定的范围。任何人都应当报答双亲，但同时他也有自己的目标。因此，单是用孝敬'温存的父母'来限制他的生活范围，那就会毁灭他作为理智的、独立的、自由的、不仅对父母和对社会负有义务，而且对自己也负有义务（其神圣性并不亚于前者）的生物的意义了。"

在父权制统治着家庭关系的社会中，别林斯基的这些思想是新颖的，不为人们所习惯，然而，它恰恰说明家庭教育的全部制度必须进行根本改变。这些思想，不仅表现了别林斯基对占统治地位的传统势力的抗争，也表现了他对一个新时代的企盼。他所企盼的是：父亲不再把儿女头脑中一切独立性当作儿女破坏孝道，当作儿女忤逆父母而加以迫害和绞杀，不再绞杀他们的精力、意志、性格、生命，儿童也不再感染那些奴隶般的恶习，如奸猾、圆滑、隐瞒、虚伪，等等，他们将自然地、自由地发展。

五、必须改革教育方法

别林斯基认为，教育可以使人变坏，也可以使人变好。这就看你是在什么教育思想指导下，采取什么样的教育方法了。过去的教育方法不顾每个儿童的天性，违背儿童身心发展的规律，任意扼杀儿童的个性特点，这是不利于儿童健康成长的，必须加以改革。

（一）教育要顺应儿童的天性

别林斯基认为，要教育儿童，必须首先正确看待儿童。儿童就是儿童，不是成年人，天真、纯朴、稚气、机智、有智慧是他们的天性，家长必须正视这一点。

他在一篇文章中，曾经这样描写天真活泼的儿童：

“童年时代虽然无知，但却并不糊涂。当我们看到一个身穿骑兵的制服，跨在一根小杖上的儿童时，我们觉得很可笑；但在这种情形下，我们觉得好笑的只是那种稚气，而不是他对生活的看法的愚笨。我们一面觉得好笑，一面却羡慕这种稚气，感叹地回想起自己童年时代的岁月。儿童骑在小杖上，把自己想象成起伏在疾驰的骏马背上的骑兵，这是傻事；但可以说是有理智的傻事。因为这个儿童面部的表情，他那充满了烈火的双眼，不单是表示出了智慧，而且也往往表示了他那天真纯朴的机智和他特有的狡猾。在那种时候，如果是一个打算骑在小杖上的成人，那一定会流露出一种愚笨和白痴的表情。”

他主张，教育工作必须顺应儿童的天性。他告诫父母们：“让儿童去淘气，去恶作剧吧，只要他的淘气与恶作剧没有害处，不会在他身上留下肉体和道德上的缺陷；让他去唐突和冒失吧，只要他不蠢笨和愚钝；死气沉沉和毫无生气比什么都要不得。”

而如果恰恰与此相反，任意扼杀儿童的天性，其结果肯定是悲哀的。他指出：“可是，如果儿童是会大发议论的，儿童是循规蹈矩的，儿童是说长论短的，儿童总是谨慎小心，从不淘气，对什么人都温和、有礼、殷勤；而且，凡此一切又都是经过一番打算的，如果是你们把他造成这个样儿的话，那就是你们的悲哀……你们绞杀了他的感情，发展了下乘的悟性，你们抑制了他的不自觉的爱的可贵种子，你们培养了他说长论短的行为。”

（二）教育要适应儿童的年龄特征

别林斯基认为，人在成长和发展过程中，不同的年龄阶段具有不同的心理特征。

他说：“人在肉体上经过幼年、少年、青年、成年、老年等时期，各有适合于表达他的意识的深浅、范围和特性的道德特征。”不同的发展阶段，要求不同的教育方法。他以园丁培养植物来比喻教育儿童，他说：“每种植物有着它本身的成长时期，园丁培养植物，安排他的工作，应与植物本身成长时期相结合：当植物的茎还没有形成，园丁要接枝，一点不会成功；当植物已经趋于枯萎，园丁也是嫁接不成的。人有着自己的成长时期，教育工作不与之相结合，也就会阻碍人本身的一切发展。”这种比喻是很贴切的。

因此，他坚决反对那种不顾儿童的理解和接受能力，强制发展儿童道德的教育方法。他认为，自然本身给人以道德力量，教育的任务只在于发展这种道德力量，不能超越儿童一定的年龄阶段去强迫发展儿童不能接受的东西。他说：“儿童在道德上过于勉强和过于早期的发展，是有害的，这和为了发展身体而损害理智一样有害，会损害身体的正常发展，因此也会损害健康。健康却是生命的一切幸福与天赋中最重要和最宝贵的东西。”

他主张对儿童进行教育，一定要考虑儿童的年龄特征，用适合儿童心理特点的方法去教育儿童。

他反对空空洞洞地给儿童讲大道理，而主张通过儿童的心灵，用典型、用生活中鲜明的形象去影响他们，去发展他们的意识。他说："无须填以任何赤裸裸的思想，并且要像对待溃疡一样地避开在道德上的故弄玄虚。让你的故事中的基本思想生动地展开，不要让它（这对它是有好处的）露到外面来，不让它把儿童的心灵从充实的生活、从具体事物的斗争和冲突中引至抽象的高空。"

他反对简单地教训儿童，主张加强对他们良好习惯的培养和训练。他说，儿童的年纪越小，越应当向他进行直接的道德教育，也就是说，越是不应当教训他；而应当使他习惯于良好的感情、嗜好与品行，其基础大都建立在习惯上，而不是建立在不自然的发展上。儿童从直接的形象、习惯中取得的东西，是一切人类情感的意识发展的最牢固的基础，儿童的智慧与悟性的活动就在这时开始。

他主张成年人要以身作则，以成年人的实际行动来影响儿童，反对运用简单的规则去训斥儿童。他认为，与其说是伟大却远离儿童的人们的范例，不如说是每天围绕在儿童四周的人们的范例，在儿童的道德教育中起着决定性的作用。

培养儿童的爱、正义与人性的感情，可以而且也应当不是用道德规则，而是用成人的日常范例来实行。他强调指出，只有本身惯于以坚定的步伐循着道德大路前进的人，才可能成功地以道德来开导别人。不单是道德要求得正义与否，而且就是提出道德要求的人的好坏，也都有关系。

他对于那种把阻止、扑灭儿童缺点与恶习视为自己主要目的的教育，总是抱着消极的态度。他断言道："扑灭丑恶的东西，如果没有完善的东西来代替它，终是没有结果的！这样的扑灭，将徒劳无功。"

他要求家长，不要只关心使儿童远离丑恶的事物，因为这种关心所得到的结果肯定是消极的。应多让孩子接近美好的事物，努力使孩子形成良好的道德品质。

别林斯基坚决斥责引起儿童夜郎自大的那种教育方法。他曾就法国教育写道："你只要想一想法国的情形吧！校方在学生的会考上，因为成绩优良奖给儿童的不是书籍，不是玩具，却是在他们的头上戴花冠；扬扬得意的家长有时又把这些得奖者带到戏院去，向公众炫耀一番，这就摧毁了自己孩子羞于炫示自己功绩的谦逊感情；同时，发展了一种不是热衷科学，不是热衷艺术，而是热衷花冠——小小的爱面子的感情的胜利标志。这种爱面子的感情，不把内在的美德，却把外表的华丽评价为真正的功绩。"

别林斯基主张按照儿童的年龄特征进行教育，同时，他又反对把儿童的年龄特征抽象化。要求家长既要承认儿童年龄发展的特征，又要求家长认识每一个儿童的天性、理解力、性格、道德倾向，即认识每一个儿童的个性特征。他认为，替儿童规定一个共同的发展年龄期，是不可能的。哪里该是儿童年龄的界线呢？14岁的人难道就已经是青年了吗？14岁到16岁，不就是从童年时代转到青年时代的时期吗？此外，不是还有这种情形吗？即一个18岁的人，看起来还是个儿童，而另外一个14岁的人，却具有青年的成熟的理解力。同时，性别起着多么重要的作用啊！合于男孩的，并不合于女孩，反之亦然。

别林斯基对于儿童的年龄特征和个性特征的关系的论述，完全符合现代心理科学所揭示的人的心理发展的特征和规律。

（三）反对对儿童施以有损人的尊严的处罚

别林斯基说："人的心灵生来是娇嫩的，即令弹指，也能感触到自己的处境将有什么岔子；娇嫩的心灵，因为受到严峻的惩处习以为常，变粗糙了，变得凶暴、冷酷、恬不知耻。""有损人类尊严的各种处罚施之于儿童，会压制儿童精神上可贵的自由、自重，也会使得儿童的心灵为自卑、恐惧、隐瞒和狡猾的肮脏之感所腐蚀。"这种处罚是危害极大的，不能采用。

当然，他不是反对一切处罚。他认为，在单靠爱抚无济于事时，也有必要采取一些处罚措施。他举例说："父母以严厉的神色、冷淡而文绉绉的态度，转弯抹角责难，面面俱到的暗示对待孩子，这是处罚；不带他和自己一同溜达溜达，父亲或母亲可以读给或讲给的故事或童话，不给孩子听的机会，更是处罚；把孩子禁闭在房间里是最厉害的处罚。这些处罚用得恰当，与孩子的过失相称的话，会使得孩子认错、悔过、哭泣而改过自新的。这样的教育虽是轻而易举的事，但却需要全心全意，用整个注意力和全部的爱去从事。”

在这里，别林斯基强调指出，处罚应是一种教育手段，要以不损害人的尊严为前提，要从爱的出发点去实施，这种见解很正确。

别林斯基特别反对父母体罚孩子。对于体罚，别林斯基小时候曾有过亲身的体验，他的父亲就曾经无情地、粗暴地殴打过他，因此，他对体罚深恶痛绝。别林斯基的弟弟尼加诺尔也经常被他的父亲殴打，后来变得性格扭曲，很难教育。

别林斯基认为，对孩子专横粗暴的人，是不配做父母的。为了改变这种对待孩子的态度，他主张必须提高父母的文化修养，父母必须对孩子抱有人道主义的态度。为了抵制这种非人道主义的态度，他甚至主张：儿童有和他的不配称作父母的双亲决绝的权利。

为保护儿童的合法权利，为维护儿童的尊严，别林斯基在一生的文学生涯中，做了不知疲倦的斗争。

六、重视儿童文学

别林斯基是俄国儿童文学理论的奠基人，他把儿童文学看作家庭教育的极其重要的手段。

（一）儿童文学的特殊使命

他认为，儿童读物是使儿童与少年全面发展，即在道德、智力与美学上全面发展的强有力的工具。他说：“书籍是我们时代的生命。一切人，不论老年人还是青年人，是有事业心的还是什么事都不干的人，全都需要它！儿童也是一样。”

别林斯基认为，儿童文学在儿童身心发展中担负着特殊的使命。这个使命就是培养儿童的人道感情。

在19世纪30年代，当别林斯基还站在划分理性和悟性的界限的唯心论立场上时，曾把悟性的发展划为教科书的使命，而把“爱的感情与对无穷无尽的事物的感情的发展”作为理智发展的最初阶段，划为儿童文学作品的任务。别林斯基当时曾断言说，写给儿童看的书，应当“不是为了教训儿童，而只是为了引起他们的注意力和好奇心”。教科书的使命是为了便于有系统的用功研读之用，它的任务是发展悟性。

后来，别林斯基提出，发展人道主义精神与向儿童讲述真实现实、讲述自然界和人民生活等有用的知识，乃是儿童文学的任务。他和先前一样地警告说，儿童读物就其性质而言，不应当与教科书混为一物，不应当使儿童“想起教室来”。儿童读物应当是些生动的、引人入胜的故事。儿童读物应当给儿童以愉快的乐趣。它是课外的一种休息。

（二）对旧儿童文学的批评

别林斯基以儿童文学的这个使命为出发点，深刻分析了当时儿童文学的质量状况。他认为，当时的儿童文学，不仅是俄国的，而且就是西欧的儿童文学的质量，也都非常低劣。他说：“这是文学中最贫乏的一部分。”后来，他指出：“我们的儿童读物大部分都非常恶劣，而且全然不能算作文学，只能算作工业品，它们是那些本应塞满儿童玩具店的商品的一部分。”他控诉说，儿童文学已成为那些不学无术的牟利家欺骗头脑简单的教师与不幸的儿童的商业投机的对象。

当时的儿童文学的主要缺点表现在什么地方呢？

首先是儿童读物的道德内容。那种“爱钱如命”“唯利是图”的道德，是他不倦的抨击的对象。儿童读物的作家们，拼命以道德的站位填塞给儿童看的所谓文学“作品”，对儿童进行庸俗的道德说教，什么“做好人怎样有利啦”“善行怎样获得‘硬洋’的奖赏啦”，等等。他们用一种不自然的、感伤主义或者花言巧语来叙述这些，既歪曲了感情，又歪曲了语法，彻头彻尾，全是谎言。对此，别林斯基非常气愤。

他说：“可是在许多人看来，发展儿童的道德感情，只有用欺瞒他们的办法才可以办到，该死的想法！”

生活被反映在这些书中，正如反映在一面凹凸不平而且前面污秽、后面磨损的镜子里一样。

其次，儿童读物除了渗透了庸俗道德并粗野地歪曲了现实之外，“这些书的主要缺点在于它们不是高过，就是低于儿童的理解力。在前一种场合下，它们会把儿童造成早熟的聪明人、说长论短者；在后一种场合下，它们会把儿童弄得愚钝，使他们养成一种不适合于他们的年龄的天真烂漫。”

最后，对于当时的儿童诗，别林斯基也进行了严肃的批评。他指出，当时的儿童诗与诗学原理毫无共同之处，它们是些十足的歪诗，通常都是用“粗鲁晦涩”的言语写成的。其主要目的，也和儿童中篇小说一样，是要向儿童大谈其道德意义，大说其教。他还谴责某些父母，因为他们不单是听任他们的孩子去背诵，而且还心满意足地倾听他们诵读这些“堆砌的亲热”。他说，这一类的诗除了害处以外，决不能带给儿童一点好处……它们的用处，只能是永远地扼杀儿童美的感情与对真正诗歌的兴趣而已。

别林斯基认为，这样的儿童文学对儿童是有极大害处的。它们力图从儿童最小的年龄起，使用一些计较得失的故事，来腐蚀他们一切天真纯朴的本能。使得少年如此少有少年气，使得儿童如此少有儿童的天真气。

（三）加强对儿童阅读的指导

鉴于当时儿童文学极为令人不满的质量，别林斯基不得不经常提醒家长和教师，要小心提防儿童读物中那些有危险的东西。为使儿童从读书中受到教益，别林斯基主张要加强对儿童阅读的指导。

他认为，儿童，特别是在12岁或14岁之前，不应耽于阅读，即便是阅读很好的书。他说："发展儿童的应当是科学，应当是对科学做渐进、缓慢，但却正确的研究；不应当是那些为了消遣而写的、教儿童养成浅薄、轻浮和幻想习气的书籍。因此，在7岁以前，应当让儿童吃、喝、睡、玩、说；而从7岁起，除了这些以外，儿童还要学习。他们在学习之外所剩下的时间怎样利用呢？——可以用于玩耍、活跃、奔跑、体育游戏。"

别林斯基认为，只有从12岁起才可以给儿童阅读儿童读物，而且就是在这个时候，也还是不允许他们耽于阅读。

在别林斯基去世前不久，他曾写道："热心于阅读，是儿童的一种良好的倾向，但是这种倾向也可能变成有害的。如果它使他们养成幻想的习惯，并且耽误了他们的正式学习时间的话。让他们有一定的时间用于阅读吧，让阅读不单不应该占去正式的学习时间，而且甚至也不要占去玩耍活跃的时间吧。一切都应当有自己一定的时间，严格的秩序必须成为一切的核心。当你看到一个聪明而又热衷阅读的儿童或少年，他完全没有机会读书和受教育，他自管自地贪婪地、不分种类地读着一切只要他弄到手的书籍，不管好丑。这时，你会一方面可怜他，一方面又为他高兴。因为对于他，与其由于懒惰和由于无所事事而耽于打牌、打弹子、饮酒，以及别种不文雅的'艺术'，倒不如这样阅读来得更好更有益处。可是看到另外一种儿童或青年人却令人悲痛：他们有读书的一切可能，但却把自己大部分时间花在阅读文学作品上，耽于幻梦，追求百科全书式的万事皆知的知识，这种知识有时却比不学无术更要坏得多。"

他又说，看到一个快活的、喧闹的、适度地蹦蹦跳跳的儿童，要比看到一个并不是因为要做功课而呆坐的儿童，令人满意得多。

由于有这些思想的缘故，所以别林斯基说，如果要给儿童作为消遣看的书籍，那么应当首先给"有图画、有解说文字、没有过于令人着迷之处"的书籍。

别林斯基关于不要让儿童过早地阅读、要适度地阅读的思想，是很有道理的。

（四）帮助儿童仔细选择儿童读物

别林斯基说："阅读选择不当的书籍，对于儿童比什么都不读还要更坏、更有害。前者无疑是有害的，后者只不过是不好罢了。"因此，他要求家长和教师要帮助儿童仔细选择儿童读物。

1. 要让儿童阅读童话与幻想小说

他认为，将人导至虚无缥缈与空想境地的幻想，是有害处的；但是与现实生活相联系、唤醒对周围自然界的兴趣、唤醒对人类理性力量的信心的想象力的活动，却是有益的。他说，带有幻想的发展，其本身并没有害处；而"违害智慧，特别是违害悟性与常识的活动的丑恶倾向"，却有害处。因此，他主张应有选择地给儿童推荐童话和幻想小说。

2. 要让儿童阅读历史故事和自然故事

他说："愉快地告诉儿童认识地球、自然界与一部分历史事件的书籍，就是幼小儿童阅读的最优良的书籍了。这些书籍一定要附有图画，因为'直观教学'应当成为儿童智力发展的基础。假如发现有一本附了图画的书，它所描绘的是山、海、岛、半岛、矿物、物理自然界各种奇异现象，接着又是植物界，最后是动物界的现象，而这些图画的解释文字又是简单、明白，没有'自然界多么美丽'等类咬文嚼字和空洞的话；假如这一切东西不仅编得有条不紊，而且还合于学术系统，在说明文字中又没有一个字说到任何系统，那么，每一个父亲都必须赶忙为自己的孩子买这么一本书，并且完全相信，就其益处来说，它是对儿童的无价之宝的礼物。"

别林斯基的这一段生动的文字，不仅明明白白地表达了他对儿童推荐此类书的强烈愿望，而且集中表达了他对撰写此类科普文学的基本要求：一是现实的内容；二是直观教学；三是简单自然的语言；四是材料本身的动人性；五是符合科学体系；六是去除儿童尚不能理解的科学概念；七是去除感伤性与咬文嚼字。

别林斯基主张，让孩子读过自然故事书以后，接着应当读那些介绍儿童认识人类社会的书籍：旅行记、关于地球和各地民族的著述等。这些书仍然应有丰富的插图。在这里，起主要作用的仍是图画，正文还是应当简练，并且严肃，也和给大人写的书一样。在正文中，不应当谈到任何超过儿童所能了解，他们所不产生兴趣和他们还不应当知道的东西。

至于供儿童阅读的历史性质的书籍，它的使命主要是影响儿童的道德发展；不是用训诫和教谕，而是用写得活泼动人的事实和事迹来影响他们的道德发展，以便道德性不是当作概念，而是当作感觉被接受。供幼小儿童阅读的最好的历史读物，就是历史人物的传记，关于他们生平逸事，个别历史事件的著述。

别林斯基不止一次地说到人物传记在儿童教育中的意义。他认为，研究伟大高尚人物的生活，对儿童是一种极为有利的教育方法。他曾就罗蒙诺索夫的传记写道："伟大人物的生活的景象，永远是壮丽的景象，它使人心灵高尚，使生活协调，鼓舞人去活动。"

对于年龄较大的儿童，别林斯基认为阅读较深的历史著作，非常有益。他说："它对于儿童也好，对于那些想知道祖国历史，但又丝毫无益于用科学方法，即根据很难阅读的各种原始材料来研究历史的成人也好，都同样有趣而有益。"

别林斯基认为，儿童阅读古代作家的作品，也是很有意义的。

3．从童年到少年的过渡时期，可以阅读长篇小说

别林斯基特别重视让孩子阅读历史长篇小说。因为这是培养儿童认识历史发展前途的方法，而对于研究历史，也有很大的帮助。

他反对那种禁止少年阅读描写现代生活的长篇小说的做法。他认为，禁读这些书或禁读那些书的禁令本身，就是伤人又伤己的事。凡是学校禁读的书，反而会引起孩子特别大的兴趣，并且在青年读者的心目中获得较本来更为增大的重要性。他们迟早会弄到任何被禁读的书籍，着迷地阅读这些禁书，在没有教师和家长的指导下相信作者的每一个字。长篇小说的影响往往非常大，因而往往也非常有害。别林斯基主张允许少年阅读描写现实生活的长篇小说，但必须加强指导，由成年人帮他们选择书看。

七、重视妇女教育

别林斯基反对将妇女置于较男子低下的地位，反对使妇女与某些社会生活圈子相隔绝。他主张男女应当平等，而且本来也就是平等的。

他说，妇女应当在男子所活动的同一圈子和同一天地中从事活动。现在，男子在精神上优于女子的根源，并不是妇女生来就不行，而是因为妇女所受的教育和各种社会关系使然；教育和各种社会关系在许多世纪以来，就影响着她们爱情感觉的“肥厚症”，把她们禁锢在道德奴隶的状态中。她们所受到的是比悲惨的、少得可怜的教育更坏的教育，比歪曲的、不自然的教育更坏的教育；她们被野蛮习俗与礼仪的专制铁链，连手带脚都束缚得紧紧的；她们是别人绝对权力下的牺牲者，一辈子都是奴隶：出嫁以前是父母的奴隶，结婚后是丈夫的玩物。她们认为专心致力于某种精神方面的兴趣，如艺术、科学，是可耻的事，是违反上帝旨意的罪过——她们，这些不幸的妇女们总是想，不管怎样，都要在爱情这方面去找到被社会舆论的酷典所禁止她们取得的那一切生活幸福，而且只能够这样。

别林斯基对于旧社会妇女受到的不平等待遇，表示出了极大的同情；对于造成妇女的悲惨境遇的社会现实，表示出了极大的愤慨。

他高度赞扬妇女的美德，高度评价妇女在社会生活中的价值。他把妇女称作地上的“美与雅”的代表，男子的“守护天使”。认为妇女的使命，是要鼓舞男子心灵的精力，鼓舞高尚热情的火焰。

别林斯基还特别重视妇女在子女教育中的地位和作用。他在描述母爱与父爱的特点时，说母爱绝对占上风。他说，父亲对孩子的爱总掺杂着许多利己主义与希求报答的感情，而绝没有比母爱更圣洁、更大公无私的了。任何恩惠，任何爱情，任何热情，一与母爱相比较，不是显得微弱，就是显得自私！他甚至不无绝对地说：“对于任何人来说，最大的不幸是失去了自己的母亲；对许多人来说，最大的幸福则是失掉自己的父亲。”

因此，别林斯基主张妇女教育要与她们的使命相和谐。

为了保持妇女应有的人类尊严起见，别林斯基主张让妇女和男子一样，广泛地参加一切生活领域，他反对在少女时代用规矩和贞操的美名、在出嫁以后又用卧室和厨房把她们的活动局限在一个小圈子里。

母亲是子女的首要教育者，儿童教育本身需要妇女有高度的文化。他说，妇女有义务给自己孩子的心灵与智慧指示方向，“而为了做到这一点，从母亲方面来说，难道不需要倔强性格、科学、发展、理解人类的一切兴趣吗？”他感叹地说：“不，一切知识、艺术，一句话，整个社会都应当根据她也和他一样，首先是人，然后才是爱人、妻子、母亲、主妇等的这个原则，像为男子一样地为妇女打开大门。”

综上所述，可以看到，伟大的俄国革命民主主义者别林斯基的一生，是为发展进步文学战斗的一生，是为建立新的教育制度战斗的一生。尽管在早期他的世界观未冲破唯心论的范畴，但在革命斗争生活中，他的思想不断升华，他始终站在反封建的革命斗争的前列。

作为一位文学理论家，别林斯基关注教育，重视家庭教育，这是难能可贵的。他的家庭教育观点和理论，始终是顺应社会发展潮流的，对于当今的家庭教育都有重要的指导意义。

第十章

朱庆澜的家庭教育思想

第一节　朱庆澜及其《家庭教育》

一、朱庆澜的生平

朱庆澜（1874～1941），字子桥，浙江绍兴人，我国近代著名的爱国将领。早年从军，后来主持军务，历任四川新军第三十三混成协协统（相当于旅长职务）、第十七镇统制（相当于军区司令职务）。孙中山领导辛亥革命以后，他历任四川大汉军政府副都督和广东省省长等职务。1924年以后，长期从事慈善救济工作。

1931年“九一八”事变以后，东北各地人民和国民党一部分在东北的爱国军队，在中国共产党的号召之下，组成“东北抗日义勇军”，在辽宁、吉林、黑龙江一带进行抗日游击战争。朱庆澜曾积极募款支持东北抗日义勇军抗日，为中国人民抗日战争的胜利做出过重要贡献。1936年，他出任国民党政府赈务委员会委员长。1941 年，在西安病逝。

民国初年，朱庆澜出任广东省省长。在任职期间，他亲自撰写了一部名为《家庭教育》的著作，并于 1917 年由他本人捐款公开出版，分发给广东全省的家家户户。

作为一个省的最高行政长官，亲自著书立说，指导全省人民的家庭教育工作，这在中国历史上，甚至在世界历史上，也是罕见的事。

朱庆澜是行伍出身，肩负一省行政重任，为什么要亲撰家庭教育著作呢？他在该书的“前言”中这样说：“中国本是极大极强的国，因何变成这样全无出色的地位？并非国不好，实在是人不好。天生人人都是好的，所以不好的缘故，都由于自小未接受过好的教育。照此看来，要把中国变强，非把中国的小孩好好教育起来，中国永无翻身的日子。我做广东的省长，就是广东一家的家长，家家的小孩，做省长都应该帮助教育。只是地方太大，功夫来不及。因此，编写了一本家庭教育‘白话’（文），由我捐款印刷出来，分与大众。大众看了这本书，就同对着省长说家常话一样。人人能照这本书教育子弟，能替国家养成好人民，是国家的大福气，能在家里教成好儿子，就是各家的大福气了。”

二、朱庆澜的《家庭教育》

朱庆澜的家庭教育思想自成体系，主要体现在《家庭教育》一书中。该书共谈了 23 个问题，对于家庭教育的意义、原则、内容、方法等基本理论，结合当时我国家庭教育的实际，进行了全面、系统的论述。

《家庭教育》一书是用白话文写成的。文字通俗易懂，语言生动流畅，老幼皆宜，雅俗共赏，有很强的可读性，是我国近代教育史上一部很有特色的家庭教育书籍。

《家庭教育》一书对家庭教育的特殊规律做了较为深入的探讨，对于家庭教育实践有很大的指导意义。书中大力提倡中华民族的传统美德教育，具有浓厚的民族特色。此书问世虽然距今已100多年，但在今天看来，仍旧很有进步意义。

第二节 《家庭教育》——中华传统美德教育

一、家庭教育——人一生成长的基础

朱庆澜所论述的家庭教育是从出生到入学前的儿童的家庭教育，即“学龄前家庭教育”。

他认为，学龄前阶段儿童的家庭教育，是人一生成长的基础，是“至要紧的事”。他把一个人从出生到6岁入学前、入学读书和离开学校走上社会三个阶段，形象地比喻为“三个染缸”。

他说：“小孩子生下来，好似雪白的丝。在家里养活六年，好似第一道染缸。”“家里六年教得好，养得好，好似白丝染成红底子。到了进学堂，再得好先生，就将那红红底子好好加上一层，自然变成大红。到了世界（社会）上，哪怕遇着坏朋友、坏染缸，想把他变成黑色，他那大红的底子，一时总不得变的。如果再遇上好朋友、好染缸，不用说，自然变成真正的朱红，头等的好人了。万一在家里六年，教的法子、养的法子不好，比如白丝一下缸已经染成黑底子，进了学堂，就有好先生，想把他变成红色，那黑底子总是难退得去。就是勉强替他加上一层红色，仍旧是个半红半黑的。如果学生再遇着不热心的先生，到了世界上，再遇着坏朋友、坏染缸，将就黑底子一层一层加上黑色，自然变成永不脱色的黑青，永不回头的坏蛋了。”

因此，他断言：“丝总是白的，只看第一道染法如何，个个人生下来都是好的，只看六岁以前家里的教法怎样。”“六年里面肯费力，将来就受用不尽。”

朱庆澜很赏识外国人注重儿童早期家庭教育的经验。他说：“外国人教儿子，人人都肯拼这六年的功夫，所以儿子到了二十岁，个个都企（站）得住(脚)，不用父母去管他。”而我们“中国人不知道（早期）家庭教育的紧要，把小时候顶紧要的六年，随随便便放过去了。都说小孩不要紧，等到大来再教不迟。哪知道到了大来，小孩底子已经坏了，白花许多学费，白做许多牛马，一直做到父母进了棺材，闭了眼，儿子还是企不住，到底不成材。”

他十分恳切地对父母们说：“儿子小的时候，随你爱怎么教，就怎么教，教小孩本是极要紧，又是极容易的事，各人偏不在容易的时候去教，偏要等到大了不容易教的时候去教，又费力，又无益，岂不是怪事吗？”

朱庆澜还认为，早期的家庭教育，不仅仅直接影响一个人一生的成长，也关系到国家的前途和命运。子女的家庭教育搞不好，不仅是一家的不幸，也是国家的不幸。他说：“一家父母不讲家庭教育，就会把一家的儿子弄坏；家家没有好儿子，国也不成个国了。”所以，他要求父母们按照他《家庭教育》一书所讲的“家里教小孩的法子”，认真赶快做起来，努力把孩子教育好。

朱庆澜把早期家庭教育看作一个人一生成长的基石，认为基础打好了有益于终生；如果基础没打好，长大以后再重新教育，那将是很难的。他要求父母对人生的最初六年要抓紧教育，不可轻易放过这大好的教育时机，这都是正确的。特别是他把家庭教育同国家的命运联系起来，这是很有见地的。但是，他认为：“先生共朋友，只能跟着父母（打下）的老底子，加一层工夫，不能反过父母（打下）的老底子，变一个样子。”这种观点未免太绝对化了，过分夸大了早期家庭教育的作用。

早期家庭教育确实重要，但是人总是可以改变的，成年人尚可改变，更何况儿童、青少年。他们可塑性很强，即或小时候没有受到好的教育，只要后来的教育条件和环境得到了改善，小时候养成的不良习惯还是可以逐步纠正的。

不能因为小时候未受到良好的教育，就丧失信心，放弃对孩子的重新教育。在这一点上，朱庆澜的思想是有一定的片面性的。

二、家庭教育的原则

（一）父母要给孩子“做个样子”

朱庆澜认为，“家庭教育的根本道理”是父母的以身作则。他说：“无论什么教育，教育人（即教育者）都要将自己身子做个样子与学生看。不能只凭一个口，随便说个道理，学生就会信的。”

他通过学校教育和家庭教育的对比，认为家长的以身作则尤为重要。他说：“学堂的先生，不是终日同学生在一处的。比如教学生不要吃烟，督着学生的时候，先生自然不吃。背开学生的时候，论理自然也不该吃，只是学生不在面前，先生偶尔吃两口烟，学生还不晓得，还不要紧。”

而父母的情况就不同了：“一天到晚，（父母）同儿女在一处，一举一动，儿女都把你监管着的。比如，教儿女不要吃烟，父母断断不可吃烟。如果父母吃了烟，不但叫儿女疑心，烟是吃得的，父母叫我不要吃，是骗我的，从此就不信父母的话，并且觉得烟（既）是吃不得的，父母何以要吃？一面又生出一个看不起父母的心。有了这个心，一天一天就会做些不服父母，不孝父母的事。”

朱庆澜注意到家庭教育的一个重要特点是：父母和子女每天朝夕相处，父母的言行举止难以回避子女。因此，他告诫说：“做父母的，要禁止儿女不要做那样事，总要自己不去做；要教儿女做那样事，总要自己先去做。”

这具体的描述说明的就是以身作则的道理。

他把父母“样样都要自己先做样子”，称为家庭教育的“根本法”，并进一步强调指出：“根本法子一错，什么（别的）教法都是无效的。”朱庆澜的这种说法是很深刻的。

（二）“教育定要跟着小孩的程度”

现代心理学告诉我们，不同年龄阶段的儿童，其心理特点不同，知识水平和接受能力也不同。要教育好儿童，必须使教育工作符合儿童的年龄特征，朱庆澜提出的“教育定要跟着小孩的程度”，就是这个意思。

他形象地比喻说：“教人的（教育者），不跟着教的人（受教育者）的程度走，好似主人请个吃素的客，却是预备了一桌燕菜烧烤，主人只管费了事，客却没有地方下箸。”这个比喻十分贴切。

朱庆澜针对当时中国家庭教育的实际情况，指出存在的两种偏向。

“一种（是）不望小孩好，长到七八岁，也不教他认字，也不送进学堂。这种父母害小孩子不用说了。”这是说，教育落后于儿童的心理发展水平，该教的却迟迟不教，自然是不利于儿童成长和发展的。

还有一种更为普遍的偏向是：“太望小孩好，三四岁就能说活，就教他认字。今天认得五个，明天又想加到十个，小孩子一认不得，就一顿打骂。在这种父母心里恨不得小孩一阵就变成个孔圣人！”

这后一种偏向是教育超越了儿童的心理发展水平和实际能力，更是事与愿违，有害无益。朱庆澜着重分析了这后一种偏向的危害。

他说：“哪知道小孩的脑筋，是跟着年纪来的。年纪太小，脑筋没长到，笨孩子你就是打死他，也是无益。聪明的孩子，也有三四岁就能认字的，却禁不住今天加几个（字），明天加几个（字），加得他担不住，再一顿打骂，就是孩子有点聪明，也被父母打塞（蒙）了。”

他指出：“许多小孩，小时候极聪明，大了却一天笨过一天，都是父母同老师把他聪明提前用得太早、用得太尽的缘故。”

为进一步说明教育超越儿童年龄特征和心理水平的危害，朱庆澜又举例说：“千里马能走千里，是说腿力长足了的时候。如果马驹子的时候，你就强（迫）着它，今天走二百（里），明天走三百（里），是个好马驹，小时候也可以勉强对付。却是腿力没有长足，提前用得太早，用得太尽，等到长大该走一千里的时候，却连一百里也走不得了。这不是马的错，却是骑马的造孽！”

这个比喻很贴切，分析也很深刻，给人以警示。

朱庆澜还深刻分析了这种不正确做法的思想根源。他指出：“如果教儿子太着急，这个意思，一半是望儿子好，一半也有个要儿子替我挣个名誉的心。想到将来（扬名显亲），已算是私心。如果因为想挣自己的名誉，就不顾儿子的死活，不管他年纪到了未有，聪明长够了未有，一味硬逼着往前进，或是把儿子聪明弄塞，或是把身体弄坏，那就是做父母的害了好孩子了。”

这番话很中肯，于今天也有现实意义，值得家长深思。

“教育定要跟着小孩的程度”，从教育学理论来看，实际上就是循序渐进、量力而行的原则，对此，朱庆澜具体地阐述了这个原则的要求。他说：“孩子话尚说得不清楚，不可太忙教他认字。他有认十个字的力量，只教他认五个。不仅不要用尽他的力量，并且替他留点余地，叫他心里舒服。教一回懂不得，耐着心再教。不但打骂不得，并且要用好话安慰他，叫他勿着急，或是歇一回，把脑力回过来，再教再认。”

朱庆澜提出的循序渐进、量力而行的教育原则，反映了我国教育的优良传统。墨子说：“夫智者必量其力所能至而从事焉。”（引自《墨子·公孟》）孟子说：“其进锐者其退速。”孟子认为，“揠苗助长”违背规律，“非徒无益，而又害之”（引自《孟子·公孙丑上》）。明朝王阳明说：“与人论学，亦须随人分限所及。如有这些萌芽，只把这些水去灌溉，萌芽再长，便又加水。自拱把至合抱，灌溉之功，皆是随分限所及。若这些小萌芽，有一桶水在，尽要倾上，便浸坏他了。”这里所说的“分限”，即儿童的接受能力。王阳明又说：“凡授书不在徒多，但贵精熟，量其资禀能二百字者，止可授以一百字，常使精神力量有余，则无厌苦之患，而有自得之美。”朱庆澜继承和发扬了我国古人的科学教育观点。

（三）注意“家庭气象的教育”

所谓“家庭气象的教育”，就是指家庭环境、氛围、风气的影响。

朱庆澜说：“气象就是样子，家里是个什么样子，小孩一定变成什么样子。家庭气象，好比立个木头，小孩好比木头的影子。木是直的，影一定直，木是弯的，影一定弯曲，一点不会差的。”

他认为家庭成员们自身的行为，比说教影响作用还要大、还要深刻。他说：“父母哪怕天天教小孩和气，如果家里是个乖张（不讲情理）的样子，小孩一定变成乖张的脾气；哪怕天天教小孩勤谨，如果家里是个懒惰的样子，小孩一定变成懒惰的脾气。”他认为，家庭环境、氛围、风气对孩子影响极大、极深刻。

朱庆澜针对当时中国多数家庭是大家庭，成员序列多，构成复杂这一实际，指出：要形成良好的“家庭气象”，“不但做父母的平日要小心检查，不可做成坏样子给小孩学。凡是做伯伯、叔叔、伯娘、婶娘的，也要帮着做成一个好样子才得。如果父母极和气、极勤谨，伯伯、叔叔、伯娘、婶娘却是极乖张、极懒惰，小孩的脾气学坏事极容易，学好事极难，不知不觉也会离开父母的好样子，去学那伯伯叔叔的坏样子了。”

因此，朱庆澜认为，要搞好儿童的家庭教育，必须首先把整个家庭治理好。他说：“家庭教育的担子，不但在做父母的身上。做父母的想教成个小孩子，先要把一家子的弟兄妯娌人人都劝好教好，完完全全做成个好家庭的样子，小孩才会好的。说到此处，就要知道治家是第一层功夫，教儿子还是第二层功夫呢。”

朱庆澜还认为，创造一个良好的家庭环境、氛围、风气，就是首先把家治理好，有一个良好的家风，不但对出生以后的儿童来说是很重要的，就是在儿童出生之前也是十分必要的。

（四）父母要共同教育子女

朱庆澜提出：“父母要分担教育，不要叫小孩分个亲疏轻重。”是要求父母共同承担教育子女的责任。

他之所以提出这样一个教育原则，是有强烈的针对性的。他说："人家里的小孩，多半亲热母亲，疏远父亲，看重父亲，看轻母亲。"为什么会出现这种情况呢？他认为："都是做父亲的，单管'教'儿子，所以叫儿子看重父亲，一面却生个怕父亲的意思，不知不觉同父亲疏远起来。做母亲的，单管'养'儿子，所以叫儿子亲热母亲，一面却生个撒娇的意思，不知不觉看轻了母亲。"

朱庆澜特别指出家庭教育中常常出现的两种错误做法。

一种是母亲"只养不教"，父亲"只教不养"。他说："做母亲的，不知道我也该教管儿子，遇见小孩胡闹，不去禁止他，却是吓他说父亲来了，硬把管儿子的事，归给父亲。小孩子不懂得，以为母亲不能管我，一面看父亲同老鼠看见猫子一样，一面看母亲不过同个奶娘一样。做父亲的，又不知我也该养儿子，一天同儿子离远，除了碰见儿子不好，骂一顿打一顿之外，全不用心去爱他。因此，小孩觉得爱我的只有母亲，自然同父亲疏远起来。"

一种是母亲和父亲互相拆台。他说："还有一种不懂事的母亲，不知道儿子已经同父亲疏远了，偏要说父亲怎么厉害，怎么要打你骂你，又帮助儿子隐瞒父亲，想叫儿子亲热自己。哪知道儿子越疏远父亲，越看轻母亲了。那不懂事的父亲，不知道儿子已经看轻母亲，偏要当着儿子，骂他母亲，想叫儿子看重自己，哪知道儿子越看不起母亲，越同父亲疏远了。父母这样教法，活活把个好孩子教成一个极胆大、既不孝父又不孝母的人。"

为避免出现子女对父母轻重亲疏的问题，做到互相配合，共同教育好子女，朱庆澜要求："做父亲的，一面'教'儿子，一面也要'养'儿子；做母亲的，一面'养'儿子，一面也要'教'儿子。父亲要叫儿子尊重母亲，母亲要教儿子亲热父亲。父母同时去'教'，小孩知道做了坏事，无地可以躲藏，无人可以保护，自然不敢做坏事；父母同时去'养'，小孩知道父母都是我的大恩人，自然不会亲热这面，疏远那面，自然变成个孝顺儿子。"

朱庆澜提出父母共同教育子女的原则，对于中国的家庭教育来说，是非常有现实意义的。中国过去的家庭普遍盛行封建家长制，“男尊女卑”的思想很严重。对于子女来说，父亲权力极大，只讲严格；母亲地位低下，只讲宽容，即所谓“父严母慈”。这是中国家庭教育中十分普遍的现象，使子女对父母有亲疏轻重之分，教育效果不佳，也是自然的。至今还有父母认为“父严母慈”或“母严父慈”，是教育子女成功的“秘诀”。其实恰恰相反，这样往往导致家庭教育的失败。

正确的态度是：父母双方都要有严、有慈，严慈集于一身，每个家长都要做严明而慈祥的人，“望之俨然，即之也温”，这正是朱庆澜所主张的。

（五）划清界限，掌握分寸

父母都希望把孩子培养成既活泼又有规矩的人，但真正做到却不是一件容易的事。

朱庆澜认为，许多父母都分不清“活泼”同“放肆”、“规矩”与“呆板”的界限：“活泼好像就是放肆，规矩好像就是呆板”，一教孩子活泼，“就无论何事都听他自由”；一教他守规矩，“就无论何事都不准他自由”。这是家庭教育中常常出现的两种走极端的偏向。

朱庆澜认为，“活泼”同“放肆”、“规矩”与“呆板”大有区别。他说：“有规矩的自由叫活泼，没规矩的自由叫放肆；不放肆叫作规矩，不活泼叫作呆板。”他的这种分法是很准确、很科学的，因为体现了辩证法的思想。

他运用一个十分形象的比喻，进一步解释说：

“比如牧牛场，周围把铁栅拦起来，牛在栅里吃草喝水，东奔西跑，这叫作活泼，放牛的不好干涉它；如果跳出栅外，就是放肆，不干涉就不能了。不准牛出栅，这就是规矩；如果在栅里，也不准它吃草饮水，也不准它东奔西跑，定要把个动物里的牛，变成植物里的木头，如此就是呆板了。”

他说：“教小孩的意思也同牧牛差不多。”这个比喻是比较贴切的，说明的道理很深刻，耐人寻味。

具体到家庭教育实践，他又举例进一步阐述划分界限的问题。就拿“说话”来说，“小孩爱如何说，听他如何说，这叫作活泼；因为听他随便说，就连粗话、横话、下流混账话都不干涉他，如此就是放肆了；不准他说粗话、横话、下流混账话，叫作规矩；因为不准他说粗、横、下流话，就无论何种话都不准他说，好似要贴张封条在他嘴上，如此就是呆板了。”

在家庭教育中，强调要注意划清某些界限，实际上就是要求父母在管教孩子时要掌握分寸、尺度，不论进行哪个方面的教育都要适可而止，恰到好处，不得过分。过分了，走上极端，就要产生相反的效果。这是家庭教育中必须做到然而又是很困难的事。

朱庆澜把划清界限、掌握分寸称作“用个适中的法子”，这同陈鹤琴提出的“折其衷”的主张是一致的。

（六）言行谨慎，防微杜渐

朱庆澜注意到，家庭教育是在日常的家庭生活中由父母言传身教进行的，父母对孩子的影响常常是在无意中发挥作用的，因此他要求父母在子女面前一定要言行谨慎。

他举例说：“小孩在面前，父母对人说某家小孩太蠢。小孩听见这句话，就生出骄傲的心。对着人说某家父亲富贵，他儿子穿的衣服顶讲究，这句话小孩听见，又会生出羡慕虚荣体面的心。对着富贵人，父母格外恭敬，小孩看见，就会生出一种势利心。对着贫贱人，父母有意糟蹋，小孩看见，又会生出一种刻薄心。”

朱庆澜这是在说，父母对孩子的教育和影响，在大多数情况下并不是有意的，然而，恰恰就是这些无意中的言行却给孩子以极为深刻的影响。因为在自然状态下流露出的思想观念是最真实的，对人的感染力就越强，影响就会越大、越深刻。

他要求父母言行一定要慎之又慎：“做父母的，不但在家里一言一动要谨慎，就是同朋友说话做事，有小孩在面前，也要格外小心。万一今天说句话，怕小孩错会了意，回家一定要说明一番。”以弥补父母在不经意间犯下的过错。

为了做到防微杜渐，朱庆澜要求父母不但要自己言行谨慎，也要严察孩子的言行。他说：“有时带小孩出门，更要细细察看他同别家小孩的说话举动。回到家来，先把自己小孩的说话举动，哪样好，哪样不好，好好分别指出来，好的夸奖他，不好的劝诫他。再把别家小孩言动的好丑，一一与他分别指出来，好的教他要学，丑的教他要戒。”这是要求家长增强教育意识，随时随地洞察孩子的言行举止，该强化的及时强化，该纠正的及时纠正，成为教育孩子的有心人。

他谆谆告诫父母：“养儿好比防水，四方八面，但有针大一个孔，水便进来，就要即刻把他塞住，万万不能疏忽的。”这和中国古人所说的“一趾之疾，丧七尺之躯；蝼蚁之穴，溃千里之堤”意思是完全一致的，就是要防患于未然，防微杜渐，把问题消灭在萌芽之中。

（七）打骂不如教劝

朱庆澜反对打骂孩子，他认为父母打骂孩子至少有三个方面的危害。

“第一，小孩还没有分别错不错的知识，比如看见别人有好吃的东西，不告诉别人就拿来吃了。这并不是明知是盗贼行为，故意去犯的。父母不先教明白他，叫他知道这就是盗贼行为，劝他下次不要再如此。只是打骂一顿，小孩哪怕挨了打骂，仍然不晓得这就是盗贼行为，下次就难免再犯的，这就是第一个毛病。”

“第二，教他劝他不听，下次还有打骂的厉害法子去制他，如果动辄就用打骂，父母法子一下就用穷了，以后小孩再有大错，也无法再对付了。小孩晓得错了不过打骂，胆子就越发大了，把打骂看成寻常事，廉耻也就一日一日忘记了。打骂本望小孩好，到底教成小孩胆大不要面。这就是第二个毛病。”

“第三，小孩脑力未曾长足，父母望好的心事，不可太急。比如教他认个字，如果一回认不得，就打骂一顿，脑力弱的小孩，胆气也是怯的，一回打骂教他丧了气，落了脑，就是有聪明的，也被这吓吓闭住了。”

因此，他规劝父母：“望小孩学好，万万不可用打骂。”

打骂孩子，在有些家庭里有时很难完全避免。朱庆澜正视这种现实，他提醒家长，就是不得已的打骂也要注意效果：“用打的时候，定要背着人去打，使他知道挨打是顶失礼的事，是父母顶不愿意、顶无可奈何的事。”

他还特别指出：“万一小孩犯了事，那就不但不该打骂，并且要夸奖他不欺父母，保全他不‘护过’（不隐瞒过失）的好德行。不好再打骂，逼着他有过不说，那就是父母‘护过’，教他骗人了。”这些提醒非常重要，也是非常有针对性的。

（八）“家庭同学堂要一气”

所谓“家庭同学堂要一气”，是说家庭和学校要步调一致、密切配合、相互支持，保持教育的一致性。

朱庆澜认为，家庭和学校的教育不一致，就会抵消学校的教育。他说：“小孩信老师的话，不如信父母的话。每日半日在学堂，半日在家，如果学（堂）里老师叫他回家温书，回到家来，父母却不督着温书，听凭他玩耍；学（堂）里老师，叫他俭省勿乱花钱，回到家来，父母却准他乱花。这样办法，老师叫往东，父母叫往西，家庭同学堂不一气，小孩将来书记不得，爱乱花钱，父母却怪老师未曾教好，老师受冤枉不要紧，孩子教坏了，父母却是后悔不及了。”

要做到家庭和学校一气，朱庆澜要求：“家里父母定要随时同老师接头，打听学（堂）里如何教法。凡是学（堂）里叫做的，父母定要帮着老师逼小孩去做；学（堂）里不叫做的，父母定要帮着老师禁止小孩勿做。”

只有父母与学校密切联系，加强沟通，相互配合，保持一致，“小孩知道无地可以躲闪，才能够一气往前学好呢”！

三、注重品德的家庭教育内容和方法

朱庆澜提出的家庭教育内容是很丰富的，而且侧重于思想品德方面，这是很符合家庭教育实际的。鉴于他所处的特定的历史背景，在教育内容的提法上，明显地带有浓厚的封建色彩，这应该是可以理解的。我们应当看其教育内容的精神实质。

他提出了九个方面的教育内容，并分别论述了具体的教育方式方法。

（一）“仁的教育”

什么叫“仁”？朱庆澜解释说：“仁就是良心。爱人爱物件的心，都是良心。”

他进一步具体阐述道：“小孩玩耍的时候，或是随便捉个蜻蜓把线绑起来耍，或是打破蜘蛛的网来耍，或是踩死几只虫蚁，或是乱摘未有开的花，或是乱采未有长熟的果子。看来似系小事，其实就是无爱物件的良心。有时再打奴婢，骂婆妈，指着盲人、聋人玩笑，对着乞丐要饭的说刻薄话，这都是没有爱人的良心。”

为什么要教孩子爱人、爱物件的良心呢？他说：“父母在小时候，不知道教他、禁止他，等到不爱惜物件惯了，慢慢就会害起人来，不爱别人惯了，慢慢会害起自己人来。坏良心的事，从害一草一木起头，定要做到不爱父母，才算结果。”

怎样进行“仁的教育”呢？

1. 要“反反复复”地摆事实讲道理，“不但要小孩知道该爱人该爱物，并且要他知道不爱人不爱物的害处”

朱庆澜举例说：“遇见小孩有不爱物件的时候，就要同他讲明禽兽草木同人一样，都有生机，不可任意残害。人不愿意老虎吃人、花刺伤人，禽兽草木也不愿意人去伤害他的。遇见小孩不爱人的时候，更要同他讲明婆妈、奴婢、盲人、聋人、乞丐这种人，都是可怜的人。你不可怜他，还去欺负他，你岂能保得你一生不做人的奴隶？一生不盲、不聋、不乞饭呢？势力的等级甚多，你今日恃你的势力，欺负那势力不及你的人，明日又有个大过你势力的人，来欺负你，你又如何说呢？”

2. 做父母的要以身作则，给孩子做出爱人、爱物件的样子

朱庆澜说：“做父母的，再要自己小心，勿说无良心的话，勿做无良心的事，待人也好，待物也好，随时总做出一个厚道的样子，与小孩看。哪怕种盆花、种根菜，早晚灌的水、洒的粪，也要一面用心去做，一面告知小孩，栽了花、种了菜，就应该爱他。我不灌水洒粪，花与菜就死了，就是我害死他的，就是我无良心了。随时随事连做带讲，小孩自小听惯看惯，良心的根子栽稳了，大了就是偶然坏了，也容易回头的了。”

对于朱庆澜所提出的“仁”的教育，应全面理解。所谓“仁”，是中国古代儒家的一种含义极广的道德规范。《说文解字》解释说：“仁，亲也，从人、二。”《礼记·中庸》说：“仁者人也，亲亲为大。”清代阮元解释说：“春秋时孔门所谓仁也者，以此一人与彼一人相人偶，而尽其敬礼忠恕等事之谓也。”可见，“仁”是指人与人相处的关系，也就是做人的道理，其本义是指人与人相互亲爱。朱庆澜所主张的“仁的教育”，就是这种含义。

朱庆澜主张从小教育孩子树立爱人爱物的思想，特别提倡人与人之间要相亲相爱，不要互相欺负、残害，这是人类共同的美德，其用意是好的。但是，在他所处的半殖民地半封建的旧社会，阶级对立，压迫到处存在，不可能实现人与人之间广泛的、真正的相互亲爱，在当时这仅仅是一种良好的愿望而已。

朱庆澜提出“仁的教育”，实际上想用封建的“仁”的道德观念对比资产阶级民主革命时期提出的“自由、平等、博爱”的道德观念。这种道德观念，对于反对封建专制、封建等级观念是有积极作用的，它反映了资产阶级民主的思想，但是，由于时代和阶级的局限，他提出的“仁”的思想还是超阶级的。而且，他提倡爱人爱物的“良心”，还没有超出“己所不欲，勿施于人”和“己欲立而立人，己欲达而达人”这种以“我”为中心的道德观念范畴。

尽管如此，他主张要有同情心，同情弱者，不以强凌弱，是一种美德，在今天也应提倡。其教育方式方法，如说服教育、以身作则、随时随事连做带讲等，也是行之有效的，更应当效法、继承。

（二）“义的教育”

什么叫作“义”？朱庆澜解释说：“合理该做的事，拼命往前去做，叫作义。不合理不该做的事，怕羞不去做，也叫作义。”

他进一步阐述“义”的具体含义说：“有一家两弟兄，同出去玩耍，碰见一只狗，追着一个乞饭的来咬，老二赶快取一枝树枝，把狗赶开，让那乞饭的过去。老大仍是不动。这就是老大义心薄，老二义心厚，做父母的就该奖励老二，责备老大。又有一家两弟兄，同出去玩耍，碰见路上有人遗下一个钱，老大怕羞不去拣，老二却去拣来，装在袋里。这就是老大义心厚，老二义心薄，做父母的就应该奖励老大，责备老二。”

怎样进行“义的教育”呢？

朱庆澜主张要从小事抓起。他说：“莫说赶一只狗，保护一个乞饭的是小事，有此义心，将来要他赶尽一世的恶人，保护一世的善人，也是容易的；莫说不拣一个钱是小事，有此义心，将来要他把一万银子当成一条草，不合理总不乱取，也是容易的。翻过来对面看，碰见狗咬乞饭的不理，莫说是小事，将来碰见强盗害父母也不会理的；看见路上一个钱，随便拣来，莫说是小事，将来凿开人的墙去偷，打开人的门去抢，也是做得到的。”

他主张教育要结合实际，不要空口说教。他说：“指着一件事来讲，比那空话讲空理，小孩容易懂，也容易记得，并且容易跟着去做。”

所谓“义”，是指思想行为符合一定的标准。《礼记·中庸》解释说：“义者，宜也。”韩愈的《原道》说：“行而宜之之谓义。”《孟子·告子上》说：“舍生而取义者也。”朱庆澜认为，“义”是拼命去做合理的该做的事，“理”是善恶标准。

从他所举的例子来看，“理”就是正义的意思。能够帮助、解救遇到危难的人，不贪不义之财，不食嗟来之食，这种品德是高尚的，是人类共同的美德。进行“义”的教育，提倡弃恶从善，是很有积极意义的。

（三）“礼的教育”

朱庆澜提倡的“礼的教育”，包括三个方面。

“第一就是长幼的次序。”首先教育孩子要尊敬长辈。具体的做法是在日常生活中引导孩子对长辈尊敬，懂得长幼有序。这样，“出门遇见先生老辈，自然也不会错了”。

“第二就是礼的意思与样子。”即教孩子对人有礼貌。他说：“比如脱帽，是现在行礼的样子。”脱帽的时候，眼睛定要看着行礼的人，这就是行礼的意思。”进行礼貌教育，他主张“一面要造（做）出样子与他看，一面还要把意思说与他听，才不会错的”。

“第三就是礼的种类甚多，勿论吃饭、睡觉、说话、走路，勿论在何地方，是何时候，对着何人，做着何事，都有各样的礼节。做父母的随时随地、遇人遇事，都得一一二二去教。”

“礼”的本意是“敬神”的意思，引申为“表示敬意”的通称。在中国奴隶社会和封建社会，“礼”是指贵族等级制度的社会规范和道德规范。朱庆澜这里所提倡的“礼”的教育，是指礼貌、礼节教育。中国有“礼仪之邦”之称，讲究文明礼貌、尊敬长者，是中国人民的优良传统，家长应当对孩子加强这方面的教育。

（四）“智的教育”

什么是“智”？朱庆澜解释说：“智就是聪明，就是知识。”

他反对把“智的教育”理解为就是教孩子认字读书。他说：“常人教儿子，都把认字读书当成开小孩聪明知识独一无二的器具，觉得离了认字读书，小孩聪明知识就无有法引得开。”于是有的父母天天逼着孩子去认字读书，弄得孩子“头昏心颤”“连个五谷六畜认不清楚”。他认为，这样理解“智的教育”是不正确的。

他认为“智的教育”应当包括三个方面。

1. 先教孩子认识人和物的名目，亦即知道人和物是什么名称。比如，“谁是伯伯叔叔，谁是哥哥姐姐，什么是茶饭菜肉，什么是衣服帽子”。

2. 再教孩子认识人和物的性质。比如，“再教他伯伯是他父亲的亲哥，叔叔是父亲的兄弟……茶是山上生的茶树，饭是田里种的谷米……衣服穿在身上，帽子戴在头上”。

3. 教孩子如何对待人，如何使用物，亦即如何应用所学知识。比如，“对着伯伯叔叔该如何尊敬……茶要水泡，水要滚……穿衣要提领口，戴帽要看前后”。

对孩子进行“智的教育”，朱庆澜主张由近及远，从身边的人和事教起，而后再到其他的人和事。具体教育方式应当是“指着一个人、一件物、一件事去教，比那翻着书才来教的，小孩格外容易懂得记得，并且一点不觉得辛苦”。

朱庆澜认为，对6岁以前的儿童进行智的教育，不是认字读书，而是认识周围的人和事物，学会“对付应用的方法”，这是正确的；其教育方法，也是符合儿童形象性思维的年龄特征的。

（五）“信的教育”

朱庆澜所主张的“信的教育”，就是诚实品德的教育。怎样进行“信的教育”呢？

“第一，做父母的说句话，定要说出个的确的道理，叫儿子不能不信。万不可丢了的确的道理，造（编造）些大话，骗儿子去信。”这是说，父母要言而有信，以身作则。

他举例说，小孩在门外玩耍，父母要孩子进家来，只能说外边冷，怕吹病，怕马车撞着。如果欺骗孩子，说外边有妖怪、老虎，不进来就会被吃掉。这样说，孩子一时可能会受骗，总有一天他会明白根本没有什么妖怪、老虎，是父母骗了他。这一次失了信，就是以后父母说真话，孩子也不会相信了。他告诫说："父母是万不能欺骗小孩的。"

"第二，小孩说假话，哪怕说得好，也得要责备他；小孩说真话，哪怕是错处，也得夸奖他。"是说孩子说假话要批评，说真话要表扬，要是非分明，态度明朗。

（六）"制苟且的教育"

"苟且"有三个意思：一是只图眼前，得过且过；二是草率、马虎、敷衍了事；三是不循礼法，不守规矩。"制"是制止、禁止、纠正的意思。所谓"制苟且"，就是制止、禁止、纠正苟且的毛病，养成做事有头有尾、严肃认真和守规矩的好习惯、好作风。

朱庆澜之所以提倡这种教育，是因为他认为，"苟且"是中国不能强盛和被外国人看不起的重要原因。他说："中国所以未能强盛的缘故，由于做事有头无尾。""一时高兴说救国，就像发了狂一样，不到三日就连讲也不讲。"又说："所以令外国人看不起的缘故，是由于不守规矩、不爱干净。"

他认为，"苟且"的毛病害处极大。他说："一苟且，精神就提不起，力量就挣持不住。因为苟且，所以一样事造（做）不到三日就泄了气；因为苟且，所以明知多走一步就合规矩，却定要少走一步不守规矩；因为苟且，所以换件衣、洗个身也当成一件大事、难事，也要推一日算一日。说到苟且的害处，一人都有个沟死沟埋、路死路埋的思想，到死也苟且不完。"如此苟且，只能是一事无成。

进行"制苟且的教育"，他主张一是从孩子小时候抓起，二是从小事抓起。比如，吃饭、写字、扫地、穿衣、睡觉、刷牙、擦鼻涕等，都要做好，严格要求，严格训练。

对孩子从小进行“制苟且的教育”是一件有重大意义的事，正如朱庆澜所说：“自小把一般小孩的脾气搬（扳）转过来，大来都养成一般不苟且的国民，国家或者做成几样有头有尾、有里有面的事，外人或者把我国当成一个国，人走出去，个个合规矩，爱干净，别人或者把我们当成一个人了。”

（七）“勤俭的教育”

勤和俭都是中华民族的传统美德。朱庆澜认为，不勤不俭危害很大。他说：“不勤不俭不但害小孩的志气，并且害渠（即他）的身体；不俭不但教小孩眼前枉使（白白多花）几个钱，并且教渠将来受不尽的苦。”他告诫父母：“不要学那绝无见识的父母，把儿子当成祖宗，任他享福，却自己爱做牛马，替他受罪，不但苦了自己，并且害了儿子。”

中国古人说，“由俭入奢易，由奢入俭难；由勤变懒易，由懒变勤难”，朱庆澜用这个道理教育父母：“‘勤’同‘俭’是很难受的事，‘懒’同‘奢华’是很好受的事。小时‘勤’惯了，大来还难免学‘懒’，小时‘俭’惯了，大来还难免学‘奢华’。如果小时候就教他不勤不俭，父母保得所有的钱，可以供儿子一生放开手乱用？”他主张勤俭的习惯要从小培养。

那么，怎样进行“勤俭的教育”呢？

1. 教“勤”的方法是：“只要小孩力量做得到，千万勿叫他使唤人，不但斟茶盛饭，就是扫地抹桌椅、烧茶煮饭，一直到栽花种菜、灌水上粪，都应该叫小孩去做。不但教他要勤，并且要教他多吹吹风，多晒晒太阳，多吃些辛苦，只要不会生病的事，都应该教他练习。”

朱庆澜认为这样做有许多好处：“一面提起小孩的志气，叫他知道子弟的本分；一面磨炼小孩的筋骨，叫他活动手脚的作用；一面又可以叫他学些礼节，懂些艰难，长些学问。”

2. 教“俭”的方法是：“哪怕有钱用，小孩只叫他吃饭，不许随时买些零碎吃的东西，只叫他穿暖，不许他随时添些好的衣服。小孩如果要父母各种吃的穿的，不但不许可他买，并且要把眼前有吃有穿，已经过分的道理，父母不是刻啬，是替他积德，不是现在没钱，是怕他将来讨饭的意思，详详细细教训一番。”

朱庆澜所强调的勤和俭的教育，其内容和方法都是很有意义的，于今天的家长也很有启示。

（八）“公德的教育”

什么叫作“公德”？朱庆澜解释说：“爱自己的心叫造私心，爱大众的心叫造公德。”

他认为，缺乏公德心有害于国家。他说：“中国人人只知道有自己，不知道有人，所以从无一个团体。人人只知道爱家，不知道爱国，所以把堂堂一个大国，造制成一个弱国。”树立公德心，既有利国家，也有利家庭和个人：“自小养好这种公德心，大来不但成个爱国的好国民，也可以成个不讨嫌、不结怨、保护家门的好子孙了。”

他还认为，一个人缺乏公德心的毛病是从小养成的：“你看小孩，借来别人一本书，任意去涂上几笔，撕上几篇，不顾别人生气不生气；同人一处吃饭，舀一勺汤吃了半勺，剩了半勺放进碗去，不顾别人讨嫌不讨嫌；有时别人关着门说秘密事，偏要寻个缝去听一听；有时别人吩咐不要动的东西，偏要去玩一玩；或是走进公园，随手乱摘花木；或是在大路上，随意乱屙屎尿。这个毛病，差不多小孩都爱犯的。父母看作小事，不去管他教他，同他说明这就是只知有自己不知有人，任意自由，妨害公众的毛病，小孩习惯了，将来把这些毛病放大起来，就可以做强盗，害国家了。”

怎样进行公德的教育呢？

他主张：“做父母的，定要从小留神，遇见小孩起了不顾公众的心，做出不顾公众的事，无论事大事小，都要干涉，并且要把他妨害人的事，向他身上照样演来。比如，弟弟涂坏了哥哥的书，立刻把他的书叫哥哥涂上几笔，问他高兴不高兴？跟着再告诉他，人心是一样，自己不愿意的事，不要来待别人的道理，详详细细教训一番。”

朱庆澜提倡公德教育，要孩子心目中不要只知有己不知有人，这是很可贵的。他从爱国的思想出发，提倡人人要有公德心，站得高，看得远，很有见地。他主张从小时候、从小事上培养孩子的公德心，严格要求，这是对的。

但是，他主张用“以其治人之道还治其身”的做法，去纠正孩子无公德心的行为，这不可能从根本上使孩子树立公德心，他的思想终究又落入“己所不欲，勿施于人”的儒家思想的窠臼。

（九）“军国民的教育”

什么叫“军国民”？朱庆澜解释说：“军是兵，一国的人个个能当兵，就算得军国。能在军国里面当个百姓，就叫作军国民。”

为什么要进行“军国民的教育”呢？

他说：“兵是百姓当的，定要人人做得军国民，才能把国造成一个军国。中国国家算不得军国，就是百姓当不起军国民的缘故。兵是在（兵）营里教成的，军国民都是在家里养成的，并且要从小养起来。定要叫小孩自小就有个爱国当兵的思想，等到大了，或是一直去当兵，或是现实不当兵，把百姓的身份，去帮助兵队做些兵队做不了的事，都算得个军国民，都算对得住国家了。”

他认为进行军国民的教育，包括思想教育和实际训练两种途径或措施。

关于军国民的思想教育，朱庆澜认为：

1. “要叫小孩知道国就是家，家就是国的道理。平时多同他说：国一亡了，不但穷人要受罪，就有的是田地房屋，银钱货物，等到国一亡了，无人保护，好比家里主人死了，来个外人做家主。不但我的田地房屋要由他作主，就是我的性命，也得由他吩咐，叫生不敢死，叫死不敢生，算不得我的了。国一亡了，光景就是这样。远的不说，看看高丽国（指今朝鲜）、安南国（指越南）今日受的罪，大家就知道亡国的利害。高丽、安南的国王，倒还有钱用，有饭吃，可怜的就是那两国的百姓，真是要生不得，要死也不得。自小多把这些事情道理，说与小孩听惯了，自小就知道国亡、家也跟着要亡的道理，大了自然不敢不去爱国了。”

朱庆澜通过摆事实、讲道理，把国与家、家与国这种生死与共的关系论述得十分透彻，令人信服。

2.“要叫小孩知道兵就是民，民就是兵的道理。兵虽吃的百姓口粮，却要替百姓拼命。兵数是有限的，百姓如果把四万万个担子，都推在几十万兵身上，大家坐着不管事，等到几十万兵打死完了，祸事都未完。试问这祸事，又该落在谁的头上呢？当兵的一死好体面，并且一死百了，当百姓活罪却是受不完的。叫兵去拼命，我来享福，这叫作无良心。叫兵去做又体面又干净的那个死字，我却活来受罪，这叫作不聪明。一个国要叫人怕，总要我有死不完的兵，一般死了，一般又来，别人知道我是杀不完的，自然不敢惹我。兵好比前台唱戏的，百姓就是后台装扮的，前台若无角色在后台凑，班子就要拉倒；兵若无百姓在后面凑，国家就要拉倒。自小懂得这个道理，大了自然不好意思不去当兵的。当不了兵，也不好意思不去帮兵出力做事了。”

关于军国民的实际训练，朱庆澜又指出：

1.“要小孩磨炼身体。除了有的确危险的事，手总要叫他多造（做）事，脚总要叫他多走路，口腹总要叫他少吃好的，衣服、房屋、器具，总要叫他少穿好的、少住少用好的。凡是当兵该学的体操，该吃的辛苦，都是小孩吃得住的，都要一一教训他。大家想把小孩养成个军国民，先勿用待女孩的法子，自小娇养坏了身体，子弟大了就是想当兵，也是不能的。”

2.“要叫小孩服从规矩。服从是当兵的头一件事，如果在家不听父母的吩咐，叫去东偏要往西，叫去西偏要往东，自小放肆起来，等到大了做百姓是个不安分的百姓，当了兵也是个要闹事要枪毙的兵。”“大家想子弟大了做个好兵，自小就要叫他服从父母的吩咐，一点不准违背。”

朱庆澜认为，实际训练非常重要。他说：“身子养强壮了，规矩也服从惯了，等到明天挑兵，挑上了，不用说一定是个又有勇气又懂规矩的兵，打起仗来，一定不会自由向后转了。就是一时不当兵，既然明白国同家的关系、兵同民的关系，再将这个勇气去凑起后台，上面再有好父兄去指挥一下，大家服从父兄，跟着父兄去保起地方来，保起家来，谁还敢来动他！人人的家都保得住，国要亡也不能亡了。”

这就是朱庆澜全部军国民教育的思想。

“军国民教育”是清末民初在中国产生和发展的新的政治力量——民族资产阶级，为适应当时政治经济的需求，首先提出的一种主张。它反映了新兴资产阶级要求国家独立、富强和发展资本主义的要求，是顺应社会发展潮流的，是进步的教育主张。

甲午中日战争失败以后，为了救亡图强，资产阶级改良派曾首先提倡“强兵尚武”之道。康有为在1895年《上清帝第二书》中就主张“以民为兵”，并建议开设学堂“学习布阵、骑击、测量、绘图”“以强天下之势”。

梁启超在《新民说·尚武篇》中，极力提倡效法斯巴达、德意志、俄罗斯、日本帝国的尚武教育。他认为，中国两千多年来教育的一个最大的缺点就是“重文轻武”，致使“武事废堕，民气柔靡”。他认识到当时的世界乃是“武装和平”的世界，如果要求和平就必须先武装自己——惟能战者乃能和。资产阶级改良派之提倡“尚武”的教育，主要还是从抵御外侮的爱国思想出发，应当给予肯定。

资产阶级民主革命派也极力鼓吹“军国民”或“尚武”的教育，其目的不只限于抗御外侮，还包括有以暴力推翻封建专制统治的革命意义。义和团运动失败以后，帝俄军队依旧盘踞东三省不肯撤退，引起国人极大的愤怒。留日中国学生为此发起了一种革命组织“军国民教育会”。辛亥革命以后，蔡元培在《对于教育方针之意见》中，把“军国民教育”作为他的五项新的教育方针之一，并且明白地指出，这种教育方针的目的在于使全国皆兵，用以外抗强邻，内抑军阀。1911年，“各省教育总会联合会”也曾议决要在全国范围内实施军国民教育，并呈请学部通饬全国高等小学及与之同等以上的公私立学校一律注重兵式体操，并把体操科列为主课。1912 年 1 月，《教育部普通教育暂行办法通令》中明文规定："高等小学以上体操科应注重兵操。"

军国民教育在当时确实起到了振奋民族精神的作用，鼓舞了人民，特别是青少年的反帝爱国精神。朱庆澜提倡在家庭教育中就进行军国民教育，反映了他的爱国反帝的民族气节，应当给予充分肯定。

综上所述，可以充分看到，朱庆澜的家庭教育学说不仅在一定程度上揭示了家庭教育的规律，而且以爱国主义思想为全部学说的灵魂和统帅。这在北洋军阀的黑暗统治时期，不能不说是一种反潮流的思想。

尽管在教育内容的提法上带有浓厚的封建色彩，但他的家庭教育学说还是进步的。特别是他所提出的家庭教育内容，主要是思想意识、道德品质、行为习惯等方面，反映了他对家庭教育的基本功能有着很深刻的认识，而且这些教育内容也有强烈的人民性。

总之，朱庆澜的家庭教育思想在我国家庭教育思想发展史上是一个重要的里程碑，占有相当重要的地位。

现代篇

XIAN DAI PIAN

第十一章

现代家庭教育思想概览

世界无非是运动的物质。宇宙间千姿百态的物质运动是绝对的，静态是相对的。家庭教育的发展也是这样。

从传统的家庭教育到现代的家庭教育，因为家庭是一种继承性很强的社会组织单元，现代的家庭教育是在传统家庭教育的基础上发展而来的，现代的家庭教育既继承了优秀的家庭教育文化传统，又在传统的家庭教育基础上，有了许多新的发展和变化。

家庭教育从传统到现代，究竟有哪些发展变化？这些发展变化是怎样的一个过程？现代的家庭教育正面临着或即将面临哪些新情况和新问题？这些发展变化和新情况、新问题的出现，受到哪些因素的影响和推动？我们应该对此进行回顾、研究和思考，以便从中摸索出一些带有规律性的东西。

什么叫“规律”？所谓规律，就是事物之间的内在的、必然的联系。这种联系会重复出现，在一定条件下经常起作用，并且规定着某种趋向和发展。我们探索规律，简而言之，就是揭示事物之间的内在的、必然的联系。我们研究家庭教育从传统到现代的发展变化和影响这些发展变化的因素，就是为了预测现代家庭教育发展的趋势。

一、从传统家庭教育到现代家庭教育

何谓“传统”？即历史沿传下来的思想、文化、道德、风俗、艺术、制度以及行为方式等（辞海）。“现代”，即现在这个时代，中国历史分期上多指1919年五四运动以后，世界历史分期一般是俄国十月革命以后。

本书中说的“传统家庭教育”，在中国指的是封建社会的家庭教育；在国际上一般指的是中世纪的家庭教育①。

家庭教育从传统到现代的转变不是一下子实现的，是有一个漫长的过程的。

家庭是一个生活单位、生产单位，也是文化载体。传统文化的很大一部分是通过家庭教育传递下来的，具体地说是通过无数的有文字记载或口耳相传的家训和家庭教育实践传递和继承下来的。也就是说，家庭教育的一个重要历史使命就是传递社会文化，或者说家庭教育是传统文化传递的一个重要渠道。因此，我们研究家庭教育从传统到现代的发展变化，最好能把这种变化看成一种文化的“遗传变异”。

何谓“遗传”？生物体的构造和生理机能等由上代传给下代，这种现象就是遗传。

何谓“变异”？即同种生物世代之间或同代生物不同个体之间在形态特征、生理特征等方面所表现出的差异。

遗传和变异是生物界的普遍现象，人类社会也存在着类似于生物界的遗传变异现象。社会的遗传变异实质上是文化的遗传变异；文化的遗传变异是由社会环境的变化引起的。社会环境包括生产方式、社会制度、意识形态、生活方式等诸多方面。生产方式的变迁是导致文化变异最根本、最主要的原因。

生产力是生产方式中最活跃的因素，生产力总是不断向前发展的，这是社

① “中世纪”一词是由15世纪后期的人文主义者开始使用的，约为公元476年至公元1453年，是欧洲历史上的一个时代。在世界范围内，从封建制度占统治地位的时期，直到文艺复兴时期之后，资本主义抬头的时期为止。

会发展的原动力。生产力发展到一定程度便会同生产关系发生矛盾，要解决这个矛盾，便要通过社会革命废除旧的生产关系，以适应生产力发展的需要。而一定的生产关系，又是受一定上层建筑保护的。生产关系变化了，旧的政治法律制度与意识形态也须随之变动，以维护新的经济基础的巩固和发展。在这个过程中，人们的生活方式与思维方式也会发生深刻的变化，以适应变化了的社会环境。与之相适应，传统文化必然会产生巨大的变异。

家庭教育是教育的一个环节。作为上层建筑的一个组成部分，家庭教育一定会随着经济基础、社会环境的发展变化而发展变化。这是毫无疑问的。

近代社会是一个激进变革的时代，作为由传统社会向现代社会过渡的转型期，政治经济的变动也相应地带动了家庭的变迁。

从传统的家庭教育转变为现代的家庭教育是有一个过程的，即由渐变到巨变，由浅层次的变化到深层次的变化。家庭教育的方式方法，作为家庭教育的“表层文化”，这是显而易见的，变化比较明显，也比较快。但作为家庭教育“深层文化”的教育思想观念的变化，却是很缓慢的，是滞后的。也就是说，表层文化的“惯性”相对来说比较小，而深层文化的“惯性”却很大。因此，家庭教育从传统到现代的转化和变迁，是一个相当长的历史过程。

总之，家庭教育作为家庭的一个重要功能，是随着家庭这个“载体”的变革而发展变化的。

二、家庭形态的变化

家庭是家庭教育的载体，首先看看家庭的形态学都发生了哪些变化。我们以中国为例。

（一）家庭结构和规模的变化

传统的家庭一般是主干家庭和联合家庭，代际序列层次多，结构复杂，规模大；现代家庭多是由父母和子女组成的核心家庭，代际序列层次变少，结构简单，规模缩小。推动这个变化的最基本的动力是生产力。在过去，生产方式落后，生产力水平低下，一般是大家庭，集体劳动；在现代社会，生产方式越来越现代化，生产力水平提高了，人们的独立意识、自主意识也增强了，家族控制力小了，势必出现结构简单的小家庭。

过去，家族控制力大，不能分居单过，“三代同居”“四世同堂”的大家庭很普遍；现代家庭结构简单、规模小。这是家庭表层文化的一种变化。

（二）传统家庭模式单一，现代家庭逐渐多样化

家庭类型的多样化是最为突出的变化趋势。随着家庭观念的更新和社会环境的宽松以及社会的开放，人们更多地拥有了选择自己生活方式的自由，具有个性化的家庭生活方式比以往更多地得到人们的理解和尊重。各种新兴的家庭类型有了生存的空间，单亲家庭、流动人口家庭、再婚家庭、分居家庭、丁克家庭、空巢家庭、跨国婚姻家庭等以往被认为是“另类”的家庭，作为社会系统中的新成员，逐渐被人们所接纳和认同。不过，新兴家庭类型的出现在城乡间还存在很大的差距，在农村，对于新型家庭的认同程度明显低于城市。这也是家庭表层文化的一种变化。

（三）家庭的稳定性有所变化

传统的家庭非常稳定，现代家庭稳定性差。不能说过去较稳定就是好事，现在稳定性差就是坏事。过去，稳定性强在一定程度上是受传统思想观念的束缚所致；现代家庭稳定性差，是伴随着思想的解放出现的。应当说，现在稳定性差，其中一个重要原因是人们更加追求婚姻的质量；过去，家庭稳定性虽强，但婚姻质量不见得高。无论稳定与否，对子女的成长和发展都会有很大的负面影响。

（四）家庭与社会的关系发生了变化

传统的家庭偏向自我封闭，与外界是相隔绝的。这主要是由自给自足的生产方式决定的，人们不需要与外界发生联系。“鸡犬之声相闻，老死不相往来”。比如我国北方的传统四合院，大大的屋顶，高高的围墙，大门口内外还有影壁墙，把整个家庭封闭得严严实实，从外边看不到家里的情况。这从建筑学方面形象地表明了中国传统家庭的封闭性。

到了现代社会，劳动场所早已经迁移到社会，家庭成员都要与社会上各种各样的人打交道，社会的信息被带到家庭里，家庭与社会生活保持着密切的联系。特别是社会信息化的程度越来越高，使得过去“秀才不出门，全知天下事”的幻想变成了现实，家庭与社会生活息息相关。社会政治、经济和文化的变革对家庭的影响越来越大。

（五）家庭本质关系的变化

这是家庭结构的深层变化。主要趋势体现在由“血亲主位”的传统家庭向“婚姻主位”的现代家庭转变。

过去，家庭关系一般是由夫妻、父子、兄弟这三种关系为骨架构成的，但人们特别重视血统关系，家庭里的父子关系是家庭关系的主位，或者叫作“核心”。刘邦就曾说过：“人之至亲，莫过于父子兄弟。”父子关系比夫妻关系更为密切。这是按父系确定血统、家系和继承权，父权至上的封建家长制的必然现象。

随着社会的发展和进步，人们的独立意识逐渐增强，逐步摆脱了家族的束缚，以爱情为基础的婚姻和婚姻自主的比例大大提高，传统的血统观念相应地变得淡薄。

（六）家庭功能发生变化

家庭功能有：①经济功能；②生育功能；③性生活功能；④教育功能；

⑤抚育与赡养功能；⑥保护功能；⑦感情交流功能；⑧休闲与娱乐功能；⑨宗教功能；等等。随着社会的发展，这些功能逐渐发生了变化。

有的家庭功能削弱了。比如，由于劳动场所转移到了工厂或农场，家庭的经济功能逐渐削弱；随着社会的发展和人们文化素质的提高，生育子女的数量大为减少，有的坚持“丁克家庭”，生育功能也削弱了。

有的家庭功能却强化了。比如，家里子女少，质量要求高，越来越重视家庭教育，教育功能强化了；生活方式的现代化和社会环境的复杂，使得人们越来越重视夫妻感情的交流，以稳固夫妻关系，感情交流功能强化了。

有的家庭功能转移出去一些。比如，随着社会法制化进程的推进，立法有所加强，有了未成年人保护法、妇女权益保护法和老年人权益保障法等对弱势群体的保护，家庭的一部分保护功能转移到了社会；随着人们生活水平的提高和社会娱乐、休闲生活设施的增多，到家庭以外进行娱乐、休闲、旅游活动的越来越多，家庭休闲与娱乐的一部分功能也转移到了社会上。

（七）家庭成员之间关系的平等化趋势

由于妇女社会地位和经济地位的提高，以及男女平等观念的普及，促使家庭中“男主女从”“男尊女卑”的具有人身依附性质的传统婚姻关系模式开始向“男女平等”的现代民主平等关系转化。关于“中国妇女社会地位调查”的结论显示，中国女性从业人员已占总从业人员的44.96%，高于世界34.5%的比例，女性收入占家庭总收入的比例由20世纪50年代的20%提高到40%以上。在城乡家庭中，在家庭重大事务中，夫妻共同商量决策的比例超过了50%，有的家庭妇女成了“主角”，“男主内，女主外”的现象开始出现。男女平等的家庭关系模式在很大程度上得到普及。

三、家庭教育的变化

家庭作为家庭教育的载体发生了变化，势必会引起家庭教育的变化。

（一）子女的数量越来越少

子女数量是影响家庭教育进程和效果的一个因素。家庭中子女数量越来越少，是一种发展趋势。中国家庭子女数量减少是从20世纪实行计划生育政策开始的，西方国家是在17世纪开始的。

我国传统家庭追求子女的数量。把孩子当成是福气的“材料”，认为“多子多福”“人丁兴旺”是家族发达的标志，单纯追求子女的数量。过去，人们结婚早，生育期很长，不能避孕，即使想少生，也难以做到。当然，子女数量多的根本原因还在于生产方式落后，以体力劳动、手工操作为主，生产力水平普遍低下。

现代人追求教育的品质，其根本原因就是科学技术的发展和社会生活的现代化，使得社会对公民的素质要求越来越高。

（二）生育、养育、教育子女的目的发生了变化

过去，生育子女是为延续“香火”“传宗接代”“继承家业”，这是尊崇祖先的表现，使家族不断延续。培养、教育子女，是为了“出人头地”“光宗耀祖”，教育的出发点是“长者本位”。

现在，生育子女主要是为了满足父母精神上的需要。培养、教育子女，也主要是为了使子女生活得比父母更幸福，教育的出发点是“幼者本位”。

过去，生儿育女是“养儿防老”，解决后顾之忧；现在，由于社会养老保险制度等的建立，“养儿防老”的思想已没有之前那么浓厚了。

（三）父母子女关系逐步转变为平等、民主关系

传统家庭的封建家长制下，家长对子女、长辈对晚辈拥有特权。《弟子规》

中说："父母呼，应勿缓；父母命，行勿懒；父母教，须敬听；父母责，须顺承。"家长拥有话语权，子女和晚辈没有话语权。如鲁迅先生所说："他们以为父对于子，有绝对的权力和威严；若是老子说话，当然无所不可，儿子有话，却在未说之前早已错了。"（鲁迅，《我们现在怎样做父亲》）过去说："怒笞不可偃于家，刑罚不可偃于国。"（《吕氏春秋·荡兵》）家长可以随便打骂，甚至操有贩卖、生杀予夺之权，比如溺婴、买卖婚姻等。

在现代社会家庭里，家庭教育是家长和子女之间的互动。家长可以批评子女，子女也可以对家长提建议。如果家长任意殴打子女，任何人都可以制止，打伤了还要负法律责任。

（四）家庭教育由"粗放型"逐步转变为"集约型"

所谓"粗放"，原是指农业生产，即在同一土地面积上投入较少的生产资料和劳动，进行浅耕粗作，用扩大耕地面积的方法来提高产品总量，这种经营方式叫作"粗放经营"。所谓"集约"，指在农业生产上，在同一土地面积上投入较多的生产资料和劳动，进行精耕细作，用提高单位面积产量的方法来增加产品总量，这种经营方式叫作"集约经营"。

传统家庭中的子女比较多，家长的主要精力和时间是维持全家人的生计，没有精力和时间培养、教育孩子，类似于"浅耕粗作"，是"粗放经营"家庭教育；现在，子女越来越少，家庭生活负担轻，家庭经济收入增加，家庭有条件、有能力精心培养教育孩子，类似于"精耕细作"，是"集约经营"家庭教育。

（五）家庭教育模式发生了变化

传统家庭教育模式是封闭的，现代家庭教育的模式逐步走向开放，主要表现在如下几方面。

一是传统家庭教育的过程是单向的，主要由长辈教育晚辈。原因是在过去，人与人之间所传递的主要是直接经验，比如，生产劳动经验、生活常识等，自然是长者教育幼者。

在现代家庭里，家长和子女之间的关系越来越平等、民主，长辈和晚辈可以相互教育；现在的社会已经产生了变化，有些知识必须是晚辈教育长辈，比如，电脑知识和实际操作等。这样，就实现了家长和子女相互教育。

二是传统的家庭教育主要是在家庭里接受家长的教育，子女与社会相隔绝。现在，越来越多的家长主动打开家庭的大门，让子女到社会上，利用社会生活教育子女。

三是传统的家庭教育说教多，实践少；现代的家庭教育越来越重视让子女参加社会实践，在实践中学习，开阔眼界，增长才干，在实践中得到锻炼和提高。

（六）家族教育传统的制约和影响越来越小

传统的家庭对子女的教育，往往受到家族教育传统的制约和影响。过去教育子女，首先看祖辈人怎么说，家训怎么写，因为祖宗之法不能变，违背了祖宗之法就是忤逆不孝。就是家长想变也变不了，因为人们长大后还是生活在家庭里，摆脱不了祖宗之法的控制。

现代社会，孩子长大以后就离开了家庭，有的到了外地，有的到了国外。家族对人们渐渐地失去了约束力，家族想制约和影响孩子也是“鞭长莫及”。做了父母的人，不再把家族的家庭传统当成“尚方宝剑”，教育子女较少问祖辈人是怎么说的，较少看家训是怎么写的，而是看书上是怎么说的，都在千方百计地学习科学的家庭教育理论知识，甚至努力借鉴外国的教育经验。

（七）子女的发展方向逐步转变为自主选择

在传统社会的家庭里，子女后代的发展方向由家长决定，一般是子承父业。如《管子》一书中所说：“士之子恒为士”“农之子恒为农”“工之子恒为工”“商之子恒为商”。《礼记 · 学记》中说：“良冶之子，必学为裘；良弓之子，必学为箕。”就是人们常说的“克绍箕裘”。特别是那些有一技之长的家长，往往喜欢强迫子女继承父业。

现在，子女的发展方向由子女自己决定，家长一般不再强行干预，这是现代家庭教育的一个重要特征。

四、现代家庭教育的逐步推进

在中国，从五四运动开始，一些新文化的倡导者，从20世纪初就开始发表推动家庭教育改革的文章，出版改革家庭教育的著作。

著名学者胡适在17岁的时候，就率先发表了《论家庭教育》一文，主张改革旧的家庭教育，大力倡导新型家庭教育。1919年，他又写了《我的儿子》一诗，说“但是你既来了，我不能不养你教你；那是我对人道的义务，并不是待你的恩谊。将来你长大时，莫忘了我怎样教训儿子：我要你做一个堂堂的人，不要你做我的孝顺儿子。”[①] 表达了作者倡导新型家庭教育的强烈愿望。

1909年，著名教育家黄炎培发表《理想的家庭》一文，提出改良传统家庭的主张，倡导文明、科学的生活方式，给子女创造一个良好的家庭生活环境。

1916年，中国共产党早期青年运动领导人恽代英发表《家庭教育论》，提倡新型的早期家庭教育。这是中国第一篇运用马克思主义理论观点论述家庭教育的专业论文，具有划时代的意义。

1916年，广东省最高行政长官、省长朱庆澜，自费出版自编的《家庭教育》一书，分发给广东全省的居民，积极倡导、推行现代家庭教育。

从1919年开始，鲁迅先生先后发表《随感录二十五》(1918年)、《我们现在怎样做父亲》(1919年)、《忽然想到（五）》(1925年)、《二十四孝图》(1926年)、《五猖会》(1926年)、《上海的儿童》(1933年)、《从孩子的照相说起》(1934年)

① 本句话摘自1919年7月30日《每周评论》。

等10多篇家庭教育文章，破旧立新，旗帜鲜明，彻底批判了旧的家庭教育，积极倡导新的家庭教育。

1919年，著名教育家蔡元培发表《贫儿院与贫儿教育的关系》一文，一针见血地指出旧家庭教育的天然弊端，以警示人们加以改进。

1919年，著名学者林语堂发表《中国人的家族理想》，批判了封建的家族思想，鼓励人们挣脱精神上的封建枷锁。

1920年，著名学者、思想家吴虞发表《说孝》一文，指出父母子女，不必有尊卑的观念，倡导要承认子女有独立人格，大家都向"人"的道路上走。

1923年，上海商务印书馆出版熊翥高的《家庭教育与学校》一书。

1925年，伟大的教育家陈鹤琴出版了《家庭教育——怎样教小孩》一书，都将近一个世纪了，还在继续再版。此后，他还发表了一系列家庭教育文章，诸如，1927年，在《幼稚教育》杂志第1卷第1期发表了《我们的主张》；1934年4月4日，在上海《时事新报》发表《儿童教育的根本问题》；1935年，在《教育杂志》第20卷第12号发表《怎样做父母》；1937年，在《播音教育月刊》第1卷第5期发表《怎样做父母》和《怎样教小孩》；1943年，在《活教育》月刊第3卷第8期发表《怎样做父母》；1948年，出版《怎样做父母》小册子；1951年，在《新儿童教育》第6卷第10期发表《如何使幼稚生适应新环境》；等等。

1926年，上海中华书局出版徐松石的《家庭教育与儿童》。

1936年，著名教育家黄炎培发表《怎样教我中学时期的儿女》，主张家长对中学生进行职业教育，希望父母既是子女的"严师"，又是子女的"朋友"。

1937年，上海商务印书馆出版黄觉民的《家庭教育之理论与实践》一书。

1940年，著名文学家聂绀弩发表《怎样做母亲》，与鲁迅的《我们现在怎样做父亲》相呼应，第一次提出"怎样做母亲"的问题，控诉了旧家庭教育中对孩子的体罚行为。

从1940年开始，著名学者梁实秋先后发表《孩子》《教育你的父母》《孩子——弯曲的小树长大是否会变直？》等专门论述家庭教育的文章，批评了“树大自然直”的思想，首次提出父母要接受孩子的教育的命题。

1941 年，文化图书公司出版俞念远的《新家庭教育》一书。

从 1931 年开始，著名教育家张宗麟先后发表《幼稚教育与家庭教育》《最需要幼稚教师帮助的母亲》和《怎样做合乎时代潮流的父母》等文章。

1946 年，上海中国女服务社出版须养本的《家庭教育理论与实践》一书。

在此期间，中国人把视野扩展到国外，我国也翻译出版了不少外国的家庭教育著作。1909 年，出版了德国教育家撒瓦士曼氏写的《蒙养镜》一书；1918 年，中华书局出版了日本民友社编写的《家庭教育》一书；等等。

新中国成立以后，宋庆龄先后发表《致父母、教育工作者和儿童保育工作者的一封公开信》《把教养儿童的责任担当起来》《在儿童节向母亲们说几句话》《把培养革命后代的责任担当起来》等文章。

1981 年，《傅雷家书》出版，成为我国现代家庭教育成功的范本。

1987 年，老一辈无产阶级革命家聂荣臻发表“关于抓好干部子女家庭教育的信”和“谈家庭教育”的系列文章，专门论述了干部子弟的家庭教育问题。

从这些文章和著作中，我们可以清楚地看到中国家庭教育从近代开始究竟发生了哪些变化，且是怎样发生变化的；也看到了大批进步人士为改革传统的家庭教育所作的努力和贡献。

五、母亲在家庭教育中角色的转换

在传统社会的家庭里，教育子女的责任主要是父亲承担，母亲则主要负责抚养。过去，“父严母慈”的说法，并非指的是父母的教养态度，而是说父母在子女家庭抚养和教育中的责任和角色的不同。

在现代社会，母亲在子女教育中的作用越来越受到重视。这与社会的发展和进步、妇女的文化素养和社会地位的提高有直接的关系。

1931年，上海中华书局印行了欧阳溥存撰写的《母道》一书。这是一本专门给母亲介绍家庭教育艺术的书，以警示为人母者。作者认为，母亲作为一家之中心，是最重要的家庭教师，因而，对母亲的教育是关系到国家发展的头等大事，是关系到家庭教育成败之关键。作者说："为良妻贤母者，妇人本分也。"妇人的这种本分是由其与男子不同的身心特点所决定的。每个妇人首先应从主观上勿忘本分，重视对儿童教育所承担的责任，万不可放任自流。

该书共有15章，分别论述了妇人之本分、母亲当如何尽其天职、母亲当如何养成儿童服从之美德、母亲当如何养成诚实之美德、母亲当如何养成廉正之美德、母亲当如何养成儿童之自信力及自觉心、母亲当如何养成勉励与秩序之精神、母亲当如何养成勤俭之精神、母亲当如何养成礼让之观念、母亲当如何养成爱及同情之观念、母亲当如何养成美及清洁之习惯、母亲当如何赏罚儿童、母氏对儿童交游当如何注意、母氏当如何处置儿童轻微之过失、母氏管理不逊儿童之法等问题。在该书最后，还列出了24种母亲的气质及其对家庭教育所产生的影响。

1935年，上海女子书店又印行了绿萍的《母亲日记》一书；1945年，印行了熊芷的《母亲学》一书；1946年，正中书局印行了傅琴心的《母教》一书；1948年，正中书局印行了张天麟的《中国母亲的书》一书；等等。

1942年11月20日，周恩来在《新华日报》上发表了《论"贤妻良母"与母职》一文，高度评价了母亲的职责。他说：

"为着人类绵延、民族的繁荣，尤其是为着目前健强我们中华民族的万代子孙，我们极需尊重母职，提倡母职。"

"狭义说，十月怀胎，婴儿哺育，均属母职。广义说，代人哺婴，公共育儿，又何尝不是母职？！幼年教育，以女性担任为当，是母职的扩大。中国古礼中的长嫂如母，是代行了母职。母职，是妇女在人类社会中最光荣的天职。我觉得，泛论下来，世界上没有任何一种任务，再比母职光荣和永恒的了。"

新中国成立以后，母亲的作用受到高度重视。1958年六一儿童节期间，宋庆龄在《人民日报》上发表了《在儿童节向母亲们说几句话》一文。文章一开头，首先强调了家庭、父母，特别是母亲对儿童成长的作用。她说："孩子们的性格和才能，归根结蒂是受到家庭、父母，特别是母亲的影响最深。"她希望广大母亲要具备爱、劳动、勇敢、诚实、集体主义等人类最优秀的品质，以身作则，给孩子做出榜样。

1981年5月16日，中共中央以中发〔1981〕19号文件，向各省、市、自治区转发全国妇联党组《关于两个会议情况及1981年妇联工作要点的报告》的通知。通知指出："全国妇联应把抚育、培养、教育三亿以上的儿童和少年，作为自己的工作重点。"要求各级妇联"做好家庭教育工作，帮助家长加强和改进对子女的教育"。

40多年来，根据中央文件的精神，全国各级妇联组织纷纷参与家庭教育的理论研究和指导工作，开办孕妇学校、母范学堂，开展家庭教育咨询，创办家庭教育报刊，出版指导母亲教子的图书，取得了令人瞩目的成绩。

六、家庭教育逐渐得到法律的维护

长期以来，人们都认为家庭教育是私人行为，是"家事"，只能用"家法""家规"来规范，难以用现代法治社会的"国法"来规范。

随着现代社会的发展，家庭教育在个体成长与社会发展中的作用越来越明显，地位越来越重要。家庭教育从性质上来说虽是一种"私人教育"，但又关乎社会的稳定和发展。因此，越来越多的国家开始对家庭教育进行立法干预。

事实上，许多国家不乏对家庭等私人领域进行立法干预的法律，如家庭暴力法、婚姻法、生育法等。对于家庭教育进行法律干预也是顺理成章、不可避免的。

比如，《德意志联邦共和国基本法》（1949年）规定："抚养与教育子女为父母之自然权利，亦为其至高义务，其行使应受国家监督。"

《瑞士民法典》规定："父母应负担子女的抚养费，其中包括教育、职业培训及子女保护措施的费用；父母应通过保护及教育履行抚养义务。"

英国1944年颁布的《教育法》规定："父母保证子女接受教育的职责……学生按照家长的意愿接受教育。"

法国1989年颁布的《教育方向指导法》规定："学生的家长是教育共同体成员。各校应保证家长参与学校生活并且与教师及其他人员进行对话。"

澳大利亚《家庭法》强调"把孩子放在首位"，确保尽可能多的孩子在有父母双方关爱和支持的安全环境里成长。

新西兰于2004年颁布的《儿童抚养法》规定，父母对孩子负有"责任"，注重孩子的权利，鼓励父母对子女的合作养育等。

美国有《家庭教育权利和隐私法案》(1974年)、《家庭支持法案》(1988年)、《家庭与医疗休假法案》(1993年)、《家庭法》(1996年)、《儿童虐待防治法案》，等等。

中国进入近代社会以后，随着对"西技""西政""西学"的学习不断深入，西方的议会制度、法律制度也逐步传入中国，直接推动了我国家庭教育制度的建立。

清末废除科举制度后，实行"新政"，进行了教育改革。新式学堂代替了传统的私塾和书院，国人也开始反思本国的家庭教育模式。1904年，《癸卯学制》颁行，通过了《蒙养院及家庭教育法》(详见第274页附1)，这是我国对家庭教育进行的最早的专门立法，是中国家庭教育法制化的开端。其中有关家庭教育的内容如下。

1. 规定儿童蒙养教育的主要途径是家庭教育，蒙养则起辅助作用。"蒙养家教合一之宗旨，在于以蒙养院辅助家庭教育，以家庭教育包括女学。"

2. 规定要大力向家长传播家庭教育的知识。要求官编"女教科书""外国家庭教育之书"散发每个家庭，目的是把有儿童的家庭都办成"蒙养院"。

3. 特别注重女子教育。"女学原不仅保育幼儿一事，而此一事尤为重要；

使全国子女无学，则母教必不能善，幼儿身体断不能强，气质习染断不能美。”

4. 提出学龄前儿童家庭教育的指导思想。学龄前儿童保育教导任务是保健身体、开发智力、养成良好习惯；教育原则是量力而行、循序渐进，要有针对性，要以身作则、创造良好环境等。教育内容和方法是游戏、歌谣、谈话、手技等。

民国年间，我国家庭教育归属于社会教育范畴。当时的教育部设有社会教育司，家庭教育工作便由该司负责。教育部于1940年颁发了《推行家庭教育办法》(详见第279页附2)。

该办法总共19条，对于家庭教育的对象、内容、形式、办学经费、工作考核等方面做了规定。1941年，根据《推行家庭教育办法》的相关条款，政府又制定颁布了《家庭教育讲习班暂行办法》，对开设家庭教育讲习班的主体、宗旨、对象、教学安排、经费预算等做了进一步的规定（详见第282页附3）。之后又颁布了《家庭教育实验区设施计划要点》(详见第284页附4)。

新中国成立以后，我国相关法律也规定了干预家庭教育的内容。1982年颁布的《中华人民共和国宪法》规定“父母有抚养教育未成年子女的义务，成年子女有赡养扶助父母的义务”；1991年全国人民代表大会通过、2006年修订的《未成年人保护法》在“家庭保护”中要求父母或者其他监护人应当以健康的思想、良好的品行和适当的方法教育未成年人；1999年通过实施的《预防未成年人犯罪法》，有多章、多款都规定了家庭教育的责任与要求。目前，我国《家庭教育法》的制定工作正在进行中。

进入现代社会以后，虽然学校教育的普及程度大大提高，社会教育也日益发达，但人们并没有因此而忽视家庭教育；相反，更加关注对家庭教育实践问题和理论的研究。

现代家庭教育，除了更加重视母亲在家庭教育中的作用、走上家庭教育法制化的道路之外，也同时主张家庭教育中应以“儿童为本”，开始用马克思主义的观点观察和研究家庭教育问题，进一步促进了现代家庭教育的发展。

世界著名的哲学家、教育家罗素，虽然没有家庭教育方面的专著，却很重视家庭教育。20世纪初，他曾来华讲学，他的教育思想对中国有一定的影响。

20世纪30年代，苏联著名教育家马卡连柯对马克思主义的家庭教育学理论作出了极为重要的贡献。他的《父母必读》一书，是一部伟大的马克思主义家庭教育学专著，在世界范围内，特别是在中国产生了很大的影响。

近些年来，苏联现代教育家苏霍姆林斯基，在20世纪70年代撰写的《家长教育学》一书，也在我国得到广泛流传。

进入现代社会，中国的家庭教育受到人们空前的重视，家庭教育思想也异常活跃。鲁迅、陈鹤琴、恽代英、王鸿俊、宋庆龄的家庭教育思想，对于推动和振兴我国的家庭教育事业发挥了很大的作用，很值得我们认真学习和研究。

附1：

《蒙养院及家庭教育法》

(奏定蒙养院章程及家庭教育法章程)

光绪二十九年（1903年）

蒙养家教合一章第一

第一节　蒙养家教合一之宗旨，在于以蒙养院辅助家庭教育，以家庭教育包括女学。

第二节　蒙养院专为保育教导3岁以上至7岁之儿童，每日不得超过4点钟。

按各国皆有幼稚园，其义即此章所设之蒙养院，为保育3岁以上至7岁幼儿之所，令女师范生为保姆以教之。中国此时情形，若设女学，其间流弊甚多，断不相宜；既不能多设女学，即不能多设幼稚园，唯有酌采外国幼稚园法式，定为蒙养院章程。

第三节　凡各省府厅州县以及极大市镇，现在均有育婴堂及敬节堂（即恤嫠堂），兹即于育婴敬节二堂内附设蒙养院。

第四节　各处育婴堂规模大小不一，现均筹有常年经费；其规模过狭者，应设法扩充屋舍，增加数额；乳媪必宜多设，以期广拯穷婴。每堂乳媪之数，省城至少须在50人以外，各府县城至少须在30人以外，即于堂内划出一院为蒙养院，令其讲习为乳媪及保姆者保育教导幼儿之事。由官将后开保育要旨条目，并将后开之宫编女教科书，家庭教育书刊印多本，发给该堂，令其自相传习。乳媪既多，其中必有识字者，即令此识字之乳媪为堂内诸人讲授。此讲授之人，每月格外优给工资，由该堂员董察其是否得力酌办。日久效著者，可随时酌加。若堂内乳媪全无识字者，即专雇一识字之老成妇人入堂，按本讲授。凡本地拟充乳媪谋生之贫妇，愿入堂随众讲习者听（即听便）。人数限30人以内，严禁拥挤杂乱；责成该堂员董稽察（乳媪即须做保姆之事，惟年壮有夫可兼充乳媪耳，其为保姆则一也）。

第五节　各处敬节堂本是极要善举，亦应设法扩充屋舍，增加额数，以惠穷嫠（即寡妇）。每堂养赡节之数，省城至少须在50名以外：各府县城至少须在30名以外。即于堂内划出一院为蒙养院，令其讲习为保姆者保育教导幼儿之事（盖各处贫苦嫠妇，多系为人做活计，当女佣保姆之属，必其无生计可图者乃肯入敬节堂耳。若教以为保姆之技能，固穷嫠之所愿也）。由官将后开保育要旨条目，并将后开之宫编女教科书，家庭教育书刊印多本，发给该堂。其中节妇亦有识字者，即令其为堂内诸人讲授，每月格外优给银赡，由该堂员董察其是否得力酌办。日久效著者，可随时酌加。若堂内节妇全无识字者，即专雇一识字之节妇入为之教授。其堂内节妇有癃老已甚，或志在清静寂处，拟自谋生计，不愿来听讲授者亦听其便。凡本地受人雇保姆之贫妇，愿入堂随众讲习者听（听便）。人数限30人以内，严禁拥挤杂乱，责成该堂员董稽察。

第六节　两堂开办一年以后，由各该堂员董考察其讲授之礼节，讲习认真，保育教导合法者（此事甚浅近易晓，众目共见，不患其不公），禀明地方官分别给予奖赏，并发给保姆教凭单。其在育婴敬节两堂学保姆者，无论院内院外，均发给蒙养院学过保姆凭单，听其自营生业；讲习无成效者，不给凭单。

第七节　外国女师范学堂，例置保姆讲习科以教成之；中国应因无女师范生，故于育婴敬节两堂内附设蒙养院。所学虽然较浅，然其中紧要理法已得大要，已远胜于寻常之女佣。各省贫家妇人，愿为乳媪及抱儿之保姆女佣资以糊口者甚多，此事学成不过一年，领有凭单，辗转传授，雇值必可加丰，实为补益贫民生计之一大端。

第八节　凡两种蒙养院中，本地附近幼儿，其父母愿送入其中受院内之教育者听，以便院中学保姆者练习实地保育之法。其每院人数之多少，由地方官及绅董体察情形酌办，如贵族绅富自愿延请女师在家教授者听便。

第九节　保姆学堂既不能骤设，蒙养院所教无多，则蒙养所急者仍赖家庭教育，唯有刊布女教科书之一法。应令各省学堂将《孝经》《四书》《列女传》《女诫》及《教女遗规》等书，择其最切要而极明显者，分别次序深浅，明白解说，编成一书，并附以图，至多不得过两卷。每家散给一本。并选取外国家庭教育之书，择其平正简易，与中国妇道妇职不相悖者（若日本下田歌子所著《家政学》之类），广为译书刊布。其书卷帙甚少，亦宜家置一编。此外如初等小学课本及小学前二年之各种教科书，语甚浅显，地方官宜广为刊布；妇人之识字者即可自看自解，以供自教其子女之用。其不识字不能自行观览者，或由其夫、或请旁人为之讲说；有子者母自教其子，以为入初等小学之基，有女者母自教其女，以知将来为人妇为人母之道；是为人母者皆行自其教育于家庭之中，母不能教者或雇保姆以教之，是家家皆自有一蒙养院矣。

第十节　三代以来女子亦皆有教，备见经典。所谓教者，教以为女为妇为母之道也。唯中国男女之辨甚谨；少年女子断不宜令其结队入学，游行街市，且不宜多读西书，误学外国习俗，致开自行择配之渐，长蔑视父母夫婿之风。故女子只可于家庭教之，或受母教，或受保姆之教，令其能识应用之文字，通解家庭应用之书算物理，及妇职应尽之道，女工应为之事，足以持家教子而已。其无益文辞概不必教，其干预外事、妄发关系重大之议论，更不可教。故女学之无弊者，唯有家庭教育。女学原不仅保育幼儿一事，而此了一事尤为重要；使全国子女无学，则母教必不能善，幼儿身体断不能强，气质习染断不能美。蒙养通乎圣功，实为国民教育第一基址。

保育教导要旨及条目章第二

第一节　保育教导要旨如下（外国所谓保育，即系教导之义，非仅长养爱护之谓也。兹故并加"教导"二字以明之——原注）：

（一）保育教育儿童……使之远于浇薄之恶风，习于善良之轨（规）范。

（二）保育教导儿童，当体察幼儿身体气力之所能为，心力知觉之所能及，断不可强授以难记难解之事，或使为疲乏过度之业。

（三）保育教导儿童，务留意儿童之性情及行止仪容，使趋端正。

（四）儿童重性情极好模仿，务专意示以善良之事物，使则效之，孟母三迁即此意也。

第二节　蒙养院保育之法，在就儿童最易通晓之事情，最所喜好之事物，渐次启发涵养之，与初等小学之授以学科者迥然有别。其保育教导之条目如下：

（一）游戏　游戏分为随意游戏及同人游戏两种：随意游戏者使幼儿各自运动，同人游戏者合众幼儿为诸种之运动，且使合唱歌谣，以节其进退；要在使其心情愉快活泼，身体健适安全，且养成儿童爱众乐群之气习。

（二）歌谣　歌谣俟幼儿在五六岁时渐有心喜歌唱之际，可使歌平和浅易之小诗，如古人短歌谣及古人五言绝句皆可，并可使幼儿之耳目喉舌运用舒畅，以助其发育，且使心情和悦为德性涵养之质。

（三）谈话　谈话须择幼儿易解及有益处、有兴味之事实，或比喻之寓言，以期养其性情兴致；与小儿对话时，且就常见之天然物及人工物等指点言之，并可启发其见物留心之思路。其所谈之话，儿童已通晓时，保姆当使儿童演述其要领。演说之际务使声音高朗，语无滞塞，尤不许儿童将说话之次序淆乱错误。

（四）手技　手技授以盛长短大小各木片之匣，使儿童将此木片做房屋门户等各种形状；又授以小竹签数茎及豆若干，使儿童做各种形状，又使用纸做各种物体之形状；更进则使用黏土做碗壶等形。又使于蒙养院附近之庭院内，播草木花卉之种于地，浸润以水与肥料，使观察其自发生以至开花结实等各形象。诸如此类，要在使引导幼儿手眼，使之习用于有用之处，为心知意兴开发之资。

第三节　保育教导幼儿之时刻，每一日不得过四点钟（含饮食之时刻在内）；此外余时，可听其自便，唯伤身之事须随时防范。

屋场图书器具章第三

第一节　蒙养院房舍：以平地建造为宜，断不可建造楼房，致儿童登降有危险之虞。

第二节　蒙养院当备保育室、游戏室及其他必需之诸室。

第三节　保育室面积之大，当合每幼儿五人占地六平方尺。

第四节　庭园面积之大，至小者当合幼儿一人占地六平方尺。

第五节　凡手技用之器物图画、游戏物具乐器、几案椅凳、时辰表、寒暑表、暖房器及其他必需之器具，视其经费酌量置备，但只可简朴，不可全缺。若各器俱无，即无从指点引导矣。

第六节　院地内外一切卫生等件，均按照小学堂之例。

管理人事务章第四

第一节　蒙养院置院董一人，管理院中一切事务事酌设。但董司均须择老成端谨而又和平耐烦者。

第二节　蒙养院中董事司事人等，若系官立者：由官选派；若系乡村公立者，由绅董公议，禀请本地方官核定。若私立之蒙养院，则由创设者自主之，亦须禀报本地方官批准立案。无论公立私立，均须禀明本省学务处以备查核。

附2：

《推行家庭教育办法》

民国二十九年（1940年）九月二十八日

部令三二〇四六号公布

第一条　各级教育行政机关应督导各级学校、社会教育机关及文化团体、妇女团体，按照本办法之规定，积极推行家庭教育。

第二条　各省市教育厅局应于主管社会教育之科股，指定职员一人，办理家庭教育行政事宜。

第三条　各县市政府应组织家庭教育委员会，主持全县市家庭教育计划及推行事宜。其办法另订之。

第四条　各县市所属区署乡镇公所及保办公处，应分别责成教育指导员、文化股主任及文化干事等，依照本办法之规定，协同当地教育机关团体，推行家庭教育。

第五条　各级学校推行家庭教育，均由各该校社会教育推行委员会主持办理之。但女子学校及女生数超过学生总数半数以上之学校，得组织家庭教育委员会，主持各该校所在地家庭教育推行事宜。其办法另订之。

第六条　各级社会教育机关推行家庭教育，均由办理教导工作部分主持之。

第七条　各级学校及社会教育机关推行家庭教育，全体教职员及学生均应参加，并得以女教职员为主办人员。男教职员眷属曾受相当教育者，得邀请参加家庭教育推行工作。

第八条　中等以下学校及社会教育机关推行家庭教育，以举办家庭教育讲习班为主要工作，其详细办法另订之。

第九条　全国专科以上学校，除各师范学院及设有教育学系之大学或独立学院应办理左列（横排后即为“下列”，余同。——引者注）事项两种以上外，其他各院校应就性质所近就左列（下列）事项酌量办理：

一、家庭教育公开讲演；

二、家庭教育通讯研究；

三、家庭技术之指导；

四、家庭指导人员之训练；

五、家庭教育问题之研究；

六、家庭教育图书杂志之编译；

七、其他。

第十条　全国中等学校，除必须举办家庭教育班外，应各就性质所近，办理左列（下列）事项两种以上：

一、恳亲会；

二、家庭教育讲习会；

三、家事公开讲演；

四、儿童健康比赛；

五、各项家事比赛；

六、儿童教育指导；

七、育婴指导；

八、家庭医药卫生指导；

九、家政管理指导；

十、家庭副业指导；

十一、家庭实行新生活指导；

十二、家庭教育通讯研究；

十三、其他。

第十一条　全国国民学校、中心学校、小学幼稚园及民众学校除必须举办家庭教育班外，应各就学校班级数及教职员数之多寡，斟酌办理左列（下列）事项两种以上：

一、学生家庭访问；

二、恳亲会；

三、特约模范家庭；

四、主妇会；

五、各项家事比赛（如家庭整洁、烹调、缝刺等比赛）；

六、儿童教育指南；

七、育婴指导；

八、家庭医药卫生指导；

九、家政管理指导；

十、子女婚姻指导；

十一、礼俗改良指导；

十二、家庭消费合作指导；

十三、家庭副业指导；

十四、家庭实行新生活指导；

十五、其他。

第十二条　各级女子学校及女生超过学生总数半数以上之学校，除应遵照第九、第十、第十一各条分别办理家庭教育外，并应秉承或协助当地教育行政机关，负设计推动所在地家庭教育之责。

第十三条　全国民众教育馆应一律以推行家庭教育为主要工作。除必须举办家庭教育班外，省市立民众教育馆应按照第十条所列各事项办理四种以上，县市立民众教育馆应按照第十一条所列各事项办理三种以上。

其他各社会教育机关，均应各就所长，推行家庭教育。除必须举办家庭教育班外，省市立社会教育机关，应比照第十条所列各事项办理三种以上，县市立社会教育机关应比照第十一条所列各事项办理二种以上。

第十四条　各级学校及社会教育机关，于每年度开始时，应将家庭教育推行计划，于兼办社会教育计划，或本学校机关工作进行计划内，专项列报主管教育行政机关核准施行（各级学校以学年度为准，社会教育机关以历年度为准，以下同此）。

第十五条　各级学校及社会教育机关推行家庭教育所需经费应于各该学校机关经费内动支，不足之数，得呈请主管教育行政机关酌予补助。

第十六条　各级教育视察人员于视察各级学校及社会教育机关时，对于家庭教育推行情形，应随时予以指导及考核。

第十七条　各级学校及社会教育机关，于每年度终了时，应将本年度内推行家庭教育情形，编制报告，或并于兼办社会教育或本学校机关工作总报告内，呈报主管教育行政机关备案。

第十八条　各地方文化团体、妇女团体推行家庭教育应参照不办法之规定，商承各县市家庭教育委员会单独办理各项工作或参加各级学校及社会教育机关协同工作。

第十九条　本办法自公布日施行。

附3：

《家庭教育讲习班暂行办法》

民国三〇年（1941年）五月二十八日

部令二〇五三七号公布

一、本办法根据《推行家庭教育办法》第八条之规定订定之。

二、中等以下学校、社会教育机关及各文化团体、妇女团体推行家庭教育，应以举办家庭教育讲习班为主要工作。

三、家庭教育讲习班以训练妇女，推行家庭良好教育，激发民族意识，灌输家事常识，改善家政管理，促进社会进步为宗旨。

四、家庭教育讲习班之举办，其主持人员规定如下：

（一）各学校：由家庭教育委员会主持之。其未组设此项委员会者，由本校社会教育推行委员会主持之，因规模甚小，未设置上述两委员会者，由校长主持之。

（二）各社会教育机关，由办理教导工作部分主持之。

（三）各文化及妇女团体，由有机关教育或训练部分主持之。

五、各学校、机关、团体举办家庭教育讲习班时，由主持人员指定一部分教职员、学生办理之，但女教职员及学生应全数参加或轮流工作，男教职员眷属得邀请担任家庭教育讲习班各项工作。

六、凡负管理家务及教养儿童责任之妇女，均应加入附近学校、机关、团体所设之家庭教育讲习班，在校学生之母姊及教职员之家属，均须首先加入，以资倡导。

七、家庭教育讲习班之教学时间及方式如左（下）：

（一）各学校：每星期日举行集合教学一次，每次以二小时为度，寒暑假期内如有学生留校，每星期举行集合教学一次或两次，其时间由各校自定之。其他假日须举行讲演、讨论、展览或娱乐等活动。

（二）各社会教育机关，每星期举行集合教学至少两次，其日期及时间自行订定，每次以二小时为度。遇有纪念节日集合举行各种临时活动。

（三）各文化及妇女团体：每星期至少集合教学一次，每次以二小时为度，其日期及时间自行订定。

八、家庭教育讲习班集合教学时，以讲习讨论为主，其教材可采用部编家庭教材，各省市教育行政机关得编印地方性补充教材，分发应用，但应呈报教育部备案。

九、家庭教育讲习班得视班数及学生数之多少，酌设主任一人及教导事务等职员数人，由主办学校、机关、团体酌聘之。

十、参加家庭教育讲习班之学生，如具有相当教育程度或擅长家事者，得实施互教制，指定担任教学及指导等事宜。

十一、家庭教育讲习班之办理，应利用原有学校、机关、团体之房舍及设备。

十二、家庭教育讲习班之经费，由原有学校、机关、团体支给之，并须列入预算。各县市教育行政机关得斟酌地方经费状况，列支家庭教育经费，以便择优补助。

十三、家庭教育讲习班之修业期限，定为六个月至一年，以部编家庭教材讲授完毕为度。期满考查成绩及格者，由县市教育行政机关发给证明书。

十四、家庭教育讲习班每届结业后，其学生应即组设或加入当地妇女会。

十五、教育行政机关以各学校及各社会教育机关办理家庭教育讲习班之成绩，列入考绩，其办法另订之。

附 4：

《家庭教育实验区设施计划要点》

民国三〇年（1941 年）二月二十五日

公布

（一）设区目的

教育部为试验实施家庭教育方法，以谋推行尽利起见，特设立家庭教育实验区（以下简称本区）。

（二）设区地点

家庭教育实验区暂开办两区，其地点为四川省江津县属白沙镇及四川省嘉陵江三峡实验区属北碚镇两处。其详细之区域划分，由承办机关勘定之并呈报教育部备案。

（三）承办机关

本区一切进行事宜，由教育部指定国立女子师范学院及国立重庆师范学校分别规划办理之。

（四）实验期限

本区实验期限暂定为三年，但得酌予缩短或延长之。

（五）组织

国立女子师范学院及国立重庆师范学校应遵照教育部颁布之推行家庭教育办法第五条之规定，各组织家庭教育委员会，办理本区一切事宜。

前项委员会，以左列（下列）人员为委员组成之：

（1）院长（或校长）；

（2）训导主任；

（3）家庭教育委员会秘书；

（4）担任教育学科之教员一人或二人；

（5）当地县政府及区公所代表一人；

（6）当地有关学校、团体、机关代表及其他热心家庭教育人士若干人。

前项委员均由院长（或校长）拟定，呈报教育部核准后聘任之。

前项委员会，设正副主席各一人，正主席由院长（或校长）担任，副主席由全体委员公推之。

前项委员会，设秘书一人，干事及助干事若干人，由院长（或校长）酌聘之。

（六）工作人员

本区之工作，凡国立女子师范学院及国立重庆师范学校之有关教职员均应参加，由院长（或校长）指定之。各院校之学生，一律以推行家庭教育作为办理社会教育及从社会服务之主要工作，而女子师范学院之家政系、教育学系学生，更应全体参加，其详细办法由各该家庭教育委员会定之。

（七）实验目标

本区实验目标，兹就政治、经济、教育、卫生等方面分别要项如下：

甲、政治方面

(1) 能了解并信仰三民主义。

(2) 具有国家观念及参加政治的兴趣与习惯。

(3) 具有抗战必胜、建国必成的信念。

(4) 具有注意时事的习惯。

(5) 具有守法及服从纪律的习惯。

(6) 具有直接使用民权的能力。

(7) 能积极参与地方自治活动及各种民众组织。

(8) 能实行新生活。

(9) 能按时参加国民月会，实行国民精神总动员。

乙、经济方面

(1) 能有节俭储蓄的良好习惯。

(2) 能选择正当的职业，并具有乐业的精神。

(3) 能编制家庭预算，量入为出。

(4) 能制备家庭簿记，作简明日用的计算。

(5) 能利用空间，经营有益之家庭副业。

(6) 能实行合理的经济的婚丧礼节。

(7) 能一致参加或提倡组织消费生产等合作社。

(8) 能具有改善衣食住行的能力。

丙、教育方面

(1) 幼稚园、托儿所设立完成，学龄前儿童全部受有相当的教育。

(2) 国民学校、中心学校使普通学龄儿童及失学成年男女全部入学。

(3) 全体居户均有担当的家庭教育设备。

(4) 成立各种研究会社，民众均具有进修补习的机会。

(5) 设置各种社会教育机关，推行社会教育，促进社会进步。

(6) 破除鬼神迷信，普及科学知识。

丁、卫生方面

(1) 能信从正式医生，革除疾病迷信。

(2) 能预防传染疾病，施行预防接种。

(3) 具有普通医药常识，设置家庭简易药箱。

(4) 具有家庭看护及急救的常识和技能。

(5) 能注意居住、衣服、饮食卫生，如改良厕所，人畜隔离，注意采光通气，防除蚊蝇、老鼠，注重食物清洁，饮水清洁及勤于沐浴更衣等。

(6) 能按期实行健康检查。

(7) 能踊跃参与各项体育游艺活动。

(8) 革除再婚、迟婚、缠足等恶习。

(9) 能注意妊妇卫生，采用新法接生。

(10) 能实施婴儿及学龄前儿童卫生。

(八) 设施方法

本区之事业设施，应注意下列各点：

(1) 推行之始，应集合参加工作之学生，于课外给予集中或个别之训练，予以必要之智识及技能之补充。

(2) 指导学生举行家庭访问及社会调查，藉以明了当地居户家庭之实际状况，及政治、经济、教育、卫生与娱乐等环境情形。

(3) 根据社会调查之统计结果，将当地一般家庭，按其性质，分若干类：如佃农家庭，自耕农家庭，地主家庭，工人家庭，劳动者家庭，商人家庭，教育者家庭，公务员家庭，抗属家庭等，每种家庭中择其与理想家庭标准比较符合者二三家，作为模范家庭，藉作施教对象之中心。其标准由各该院校拟定，经报教育部核定后施行。

(4) 本区应尽量利用各种有效的教育工具及方法，以推行家庭教育，如公演话剧，放映电影幻灯，收听教育播音，举行歌咏演奏，及各种展览与比赛等，均宜分别定期举办。

(5) 本区工作之进行，应尽量与有关机关、团体、学校联络合作，其须新设中心学校、国民学校及社会教育机关者，得商请地方政府分期设立之。

(6) 本区工作之进行，应以办理家庭教育班为主要工作，务须普及于全区。

(7) 本区推行家庭教育时，对于本区政治、经济、教育、卫生及娱乐环境之设计改善，及全体民众之组织与训练应积极协助当地主管行政机关进行。

(8) 参加工作之学生，应各认定负责推行之家庭若干家，并须定期比赛，至每期结束时，由家庭教育委员会逐项至各户考查，以为评定各负责指导学生成绩之依据。

(9) 本区工作开始时，应统盘筹划，将全部实验工作订定分期进度，呈经教育部核定后施行。

(10) 本区于每年度开始前应依照分期工作进度，拟具本年度详细工作计划，呈报教育部备案。

(九) 经费

本区所需开办费，得向国立女子师范学院及国立重庆师范学校分别拟具预算，呈报教育部核拨之，经常费应由各该院校拟具支付预算，呈报教育部核定后于各该院校经常费用内匀支，如有不足得呈经教育部核准，酌予补助。

(十) 奖惩

凡参与推行家庭教育之学生，均按其工作之勤惰与成绩之优劣，每年由承办机关严加考核，报经教育部核准后，分别奖惩之。

(十一) 附则

国立女子师范学院及国立重庆师范学校经教育部指定承办家庭教育实验区后，其遵章应办之其他社会教育及战时后方服务等事项，得酌予减免其全部或一部分。

第十二章
罗素的家庭教育思想[①]

第一节　罗素及其学术成就

伯特兰·罗素，20世纪世界上影响力最大的哲学家之一，1872年5月18日生于英国威尔士蒙穆士郡的特雷莱克，1970年2月2日去世。

罗素出身于贵族，祖父是著名的自由党政治家，两度出任首相。母亲出身于辉格党贵族，罗素的教父是著名的哲学家约翰·斯图亚特·弥尔（也译为约翰·穆勒）。罗素自幼失去父母，由祖父母抚养，在家里接受保姆和家庭教师的教育。1890年，罗素进入剑桥大学三一学院，主修数学，后来又通过了伦理学科学位的考试，荣获第一名。

罗素一开始研究哲学，便受到黑格尔辩证法的吸引。但他自幼时起受英国经验主义哲学的熏陶，特别是穆勒哲学的影响。加上他本人对数学的研究，很

① 特别说明：经作者同意，本文根据北京师范大学教育科学研究所硕士研究生王芳1996年的学位论文《罗素的家庭教育思想初探》（导师赵忠心）改编。特此致谢。

快就发现黑格尔的体系同自己所经验的和数学证明的不一样，因此开始怀疑。在反叛的过程中，他认为哲学必须建立在数学的精确论证基础之上。罗素于1895年完成了他的第一部哲学著作《几何学基础》，1903年写出《数学基础》（也译《数学原理》），1910～1912年与怀特海合作出版《数学原理》，从而奠定了他在数学界的地位。

1914～1918年，罗素完全投入到反战（指第一次世界大战）的社会活动中。从此，他不仅探求科学真理，而且探索社会道德、人生哲学等问题，写出了《自由之路》《心之分析》《社会改造原理》等著作。

1921年，罗素有了孩子，开始对幼儿教育尤为关注，于1926年写出《论教育：尤其是幼儿教育》。为了实践他的教育思想，1927年，罗素同妻子朵拉创办了皮肯希尔学校。1932年，出版了《教育与社会秩序》，总结皮肯希尔学校的经验与教训，进一步重述他原有的教育思想。

1938～1944年，罗素去美国担任访问教授，又开始研究哲学。《西方哲学史》《人类的知识：它的范围和限制》相继出版，1950年获诺贝尔文学奖。

罗素虽然出身高贵，但他的儿童时代生活并不幸福。他出生的第二年，父亲得了重病。次年，姐姐得了白喉，为看护姐姐，母亲也被传染，两人先后去世。他的父亲不久也去世了。当时罗素还不到4岁，虽然他还不太明白到底发生了什么事情，但他那极为敏感的心灵却产生了一种悲凉的心境。

罗素后来主要靠祖母抚养。祖母出生于苏格兰长老会的一个严格刻板的家庭，思想观念又有一种清教徒气质，她在政治上较激进，反对帝国主义战争。罗素就在这样一种融汇着陈旧的清教主义和时新的自由主义，既有慈爱之情，又有严格生活条律的环境中成长起来。

罗素童年的孤独使他渴望得到人们的爱。罗素年近50岁时才有孩子，他不相信任何学校，为使自己的孩子受到良好的教育，亲自创办了皮肯希尔学校。除了自己的两个孩子，还招收了20个小孩。他创办学校的目的是试图提供这样一种教育，“让每个人都充满创造的愿望、做大事的意识和参与的技巧”。这所学校的特点是，不再将重点放在传统课程教育上，而放在孩子自身，他们在学校有充分思考的自由和表现的自由。

在学校教育中，罗素强调自由，避免压抑。他说："我允许他们放肆，允许他们讲他们喜欢的任何话。……否则他们不能说的那些话就会郁结在内心……要是他们想管我或他们的老师叫傻瓜，那就让他们叫好了……不尊敬师长，在这里是不会受管制的。"

罗素在学校教育中，把重点放在强调儿童的自由发展上，这正是他对自己所受到的传统教育的一种反叛。这种教育思想倾向，在他的家庭教育思想中得到了充分的体现。他对儿童采取宽容的态度，也因为他本身作为父亲，并且是中年得子，不自觉地带有对孩子的偏爱。

罗素十分重视家庭对人的影响。在《权威与个人》一书中，他说："最强有力的，而且最为本能所驱使的社会集团，过去而且现在依旧是家庭。"他认为，任何一种家庭对成员都有两种影响：一方面，它影响着夫妻双方的发展；另一方面，它对儿童的培养和教育起重大作用。

罗素以哲学成就享誉世界，但并无专门的家庭教育著作。他的家庭教育思想散见于他的《婚姻革命》《社会改造原理》《教育与群治》《罗素论教育》等伦理学和教育学著作之中。

第二节　罗素——以“人”为目的的教育

一、家庭、家庭教育的作用和意义

（一）家庭是塑造个体生理要素的基础

19 世纪末 20 世纪初，“遗传”问题曾引起人们的争论。保守主义者认为，一个成年人已形成的性格主要依靠先天的特征；激进主义者则断言，性格的形成，一切依赖教育，遗传不起作用。

罗素对这两种极端的观点都不赞同。他认为，没有确凿的资料表明，人的智能究竟哪一部分属于遗传，哪一部分取决于教育。他说，不良的教育会使人堕落，几乎所有的人都是如此，而只有那些具有天赋的人才能在各个领域做出伟大的建树。他不相信教育能使一个普通的男孩成为一流的钢琴家，不相信世界上最好的学校能使大家都变成爱因斯坦……他毫不怀疑在这几件事上是需要天赋的，只有天赋才能使教育产生它在普通材料上所不能产生的效果。

他认为，人类在先天智能方面是不同的，聪明的父母生的孩子可能要比愚笨的父母生的孩子聪明，所以应对先天有缺陷的人禁止生育，鼓励健全的父母多生育子女。

然而，现实生活中，智力高的人可能要在成为专家以后才结婚，而智力平平的人很早就结婚生育了，这种状况给社会带来严重的后果。他认为，只要儿童继续和他们的父母生活在一起，父母的榜样和早期的教育对于品性的发展就有很大的影响。即使我们把遗传完全搁开不说，人们对于天才究竟有怎样的想法不去管它，但毫无疑问，智力——不论是通过遗传或通过教育得来的，都有遗传给下一代的倾向。在家庭之中，若腐化堕落的现象成为常事，人的智力标准一定会降低。这个问题，现在已经为许多科学家所认识，但尚未找到更好的解决方法。

罗素当时提出了很好的建议：为了优生，只好提倡那些层次较高的父母把生育当作一种社会义务；而让那些负担不起教育费用，没有责任心的人不生育或少生育孩子。

（二）家庭对个体心理发展起着关键的作用

罗素认为，随着经济和文化的发展，家庭对人的束缚越来越小。工业革命是家庭衰落的最直接原因。人们为了工作，不得不随时迁居；由于科技的发展，避孕成为可能，家庭的概念越加模糊；同时，现代家庭的地位由于国家的作用而降低。在家庭地位的鼎盛时期，一个家庭包括年迈的父亲，若干成年的儿子及他们的妻子、儿女。在现代，家庭成员仅限于父母和年幼的孩子；孩子也得按照国家的法律规定，把大部分时间用在学校中，学习国家认为有益于他们而不是父母所希望他们学习的东西。如果说以前的父亲对孩子有生杀予夺的大权，现在的儿童则受国家的保护，父亲的作用被降低到最低程度。

但直到今天，家庭仍然是强有力的纽带。它之所以重要，主要是能满足家庭成员（包括孩子、父亲、母亲）的感情需要。

罗素认为，家庭对母亲心理上的重要性是难以估量的。怀孕期间和哺乳期间，女人通常本能地希望得到男人的保护。即使国家能够给予母亲和儿童足够的照顾，缺少父亲的家庭仍然会对妇女造成危害。夫妇双方在抚养孩子这一“事业”中的合作，包括当年的伴侣关系，可以产生丰富的感情。罗素说，“我不认为，那种生活在纯女性的环境中或很少与男性接触的母亲，从情感教育的观点看，能像那种有幸福的婚姻、在一切事情上与丈夫合作的母亲那样疼爱孩子”。

家庭对父亲的心理也有重要影响。做父亲的情感，甚至比做母亲的情感还要复杂。母亲和孩子之间有一种生理上的密切联系，父亲和孩子在生理方面也有联系，但这种联系是间接的。男人作为父亲，把孩子当作自己生命的延续。罗素认为，男人甚至比女人的求子之心更为强烈。男人为使自己的孩子过上高尚的生活，情愿承担抚养教育的责任，且承受巨大的可能的损失和牺牲。

家庭对儿童情感有着更为重要的意义。罗素接受了弗洛伊德的观点，他认为，婴儿的性欲比任何人想象的都要强烈。一个不明智的母亲，很容易完全无意识地使年幼的儿子把异性爱的情感集中到她身上；父母要引导孩子的异性爱从其他孩子那里得到自然、有益、天真的发泄。

为了给孩子创造良好的家庭生活条件，罗素认为，“父母，特别是母亲，必须尽可能使自己的性生活快乐。父母双方都要避免与孩子发生那种会引起不适合孩子的反应的情感关系。……孩子三四岁之后，家庭不应成为他们唯一的环境，而要让他们把相当一部分时间用于与同龄孩子的交往之中”。

父母的爱能使孩子在纷乱的世界里感到安全，使他们获得在周围环境中探险的勇气。要想使孩子成为一个快乐、大度、无畏的人，孩子必须得到生活的温暖，这种温暖只能来源于父母的爱。

为了营造这种健全的爱，罗素希望家庭稳固。他认为，在脱离儿童初期以后，孩子不但要和女性的人生观接触，也和男性的人生观接触，那将是有益的。罗素对夫妻离异虽是持宽容态度的，但他指出，父母分离的时候，一定要首先考虑到对孩子的责任。罗素更重视母亲的作用，他认为家庭里有一个不称职的父亲，也许并不比没有强。

（三）家庭教育担负着特殊的使命

家庭教育和学校教育哪个更重要？这是无法进行一般比较的。罗素在《教育与群治》一书中说：“若用理想的家庭和实际的学校比较，平衡便偏于一方面；可若是理想的学校和实际的家庭相比较，平衡又偏于另一方面。”他认为，家庭同学校相比，在教育上担负着特殊的使命，这是学校教育不可替代的。

1. 家庭在儿童精神养成上具有重要的作用

罗素说，当时学校当局对所管教的儿童毫无慈爱之心。好一点的，只是本着学校作为公共服务机关的性质，但努力方向不在儿童，而在学校整体效应；不好的，不过是政客争权夺利的一个场所。在家庭里，父母多数是爱他们的子女的，儿童在家里可以体验到慈爱，使他们知道在家庭这个小“社会”中，自己是重要的一员。家庭可以使他们经验各种各样的生活阅历，同形形色色的成人打交道。

2. 家庭的优势在于它能保存个人的差异

罗素说：“假若我们大家都是一个样子，对于官吏和统计家固然方便，但我们大家必定很愚蠢，结果社会亦必不进步。现在，幸而个人差别尚能因其家庭之差而大有分别。差异过甚，固然是社会团结的障碍；但相当的差异，却是最良好的合作所必要的。”

他举例说，一支乐队就需要人们有各种不同的专长，假若大家都只会吹喇叭，也就没有什么合奏的音乐了。同理，社会的合作也需要各种不同的品性，儿童若是在极其相似的环境中，很难培养出各种不同的个性。

家庭、父母担负着培养儿童个别性的职能，这种职能是学校不具备的。

3. 父母在儿童的性教育中担负着特殊的任务

有关性的问题被迷信和禁忌团团包围，但儿童很小的时候就接触到这个问题，这是无法回避的。如何进行性教育、由谁来教育，成为一个极大的难题。

罗素认为，父母可以通过最好的途径向孩子们介绍有关性和父母身份的事实。如果孩子们了解到性是存在于生育他们父母之间的一种关系，他们就会知道性的崇高形式和性的生物学上的目的。

孩子这方面的知识，应最先来自父母。他清楚地记得，他是从一个孩子那里知道此事的。通过秘密而又猥亵的谈话所得来的最初启示，会给人留下深刻的印象，孩子们往往从此很难对任何有关性的问题持高尚的态度。

在论述家庭教育的特殊作用时，罗素揭示了那种忽视家庭教育，以国家兴办教育为主所带来的危害。他认为，学校教育替代完全的家庭教育，提高了整个教育的水平，杜绝了虐待儿童的现象，但这种做法也带来了危害。

父母都是爱他们的孩子的，不愿意把孩子看成“政治材料”，国家则不会持这种态度。学校中亲自教育孩子的老师，往往没有权力，权力属于行政官员，而管理者又从未见过那些由他们支配的孩子。

那些行政官员喜欢统一，因为统一便于统治和分类。一旦实现“正确”的统一，就意味着一大批人成为他们所希望的那种人。凡是受机构管教的儿童大都是同类型的人，少数不符合公认模式者将遭到“迫害”，这“迫害”不仅来自政权当局，也来自他们的伙伴。这意味着，那些具有极大潜力的人将会备受折磨，直到精神彻底崩溃。

因此，他主张重视家庭教育的作用。

二、家庭教育应以“人”为目的

教育是一种有意识、有目的的社会活动。教育目的表达了教育者对教育的根本看法，反映了教育的价值取向。任何一种教育思想，都必须首先解决教育目的问题，也就是教育的指导思想问题。家庭教育也不例外。教育目的，简单地说，它是人们在观念上、思想上对教育活动结果的设计，以及借助一定的教育手段，通过一定的教育途径达到某种结果的设计。教育目的决定教育的方向，决定着把儿童培养成为什么样的人。

在罗素生活的时代，关于教育目的问题主要有三种理论。

第一种理论认为，承认教育的唯一目的就是给受教育者以发展的机会，并排除阻碍其发展的阻力；

第二种理论认为，教育的目的只在于陶冶个人，充分发展其才能；

第三种理论认为，教育的目的应注重其与社会的关系，而不在于其与个人的关系，教育的职责在于养成有用的公民。

罗素经过考察后表示，他偏爱第一种理论，不喜欢第三种理论。

罗素反对把儿童当作工具的传统观点。在揭示当时各国在教育目的上的弊端时，他指出，世界许多国家都有一种重要的趋势，即以国家强大为教育的最崇高目的。比如，日本教育的最高目的是造就一批效忠于上、在知识上有益于国家的公民；耶稣会会士致力于使教育服从天主教的利益。他们都把学生视为实现目的的工具，而不是目标本身。

他认为，人作为工具所做的事可能是美好的，也可能是丑恶的。他主张，儿童应当被视为目标而不是工具。只要儿童的本能、冲动和个性得到正当的训导和发展，自然有益于社会。

罗素认为，只要树立以人为目的的指导原则，就能培养完美的理想人格。完美的理想人格应该具有四种品质：一是“活力”，二是“勇气”，三是“敏感”，四是“智力”。

罗素对理想人格的四种品质做了具体的解释。

“活力”与其说是一种心理特征，不如说是一种生理特质，它是形成理想人格的基础。首先，活力有助于人们增强快乐的感觉；其次，活力使人精力充沛，增强接触外界事物的兴趣；最后，活力是人们解决困难的源泉，并防止有害的嫉妒心理产生。“活力”存在于每个人身上，儿童时期最有活力，如果教育不当，活力就会受到损害。

“勇气”指控制和克服恐惧的品性。要形成勇气，需要两个条件：首先，勇气最初的要素是健康、活力，以及处理各种危险事情的能力和技巧；其次，勇气必须以自尊心和非个人的人生观相结合为基础。

“敏感”具有矫正和指导徒有勇气者行动的功能。理想人格所具有的敏感是一种情感上的敏感，对美好事物产生愉快，对丑恶产生厌烦。敏感的高级形式是同情，同情予以发展便成为：一是不仅对自己亲人同情，也对他人同情；二是不仅同情视听范围内的受难者，对不在场的人也能从理解上予以同情。

“智力”包括实际的知识和接受知识的能力，两者密切相关，接受知识的能力更为重要。智力发展需要几个条件：合适的好奇心、获取知识的技巧、虚心的知识美德、求知的勇气等。

罗素认为，由具有“活力”“勇气”“敏感”和“智力”的理想人格所组成的社会是一个全新的社会。在这个社会里，人们将消除懒惰、怯懦、无知和因愚昧所造成的残忍和痛苦。罗素指出，给我们这些坏品性的是教育，而必将给我们以美德的也是教育。因此，教育是开启新世界的钥匙。

罗素的儿童目的论，是违背历史唯物主义观点的。他只讲个人的发展，忽视了人的社会性，必然会导致“自我中心”和“个人主义”。但他的教育目的论，不是凭空产生的，也是有其历史原因的。

一是对传统教育的反叛。传统教育理论把培养儿童仅仅看作社会的需要，将其作为维护社会秩序的手段和工具，将儿童本身的权利、自由、个性、创造性统统抹杀。他认为，现代教育应将认识转变过来。

二是“关注人”的教育倾注了他的教育理想。罗素一生中经历过两次世界大战，战争给他的思想造成了巨大影响。他亲眼看到了人作为工具的危害，尤其是军国主义盛行给人类造成的灾难。

罗素过分张扬人的个性，违背了马克思主义的教育观。但他批判传统教育把人作为工具的弊病，主张个人的完善发展，还是有进步的因素的。罗素的儿童目的论，本质上就是尊重儿童的自身发展，与我们一再强调的按照儿童身心发展规律来进行培养和教育是根本一致的。

三、家庭教育的主要内容——品性教育

与儿童目的论相一致，罗素认为，家庭教育的主要内容及任务，在于培养儿童的品性。品性教育是对他以人为目的而非工具的教育思想的直接反映和具体操作。

品性是一个含义很广泛的概念，它包含三个层次的内涵：一是指个人的自

然性情，这是心理上的因素；二是包含一种特殊性的规定，指性格的特色、特质；三是具有道德上的含义，指道德方面的品质、品格。

罗素的品性教育的内容分为两大部分：一是主要从心理方面讲的良好品性，包括良好习惯的养成、恐惧心理的克服以及建设性习惯的培养；二是培养道德上的良好品格，包括私心的克服、诚实的培养、爱心与同情心的养成以及性道德的形成。

（一）心理上的品性培养

1. 培养良好的习惯

罗素认为，过去，儿童生活的第一年被排斥在教育范围之外，这是不合理的。虽然儿童刚刚出生时只有本能和反射行为，但他们获得习惯的速度却是惊人的；而且，最初获得的习惯，对于以后的生活具有和本能类似的作用。如果获得不良习惯，会成为以后养成良好习惯的障碍。因此，在儿童出生后的第一年，家长不仅应重视儿童身体的健康，更要注重良好习惯的养成。

为了培养儿童的良好习惯，要培养儿童有规律的生活；父母要把握好爱的限度，对有利于儿童健康的必要条件给予满足，对其他无理要求要坚决拒绝；鼓励儿童自发活动，但要防止养成他们对别人发号施令的习惯；应该让儿童快乐，让他们自己进行娱乐，并限制在一定的范围之内。

2. 克服恐惧心理

罗素认为，恐惧心理几乎是人性格发展中一切弊病的根源。早期家庭教育的重要任务是防止和消除儿童的恐惧心理。恐惧心理有先天性的，但很多情况下是在后天经验基础上来自成人的暗示和不良影响。因此要防止和消除儿童的恐惧心理，罗素主张，家长不要在儿童面前流露出恐惧的表现；要帮助儿童慢慢习惯容易引起恐惧的对象，并尽量做科学的解释；要教儿童学会一些实际活动的技能和处理危险情况的技巧；要培养儿童的勇气，具备了真正的勇气便不再惧怕。

3. 培养建设性习惯

罗素认为，建设性行为和破坏性行为是相对应的。儿童建设性行为和破坏性行为都是本能的特性，与权力意志密切相关。儿童总希望同大人一样有所作为，但他们对所要做的事情的性质和后果往往不加考虑。一般来说，要做的事越难，儿童获得的喜悦就越大。建设性活动和破坏性活动都能满足儿童权力意志的本能需要。通常建设性活动更难一些，也更能满足儿童的权力欲望。不过，正因为破坏性活动难度要小得多，儿童的活动往往从破坏性活动开始。

罗素认为，儿童从破坏性活动向建设性活动过渡时，他们的权力意志和本能并没有消失，只是方向、性质等发生了变化。教育的作用就是对这种过渡过程进行正确的引导与促进。

罗素指出，许多美德最初是由体验到建设性活动的愉快引起的。例如，当儿童要求别人不要毁坏他的建设性活动成果时，就可以引导他理解不要毁坏他人成果的道理，培养他对别人的尊重。

（二）道德上的品格培养

1. 克服利己之心

罗素认为，利己之心是儿童的自然本能，不加以制约，会使其膨胀。但不要采取打击或惩罚的方式，要通过树立观念、培养同情心的方法限制私心。也不要使用让儿童做出牺牲的手段。

要克服儿童的利己之心，家长要培养儿童公正的意识，使他们认识到，在这个世界上，每个人都占有一定的位置，拥有一定的财产和权利，但不能占据他人的位置、财物和权利。要引导儿童拥有合理的占有欲，合理的占有欲有利于建设性习惯的培养，反之会导致吝啬、贪婪。

进行公正教育，不能仅对一个儿童进行。成年人总是与儿童处在不平等的位置上，容易用压制、不公正的方法对待儿童。只有在年龄相近，兴趣相同的儿童之间，才能真正进行平等交流和相互理解尊重的教育。

2. 养成诚实的品性

罗素认为，诚实品性有两层意思：言论的诚实和思想的诚实，后者更难做到。从教育实践看，不诚实源于恐惧。出生以后，没有经历过恐惧的孩子，一定是诚实的孩子，因为他不需要不诚实。从一出生就接受良好教育的孩子，没有对人的恐惧感，就具有光明磊落的品性；反之，由于教育不当，儿童发现说实话往往会受到惩罚，而说谎可以掩盖真相、逃脱惩罚时，就会说谎。

要培养儿童的诚实品性，在儿童说谎时，不要惩罚，要说明说谎的害处，让儿童逐渐意识到诚实的合理性和必要性，一味地严厉责罚，只能加深儿童的恐惧，加强他说谎的动机；家长要以身作则，以诚实待人，使儿童感到可信，还要弄清楚什么是真正的谎言。一些年幼的儿童常常会说出与事实不符的话来，这可能只是在表达他的想象，或者因为无知。

3. 培养爱心与同情心

罗素认为，“爱”在某种意义上说，是良好品质的本质。正确的爱是恰当对待孩子的自然后果，而不是父母有意追求的东西。父母只有无条件地给儿童以精神上的爱，才会引起儿童对自己及对他人的爱。如果用说教等办法培养爱心，只能造成儿童的伪善。但是父母的爱必须是适度的，过度的爱容易使成年人支配孩子的生活，使他们以后摆脱不了对父母的依赖。

同情心最初是一种本能，儿童看到他人痛苦就会本能地感到痛苦，比如看到亲人哭他也哭。要引导这种良好的本能，注意尽量不要让儿童看到一些残酷的举动。但不让儿童知道世界上的罪恶，也是不可能的，应该让他们知道并且坚信，这些残酷之举都是犯罪。培养同情心还需要智力，智力能帮助儿童分辨是非，产生判断力，从而在心灵上产生道德感。

4. 培养性道德

罗素认为，儿童很小的时候对性就有好奇心，对男人、女人及儿童身体上的不同都感兴趣。从本质上说，这种好奇心没有任何意义，只是由于成人制造神秘，他们才越发好奇，一旦敞开这个问题，此事就会失去吸引力。

因此，在儿童的性教育中一定要遵循两个原则：一是要永远真实地回答问题，要像对待其他知识一样对待性知识；二是男孩、女孩在性教育上要一视同仁。

（三）实施品性教育的方法和途径

1. 要充分利用游戏

罗素认为，游戏在培养儿童品性中具有重大作用。游戏除了能增强儿童的快乐、增进儿童健康以外，还有其他的意义。首先，游戏能满足儿童做大人的愿望。罗素说，当他的儿子知道爸爸曾是小孩而他以后也可以成为大人时，高兴得不得了。其次，游戏能培养孩子的想象力。孩子在游戏中可以是国王，权力极大，但在现实中他必须按时就寝。游戏可以弥补现实的不足。他说："扼杀儿童的幻想就是使他们成为现状的奴隶，成为拴在地上的动物，以致不能创造天堂。"最后，游戏还能教儿童竞争性的合作。

2. 要正确运用赏罚

单纯的惩罚难以起到积极作用。比如，看到孩子虐待他人，如果你再虐待他，他就会认为这是理所当然的。严厉的惩罚会产生残忍和暴行，容易使受罚者对别人产生同样的做法。肉体惩罚应当摒弃，轻微的惩罚还是必要的，惩罚必须有直接的情景，不要泛泛地讨论过失。

使用夸奖和惩罚要谨慎，应遵循如下原则：一是夸奖和惩罚不应采取比较的方式。不应对孩子说他比谁好，又比谁不好，那样会使他对前者藐视，对后者产生怨恨。二是责备应比夸奖少，责备应是很明确的，并在责备产生效果后不要再用。三是对于普通事实不予夸奖，小孩子做事情都有得到夸奖的渴望，但不要使这种渴望成为他做事的动机。

3. 充分利用儿童伙伴

大孩子、小孩子和同龄人各有他们的用处。儿童喜欢和大于自己的孩子玩，那会使他们感到升格。大孩子的主要用处在于能够做出仿效的榜样，大孩子的举止完全是自然的，没有成年人和儿童玩耍时必定有的照顾和伪装。小孩子的作用主要在道德教育方面。孩子和成年人相处，就没有机会实践某些重要的道德。同龄的孩子更为重要，对同龄人的态度是最需要学习的。各种游戏在同龄人中进行，每个儿童的重要性由儿童自己评定，也许受到尊敬，也许受到蔑视，这完全取决于他们自己的才能。

罗素指出："慈祥的父母造成过于放任的环境，缺少亲情的父母造成压制本能的环境。唯有同龄人才能在自由竞争和平等合作中为本能提供充分发挥的机会。自尊而不专横，小心谨慎而不奴颜婢膝等品性，最好在与同龄人的交往中学习。"

因此，他建议孩子要上幼儿园。

罗素认为，品性教育主要是在6岁之前，即婴幼儿时期进行。品性教育的基础打好之后，从6岁开始则侧重于进行智力教育，但他并不是完全把6岁前后割裂开来。6岁之前，也要进行智力教育；6岁以后进行智力教育，能培养孩子的智力美德，包括好奇心、虚心、有志竟成的信念、耐心、勤奋、专心和一丝不苟等品质。这些智力美德影响儿童的性格。强化6岁之前培养的良好品性，可使儿童在道德上日臻完善；反过来，道德上的完善又能促进智力的发展。

罗素把6岁之前的主要任务放在培养品性上，这是他的独到见解，表明罗素对家庭教育的本质功能的深刻认识具有重要的现实意义。

四、家庭教育的基本方式——自由教育

（一）自由教育的理论根源

"自由教育"的概念古已有之，最早提出这个概念的是亚里士多德，他称自由民教育为"自由教育"。柏拉图也说过："自由人不能用强迫的或苛刻的方法施教。"卢梭的自然教育理论是自由教育理论的起源。他认为，教育的目标是培

养自然人，应该使一个人的教育适应他这个人，而不要去适应他本身以外的东西，教育不可强迫儿童的发展。

罗素是欧洲自由教育运动的代表人物之一。他的自由教育思想建立在他哲学的自由观的基础上。罗素从小受家庭自由主义传统的影响，年少时喜欢读 19 世纪英国资产阶级自由主义的代表人物约翰·穆勒的著作，从中获得了激进自由主义的社会政治思想，并把这种思想引向了教育。

罗素认为，个人的自由是最珍贵的，是社会发展的动力和源泉，一切社会都以个人自由的发挥为其生存条件。历史证明，个人自由的发展程度往往是社会进步的标志，哪个社会个人自由发挥的程度越大，社会就越有生命力。从某种意义上说，人类历史就是个人自由发展的历史。

原始社会人们的不自由，主要来源于自然的约束；现代社会，自由的约束主要来自于组织、社会。自由的生活是人类迅速增长知识、发展科学、改良道德、改造社会的前提。

罗素的基本观点表明，个人自由是每个人得以愉快生活的前提，也是社会得以存在、发展的前提，社会应给人以充分的个人自由。因此，他主张家庭教育的方式应当是“自由教育”。

（二）自由教育的要点

罗素主张实施“自由教育”，要给儿童以更多的自由、更多的发展个人的机会。之所以要给儿童更多的自由，罗素认为主要有两个原因。

一是因为儿童情感的发展需要很大程度的自由。缺乏自由的儿童会同成年人发生冲突。处处受到约束的儿童常常会对周围的一切怀有敌意和仇恨，这种仇恨如果得不到自由发泄，就会郁积在心，进入无意识之中，导致一系列恶果。

二是因为自由教育对于理智的发展十分重要。他说：“教育中的强制造成的另外一种后果是对创造性和理智兴趣的毁灭。”求知是儿童正常的欲望，儿童的学习有自身的规律，任何强迫儿童学习的企图都是错误的。被强迫进食的儿童会对食物产生厌恶感；同样，被强迫学习的儿童也会厌恶知识。在教育中，用压制思想自由而得到的成功是暂时的，是极无价值的。在性教育中，采取自由的态度要比压制、隐瞒好得多。因为越压制，就越神秘，如果儿童的欲望释放不出来，便容易导致病态。

罗素指出，“自由教育”的核心在于培养儿童的自尊、自愿和自主性。

首先，他认为，自由表现为一种人格的自尊。他说，谁都不应该学习服从，谁也不应该学习指挥，我们的目标应当是我们自己的而不是外部权威所定的，并且我们的目标也不应该强加给他人。

其次，他认为自由体现为一种行为的自愿。现代儿童心理学家都强调，不能催促儿童进食和睡眠，这些事情应由儿童自愿去做，不应当进行引诱和强迫。

最后，他认为自由强调儿童的自主性。他说：“教育的动力来自学生这个一般原则，任何时候都要坚持。环境要有助于激发这种动力。”

（三）自由与纪律的关系

罗素认为，自由是一条重要的教育原则，但不是绝对的教育原则。自由应有一定的限制，纪律与约束对于儿童仍然必要。第一，为养成儿童的整洁习惯，就不能过分强调自由。儿童在放任自流的情况下，不会自动养成整洁的习惯，这会影响儿童的健康。第二，完全的自由教育不能养成儿童守时的习惯。守时习惯是社会协作和一切社会交往所必需的，儿童不能在放任的情况下自动养成。第三，完全的自由不能培养儿童诚实的品性。诚实并不是人类的自然本性，需要运用条件反射式的教育和奖惩方法去造就。第四，放任自流不能养成儿童的生活常规。第五，学习需要一些自我指导和自我控制的能力和意志，而这种能力和意志不可能在完全自由的情况下形成。

他认为，自由教育原则的关键，在于自由与纪律之间的巧妙平衡。纪律，并不是单纯的外界纪律。他说：“那种合乎要求的纪律是从内心发生出来的一种纪律，它存在于一种坚决追求一个较远目标的力量之中……这里含有次要的冲动服从于意志，凭着大的创造愿望来指导行动的力量……这样的纪律是从一个人自己的意志里发生出来的，而不是从外界的权力来的。”

五、对罗素家庭教育思想的评价

从历史唯物主义观点看，罗素的自由教育思想建立在一种个人史观的基础上。他把教育重点放在儿童自由上，往往忽视了其与社会的关系。他的思想摆脱不了其阶级的局限性。

当时正处于资本主义自由竞争阶段，自由竞争需要人充满个性和创造性。他反复论证个性、自由、创造性等，并将其夸大，代表了新兴资产阶级的愿望。另外，罗素的有些教育思想，带有明显的理想主义的成分，“合理”而“不合时宜”，正如毛泽东给罗素在我国长沙讲演内容的两句评语：“理论上说得通，事实上做不到。”

但是，罗素对儿童主动性的关注仍然具有深远的意义。他提出人的主体性、人的自由等问题，对我们今天探讨这类问题，具有重要的参考价值。

罗素虽然没有家庭教育方面的专门著作，但他的家庭教育思想却是相当丰富的，并且具有相当的超前性，对于改善今天的家庭教育，具有重要的借鉴意义。

当前，中国的许多家长，都把自己的孩子当作实现家长个人愿望的“工具”，因此对孩子期望过高，管教方式方法粗暴。家庭教育中的“重智轻德”“重视智力因素的培养，忽视非智力因素的培养”等过于追求功利性和实用性的现象相当普遍，在家庭教育的内容和任务上存在着巨大的偏差。在教育方式上，专制倾向很严重，往往限制孩子的自由发展。

针对这一切问题，如果我们能以罗素的家庭教育思想作为启示，会有许多的启发。

第十三章

鲁迅的家庭教育思想

第一节　鲁迅及其对家庭教育的贡献

一、鲁迅的生平

鲁迅（1881～1936），原名周樟寿，后改名周树人，字豫才。他是中国伟大的文学家、思想家和革命家，又是伟大的教育家。

鲁迅的父亲周伯宜是秀才，母亲鲁瑞，大户人家之女。鲁迅出生的时候，家里原有祖遗的四五十亩水田，但在父亲死去以前已经卖掉了。鲁迅的少年时代，由于家庭破产，曾与父母寄住在乡下亲戚家里，有机会和农民的孩子接触，渐渐了解到农民的痛苦。后来父亲生病，鲁迅经常往返于当铺和药店之间，开始尝到了贫困的滋味，看到了社会的不平和黑暗。

鲁迅在一封信中这样写道："我的祖父是做官的，到父亲才穷下来，所以我其实是'破落户子弟'。不过，我很感谢我父亲的穷下来（他不会赚钱），使我因此明白了许多事情。”

鲁迅5岁开始读书，最初是从远房的叔祖周兆蓝（号玉田）读《鉴略》；11岁到三味书屋跟寿镜吾先生读书；1898年，即17岁时，鲁迅到了南京，进入江南水师学堂，后又转入江南陆师学堂附设的矿务学堂学采矿。1902年1月，鲁迅在矿务学堂毕业，并被选送去日本留学。

鲁迅先入弘文学院学日语，后入八仙台医专学医，原想将来学成回国解除病人的疾苦，以医学拯救祖国。但他在学习上得到的良好成绩，引起了某些具有狭隘民族主义思想的日本学生的嫉妒。在他们眼里，中国是弱国，他这个中国人自然应当是低能儿，分数在60分以上，便不是自己的能力了。鲁迅受到这种侮辱，深感身为弱国人民的痛苦。同时，他又在一部描述日俄战争的新闻影片上，看到一个据称是替帝俄当侦探的中国人，被日本军队抓住并斩首，而围观的一群中国人竟然无动于衷的场面。这时，鲁迅感到，医学并非最要紧的事，头等重要的是改变人民的思想。

于是，鲁迅便毅然放弃学医，回到东京从事文学活动。鲁迅在东京不仅接触到欧洲近代新思潮，而且和革命党人过从甚密，并参加了陶成章等人组织的光复会。

二、鲁迅为家庭教育理论所作的贡献

1909年8月，鲁迅从日本回到祖国，进入浙江两级师范学堂任教员。在教学中积极热情地宣传进化论思想，批判封建文化和封建道德，深受学生们的欢迎。1910年8月，鲁迅回到故乡绍兴，任绍兴府中学堂监学并兼博物学教员。辛亥革命以后，任绍兴师范学堂校长。

1912年，临时政府在南京成立。鲁迅应教育总长蔡元培的邀请，到南京任教育部部员，同年5月随部迁至北京，任社会教育司第一科科长，后被任命为北京政府教育部佥事，主管图书馆、博物馆、美术教育等工作。从1912年至

1926 年这段时间，鲁迅在教育部工作，为发展文教事业竭尽全力。

自 1920 年起，鲁迅除在教育部工作外，开始在学校兼课，到 1926 年 8 月离京止，他先后在八所大中学校教书。在此期间，他投身于新文化和新教育运动，积极支持并亲身参加青年学生的反帝反封建的爱国革命斗争。1926 年 8 月，因遭受北洋军阀政府的迫害，鲁迅离开北京到厦门大学任文科教授兼国文系研究教授。在厦大，他感到了与北京同样的“污浊”。1927 年年初，又应邀到广州中山大学任文学系主任兼教务主任。由于国民党叛变革命，原为革命根据地的广州，变成了杀害革命者的屠场，迫使鲁迅离开广州，于同年 10 月来到上海。从此他离开了工作多年的教育界，开始了新的战斗生活。

在他生命的最后 9 年，鲁迅虽然没有继续在学校任职，但他并没有脱离教育工作。他多次应邀到学校讲演，发表有关教育的文章，始终不渝地关心教育工作。

鲁迅的一生虽然主要是从事革命的文艺活动，但他从未离开教育战线上的斗争，他把教育看作整个革命斗争的一部分。他认为，社会的改革，首先在于“立人”，即培养和造就一代新人。他说：“首在立人，人立而后凡事举；若其道术，乃必尊个性而张精神。假如不是，搞丧且不俟夫一世。”

在这里，鲁迅的思想是十分明确的，就是说要彻底改变“愚弱”的国家面貌，首要的任务是“立人”。若没有“至公”革命的人，只有被封建主义思想弄得“麻木”“愚弱”的人，无论什么“船坚炮利”“竞言武事”“立宪国会”，都是不中用的。而“立人”之道术，是通过合理的教育，尊个性而张精神，解除人们的精神枷锁，提高思想觉悟，使人成为有革命精神的新人。只有这样，才能实现“凡事举”的社会改革。

因此，鲁迅非常关心下一代的教育工作，对学校教育、社会教育和家庭教育都很重视。他一生中对于儿童家庭教育尤为关注，发表了许多这方面的专论。他深刻揭露、批判封建家庭教育对儿童的摧残，呼吁家长重视儿童的家庭教育，改善家庭教育，用新思想、新方法、新内容教育儿童，造就一代新人。

在五四运动前夕，1918 年 5 月，鲁迅发表了第一篇白话文小说《狂人日记》，这是革命文学的第一声春雷。这篇小说通过揭示那种“被吃”又不自觉地帮助封建家族和礼教“吃人”的中国国民愚弱的特点，深刻地揭露了几千年来封建礼教的“吃人”本质，从而“引起疗救者注意”。这部小说，不仅在文艺上具有重要的价值，而且在教育上也有重要的意义。

在小说的结尾部分，鲁迅在万马齐喑的旧中国，第一次发出了“救救孩子”的呼喊，呼吁人们把孩子从封建礼教的桎梏中解放出来，培养造就新的一代。他的这一声发人深思、振聋发聩的喊叫，是我国现代教育史上响起的第一声革命春雷。

《狂人日记》发表以后，“一发而不可收”，鲁迅为拯救孩子、拯救中华民族，以极大的热情和勇气，投身于革命斗争，连续发表了一系列儿童家庭教育方面的杂文。

1918 年 9 月 15 日，鲁迅以“唐俟”为笔名，在北京《新青年》第 5 卷第 3 号上发表了一篇题为《随感录二十五》的杂感，第一次直接提出儿童家庭教育问题。文章从严复关于儿童在车马中辗转的议论，联想到中国当时的现实，从社会上有形的车马，看到了黑暗社会这种无形的车马给无数中国儿童造成的灾难，对此表示了深深的忧虑。

“杂感”揭示了造成儿童这种命运的政治、经济、思想、道德方面的原因，敏感地认识到儿童家庭教育与改造中国社会的密切关系，辛辣地讽刺了那种只会生不管教的“孩子之父”，提出了要做“人”之父这一发人深省的家庭教育的根本问题；并且在中国教育史上第一次提出了开办“父范学堂”，对家长进行训练的主张。

这篇家庭教育的专论，在中国家庭教育发展史上具有划时代的意义，也为鲁迅进一步系统地论述儿童家庭教育问题奠定了基础。

1919 年 11 月，鲁迅紧接着又在《新青年》第 6 卷第 6 号上发表了著名的《我们现在怎样做父亲》这一家庭教育问题专论。文章指出，“家庭是社会的细胞”。在文章中，鲁迅对封建亲权思想，特别是对封建父权思想的批判，震撼与动摇了整个封建伦理道德大厦的根基。

在批判的基础上，鲁迅提出了建立新型的父子关系这一人生的大问题，也是家庭教育的根本问题。指出权力思想要核减，义务思想要加多；要建立幼者本位思想；提出父亲对孩子的责任、家庭教育的新内容及基本原则等一系列家庭教育的基本问题。

这篇文章可以说是鲁迅关于儿童家庭教育的一个总纲。他在文中提出的要热爱孩子，要理解、指导、解放孩子等观点，虽距今已有 100 多年，但对于今天的家庭教育，仍不失其重要的指导意义。

除上述文章以外，鲁迅还发表了一系列有关儿童家庭教育和儿童读物方面的文章，诸如《四十九》(1919 年)、《六十三 “与幼者”》(1919 年)、《风筝》(1925 年)、《忽然想到》(1925 年)、《二十四孝图》(1926 年)、《五猖会》(1926 年)、《我们怎样教育儿童的？》(1933 年)、《上海的儿童》(1933 年)、《从孩子的照相说起》(1934 年)、《漫骂》(1934 年)、《小童挡驾》(1934 年)、《立此存照（七)》(1936 年)，等等。另外，鲁迅在许多书信中也论及儿童的家庭教育问题。

鲁迅是我国近代教育史上第一个直接批判延续了几千年的封建家庭教育思想的教育家，也是第一个倡导家庭教育新思想、新方法、新内容的教育家。他的家庭教育思想具有革命性的意义，他的家庭教育理论在我国家庭教育理论发展史上具有划时代的意义，对于我们今天建设社会主义家庭教育体系有着重要的指导意义。

第二节　家庭教育——“破旧立新”

鲁迅的家庭教育思想是十分丰富的。他不仅批判了中国封建的家庭教育思想，而且对于建立新的家庭教育的种种理论和实践问题都做了深刻的论述。“破旧立新”，是鲁迅家庭教育学说的一个重要特点。

一、家庭教育——破除封建家庭对孩子的影响

鲁迅之所以特别重视家庭教育，是由于他充分认识到了家庭教育在社会发展和个体发展中的重要意义。

（一）儿童是国家和民族的未来

鲁迅在早期是一个进化论者，他曾运用生物进化的思想，揭示了人这一高等动物同一切生物一样的发展规律，就是从幼到壮、从壮到老、从老到死。他指出："进化的途中总须新陈代谢。所以，新的应该欢天喜地地向前走去，这便是壮，旧的也应该欢天喜地地向前走去，这便是死；各各如此走去，便是进化的路。"

由生物的进化推及社会的发展，鲁迅得出一个结论："将来是子孙的时代。"换句话说，儿童代表着未来，儿童也就是未来。从这个思想出发，鲁迅认为，儿童的状况和国家的命运、民族的前途关系极大。

他指出，看现今"十来岁的孩子，便可以预料二十年后中国的情形；看二十多岁的青年，——他们大抵有了孩子，尊为爹爹了，——便可以推测他儿子孙子，晓得五十年后七十年后中国的情形"。这充分反映了鲁迅对国家的命运和民族前途的极大关心。

正是由于鲁迅把儿童的状况和国家的命运、民族的前途联系在了一起，所以，他十分关注当时中国各阶层儿童的处境和遭遇。

他在《故乡》一文中，对小时候的玩伴闰土由一个活泼、纯真、勇敢的小少年，变为迟钝、呆滞、麻木的中年人感到震惊，并由此对下一代的儿童宏儿、水生的前途表示了深深的忧虑，担心他们重蹈闰土的覆辙。

在《杂感》一文中，他谴责那些厌恶现实、但又不敢正视现实的冒牌英雄，不把愤怒对着黑暗的社会，却愤怒地对着弱小儿童。

在《推》和《冲》两篇文章中，鲁迅激愤地控诉"洋大人""高等华人"和

反动政府残害中国儿童的罪恶行径。

在《上海的少女》一文中，鲁迅对黑暗社会对少女精神上的严重戕害、吞食，表示极其担心、忧虑、愤懑。

在《看变戏法》一文中，为与“狗熊”同伍、供人“欣赏”的孩子的悲惨命运，而深沉思考与忧虑。

在《新秋杂识》一文中，鲁迅揭露国民党政府利用教科书和儿童读物毒害儿童心灵的阴谋。

与此同时，鲁迅在《忽然想到》《五猖会》《风筝》等文章中，结合他切身经历，揭露了封建家庭教育对儿童天性的扼杀。面对当时中国儿童的处境和遭遇，他非常担心儿童发展的前景。

他在《随感录二十五》一文中说：“穷人的孩子蓬头垢面的在街上转，阔人的孩子妖形妖势娇声娇气的在家里转。转得大了，都昏天黑地的在社会上转，同他们的父亲一样，或者还不如。”

鲁迅对当时中国儿童的现状和发展前途的忧虑，充分表明了他对国家命运和民族前途的忧虑。

因此，他主张要“完全的解放”孩子，要“尽力的教育”孩子，使他们成为后起新人，成为完全的人。

（二）家庭教育是儿童成长的基础

学校教育、社会教育和家庭教育是儿童接受教育和影响的基本途径和渠道。在当时，鲁迅清醒地看到，要给儿童以合理的教育，把儿童培养造就成一代新人，是不能只依赖当时的国家教育机构和社会教育的。

当时旧中国的学校教育，带有浓厚的封建色彩和受帝国主义文化侵略的印记。在教育体制上，一会儿学日本，一会儿学美国，飘摇不定，无所适从。他说，“就是所谓‘教科书’，在近30年中，真不知变化了多少，忽儿这么说，忽儿那么说”，致使“从学校里造成了许多矛盾冲突的人”和死守封建教条的“老古董”。

1919年，美国教育家杜威来华讲学，大肆宣扬其“实用主义”的教育主张。一时，国内许多人对杜威的学说趋之若鹜，纷纷把学校布置成社会的环境，让学生来适应。鲁迅对此十分反感，在1925年3月18日给许广平的信中这样写道，“现在的所谓教育……其实都不过是制造许多适应环境的机器的方法罢了”，是“传授些周旋的方法，教他们顺应社会”。然而，“这绝不是正当的方法。因为社会不良，恶现象便很多，势不能一一顺应”。

在鲁迅看来，很难指望当时的教育机构和社会教育能培养出一代新人，担负起改造社会的任务。所以，鲁迅只得寄希望于那些“觉醒的父母”对儿童实行新的家庭教育。

鲁迅认为，儿童教育首先是从家庭开始的。父母是孩子的第一任教师，是孩子最直接的、首要的模仿对象。早期的家庭教育是打基础的教育，为儿童一生的成长铺下了第一块基石，对于一个人能不能成人、成才有着极大的关系。

可是，在旧中国，许多父母并没有自觉地意识到这一点，只会生，不管教，只求子女数量多，不求“质量”（素质）高。对那种盲目、愚昧、不负责任的状况，鲁迅极为不满。他尖锐地指出：

“中国的孩子，只要生，不管他好不好，只要多，不管他才不才。生他的人，不负教他的责任。虽然‘人口众多’这一句话，很可以闭了眼睛自负；然而这许多人口，便只在尘土中辗转，小的时候，不把他当人，大了以后，也做不了人。”

鲁迅的批评是语重心长、发人深思的。他所批评的这种落后意识，在我国新中国成立以后的几十年中也没有完全被清除。鲁迅的批评，对当今的父母也不无教益。

为什么在中国，父母们会有这种思想呢？鲁迅认为这不是偶然的，是有其深刻的思想根源的：这主要是“多子多福”的世俗观念在作祟。

中国的父母都把子女当成“父母福气的材料”，认为儿子多也是福气。在这种思想支配下，只是一味地多生孩子，觉得“因为无论如何，数目和材料的资格，总还存在”。“所以随便辗转，没人管他”，任其自然成长。

对此，鲁迅非常担忧：这样一代一代传下去，孩子长大了，“照例是制造孩子的家伙，不是‘人’的父亲，他生了孩子，便仍然不是‘人’的萌芽。”

当时，中国一般的父母是只会生，不管教；只要多，不管他才不才。那么，当时那些“新人物”，总该有些新思想，应该懂得重视子女教育了吧？但是，不然。鲁迅指出：“我们的新人物，讲恋爱，讲小家庭，讲自立，讲享乐了，但很少有人为儿女提出家庭教育的问题，学校教育的问题，社会改革的问题！”

对此，鲁迅非常不满。他批评说：“先前的人，只知道‘为儿孙作马牛’，固然是错误的；但只顾现在，不想将来，‘任儿孙作马牛’，却不能不说是一个更大的错误。”

面对中国当时家庭教育的状况，鲁迅谆谆告诫父母们：“童年的情形，便是将来的命运。”

在这里，鲁迅所说的“将来的命运”，不仅仅指的是儿童个人“将来的命运”，主要指的是国家、民族“将来的命运”。鲁迅以高度的民族责任感而忧国忧民，把家庭教育的状况和儿童的成长，和国家、民族的利益联系起来，是非常令人敬佩的。

因此，他希望父母们重视子女的家庭教育：“生了孩子，还要想着怎样教育，才能使这生下来的孩子，将来成为一个完全的人。”

他希望所有父亲都要成为“人”之父，不要做只会生、不管教的“孩子之父”，要担当起国家、民族赋予每个家长的神圣使命。

为了实现这一目的，鲁迅在我国家庭教育发展史上第一次提出了开办“父范学堂”的主张，希望对父母进行系统的教育和训练，提高家长的素质。这一主张具有重大的社会意义，反映了鲁迅对于家庭教育极为重视，也反映了他是一位有远见卓识的伟大教育家。

鲁迅开办“父范学堂”的主张，在旧中国没有也不可能变为现实。尽管如此，鲁迅的这一主张，对于发展我国家庭教育所发挥的历史作用，却是不能低估的。

二、改革旧的父母子女关系

父母子女关系是一种社会关系，它与家庭教育的关系极为密切。父母和子女之间是一种什么样的关系，关系到如何进行家庭教育，实施什么样的家庭教育，把子女培养成什么样的人的问题。甚至也可以说，父母子女关系本身就是一种教育。

鲁迅敏感地意识到了家庭教育中这样一个极为重要的问题，并给予极大关注，撰写了《我们现在怎样做父亲》一文，专门论述了这个问题。

在封建社会，人与人之间的关系，最本质的特征是人身依附。“君为臣纲，夫为妻纲，父为子纲”，所谓的“三纲”充分反映了尊卑长幼、等级森严的社会关系，这是维护封建统治的法宝，是中国的“圣人之徒”最怕动摇的基础。

五四运动前后的新文化运动，其宗旨是反对封建专制和迷信，提倡科学和民主；反对旧道德，提倡新道德。主张“破坏孔教，破坏礼法，破坏贞节，破坏旧伦理”，斗争矛头直指封建家庭。

在这样的历史背景下，作为新文化运动先锋和主将的鲁迅，深刻认识到“家庭为中国之根本”，直接提出“改革家庭”，改革家庭中旧有的关系，特别是要改革父母子女关系，这是有重大社会意义的。

（一）中国旧家庭父母子女关系的特点

中国封建社会是典型的家族社会，封建家长制在家庭里盛行。鲁迅一针见血地指出，“中国亲权重，父权更重”，而且，历朝历代从来都认为父权是“不可侵犯的”。这里所说的“亲权”“父权”，实际上指的是多少年来捆绑在中国人民身上的四大绳索之一——族权。鲁迅以大无畏的革命精神，不顾“铲伦常”“禽兽行”的恶名，率先向“不可侵犯”的父权开战，是具有划时代意义的一举。

鲁迅对封建家庭里的父子关系进行了非常深刻、透彻的剖析。他指出：“他们（指圣人之徒）以为父对于子，有绝对的权力和威严；若是老子说话，当然无所不可，儿子有话，却在未说之前早已错了。”

他又说：“他们的误点，便在长者本位与利己思想，权利思想很重，义务思想和责任心却很轻。以为父子关系，只须‘父兮生我’一件事，幼者的全部，便应为长者所有。尤其堕落的，是因此责望报偿，以为幼者的全部，理该做长者的牺牲。”

在这里，鲁迅用极为简练、概括的文字揭示了中国旧家庭父母子女关系的特点。

1. 父母和子女的关系是统治和被统治的关系。在家庭生活中，父亲的地位极高，权力极大。如《礼仪 · 丧服疏》中说：“父是一家之长，尊中至极。”子女却处在无权地位，和父母绝无平等、民主可言。如宋代袁采的《袁氏世范》中说：“子之于父，弟立于兄，犹卒伍之于将帅，胥吏之于官曹，奴婢之于雇主，不可相视如朋辈，事事欲论曲直。”父母对子女可任意打骂、惩处，甚至可以处死。“刑罚不可捐于国，诛罚不可偃于天下。”“父而赐子死，尚请安复？”就连郭巨埋儿都不负任何法律责任。

2. 家庭以长者为本位，子女是父母的私有财产和附属品，要绝对服从父母的意志，没有独立人格，不许有自己的个性，不得违抗父母之命。“不用父言，便是忤逆不孝。”“子孙受长上苛责，但当俯首默受，毋得分事。”

3. 子女是父母生养的，就是得到了父母的“恩典”，理当报偿，为父母而牺牲。而父母对子女则不尽责任、义务，只生不教，只把子女当成“福气的材料”。

在封建家庭中，父子关系是中心。父母子女关系，特别是父子之间的关系，是封建家长制的主体关系。这种关系是对封建社会人与人之间的社会关系的典型反映。鲁迅对旧家庭父子关系的揭露是具有革命意义的。

（二）必须改革旧家庭的父母子女关系

父母和子女的关系要不要改革？鲁迅用进化论的理论论证了这个问题。他认为，父母生育子女，类似生物进化的自然现象。他说，生物界的自然现象是："一要保存生命；二要延续生命；三要发展这些生命（就是进化）。生物都这样做，父亲也就是这样做。"

鲁迅认为，生物为保存生命起见，具有食欲的本能；为了延续生命起见，具有性欲的本能。"饮食的结果，养活了自已，对于自己没有恩；性交的结果，生出了子女，对于子女当然也算不了恩。"

然而，中国许多父母却是生育了子女，"以为天大的大功"，"对于孩子，却威严十足"，简直和"发迹的财主，不相上下了"。鲁迅认为，这是没有道理的。

他说，父母生育子女，只不过是"前前后后，都向生命的长途走去，仅有先后的不同，分不出谁受谁的恩典"。"所生的子女，固然是受领新生命的人，但他也不永久占领，将来还要交付子女，像他们的父母一般。只是前前后后，都做一个过付的经手人罢了。"

那种以为自己生育了子女，就是给了子女以恩典，指望子女报恩，要子女成为父母的牺牲品的观点，从进化论的角度看，也是站不住脚的。他认为，生命是要不断发展的，要进化的，这进化又是无止境的。他说："后起的生命，总比以前的更有意义，更近完全，因此也更有价值，更可宝贵。"

然而，他针对中国当时的实际情况指出："本位应在幼者，却反在长者；置重应在将来，却反在过去。前者做了更前者的牺牲，自己无力生存，却苛责后者又来做他的牺牲，毁灭了一切发展本身的能力。"

他又进一步尖锐地指出，"我们从古以来，逆天行事"，违背自然规律，这不仅使"人的能力，十分萎缩"，而且，"社会的进步，也就跟着停顿"。

鲁迅对于中国不正常的父母子女关系所造成的社会危害，做了十分深刻的分析。因此，他呼吁父母，应当觉醒，应该洗净“东方古传的谬误思想，对于子女，义务思想需加多，而权力思想却大可切实核减，以准备改作幼者本位的道德”，改革旧的父母子女关系，置重将来，为后起的新人做牺牲。

（三）建立新型的父母子女关系

鲁迅认为，新型的父母子女关系应体现在对子女的正确态度上。

1. 对子女要有无私的爱

鲁迅认为，在动物界有一种天性，即爱。“动物界中除了生子数目太多——爱不周到的鱼类以外，总是挚爱它的幼子，不但绝无利益心情，甚或至于牺牲了自己，让它的将来的生命，去上那发展的长途。”鲁迅说：“人类也不例外……例如，一个村妇哺乳婴儿的时候，决不想到自己正在施恩；一个农夫娶妻的时候，也决不以为将要放债。只是有了子女，即天然相爱，愿他生存；更进一步的，便还要愿他比自己更好，就是进化。”

他认为，这种爱是“离绝了交换关系利害关系的爱”，是纯洁的爱。因此，他主张父母对子女要施以无私的爱：“所以觉醒的人，此后应将这天性的爱，更加扩张，更加醇化；用无我的爱，自己牺牲于后起新人。”

2. 对子女要给予健全的身体

鲁迅认为，父母对子女无私的爱，首先体现在生育健全的子女上。生育健全的子女，从生物学的角度看，才能实现延续生命的目的。要生育健全的子女，做父母的应当“爱己”，也就是要检点自己，加强自身修养，提高自身素质。鲁迅认为，做父母的爱己，这不仅是保存生命的要义，也是继续生命的根基。父母自身的素质，直接影响着子女的素质。他说：“将来的运命，早在现在决定，故父母的缺点，便是子孙灭亡的伏线，生命的危机。”父母体质上和精神上的缺点，不仅影响子女的成长，“而且久而久之，连社会都蒙着影响”。

因此，他严肃地指出：“凡是不爱己的人，实在欠缺做父亲的资格。就令硬做了父亲，也不过如古代的草寇称王一般，万万算不了正统。”为体现对子女的爱，父母必须“爱己”。

3. 对子女要尽力地教育

鲁迅认为，父母对子女无私的爱，还要体现在尽力地教育上。他说，父母生育了健康的子女，“但父母的责任还没有完，因为生命虽然继续了，却是停顿不得，所以还须教这新生命去发展”。他还说：“凡动物较高等的，对于幼雏，除了养育保护以外，往往还教他们生存上必需的本领。例如飞禽便教飞翔，鸷兽便教搏击。人类更高几等，便也有愿意子孙更进一层的天性。这也是爱，上文所说的是对于现在，这是对于将来。只要思想未遭锢蔽的人，谁也喜欢子女比自己更强，更健康，更聪明高尚，更幸福；就是超越了自己，超越了过去。”因此，他主张觉醒的父母应当尽力教育子女。

4. 对子女要完全的解放

封建家庭的父母子女关系是“父为子纲”，家长对子女实行专制，子女没有独立的人格，是家长的私有财产或附属品。鲁迅主张必须改变这种不合理的状况，要完全解放子女。他说，“子女是即我非我的人，但既已分立，也便是人类中的人”，父母应当“交给他们自立的能力”，让他们自己掌握自己的命运，“全部为他们自己所有，成一个独立的人”。

完全解放子女，这是一件极伟大、极要紧的事，同时，也是一件极困苦、极艰难的事。对此，许多父母有各种各样的顾虑和担心，鲁迅都一一做了分析。

（1）有人怕解放了子女以后，父母便“一无所有，无聊之极了”。针对这种想法，鲁迅说：“这种空虚的恐怖和无聊的感想，也即从谬误的旧思想发生。”父母应当明白，子女独立了，“这才是完成了长者的任务，得了人生的慰安”。解放了子女的父母，自己也会有“独立的本领和精神，有广博的趣味，高尚的娱乐”，不致总是依赖子女。

（2）有人怕解放了子女以后，“父子间要疏隔了”。针对这种想法，鲁迅说：“因为父母生了子女，同时又有天性的爱，这爱又很深广很长久，不会即离……子女对于父母，也便最爱，最关切，不会即离。所以疏隔一层，不劳多虑。”

(3) 有人怕解放了子女，“长者要吃苦了”。鲁迅认为，长者受不受苦，不在于是不是解放子女，而在于社会。如果社会不改造，“不独老者难于生活，即解放的幼者，也难于生活”。要解除这种顾虑，首先应改造社会。

(4) 有人怕解放了子女，子女要吃苦了。针对这种想法，鲁迅说，过去父母为避免子女吃苦，采取一些谬误的方法：“一种是锢闭，以为可以与社会隔离，不受影响”；“一种是教给他恶本领，以为如此才能在社会中生活”；“此外还有一种，是传授些周旋方法，教他们顺应社会”。他认为，这都是不可取的，不能避免子女吃苦，“根本方法，只有改良社会”。

鲁迅认为，“中国旧理想的家族关系、父子关系之类，其实早已崩溃”，这是大势所趋，父母应当顺应这个潮流，完全解放子女。

鲁迅呼吁说：“觉醒的父母，完全应该是义务的，利他的，牺牲的。”

鲁迅说这段话的时候，并不能确切地知道那“宽阔光明的地方”是什么样子，什么时候才能到达。但在黑暗的旧中国，鲁迅对未来充满希望和信心，相信中国的前途一定会宽阔光明，这是很可贵的。特别是他提出必须改革旧的家庭关系、父子关系这一重大社会人生问题，主张要完全解放子女，这是具有深远社会意义的，反映了鲁迅对社会生活的深刻理解。

三、改革家庭教育的方法

鲁迅对家庭教育方法问题，也有深刻的见解和精辟的论述。

(一) 必须改革旧的家庭教育方法

鲁迅指出，中国家庭传统的教育子女的方法，大体有两种趋势：一是“任其跋扈”“放任自流”；二是“一味的禁止”。

他认为，这两种家庭教育方法都是错误的、有害的，既不利于儿童身心健康成长，于国家、社会也极为有害。

第一种教育方法，“是任其跋扈，一点也不管，骂人固可，打人亦无不可，在门内或门前是暴主，是霸王，但到外面，便如失了网的蜘蛛一般，立刻毫无能力”。这是做父母的对孩子不负责任，没有尽到义务。用这种放任的方法教出的孩子，在家里习惯于为所欲为，称王称霸，无所顾忌地生活，到社会上不可能有家里那样的生活环境，就很难适应，变得“毫无能力”，这是一种可能的后果。

另外一个可能的后果是使孩子成为“顽劣”的儿童，带着横暴冥顽的气味，甚至于流氓模样，是一种过度恶作剧的顽童。这种人长大以后，绝不会是旧社会的反抗者、新社会的建设者，很可能充当反动统治者的保镖、打手和欺压百姓的小恶霸。

第二种教育方法，“是终日给以冷遇或呵斥，甚而至于打扑，使他畏葸退缩，仿佛一个奴才，一个傀儡。然而父母却美其名曰‘听话’，自以为是教育的成功，待到放他到外面来，则如暂出樊笼的小禽，他绝不会飞鸣，也不会跳跃”。采取这种教育方法的家长，自以为是在尽教育子女的责任和义务，但是其后果也是很不好的。每天对孩子实行管制，这不许，那也不许，还常常打骂，把孩子整治得呆若木鸡，全无生气，结果“中国的男女，大抵未老先衰，甚至不到二十岁，早已老态可掬”。

这样的教育方法还常常会引起儿童另外一种病症，那就是两面习气。他说：“假使有一个孩子，自以为事事都不如人，鞠躬倒退；或者满脸笑容，实际上却总是阴谋暗箭，我实在宁可听到当面骂我‘什么东西’的爽快。”

中国的家庭之所以采取这种禁止、限制、惩治的教育方法，这不单纯是个教育方式方法问题。它反映了中国传统的家庭教育思想，反映了中国的父母对孩子的评价标准。

鲁迅指出：“中国一般的趋势，却只在向驯良之类——‘静’的一方面发展，低眉顺眼，唯唯诺诺，才算一个好孩子，名之曰‘有趣’。活泼、健康、顽强、挺胸仰面……凡是属于‘动’的，那就未免有人摇头了，甚至于称之为‘洋气’。”这不仅反映了中国传统的教育观念，也是对中国传统文化观念的深刻反映。

鲁迅从小生活在一个封建大家庭里，对于中国传统的家庭教育对儿童精神上的窒息，有着切肤之痛。他说："大人们……他们自己就常常随便大说大笑，而单是禁止孩子。"鲁迅回忆他自己所受的家庭教育时说："长辈的训诲于我是这样的有力，所以我也很遵从读书人家的家教。屏息低头，毫不敢轻举妄动。两眼下视黄泉，看天就是傲慢，满脸装出死相，说笑就是放肆。"这是鲁迅对于旧家庭教育对儿童精神禁锢的揭露和控诉。

鲁迅对这种传统的教育观念和文化观念很有看法。他说："驯良之类并不是恶德。但发展开去，对一切事无不驯良，却绝不是美德，也许简直倒是没出息。"

鲁迅的这种见解十分深刻。一个人只会看别人的眼色、按别人的意图行事，遇事毫无独立见解，人云亦云，这种人肯定无所作为。这种教育的严重恶果，是会把中国的儿童造就成十足的奴才。他联系到家庭教育说："'爸爸'和前辈的话，固然也要听的，但也须说得有道理。"他主张，父辈的话，正确的要听，不正确的就不要听，要允许孩子独立思考和判断。

鲁迅热切地希望中国的父母把孩子培养成为"健康、活泼、顽皮、毫没有被压迫得瘟头瘟脑"的一代新人。为此，他主张必须改革旧的教育思想，改革旧的教育方法。

（二）教育要尊重儿童的特点

鲁迅不但揭露和批判了传统的家庭教育方法，还向父母们提出了科学的家庭教育方法。

1. 要理解儿童

鲁迅认为，儿童不同于成人，有自己的内心世界，父母不要以成人的思想强加于他，不要把他们成人化。他指出："往昔的欧人对孩子的误解，是以为成人的预备；中国人的误解是以为缩小的成人。"这样做是有害于儿童身心正常发展的，“倘不先行理解，一味蛮做，便大碍于孩子的发达”。

理解儿童是教育儿童的前提。要教育好孩子，必先理解孩子，了解他们的兴趣爱好、心理特点，比如，“游戏是儿童最正当的行为，玩具是儿童的天使”“孩子是可以敬服的”，等等。

2. 要指导而不是命令儿童

中国传统的教育方法是强迫孩子服从父母的意志，按照传统的模式塑造孩子，对此，鲁迅十分反感。他说：“时势既有改变，生活也须进化；所以后起的人物，一定优异于前，决不能用同一模型，无理嵌定。”

作为父母、长辈，对孩子来说只能是指导者、协商者，却不该是命令者。不能以家长自居，强制孩子服从自己的意志。应当根据孩子的心理特点和发展趋势，因势利导，循循善诱，“要恰如其分，发展各各的个性”。

四、改革儿童读物

鲁迅认为，儿童少年正是求知欲旺盛的时期，可塑性极大，是极容易受熏陶的阶段，儿童读物是儿童的精神食粮，对儿童身心发展有重要的影响。儿童读物不仅是学校教育的教材，更是家庭教育的重要内容。鲁迅小时候，几乎每日都读《三字经》《神童诗》，读《二十四孝图》，深感旧的“童蒙读物”对儿童之危害，因此，鲁迅特别重视对儿童读物的改革。他批判旧的儿童读物，主张改革儿童读物，并亲自为儿童撰写儿童读物。

（一）批判毒害儿童的传统读物

鲁迅对毒害儿童的传统读物进行了深刻的批判和揭露。他认为传统读物的毒害有以下几点。

1. 用封建主义思想毒害儿童的身心

当时的儿童读物，还是和封建社会一样，充满着封建的礼教，像“药饵”

一样毒害着儿童的思想，禁锢着儿童的头脑。家庭教育遵循的是“非礼勿视，非礼勿听，非礼勿言，非礼勿动”那一套封建法规，让儿童读的是传统童蒙读物“三、百、千”（即《三字经》《百家姓》《千字文》）、《神童诗》《增广贤文》《二十四孝图》等。儿童终日呆坐囚笼，口里叨咕着“混沌初开，乾坤始奠”“气之轻清，上浮者为天，气之重浊，下凝者为地”（《幼学琼林》）的陈词滥调，背诵的是“天子重英豪，文章教尔曹；万般皆下品，唯有读书高”（《神童学》）的老调。

这些读物并非为儿童自觉自愿地喜爱，在许多封建家庭中都是家长强制阅读、背诵的。在《五猖会》一文中，鲁迅回忆了他被迫读书的情景：

儿时的鲁迅久已盼望的“五猖会”到了，他穿好新衣，高高兴兴地准备随大人一起去观会。忽然，父亲命令他拿书来背，说“背不出，就不准去看会”。这似乎给他“从头上浇了一盆冷水”。“粤自盘古，生于太荒，首出御世，肇开混茫。”他一句一句地背着，可一个字也不懂。大家都等着鲁迅背诵，谁也无法营救他。他回忆说，当时“我似乎头里要伸出许多铁钳，将什么‘生于太荒’之流夹住”“终于梦似的就背完了”。大家都祝贺他，可那时候的鲁迅“并没有他们那么高兴……水路中的风景，盒子里的点心，以及到了东关的五猖会的热闹，对于我似乎都没有什么大意思”。他说，此事过了几十年后，“却还分明如昨日事”，他一直想不通，“父亲何以要在那时候叫我来背书”。

这样教儿童读书，读这样的书，其结果只能是“孩子长大，不但失掉天真，还变得呆头呆脑”（《新秋杂识》）。

2. 提倡虚伪道德，蔑视真的人情

鲁迅创作散文《二十四孝图》，揭露当时儿童读物中的虚伪性和残忍性。比如，《二十四孝图》中的“老莱娱亲”的故事，说一个行年七十的老头子，身穿五彩斑斓的童装，手拿儿童玩具“摇咕咚”，装着违背常人情理的小儿，发疯似的戏游于老父母的堂下，还诈仆在地，做婴儿啼，以此伪诈的行为取乐于头发雪白的老父母，却被宣誉为是莫大的孝行。鲁迅揭露说：这模样，简直是“装佯，侮辱了孩子”，而且是完全违背儿童心理的。因为“小孩子多不愿意‘诈’作，听故事也不喜欢是谣言”。所以他严厉地谴责道：这是“以不情为伦纪，诬蔑了古人，教坏了后人”。

在《二十四孝图》中，鲁迅还揭露一个十分残酷的所谓孝行的事例，说的是“郭巨埋儿”。汉朝的郭巨有三子，因家境贫穷，他的老母不得不常把自己的饭菜分给他的三个孩子吃，因此，郭巨决定将儿子活埋，以行孝于老母。鲁迅揭露这孝道的残忍时说：郭巨的儿子，“被抱在他母亲的臂膊上，高高兴兴地笑着；他的父亲却正在掘窟窿，要将他埋掉了”。鲁迅形象地勾画出了封建礼教“吃人”的狰狞面目。

鲁迅对宣扬虚伪道德的儿童读物深恶痛绝。他指出，“不但败坏了父子间的道德，而且也大反于做父母的实际的真情，播下乖剌的种子”，其后果是恶劣的、严重的。

3. 宣扬荒诞无稽、脱离实际的东西

在中国古代的通俗儿童读物中，多有此类东西，比如孟宗“哭竹生笋”。因为老娘冬天想吃竹笋，就只身跑到竹林中抱竹痛哭，终因心诚感动天神，于是“地裂，出笋数茎”。又如王祥“卧冰求鲤”，因后母想吃鱼，只好在寒冬腊月赤身卧冰，也因“孝行”感动苍天，于是“冰忽得解，双鲤跃出”。

这些荒诞无稽的“唯心主义”说教，如果少年儿童信以为真，不但思想上会因服“药饵”而中毒，说不准还有生命危险。所以，鲁迅尖锐地揭露道：“‘哭竹生笋’就可疑，怕我的情诚未必会这样感动天地。但是哭不出笋来，还不过抛脸而已；一到‘卧冰求鲤’，可就有性命之虞了。我乡的天气是温和的，严冬中，水面也只结一层薄冰，即使孩子的重量怎样小，躺上去，也一定哗喇一声，冰破落水，鲤鱼还不及游过来。”小小的生命，就见上帝去了。

鲁迅指出，直到1934年所谓的“儿童年”，还有人援引历史上脱离实际的故事来教育儿童。一谈到用功读书，就要儿童学习“囊萤照读”“凿壁偷光”的好学之士。他以讽刺的口吻说：“这些故事，作为闲谈来听听是不算很坏的；但万一有谁相信了，照办了，那就会成为乳臭未干的吉呵德。你想，每天要捉一袋照得见四号铅字的萤火虫，那岂是一件容易事？但这还是不容易罢了，倘去'凿壁'，事情就更糟，无论在哪里，至少是挨一顿骂之后，立即由爸爸妈妈赔礼，雇人去修好。"

这些脱离实际的故事，"便是说教的人，恐怕自己也未必相信罢"。看来，只是愚弄天真的儿童而已。

4. 宣传卖国主义和民族投降主义

当日本帝国主义侵略中国东北的时候，国民党抱"不抵抗政策"，节节败退；而在国统区的儿童读物中，却大肆向儿童宣传"木兰从军""汪踦卫国"之类的故事。鲁迅一针见血地指出，这是"要推出'女子与小人'去搪塞"。要少年儿童去为他们的投降主义挡驾一番，以便为他们自己的不抵抗主义推卸罪责。这种小童挡驾的伎俩，实在是卑下而又恶劣。

在当时官定的《经训读本》中，小学五年级第一课就是《孝经》的开宗明义章，鼓吹"身体发肤，受之父母，不敢毁伤，孝之始也"。鲁迅针锋相对地责问道："那么，'为国捐躯'是'孝之终'么？"这不就是在教育儿童为了"尽孝道"要"全而归之"，只好卖国投降当亡国奴嘛！直到 1936 年 9 月，还有人在《申报》的《儿童专刊》上宣传中国人杀了日本侵略者"应加倍治罪"，还不知耻地对小朋友们说，这才是"大国民风度"。这明明是在向儿童灌输奴化思想！对此，鲁迅十分愤慨。当时鲁迅已生命垂危，仍然握笔怒斥："此作者真畜类也。"

鲁迅在临终前的几个月，还念念不忘儿童读物的问题。他说："关于少年读物，诚然是一个大问题；偶然看到一点印出的东西，内容和文章都没有生气，受了这样的教育，少年的前途可想。"

（二）发展新的儿童读物

为了少年儿童的前途和国家民族的将来，鲁迅不但揭露和批判中国过去和当时儿童读物的种种弊端和恶果，还对发展新的儿童读物提出了许多精辟的具有建设性的主张。

1. 改造陈旧落后的儿童读物，需反映新时代的精神

鲁迅认为，在儿童读物的发展过程中，总是有人竭力堵塞前进的路，“拼命地在向后转”，并使“新印出来的儿童书，依然是司马温公敲水缸，依然是岳武穆王脊梁上刺字，甚而至于‘仙人下棋’，‘山中方十日，世上已千年’，还有《龙文鞭影》里的故事的白话译。这些故事出世的时候，岂但儿童们的父母还没有出世呢，连高祖父母也没有出世，那么，‘有益’和‘有味’之处，也就可想而知了。”

这些不仅是粗制滥造的东西，而且是落后于时代的东西，给儿童有滋养、有益处的东西实在少得很。在一些图书的插图上，常常看到所画的孩子大抵是歪戴帽、斜视眼、满脸横肉，一副流氓气。

他指出，这类儿童书，“黄河决口似的向孩子们滚过去。但那里面讲的是什么呢？要将我们的孩子造成什么东西呢？”对此，鲁迅十分愤慨。

当然，鲁迅并不是主张对旧的遗产不加区别地一概抛弃，新的作品也可以取材于中国历史上有一定意义的故事，把它加以改造。如《白蛇传》，鲁迅认为可以编成儿童读物，但有些地方须增加（如百折不回之勇气），有些地方须削弱（如报私恩及为自己而水漫金山等）。

他主张对于我们民族好的文化遗产，可以利用和借鉴，剔除其封建性的糟粕，吸取其民主和科学性的精华，从旧的内容和形式中解放出来，经过“择取”和创新的过程，使作品反映新时代精神，适应培养新一代的要求。

2. 儿童读物要符合儿童身心发展的特点

鲁迅认为，儿童有儿童的世界，儿童有儿童的思想，儿童有儿童的喜爱，儿童有儿童的语言，这都是和我们成年人截然不同的。不能用成人的想法要求儿童、理解儿童。

他指出，我们要理解儿童，决不能“将孩子看作一个蠢材，什么都不放在眼里”，而必须细心体察儿童的心理特征，给儿童以所喜欢的读物，使儿童的世界充满乐趣，比如，儿童非常喜欢浅显易懂的童话和神话的读物，它可以发展儿童的智慧，丰富儿童的想象力。

鲁迅从培养后起新人出发，从“孩子的心”考虑，认为儿童最喜欢读图文并茂的作品，只有这样才有好的教育效果。儿童读物的题材要广泛化、多样化，有讲动物生活的，讲“昆虫故事”的，也有文学的，有“通俗的科学”。鲁迅为孩子们翻译的作品就有童话、儿童话剧、科学构想故事、儿童小说等多种。

鲁迅批评当时出版的儿童读物，图画粗劣而死板。他说：“现在总算中国也有印给儿童看的画本了，其中的主角自然是儿童；然而画中人物，大抵倘不是横暴冥顽的气味，甚而至于流氓模样的，过度的恶作剧的顽童，就是钩头耸背，低眉顺眼，一副死板板的脸相的所谓‘好孩子’。这虽然由于画家本领的欠缺，但也是取儿童为范本的，而从此又以作供给儿童仿效的范本。”这既反映了民风，又反映了儿童教育的思想。

因此，必须改变社会风气对儿童的坏影响，也要改变教育者的教育观。明确教育目的，到儿童的实际中去，体验儿童的生活，了解“赤子之心”，才能画出或写出真正能教育儿童的范本。

鲁迅认为，编写儿童读物，要了解儿童的心理特征和爱好。他说：“孩子是可以敬服的，他常可以想到星月以上的境界，想到地面以下的情形，想到花卉的用处，想到鱼虫的言语；他想飞上天空，他想潜入蚁穴。”儿童有丰富的想象力，他的思想是海阔天空，有着无穷的幻想和疑问。

因此，“给儿童看的图书就必须十分慎重，做起来也十分烦难”“即如《看图识字》这两本小书，就天文、地理、人事、物情，无所不有。其实是，倘不是对于上至宇宙之大，下至苍蝇之微，都有些切实知识的画家，绝难胜任的”。

儿童读物不论图和文要求得都很高，教起来也得慎重，才能给儿童以正确的印象和科学的概念。我们决不能把儿童提出的“月亮怎么跟着人走，星星究竟是怎么嵌在天空中”之类的问题，不给予应有的重视，并一概抹杀。更不能用“混沌初开，乾坤始奠”“气之轻清，上浮者为天，气之重浊，下凝者为地”等非科学的东西来愚弄儿童，那就会教坏了后代，不能使儿童从小形成科学的概念。

因此，儿童读物的科学性和艺术性，都是极为重要的。

3. 要给儿童编写浅显易懂的科普读物

鲁迅很重视对儿童进行科学知识普及教育，但是，在当时社会还没有儿童科普读物。鲁迅主张：“为今之计，只能读其记天然物之文，而略其故事，因记述天物，弊止于陋，而说故事，则大抵谬妄，陋易医，谬则难治也。”

他这里要儿童读“天物”一类的东西，就是要给他们自然科学的知识。他要求从事儿童教育工作的人，要注意对儿童“教些极普通、极要紧的常识”，培养儿童学科学、爱科学、用科学的兴趣和习惯。鲁迅曾经说过，“科学盛大，决不缘于一朝”，要注意培养将来的“新后代”，这是祖国科学事业的发展前途所系。为此，鲁迅大声向社会呼吁，教育家和科学家们，要放低手眼，拿起笔来，为少年儿童多写点科普读物，为祖国的科学普及，为培养新时代的科学人才作出贡献。

鲁迅十分关心儿童读物的创作和发展。他不仅对新的儿童读物的创作提出了许多精辟的见解；同时，他也身体力行，亲自搜集儿歌，翻译外国优秀的儿童文学作品和科学小说。他先后翻译的外国儿童读物有：《爱罗先珂童话集》《桃色的云》《小约翰》《小彼得》《表》《俄罗斯的童话》《月界旅行》等。鲁迅翻译这些儿童读物的目的“是要将这样的崭新的童话，介绍一点进中国来，以供孩子们的父母，师长，以及教育家，童话作家来参考”，儿童少年们也可以读。

总之，鲁迅对中国新的儿童读物的建设和发展，作出了巨大的贡献，对于儿童家庭教育内容的更新和充实，也发挥了重要作用。

综上所述，可以充分看到，鲁迅一生十分重视儿童的家庭教育。他不仅号召人们注意研究和改革中国当时的家庭教育，而且在教育独生儿子海婴的过程中，也亲身实践自己的教育主张。为了吸取中国传统的家庭教育的经验和教训，他还鼓励、倡导研究中国家庭教育的历史。他说：“倘有人作一部历史，将中国历来教育儿童的方法，用书，作一个明确的记录，给人明白我们的古人以至我们，是怎样的被熏陶下来的，则其功德，当不在禹下。”

鲁迅的这个主张是很有意义的，反映了他认识到家庭教育具有明显的继承性（或传统性）这一重要特点。研究中国家庭教育史，既可以纠正历史积习，又可以开创家庭教育的新篇章。鲁迅的这一愿望，应经过我们的努力去实现。

第十四章

马卡连柯的家庭教育思想

第一节　马卡连柯及其《父母必读》

一、马卡连柯的生平

安东·谢苗诺维奇·马卡连柯（1888～1939），苏联著名教育理论家、教育实践家和作家。

马卡连柯17岁开始当小学教师。1917年十月革命胜利以后，他主要从事对流浪儿和少年违法者的教育改造工作。1920年，他被委派组织一所“少年违法者工学团”（即工读学校），他大胆进行教育实践，积极探索新的教育规律，经过艰苦的工作，使数百名犯罪儿童成长为新人。1922年，工学团改称“高尔基工学团”。

马卡连柯的教育文艺名著《教育诗》生动地总结了他在工学团期间的教育经验。

1927 年，他离开工学团，组织并领导同一性质的“捷尔任斯基儿童劳动公社”。他在工学团与公社的工作实践中，把 3000 多名误入歧途的青少年教育改造成为具有共产主义觉悟和一定知识技能的社会主义建设人才和先进人物，他的成功，引起了国内外的广泛注意。后来，他主要进行教育理论的总结、研究和宣传工作。马卡连柯一生从事教育实践和理论研究工作，撰写了大量教育论文、专著和教育文艺作品。

1950 年，俄罗斯联邦教育科学院成立“马卡连柯全集编辑委员会”，编辑出版了《马卡连柯全集》7 卷本。中国于 1955 年至 1959 年翻译出版了这套全集。

马卡连柯在捷尔任斯基公社工作的最后几年里，曾经接纳过有家庭的儿童。1935 年，他被委任为乌克兰苏维埃社会主义共和国内务人民委员部工学团管理局副局长，在此期间，他更多地接触到儿童、青少年家庭教育中的情况和问题。在实践中，他发现家庭教育同儿童、青少年的成长关系极大。于是，在生活的最后几年里，他较为集中地研究了家庭教育理论问题。

二、马卡连柯与《父母必读》

马卡连柯是苏联第一个尖锐地提出家庭教育问题的教育家，也是第一个因为提出这个问题而使苏联教育机关、广大教师和家长对家庭教育予以注意的教育家。马卡连柯第一次系统地论述了家庭教育理论问题，奠定了苏联社会主义家庭教育科学体系的基础。

家庭教育思想是马卡连柯整个教育思想体系的重要组成部分。他的家庭教育思想，主要反映在《父母必读》和《儿童教育讲座》这两部著作及其他有关家庭教育问题的演说中。

《父母必读》是一部内容新颖、形式独创的文艺形式的家庭教育专著，作者不是板着面孔空洞地给家长讲述教育子女的道理，而是通过一个个生动的故事表达和渗透了他的家庭教育思想，让人读了倍感亲切，不知不觉地受到启迪。

该书在原构思中是一部四卷本的作品，但在马卡连柯逝世以前，只完成了第一卷，并为第二卷、第三卷准备了素材。《父母必读》的第一卷首先是在1937年由《红处女地》杂志分期发表的，同年又由莫斯科文艺出版社出版了单行本。

《父母必读》第一卷的问世，不是一帆风顺的。该书出版后，曾一度遭到社会上一些人的责难，批评家认为这本书太偏重说教；而教育家则批评这本书过于偏重文学，指责该书没有谈到学校教育。马卡连柯曾经到俄罗斯联邦教育人民委员部，请部里的领导看这部书，得到的答复是："不用了吧，我们这里没有家庭教育这样的'司'，只有'普通教育司''学校教育司'，等等。"

马卡连柯并没有因此而灰心丧气。他说，我们就分一分工，"你们那儿有普通教育司，我这儿就来一个'家长教育司'吧。我就谈谈那些既不属于任何司，也没有谁来管的问题"。

集中反映马卡连柯家庭教育思想的另一部著作是《儿童教育讲座》。这是马卡连柯在1937年所写的广播讲稿，1940年由苏联教育出版社出了单行本。该书共有八讲：第一讲，家庭教育的一般条件；第二讲，父母的威信；第三讲，游戏；第四讲，纪律；第五讲，家庭经济；第六讲，劳动教育；第七讲，性教育；第八讲，文化习惯的培养。该书是一部完整而独立的家庭教育理论专著，是在《父母必读》一书的基础上，从理论上系统地阐述了家庭教育的基本问题和原则。

马卡连柯的家庭教育理论自成体系，内容丰富，在实践和理论上都有很高的价值。20世纪50年代中期被介绍到中国，在中国教育界颇有影响。

第二节 《父母必读》——社会主义家庭教育

一、家庭教育——对子女高度负责

家庭教育是在家庭生活中，由家长对自己的子女实施的教育。尽管如此，马卡连柯也认为，家庭教育并不是独立于社会之外的。他说："家庭是社会的一个天然的基层细胞，人类美好的生活在这里实现，人类胜利的力量在这里滋长，儿童在这里生活着，成长着，——这是人生的主要的快乐。"

家庭教育虽然是在各家各户分散进行的，但马卡连柯认为，家庭教育并不是各家各户的私事。特别是社会主义的家庭教育，从本质上不同于资本主义的家庭教育，它是共产主义教育的有机组成部分之一，同社会主义建设事业，同国家的兴衰荣辱密切相关。马卡连柯在《父母必读》的第一章开宗明义地说：

"现今的父母教育孩子，就是缔造我国未来的历史，因而也是缔造世界的历史。"

教育有一个重要特点，就是为一定社会的政治经济服务，是通过培养造就一定质量规格的人才来实现的。家长对子女教育得好不好，不仅关系到家庭的切身利益，更关系到国家的利益。他说："教育儿童是我们生活中的一个最重要的方面。我们的儿童是我们国家未来的公民，也是世界的公民，他们将创造历史。我们的儿童是未来的父亲和母亲，他们也将要成为自己儿童的教育者。我们的儿童应当成长为优秀的公民，成长为贤良的父亲和母亲。但是，这还没有概括一切，我们的儿童又是我们晚年的希望。因此，正确的教育是我们幸福的晚年；不好的教育是我们将来的苦痛、辛酸，是我们对其他的人们和整个国家的罪过。”

把家庭教育和整个国家的利益、国家的未来联系在一起，是非常有见地的，也反映了社会主义家庭教育最本质的特点。马卡连柯认识到了社会主义家庭教育有如此重大的社会意义，所以他要求家长把教育子女作为自己神圣的社会义务。他严肃地指出：“父亲对于子女所负的责任，是他们对于社会所负的责任的一种特殊形式。”马卡连柯的这种观点是非常正确的。

家长作为社会的公民，在社会上工作、劳动，创造物质财富和精神财富，这是在为社会尽义务；同样，在家庭里培养教育自己的子女，也是在为社会尽义务。基于这种认识，他进一步谆谆告诫家长：

“你们应该常常记得，你们生养和教育儿女，不仅仅是为了父母的愉快。在你们的家庭里，在你们的领导下，成长着未来的公民、未来的事业家、未来的战士。如果你们处理无方，教育不出好的人才，那么，由此所得的苦痛，不仅是你们的，而且是许多人的，是整个国家的。不要忽视这个问题，不要认为这是使人厌烦的议论。要知道，在你们的工厂里，在你们的生产机关里，如果没有生产很好的产品，而生产了粗劣的产品，你们会感觉羞愧的。给社会造就出不好的或有害的一分子，尤其是你们更大的耻辱。”

马卡连柯本着对社会高度负责的精神，严肃地批评某些不负责任的家长。有的强调工作忙，没时间，放松子女的教育工作；有的在教育子女中遇到了难处，就放弃教育的责任；有的只知道爱孩子，夸耀、打扮孩子，却“完全忘记了自己身上所担负的促使未来公民成长的道德责任”；有的把家庭的事业和社会的事业分开来，在工作中，在人群中知道自己是公民，但对家庭里教育子女的工作却是另外一种态度——不负责任。

他严肃地指出：“父母的这种行径，正如制造劣货的人一样，把废品充当好货送到社会里去。”他认为这是绝对不能容许的：“在我国，任何儿童的不幸和挫折，任何百分比的废品，哪怕是百分之一，都不应当存在。”

他要求家长，必须尽一切努力搞好家庭教育。

二、家庭教育的五大原则

家庭教育是一个相当复杂的过程。马卡连柯认为，不论是什么样的家庭，教育什么样的子女，要成功地进行家庭教育，家长必须注意“具有一般性意义、有关教育的一切部门和一切细节”，并且应该永远铭记的若干问题，这就是一切家庭教育都必须遵循的基本原则。马卡连柯针对家庭教育的特点，提出了一系列家庭教育原则。

（一）及早教育

在《儿童教育讲座》一书中，马卡连柯首先提出应及早对儿童进行合理的、正常的家庭教育。

家庭是儿童出生的地方，是最初生活的环境和最早接受教育的场所。然而，有许多家长往往以为孩子小，不太懂事，觉得早教没什么用处，长大了再管再教也不迟。针对这种较为普遍的思想，马卡连柯指出，从孩子幼小的时候进行教育是很容易的事，也是愉快、欢欣和幸福的事，特别是 5 岁以前。他说：“儿童将成为怎样的一个人，主要地决定于你们在他 5 岁以前把他造就成一种什么样子。假如你们在 5 岁以前没有按照需要的那样去进行教育，那么，以后就得去进行‘再教育’。”

马卡连柯认为对儿童进行“再教育”是一件相当困难的事。他说：“如果你们不能够合理地教育自己的儿童，如果你们稍有疏失，对儿童关心不够，或者有时候偷懒起来，放松了对儿童的教育，那时候，要加以改造和矫正，就必须下许多功夫了，这就是矫正工作、再教育工作，这就不是那样容易的事情了。‘再教育’需要更大的力量、更多的知识、更大的忍耐，而这就不是每个父母都能够做到的。……这样的工作即使获得完全的成功，对父母也会造成经常的苦痛，会使他们伤尽脑筋，又往往能损害父母的性格。”

有的父母根本做不好“再教育”工作，只好把孩子送到工学团去。有的工学团对这样的儿童也没有什么办法，到社会上，这些儿童仍然不能变成社会真正需要的人。为把孩子培养成为社会真正需要的人，马卡连柯衷心敬告父母永远铭记：“从最初就在各方面都要正确地进行教育。”

（二）以身作则

家庭教育是在家庭的日常生活中，由父母言传身教进行的。父母是子女的首任教师，也是儿童最直接、最经常的模仿榜样。父母的言行举止对儿童影响极大，马卡连柯注意到了这一点。因此，他特别重视并强调家长的以身作则，他说：“父母对自己的要求，父母对自己家庭的尊敬，父母对自己一举一动的检点：这是首要的和最基本的教育方法。”

有的家长以为只有说服教育才是教育，其实，教育工作并不仅仅是使用语言工具，家长本身的言行举止也是教育，而且是最经常的教育手段，是家庭教育成败的关键。马卡连柯告诫父母：“你们自身的行为在教育上具有决定的意义。不要以为只有你们同儿童谈话，教训他、命令他的时候，才是进行教育。你们是在生活的每时每刻，甚至当你们不在场的时候，都在教育着儿童。你们怎样穿戴，怎样跟别人谈话，怎样谈论其他的人，怎样表示欢欣和不快，怎样对待朋友和仇敌，怎样笑，怎样读报，——所有这些，对儿童都有很大的意义。”

马卡连柯认为，不仅家长的言行举止对儿童有重大影响，而且家长的思想、态度、神色、情绪上的变化，哪怕是很不明显，孩子也会敏感地觉察到，并且对他们产生巨大影响；尽管家长没有意识到，但影响确实是客观存在的。他举例说：“如果你们在家里粗野暴躁、夸张傲慢或酩酊大醉，再坏一些，甚至侮辱父母，那么，你们已经大大地伤害了你们的孩子，你们已经对儿童教育得很坏了，而你们的不良行为，将会产生最不幸的后果。”

有些父母不注意自身言行对儿童的影响，不懂得自身言行举止的重要作用，却希望找到一种“巧妙的教育儿童的方法，只要一运用这种方法，就会发生神奇的作用，可以把懒汉教育成爱劳动的人，把恶棍教育成诚实的公民”。马卡连柯说："没有这样的奇迹""所谓教育上的魔术，根本上是不存在的。"要紧的是家长自身的行为。他谆谆告诫父母：

"如果教育者个人有很多的缺点，那么，任何的方法都是没有用的。"这是千真万确的真理。

因此，马卡连柯要求家长："在开始教育自己的儿童以前，首先应当检点你们自身的行为。"严格要求自己。这意思就是说，要想把孩子培养成合格的公民，那么，家长首先自己要做一个合格的公民。

（三）利用家庭集体教育

家庭教育主要由父母来承担，但是只靠父母还不行。马卡连柯认为，必须依靠整个家庭集体。他说："家庭集体的完整和团结一致是良好教育的一个基本条件。"因为只有当家庭形成一个坚强、健全的集体时，它才有可能顺利地进行教育工作。也就是说，有了家庭集体，才会有家庭成员之间融洽无间的关系，才会有统一的经济活动和生活制度，才会有统一的教育思想、教育要求和教育方法，才会有合理的休息和文化娱乐活动。

马卡连柯认为，利用家庭集体教育子女不仅是必要的，也是完全有可能的。因为社会主义家庭同旧时代的家庭有本质的不同。他说："……我们的家庭并不是一些社会成员的偶然结合。家庭是一个自然的集合体，同一切自然的、健全的和正常的集合体一样，只能在社会主义社会里面才能繁荣发展，才能使全人类和个人从正在摆脱的那些罪恶里解放出来。"

他认为，在社会主义社会里，家庭的利益和国家的利益根本上是一致的，家庭成员之间是一种新型的关系，能够获得真正的平等，家庭是一个真正的集体。他指出，在旧时代，特别是在资本主义社会里，是没有真正的家庭幸福可言的；家庭中成员之间的关系，乃是一种赤裸裸的金钱关系，父亲有至高无上的权力，母亲则处于被奴役的地位。这样的家庭，不可能是一个真正的集体，不可能利用那样的家庭对子女进行正常的教育。

为了实现家庭集体的教育作用，马卡连柯特别注重要建立和保持家庭健全的组织和结构。他认为："如果父母不在一起生活，或者父母离异了，在儿童教育上就会有很不好的影响。"

他告诫父母，为了把子女教育好，应当努力使自己相互间的不和不至于趋于决裂，不让子女因此而处于非常困难的境地。在父母争吵和离异的时候，要多多地想到儿童。丈夫不应该为了寻求新欢而抛弃家庭、妻子和儿女，妻子对丈夫的恶感和憎恨应该回避儿童。夫妻之间有什么分歧，应当妥善地解决。要保持家庭有一个健全的结构和团结一致的精神，不要使家庭破裂，这是实现家庭集体教育作用的基础。

谈到家庭结构问题时，马卡连柯认为，失去家庭集体性的方式"最普遍的是所谓独子制度"。他说："教育一个儿子或女儿比教育许多儿童困难得多。"

为什么呢？他说："只有在有几个儿童的家庭里，父母的关注才会正常，才可以平均地关注每一个儿童。"家里有几个儿童，儿童从小就生活在集体中，习惯于集体生活，能获得人际交往的能力和经验，学到爱和友谊。

如果家里只有一个孩子，会怎样呢？他说："只有一个儿童，他会立刻成为家庭的中心。父亲和母亲的关注完全集中在这个儿童身上，往往超过了有益的范围。在这种情况下，父母的爱会很突出地有某种神经质的情形。儿童的疾病或死亡对于这样的家庭所给予的痛苦是极大的，做父母的总是感到这种不幸的威胁，使他们失掉应有的安静。独生子女最容易习惯于他占有的特殊地位，变成家里真正的暴君。父母也不容易把握自己的爱和关注，有意无意地把儿童教育成利己主义者。"

他认为，在独生子女家庭里，儿童是"孤伶伶的，他没有一个真正的社会"。"没有可以天然弥补这种缺陷的东西，没有兄弟和姐妹，因而也就没有体贴、照顾的经历，没有玩耍、相爱、互助的经历，没有模仿、尊重的经历，最后，也没有共处的经历——没有共同享受，也没有共同努力的经历——简直什么都没有，连普通的来往都没有。"一句话：没有集体生活的实践体验，就不会有过集体生活所需要的品质。

他还认为，家庭里只有一个孩子就很容易造成父母的变态心理。他说："在一个多子女的家庭里面，一个孩子的死亡可以引起深痛的悲伤，但决不至成为悲惨的收场。因为剩下的孩子还像从前一样，需要照顾和疼爱。他们实际上保证了家庭集体不至于瓦解。当然，没有任何情景比父母亲落在空屋里孤独地生活着这种情景更悲惨的了，这种情景，每一动作就会使他们想起亡去的孩子。因此，就必然造成了这样的局面：父母把担心、溺爱、恐惧和惊慌都集中在独子的身上。""因为父母将来的快乐全部都寄托在这一个儿子的身上，失去了他，就等于失去了一切。"

由于这样一些原因，教育独生子女是非常困难的。他认为，独生子女简直是"社会的危险物"，"独生子女成了最困难的教育对象"。他断言："甚至在最好和最幸运的情形下，甚至在有才能而又关心（孩子的教育）的父母手里，要教育一个独子，也是一种极端困难的工作。"

那么，如果因为种种原因不能再有第二个孩子，怎么办呢？马卡连柯很武断地说："很简单：要一个别人的孩子，从儿童之家里抱一个孩子，或者收养一个没有父母的孤儿，把他当作自己的孩子一样爱护，不要想到他不是你生的……其实是他帮助你把'势将倾颓的'家庭从摇摇欲坠的危险中拯救出来的。不管你的物质条件多么困难，你一定要这样做。"马卡连柯明确地反对只要一个孩子。

应当承认，马卡连柯对于多子女家庭对孩子教育有利的条件和独生子女家庭对孩子教育不利的条件，分析得是很深刻的。特别是对独生子女家庭环境的不利因素，分析得令人信服，给人以深刻启发，会引起独生子女家长的高度注意。然而，他由此而武断地认为独生子女是没有可能教育好的，是"社会的危险物"，并坚决反对只要一个孩子，这种观点是有失偏颇的。子女的数量是影响教育效果的一个因素，但不是决定性的因素。只要家长头脑清醒，扬长避短，独生子女照样可以被培养、教育成为好孩子。

马卡连柯在强调家庭集体教育的时候特别指明，在教育工作中是无所谓小事情的。他认为，整个生活都是由日日夜夜、时时刻刻起作用的小事组成的，指导这种生活，组织这种生活，是做父母的最重要的任务，最好的教育组织工作是不能忽略细节与小事的。

由此，马卡连柯提出要注意树立良好家风的问题。他说："教育的过程是一个不断的过程，它的各个细节由家庭的风气来解决，而家庭风气不是想出来的，也不能用人工来保持。亲爱的父母们，家庭风气是由你们自己的生活和你们自己的操行创造出来的。如果你们生活上的一般作风不好，即使最正确、最合理，并且精心研究出来的教育方法，也将是没有用的。相反地，只有正当的家庭作风，才能给你们提供对待孩子的正确方法，特别是提供劳动、纪律、休息、游戏和……的正确方式。"

马卡连柯关于建立良好家风的思想是十分深刻的，他充分体现了利用家庭集体教育的原则。中国古代的家庭教育，就特别强调教子必先"治家""齐家"，实际上也是强调建立良好家风的问题。看来，良好家风的形成是实现家庭集体教育的重要手段，也是家庭教育成功的重要保证。

（四）教育要掌握分寸和尺度

马卡连柯认识到了家庭教育的复杂性，提出一个"中庸之道"的原则。他说："在我们的教育活动当中是应该有一个中庸之道的。"又说："我所坚持的一个主要的原则，就是找出一个中庸之道……"他认为："中庸之道在儿童教育上，是需要作为一种原则来考虑的。"因为，"这是一个异常重要的问题，它在家庭里往往解决得不很正确"。

所谓"中庸之道"，马卡连柯认为，就是"某种标准的原则"，即分寸、尺度、界限。他具体解释说："独立性的成分应该有多么大，要给孩子什么样的自由，在哪一种程度上需要'手把手指导'，在哪一种程度上需要他自己来加以解决，禁止什么，什么应该取决于他本人的意志？"等等。在类似这方面许多问题上，分寸、尺度、界限、标准都很难掌握，因此，他反复地强调这个问题。

当马卡连柯经过深思熟虑提出“中庸之道”这样一个教育原则后，即受到社会上某些教育家这样的指责：“假如您推荐中庸的话，那么您将要去教育中庸的人，也就是不恶不善，不是天才也不是愚蠢的不三不四的人。”

对此，他并不感到不安。他认真地检查、回顾了他40年的教学和教育活动，得出了一个结论：“这个方法是正确的，我们是可以在家庭教育上来运用这个方法的。”他还是坚定不移地坚持这个教育原则。

马卡连柯在家庭教育中坚持“中庸之道”，掌握分寸、尺度、界限、标准，主要体现在以下几个方面。

1. 关于自由和纪律的关系

他认为，孩子没有一点自由不行，但没有纪律也不行。他说：“如果你们想到的只是对孩子的无限的自由，那么，这是有害的。可是，假如孩子应该什么都问，应该永远到你们那里去，经常由你们去决定并且按照你们所说的那样去行动，那么，孩子就没有发挥自己的主动性、机动性和从事个人冒险的余地了。这也是要不得的。”

在这个问题上，马卡连柯的观点是：“应该在一定程度上允许他（指孩子）去冒险，以便使孩子成为一个勇敢的人。”如果限制过多、过死，什么都由父母决定，全都按父母所说的去做，这样会使该子“不能成为一个真正的人”。

2. 关于培养积极性和克制能力的关系

他说：“我们坚持的一个主要原则……就是找出培养积极性和克制能力的尺度来。”他认为，如果能够养成儿童的“积极性和克制能力之间的分寸感，也就等于解决了教育的问题”。

有的家长对于培养孩子的主动性和坚强意志存在着模糊认识，以为只有想干什么就干什么，这才是有坚强意志。马卡连柯则认为：“坚强的意志——这不但是想什么就获得什么的那种本事，也是迫使自己在必要的时候放弃什么的那种本事。意志——这不单纯是欲望和欲望的满足，同时也是欲望和制止，欲望和放弃。”

他认为，这种意志在日常生活中是特别重要的。比如，孩子要从街上跑过去，他应看得见行人和汽车；在工作中他应看到哪里最危险，哪里最有利。这些都要在勇敢、意志和克制力之间加以选择。比如，孩子对同学、父母、教师的爱，都要有分寸感，等等。

因此，他告诫父母：“假如你们的孩子仅仅受到实现自己愿望的训练而没有受到克制那种愿望的训练，他是不会有最大的意志的。没有制动器就不可能有汽车，而没有克制也不可能有任何的意志。”他的这个比喻非常贴切，令人深思。

3. 关于父母与子女的关系

马卡连柯认为，父母对子女虽然应当尽可能亲近一些，但也不宜过分亲近，应当有分寸感。他说：“亲近是应该的，保持距离也是应该的。不能对孩子亲近得一点距离也没有了。在孩子的心目中，你们多少总要处在比较高一点的地位。他应该把你看成一个比他大、比他处在比较高的地位、跟他有区别的什么人。这样的距离，这种适当的、非正式的恭敬是应该具备的。”

马卡连柯的这个观点是有道理的。如果父母和儿女过分亲近，没有一点界限，就会在儿女心目中毫无尊严。子女对父母没有适当的尊敬，合理的教育也是无法保证的。他的这个观点，和中国古代颜之推的“父子之严，不可以狎”“狎则怠慢生”的观点是一致的。

4. 关于严厉和慈爱的关系

马卡连柯认为，在教育子女中，“有关严厉和慈爱尺度的问题是最重要的一个问题”，也是一个“最难解决的问题”。他说：“我认为严厉并不是什么愤怒，也不是什么歇斯底里地叫喊。完全不是这样的。严厉这个东西只有当它并不具有歇斯底里的任何特征的时候才是有效的。”“严厉不一定是以大嚷大叫为前提的。”

关于慈爱，马卡连柯认为：“爱是一种最伟大的感情，它总是在创造奇迹、创造新的人，创造人类最伟大的珍贵的事物。”爱孩子，是人之常情，是教育孩子的前提和基础。他说："没有父母的爱所培养出来的人，往往是有缺陷的人。"

但是，他认为，对孩子的爱也是应当有分寸的："正如奎宁一样，正如食物一样，爱是要求有一定的分量的。任何人不能吃十公斤面包并由此来夸耀他吃得好。爱也是要求有分量、有尺度的。"

在家庭教育中，爱孩子的分寸、尺度掌握不好，从而陷入溺爱，这是很普遍的现象。他指出："人们常说：我是母亲，我是父亲，一切都让给孩子，为他牺牲一切，甚至牺牲自己的幸福。"有人以为只有这样才是爱孩子，其实过分的爱，恰恰是害。马卡连柯把这种爱看作父母送给儿童的最可怕的"礼物"。他说："这种可怕的礼物，可以这样来比方：如果你想毒死你的孩子，你就给他饱喝一服足量的你个人的幸福，他就可以被毒死。""最可怕的事情就是用父母的幸福来栽培儿童。"他由此而断言："一味抱着慈悲心肠为儿女牺牲一切的父母，可说是最坏的教育者。"

在《父母必读》一书中，他用生动的事实说明，过分的爱，以儿童为中心的家庭，只能培养出冷酷无情、毫无心肝的利己主义者。他认为，假如母亲把自己变成儿女的奴仆，"儿女就将在母亲劳动的基础上过着主人的生活"，这样只能造就出"小暴君和压迫者"。

掌握分寸、尺度是家庭教育的极为重要的原则。马卡连柯认为："不管你们采用哪一类教育方法，你们都需要有一个尺度。因此，也就需要在自己的身上培养分寸感。"

（五）与社会生活相联系

家庭教育是在家庭生活中进行的。马卡连柯认为，家庭教育一定要和社会生活相联系。不能关起门来教育子女，和社会生活相隔绝，要充分利用社会生活来教育子女。

马卡连柯认为，从最广义的教育来说，它是一个社会的过程，家庭教育当然也不例外。"儿童跟整个十分复杂的周围现实世界发生着千丝万缕的联系……

这种‘错综复杂’的关系，看来似乎不起什么作用，其实随时都在使儿童的个性起着变化。”

有些父母企图阻止儿童不受现实生活的影响，想用个人的家庭管教来代替社会教育。马卡连柯认为：“这是毫无意义的，也是毫无希望的。结果一定会失败：或者是儿童冲出家庭的图圄，或者是把儿童教育成畸形的人物。”

马卡连柯说：“苏维埃人不是由一个人的直接影响就能教育成功的，不管这个人具有什么样的品质。”他又指出：“教育儿童是由家庭负责，或者也可以说，是由父母负责。不过家庭集体的教育，不能凭空造就儿童。仅凭有限的家庭影响或有限的父亲训诫，还不够成为造就未来的人的资料。只有多种多样的苏维埃现实生活，才是教育他们所需用的资料。”

马卡连柯充分看到，家庭虽是一个较为封闭的社会组织形式，但家庭并不是孤立于社会之外的，家庭生活和社会生活是紧密联系着的，凡是使自己的家庭教育和社会生活脱节的家长，在子女教育上肯定会失败的。因此，他告诫家长，国家所实现的一切，应该通过家长的情感和思想传达给儿童。在家长工厂里完成的一切，不论是使自己高兴的或者使自己不快的，也应当让你们的儿童对这些产生兴趣。儿童应当知道家长是社会事业家，应当为家长、为家长的成就和对社会的功绩而自豪。

三、家庭教育的方法

（一）生活制度

马卡连柯认为，健全的生活制度是一种非常重要的教育手段和方式。他在《父母必读》一书中指出，给儿童定下严格的每日生活制度，是教养的重要条件。如果没有这样的制度，而又不打算定，那么，读这本书或其他的书籍，都是白费时间。

他认为，生活制度的建立和实行，是为了培养儿童的某种良好习惯。家庭生活制度不是永恒不变的东西，应当根据儿童的年龄、才能、周围环境、邻居、住宅大小、设备以及其他种种有关情况的不同而有所不同。某种良好的习惯养成了，家庭和儿童的年龄发生了变化，生活制度也应有所变化。

马卡连柯认为，作为一种教育手段的生活制度，是具有一系列的特点的。这些特点是使生活制度更好地发挥积极作用的前提条件。

1. 生活制度要有明确的目的性。这个目的性指的是应该符合共产主义教育目的，家长要了解，也应让儿童了解。

2. 每种生活制度都要有合理性。所谓合理性，指的是生活制度要适当，既要保护儿童的身心健康和学业成绩，又要考虑儿童的实际能力。

3. 每种生活制度都要有确定性。所谓确定性，指的是对儿童要有确定的要求，不能朝令夕改，今天要求，明天又不要求了。“这样的没有确定的要求，会失掉生活制度的一切意义，使它变成毫无关联的一些偶然命令。”

4. 生活制度要有精确性。所谓精确性，指的是儿童遵守生活制度要有始有终，“不允许有任何的例外”，必须严格要求儿童执行。

5. 生活制度必须有共同性。所谓共同性，指的是对于既定的家庭生活制度，每个家庭成员都应该遵守，父母也不例外。“当然，父母应遵守的生活制度跟儿童应遵守的生活制度是不会一样的，这完全是很自然的事情。但是，这个差别不应当是原则性的差别。”

6. 生活制度要有实际性。所谓实际性，就是制定生活制度要从实际出发，不要千篇一律，生搬硬套。

对于儿童来说，家庭生活制度一般应包括哪些内容呢？马卡连柯在《儿童教育讲座》一书中做了具体说明。他指出，家庭里的生活制度必须包括以下各点：应当确实规定起床时间和就寝时间——无论工作日或休息日都要一律遵守；整洁的规则，换洗衬衣的时间和规定；换洗袜子的规定；儿童应当养成这样的习惯——一切东西都放置在一定的地方，工作或游戏以后，一切东西应收拾得整整齐齐；儿童从小的时候起，就应当会使用便所、脸盆和浴盆；应当注意管理电灯，需要时开灯，不需要时关灯；吃饭时应有特别的规定，每一个儿童应当知道自己吃饭时的座位，知道按时吃饭，知道吃饭时应怎样做，能使用刀子和叉子，不弄脏桌布，不把碎屑扔在桌子上，把盘里盛的东西全部吃下，不再多要。

马卡连柯是主张对儿童严格要求、严格训练的，这很有利于培养儿童的良好行为习惯和生活秩序。

为使生活制度发挥应有的作用，马卡连柯要求父母做到：

1. 带头严格遵守生活制度，给孩子做出好的榜样。

2. 要循循善诱，引导、指导孩子坚持生活制度。

3. 要加强监督，经常提醒、检查孩子执行的情况。

4. 引导、指导孩子遵守生活秩序的最好方式是吩咐。

吩咐时的态度应是安详、沉静、和蔼但永远坚定。不要态度凶恶、吼叫和激怒，也不要恳求；要适合儿童的能力，不使之感到过分吃力；要合理，不要违反常理；一个吩咐要和其他的吩咐一致，不能互相矛盾；等等。

（二）父母的威信

马卡连柯把家长的威信视为一种重要的教育方法。在《儿童教育讲座》第二讲中专门谈到“父母的威信”问题。他认为，教育者如果没有威信，也是不行的。

什么叫威信？他说：“威信本身的意义在于它不要求任何的论证，在于它是一种不可怀疑的长者的尊严、他的力量和价值。可以说，这种力量和价值在天真的儿童眼里也是一清二楚的。”

马卡连柯认为，家长威信的形成和家长的榜样作用是密切联系的。他说：“父母的威信的主要基础只能建立在父母的生活和工作上，建立在父母的公民面貌和公民的行为上。”

他针对家庭教育中的实际情况，批评某些父母不正确地企图获得威信的方法。

1．“以高压获得的威信”

他指出，做父亲的最容易追求这样的威信。在家里吼叫、愤怒，为了一点无关紧要的小事，大发雷霆，不管在什么场合都粗暴地殴打儿童。孩子一有错，一定予以惩罚。用这种野蛮的办法获得威信的，一般是在文化水平很低的父母中才有。这样的威信根本不能起教育作用，只能迫使儿童远远地避开威严的家长，使之说谎、残忍，成为怯懦、冥顽不灵、阴沉无用的人。

2．“以疏远获得的威信”

为使儿童听从，很少跟孩子说话，离得远远的，还摆出一副家长的架子。对孩子吩咐什么，也要别人代劳。喜欢用这种办法的多是旧知识分子家庭，这样的威信不会带来任何的好处。

3．“以傲慢获得的威信”

这是一种特殊的以疏远获得的威信。在孩子面前自吹自擂，夸夸其谈，吹嘘自己，对一切人傲慢无理。这种做法往往出在名人、作家、干部家庭里。这样也会使孩子自高自大起来。

4．“以迂腐获得的威信”

对孩子专横自负，有错不认错，把自己的话当作法律，像官僚一般。认为“只要我说了，就必须如此”。对儿童的生活、儿童的兴趣、儿童的发展却不管不问。这样的父亲，除了自己在家里官僚主义地发号施令以外，什么也看不见。

5．“以说教获得的威信”

这样的父母以为主要的教育方法就是教训。他们成天用喋喋不休的训诫和教化的谈话烦扰儿童的生活，总是进行枯燥无味、讨人厌烦的谈话。父母想尽办法扮成道德高尚的人，希望在孩子眼中成为完美无缺的人。就是高谈阔论，唠唠叨叨，企图利用无休止的训诫和说教征服儿童，但孩子感到枯燥无味，非常厌烦，根本树立不起威信。

6.“以爱抚获得的威信”

许多父母相信，为了使孩子听话，必须先使他们爱父母；为了得到这种爱，必须在一举一动里对孩子表示出父母之爱。于是，温和的语言、频繁的接吻、温存的抚摸、反复的甜言蜜语，向孩子倾泻而去，以感化儿童，其实，这是讨好儿童。这是非常危险的一种威信，会造就不诚实的和虚伪的利己主义者。而这种利己主义的牺牲者，往往首先是父母自己。

7.“以慈善获得的威信”

这是一种最不聪明的威信。这是以无原则的退让、迁就、百依百顺来换取威信，对孩子是有求必应，这是一种最不聪明的获得威信的办法。这样，就给儿童的愿望、淘气、要求，打开了无限的方便之门，不但形成不了威信，孩子反而索性指挥起父母来了。

8.“以友谊获得的威信”

对孩子只讲无原则的友谊、平等，父母与子女之间没有界限，没有长幼之分，没有教育者和受教育者之分。孩子不尊敬父母，以至顶嘴、嘲弄，根本不会听从父母的教育，教育没有了，或者开始着相反的过程：孩子开始教育父母了。这在知识分子家庭里常常看到。

9.“以赠贿获得的威信”

以许诺、馈赠物品使孩子听话，这是一种最不道德的获得威信的办法。孩子的听话，只是靠馈赠物品或口头承诺来维持：听话就给你买木马，听话就带你看马戏。

马卡连柯说，除上述几条以外，还有“以乐观获得的威信”“以博学获得的威信”“以坦率获得的威信”“以美丽获得的威信”，等等。这些做法都是不正确的，不可能获得真正的威信，即便获得了，也是虚伪的、有害的威信。“威信建筑在虚伪的基础上，只能在极短的期间有效，很快就要失掉作用。”

因此，马卡连柯郑重告诫父母：“你们的公民活动，你们的公民感觉，你们对儿童的生活的了解，你们对儿童的帮助以及你们为儿童教育所负的责任，是真正的威信的基础。”

马卡连柯把“威信”作为一种教育方式方法，是有一定道理的。这里实际上是把家长的素养看作一种重要的教育因素，强调家长自身人格对孩子的巨大影响和教育作用。

（三）家务劳动

马卡连柯非常重视劳动教育。他认为，在教育工作中，劳动应当是最重要的根本因素之一。他说：“正确的教育如果不是劳动的教育，那是不可想象的。”

他具体阐述了家庭劳动教育的意义和作用：

1. 劳动教育关系着未来公民的品质、生活水平和幸福。他要求父母注意到：“你们的儿童将来是劳动社会的成员。因此，儿童在社会上的作用，儿童作为公民的价值，将完全决定于儿童参加社会劳动的能力，决定于他对这种劳动所做的准备。同时，儿童的幸福、儿童的物质生活水平也是根据这个来决定的。”

2. 劳动教育可以使儿童热爱劳动，培养儿童的创造才能。

3. 劳动教育可以培养同志的关系，使儿童获得道德的和精神的发展。

4. 劳动不仅具有社会意义，而且在儿童个人生活上也有意义。劳动教育可以使人更能够处理问题，生活得更为快乐、幸福。

马卡连柯对于儿童劳动教育的要求是：

1. 劳动教育要及早进行，在游戏中开始。

2. 家庭劳动要照顾儿童的年龄特点，要求要循序渐进。

3. 家庭劳动教育必须是兴趣和要求相结合，不能单凭兴趣出发，应有必要的要求。

4. 让儿童劳动不能利用强制手段，也不要用物质奖励和惩罚，应采取提醒、暗示、引导、指导、鼓励的态度。

（四）谈话

马卡连柯认为，谈话是一种重要的教育手段；同时，父母与自己的子女谈话和进行训话，也是一件相当困难的工作。

为此，他认为同子女谈话应注意几个问题：

1. 所选择的话题，必须能引起孩子的兴趣。

2. 说话必须富于表现力，配合着适当的表情。

3. 要使孩子具有特别的耐心。

4. 要有的放矢，力戒空谈。

（五）奖惩

关于奖励，马卡连柯主张在实行时要小心谨慎，不可滥用，他反对过分奖励；奖励的方式最好的是精神鼓励，充分肯定孩子的进步；物质奖励也可以实行，但不能仅仅是为了使儿童听话，特别注意不要事先许诺。

关于惩罚，他不反对使用，但他说："我是体罚的反对者，很早就是反对者。一般说来，体罚的方法我是不能容许的。我没有见过一个家庭施行体罚会有好处的。"

他认为，体罚的危害很大，不仅会伤害孩子的身体，而且会形成孩子的不良性格和习惯，甚至会把孩子推入犯罪的深渊。他们的子女因为害怕他们，就设法在他们的威信和权力的范围之外过生活，因此，很容易犯罪。

（六）游戏

游戏是教育儿童的重要手段。马卡连柯说："游戏在儿童生活中具有极重要的意义，具有与成人的活动、工作和服务同样重要的意义。儿童在游戏中怎么样，当他长大的时候，他在工作中也多半如此。因此，未来活动家的教育，首先要在游戏中开始。"

他认为，游戏对于儿童的成长发育有重要作用。游戏可以培养、训练儿童生理上和心理上的能力，工作的能力和思想的能力，想象力和思维能力，以及社会交往、适应集体生活的能力。

他要求父母在指导儿童游戏时，应当做到：

1. 不使游戏变成儿童唯一的嗜好，不要叫儿童的游戏完全脱离了社会目的。

2. 在游戏中培养出工作中所必需的心理上和生理上的习惯。

（七）参加家庭经济管理

马卡连柯说："每个儿童都是家庭的成员。因此，也是家庭经济的参加者。"

他认为，在社会主义国家里，每个社会成员都是苏维埃经济的参加者，作为一个社会公民，要参加经济生活需具备许多性格特点。马卡连柯认为："对培养未来管理经济的公民的许多重要的性格特点来说，家庭经济是最适合的园地。"

马卡连柯认为，让孩子参加家庭经济管理，可以培养许多好的品质和能力。

1. 集体主义。集体主义即个人跟别人的工作和利益、跟整个社会利益的真实结合。培养的具体途径是：让孩子了解父母的工作情况和工作的意义，及早参与家庭的经济预算，使孩子知道，在家庭经济富裕的时候要节省，在家庭经济困难时要量入为出。

2. 忠诚。具体教育方式是父母在日常生活中不对孩子隐瞒，要求孩子率直、诚实，不隐瞒家长。

3. 关心。培养儿童关心家庭生活的品质，具体方法是和孩子商量家里迫切需要哪些东西，以及如何满足这些需要。

4. 节约。教育孩子爱护家中财物和公共财物，不要浪费。

5. 责任感。教育孩子在损坏财物后感到于心不安，而不是害怕处罚。

6. 判断能力。这种能力可在孩子了解家务、关心家务和参加家务中培养。

7. 干练能力。干练即有经验、有能力，是在实践中培养出来的。在参加家务劳动过程中可以培养这种能力。

（八）开展家庭文化生活

在家庭中开展各种文化生活，使孩子对文化发生兴趣。

具体的文化生活有：读报纸、讲故事、画画、读书、看电影、看戏、参观博物馆和展览会、散步、参加体育运动、组织家庭戏剧表演、出墙报、记日记、通信、儿童聚会，等等。

马卡连柯所提出的教育方法，不单纯是教育方法，其中还贯穿着家庭教育的多种教育内容，诸如思想品德、文化生活、劳动、美感、能力等。另外，他还特别强调了在家庭里进行纪律、情感和性的教育。

四、对马卡连柯家庭教育思想的评价

马卡连柯的家庭教育思想和家庭教育的实践联系十分密切，他所提出的种种原则和方法，有着深厚的实践基础，反映了他对家庭教育的实际和特点有着深刻的认识。

尤其应当指出的是，在苏联，马卡连柯是第一位用马克思主义教育理论探索家庭教育规律的教育家。在他的家庭教育理论体系中，体现了十分鲜明的时代和阶级的特点。他对于革命以前的旧家庭教育进行了深刻的批判，对于社会主义苏维埃的家庭教育的特点进行了深入的分析，为发展苏联社会主义的家庭教育奠定了理论基础。总之，他的家庭教育理论具有开拓性的历史意义。

第十五章

陈鹤琴的家庭教育思想

第一节　陈鹤琴及其《家庭教育》

一、陈鹤琴的生平

陈鹤琴（1892～1982），浙江上虞县（现为上虞区）人，中国现代教育家、儿童教育家。1914年，清华大学毕业后留学美国。1917年，毕业于美国约翰斯·霍普金斯大学。1919年，获哥伦比亚大学师范学院硕士学位，回国后，任南京高等师范学校教授、东南大学教务长。1923年，创办南京鼓楼幼稚园兼任园长。1927年，任南京晓庄试验乡村师范第二院院长。1928～1939年，任上海工部局华人教育处处长。

1949～1959年，任南京大学师范学院和南京师范学院院长。1955年，任中国文字改革委员会委员。1964年，被推为九三学社中央委员兼南京市主任委员。连任全国政协委员和江苏省政协副主席。1979年，任江苏省人大常委会副主任委员、中国教育学会名誉会长、全国幼儿教育研究会名誉理事长及江苏省心理学会名誉理事长。

陈鹤琴在求学时就立志献身教育事业，回国后尤为重视儿童教育。他一生都致力于教育实践和理论研究。他的教育实践和教育思想对20世纪20年代至40年代的中国教育界和知识界是有影响的，对社会主义教育事业的发展也作出了一定的贡献。

家庭教育是陈鹤琴进行儿童教育科学研究的一个重要领域。家庭教育思想是陈鹤琴整个教育思想体系的重要组成部分，也是他对我国教育理论发展的一个重要贡献。

早在东南大学任教期间，陈鹤琴在研究儿童心理的同时，就着手研究儿童家庭教育理论。他是我国现代教育史上最早亲自进行家庭教育的观察和实验，并且在家庭教育理论研究上卓有成效的教育家。他的家庭教育思想形成了较为完整的理论体系，奠定了我国现代家庭教育科学体系的基础，对于我国社会主义家庭教育理论的发展有重大的影响。

二、《家庭教育——怎样教小孩》

陈鹤琴的家庭教育理论具有坚实的实践基础。在广泛、深入研究儿童心理的基础上，他对自己的子女和别人的子女所受的家庭教育进行了系统的观察、试验，总结了经验教训；同时，他还批判地继承和发扬了我国古代家庭教育的优良传统，对于当时中国家庭教育的思想和方法也进行了研究。他的家庭教育思想具有强烈的实践性和民族特色。

陈鹤琴的家庭教育学说，主要反映在《家庭教育——怎样教小孩》（以下简称《家庭教育》）这一家庭教育论著中，在其他的许多儿童教育论著中也有论述。

《家庭教育》一书，是他对他的儿子一鸣进行几年的观察、研究后，同时吸取别人教育子女的经验、教训而写成的。这部专著内容相当丰富，材料非常翔实，提出了 101 条家庭教育原则，几乎涉及儿童家庭教育的方方面面。诸如“小孩子从醒到睡，从笑到哭，从吃到撒，从健康到生病，从待人到接物的种种问题，都得到了很充分的讨论”。既有家庭教育的内容，又有家庭教育的一般原则，有实践，有理论，可以说是一部儿童家庭教育的“百科全书”。

这部专著内容生动具体，写法深入浅出，通俗易懂，老幼皆宜，是一部非常受家长欢迎的父母必备读物。著名教育学者郑宗海在为该书撰写的序言中说：“我阅过之后，但觉珠玑满幅，美不胜收，有数处神乎其神，已臻乎艺术的范域。私幸有此一卷，置绪案头，可以奉为龟鉴。”

著名教育家陶行知也非常赏识这部佳作，他在该书序言中称该书“系近今中国出版教育专书中最有价值之著作”，赞誉陈鹤琴的家庭教育是“艺术化的家庭教育”。他说：“这本书出来以后，小孩子可以多发些笑声，父母也可以少些烦恼了。这本书是儿童幸福的源泉，也是父母幸福的源泉。著者既以科学的头脑，母亲的心肠，做成此书。我愿读此书者亦务须用科学的头脑和母亲的心肠去领会此书之意义。我深信此书能解决父母许多疑难问题，就说它是中国做父母的必读之书也不为过。”

事实正如陶行知所说，这部书非常受父母的欢迎。该书于 1925 年年中问世，不到 5 个月就再版；至今还在继续再版。可见此书是经得起时间和历史考验的，对今天的儿童家庭教育仍有现实的指导意义。

第二节　家庭教育的“百科全书”——《家庭教育》

一、家庭教育关系个体和社会、国家

陈鹤琴所研究的对象是学龄前儿童（0～7岁）的家庭教育，他的理论也侧重于儿童的早期家庭教育。他认为，学龄前儿童的早期家庭教育与儿童个体的成长发育关系极大，对于改造中国社会也有重大意义。

（一）家庭教育对儿童个体成长发育的作用

他认为，儿童的早期家庭教育在人的一生成长发展过程中，起着奠基作用。在《家庭教育》一书第一章，陈鹤琴首先提出了这样的问题。

他说，为什么人们中“有的成为优秀公民，有的变为社会败类？推其原因，不外先天禀赋之优劣与后天环境及教育之好坏而已”。人们生下来先天的遗传素质大体是相仿的，究竟朝什么方向发展，成为什么样的人，“知识之丰富与否，思想之发展与否，良好习惯之养成与否，家庭教育实应负完全的责任”。

为什么？

他说：“……幼稚期（自出生至七岁）是人生最重要的一个时期，什么习惯、言语、技能、思想、态度、情绪都要在此时期打下一个基础，若基础打得不稳固，那健全的人格就不容易形成了。”

因此，他告诫父母，虽然小孩子实在难养得很，也难教得很，但是，我们做父母的绝不能因为难养、难教就不去教养。如果我们放弃教养、教育，就要使儿童养成许多坏毛病、坏思想、坏习惯，就需要去改造。而要改造，却是相

当困难的，非用尽九牛二虎之力则不能改造他们。

他针对中国当时的实际情况指出："我们中国有许多人，方在盛年，即显出衰弱的现象，驼着背、耸着肩、垂着头，气息奄奄不绝如缕；讲到他们的道德，真所谓道其所道，非我之所谓道；德其所德，非吾之所谓德；只知利己，不道利人，苟有利于己，虽卖国亦所不惜，倘利于人，即拔一毛而亦不为；至于他的知识，有的固然很丰富，但是有许多人实在欠缺得很；他们有病，不求人而求神，不问医而问卜；倘有不测，即诿之于天，脑筋的简单，知识的缺乏，真和太古民族，没有什么两样。"

这是什么原因呢？他指出："因为他们小的时候没有受过良好的教育，不但没有受过良好的教育，而且受了恶劣的教育。"

（二）家庭教育的社会意义

陈鹤琴不仅看到家庭教育在人们个体成长发展中的作用，而且充分认识到它的社会意义。他说："对于如花含苞，如草初萌的小孩子，我们应当用很好的教育方法去教育他，使他们关于体德智三育都从小好好儿学起，那么老大的中国，未尝不可以一变而为少年的国家？"

他非常有信心地展望未来说："不过，少年中国的责任，固属诸今日之儿童，而造成少年中国的责任则属诸今日之父母。做父母的能够教育小孩子，而小孩子能够从小学好，则少年中国，即在其中了。"

他认识到，儿童是中国的未来，而父母所从事的家庭教育直接关系着中国的未来。他对中国的父母和孩子寄予深切的期望，他号召："做父母的！做小孩子的！大家努力！大家努力！幸勿失之交臂！"

陈鹤琴认为，中国当时是个极好的时机，千万可不能坐失良机，要努力抓好儿童的教育工作。在90多年前，当时中国还处于半殖民地半封建社会，陈鹤琴就认识到了家庭教育同社会进步、国家强盛的密切关系，看到了家庭教育的重大社会意义，是非常难能可贵的，充分反映了他强烈的爱国主义思想和情怀。

由于陈鹤琴充分认识到儿童早期家庭教育的重要性，他一生都在从事家庭教育的实践和研究工作，并多次宣传、强调搞好儿童早期家庭教育的重大意义。

在1979年全国幼儿教育研究会成立大会上，他还进一步明确指出："幼儿自一出生，就得到父母和家庭成员的保护和关怀。幼儿在家庭中感到温暖，得到爱抚，这对儿童的感觉和情感上的发展特别重要。同时，幼儿个性形成的最初基础，也是在家庭中奠定的。家庭对幼儿的思想和行为习惯的影响是极大的。家长是子女的第一任老师，父母应尽到教育好孩子的责任。高尔基讲过：'爱护子女，这是母鸡都会做的事。然而，会教育子女，这就是一件伟大的国家事业了，它需要才能和广泛的生活知识。'幼儿在父母那里学说话，认识周围事物，模仿父母言行，在父母影响下形成性格。"

因此，他希望人们必须十分重视幼儿的家庭教育，要重视幼儿家庭教育的科学实验，对幼儿的家庭教育应作为一门科学来研究和推广。

近年来，我国的家庭教育，特别是幼儿的家庭教育，得到了人们的广泛重视，幼儿家庭教育的科学研究，也日益开展起来，陈鹤琴的愿望正在变为广大家长和教育工作者的实践。

二、幼儿园教育必须和家庭教育密切配合

陈鹤琴认为，幼儿家庭教育和幼儿园教育在儿童的成长发育中的作用和意义都非常重大，但是二者不能脱节，必须共同合作才能取得最佳的教育效果。他指出："幼稚（即幼儿）教育是一种很复杂的事情，不是家庭一方面可以单独胜任的；也不是幼稚园一方面可以单独胜任的；必定要两方面共同合作方能得到充分的功效。"

两个方面的密切合作是非常重要的，缺一不可。

（一）幼儿园教育和家庭教育脱节是有害的

陈鹤琴认为，中国幼儿园教育和家庭教育往往互相配合得不太好，相互脱节，其原因，既有家庭方面的，也有幼儿园方面的。

第一，从家庭方面来看，有的父母把小孩子送到幼稚园里去，并不是为小孩子要受教育，乃是为自己的方便。因为一些家长觉得小孩子在家里吵得很，没有工夫去对付他，所以把他送到幼稚园里去，为的是使他收收心，别无他求，并不管小孩的教育。也有一些家长，倒很注意教育，但不了解幼稚园教育的情况，孩子在家里学的和在幼稚园里学的，常不能相融合，甚至两方面发生冲突。

第二，从幼稚园的角度看，也不主动去同家庭合作，有的人竟认为儿童的教育幼稚园可以单独担任，不必同家庭去商议。并以为小孩子在幼稚园是教师的责任，在家里方是父母的责任，而不必问儿童在家里的情形怎么样，孩子在家里吃的是什么，做的是什么，玩的是什么，学的是什么，一概不了解。这样，幼稚园没有家庭的合作，也决不能教育得十分实效。

（二）幼儿园教育必须同家庭教育密切配合

陈鹤琴认为：“儿童教育是整个的，继续的。”从横的关系看，幼儿家庭教育和幼儿园教育是一个整体；从纵的关系看，幼儿园教育又是幼儿家庭教育的继续。二者不能分离，不能脱节、间断。他说，幼儿园教育固然很重要，教育作用很大，但是，它究竟不能代替父母。从幼儿园的角度来说，绝不能忽视幼儿的家庭教育。因为儿童与父母相亲相爱得深，相处的时间长，他们对儿童的影响从而也较大。往往儿童在学校得到一些好处，抵挡不住家庭环境的坏处，而且在现今中国的家庭，似更有联络的必要。

陈鹤琴针对当时中国的实际情况，特别指出，从中国一般家庭教育的情况看，存在着许多问题，与幼儿园的教育差别很大。主要问题表现在以下几个方面。

1. 代替小孩子做事。小孩子在家庭里面，大都是父母服侍的。如吃饭、穿衣服、开关门户、收拾东西……都不必小孩子动手，全由大人代劳。

2. 溺爱。有的父母溺爱过分，小孩子要吃什么就给他什么，要玩什么就给他玩什么，要出去就陪他出去，要回家就带他回家，真是百依百顺，爱护备至。

3. 恐吓打骂。如果小孩不听话，开口就骂，动手就打，要不然就恐吓小孩，说神说鬼的，使小孩子感到无谓的惊慌。

4. 生活没有规律。小孩子在家里，生活大都没有规律，想睡就睡，想吃就吃，没有时间，也没有一定的规则。

5. 自私。父母对于子女，都抱有很大的希望，而这种希望常常是极端自私的，不是希望孩子将来长大做官，就是希望他将来发大财。从小就培养小孩子一种个人主义，什么事情都要出人头地，什么东西都要与众不同，并且占为己有。

陈鹤琴提出家庭教育中普遍存在的这些问题，虽然是我国解放初期的情况，但仍然在一定程度上反映了今天家庭教育存在的问题，有的和过去相比，还有过之而无不及。这足以说明，幼儿园教育必须和家庭教育密切配合，必须指导家庭教育，改善家庭教育，否则就是不利于儿童身心健康成长发育的。

（三）幼稚园教育怎样和家庭教育密切配合

陈鹤琴认为，要使幼稚园教育和家庭教育密切配合，幼儿园作为专门的教育机构，应当而且也能够发挥主导作用。幼稚园不但是解放妇女的桥梁，也是改造家庭教育的助手。因为幼稚园教师都受过专业训练，对于儿童身心的发展、儿童优良习惯的养成都有相当的认识。而父母对于如何教养子女，可能缺乏某些知识，幼稚园教师就要负起协助父母改进家庭教育的责任。

在具体做法上，陈鹤琴提出以下建议。

1. 组织恳亲会。幼稚园每学期至少要开一次或两次恳亲会，请孩子们的父母到园。一方面，展示儿童的成绩和表演各种能力，开展一些有准备、有目的的活动，让家长了解孩子的情况；另一方面，教师可以借此机会与儿童的父母相互认识，以便今后加强联系。

2. 组织讨论会。幼稚园教师可以每月集合各个儿童的父母一次，讨论儿童身心发育的种种问题，以便统一认识，并且可以向家长报告儿童最近的缺点，请他的父母到家里注意纠正。儿童的父母，也可以将儿童在家里的不良习惯，随时报告给教师，请教师在幼稚园的生活和活动中设法加以诱导。如此双方交换意见，才可以容易了解，容易合作。

3. 报告家庭。将小孩子在幼稚园里所做的工作和一切关于品性、习惯的种种举动，都详细报告给家庭。如此可以使父母知道在家里怎样教导他们的孩子。

4. 探访家庭。幼稚园教师应当经常去探访儿童的家庭，由此可以知道儿童在家里的生活状况；而且，借此可以增进两方面的感情，再遇到困难的问题，两方面就容易融洽了。

除此以外，陈鹤琴还向我国的幼稚园介绍了苏联的“家长委员会”，建议我们也通过这种形式组织指导儿童的家庭教育。

同时，他建议儿童的父母设法支持幼稚园，主动配合幼稚园的教育工作。

三、学龄前儿童家庭教育

家庭不是专门的教育机构，家长也不是专职的教育工作者，又没有受过专门的训练，然而，陈鹤琴并不以为家庭教育的任务是单调的，家庭教育的内容是简单的。他认为，家庭教育同幼儿园教育一样，也担负着儿童体、德、智、美、劳动诸方面的教育任务，教育内容相当丰富。

根据一般家庭的条件和家庭教育的特点，他对学龄前家庭教育的内容提出了以下几方面的建议。

（一）家庭体育

对于学龄前儿童家庭体育的教育和训练，陈鹤琴做了非常详尽的阐述，而且放在家庭教育中很重要的地位，大体有以下三个方面。

1. 卫生习惯的培养和训练

他认为，卫生上的习惯与身体的健全是有密切关系的。强健的身体是小孩子幸福的源泉，若身体不健全，小孩子固然要终身受其累，而做父母的也要受无穷的痛苦。

卫生习惯训练的内容包括：早晨起床要穿好衣服，天天刷牙，洗脸刷牙固定地点，洗脸单独用一条毛巾，洗脸要洗干净，洗脸刷牙前不吃东西；饭前洗手，吃饭要用适当的盘匙、桌椅，要围围巾，吃饭定时定量，让孩子先吃，不准孩子乱拿食物，不要乱藏食物，乱摊食物；午饭后睡觉，睡前要有适当的娱乐，睡觉穿睡衣，父母不抱着睡，不点灯睡，孩子独睡一床；便溺有定所，大便定次定时，不要受外界过度的刺激，不要终日抱在手里；等等。

陈鹤琴提出的儿童卫生习惯的训练，主要侧重于婴幼儿阶段。训练内容涉及儿童的吃、喝、拉、撒、睡、穿多方面，都是很有必要的。对每一种习惯的训练，要求具体明确，意义阐述得清楚，训练的方法、步骤指导得详细，对于婴幼儿家长很有指导意义。

2. 参加游戏锻炼身体

小孩子生来大概是喜欢动的，因为他常常运动，所以他的肌肉就慢慢发展了。为方便孩子参加各种游戏，他主张不要让孩子终日穿着美丽的衣服，最好穿运动外衣；小孩子玩耍、游戏，要有适宜的伴侣，因为“益者三友，损者三友”，小孩子最容易受小朋友的影响；小孩子要有与动物玩耍的机会，与动物玩可以养成小孩子不怕动物的胆量，养成爱护动物的习惯，知道动物的性质与动物的生理，发展孩子的同情心；教育小孩子玩完玩具要收拾好，放回原处；应当让孩子在家里玩水，也应由家长带他们到野外去玩水，不过要特别注意安全；

要让孩子玩好的玩物，好的玩物可以激发思想、启迪知识、强健身体、培养美感；凡是凶恶丑陋，不合卫生而有危险的玩物，一概不要给小孩子玩弄；要创造条件，让小孩子画图、剪图、穿珠、锤击、浇花、玩沙。这不仅可以增强孩子的美感，还可以锻炼他的手劲，增强体质。

3. 注意心理卫生

陈鹤琴在《家庭教育》一书第八章《小孩子为什么怕的为什么哭的》中所谈的问题，实际上就是注意儿童的心理卫生。他说："小孩子忽而笑忽而哭，是很容易感受外界刺激的。我们做父母的需要支配他的环境，使他所接触的环境，都可增加他的快乐，而减少他的痛苦。"

他要求父母不要利用雷电、黑暗等暗示孩子产生惧怕；不要用"父亲的名义"恐吓不听话的孩子。小孩子惊慌时，要慎防其他大的声响，以免增加他的惊慌。不要让孩子常常哭泣，孩子哭闹总是有原因的，诸如睡觉刚醒、下身潮湿、冷热过度、肚里饥渴、疲乏、生病、太孤单，忽然受惊慌或见了生人等。父母应该弄清孩子哭的原因，设法止住哭泣。千万不要轻易吓、骂、打，这样易使孩子受冤枉，精神上受压抑。

（二）家庭德育

关于学龄前儿童家庭品德教育，陈鹤琴提出了九个方面的建议。

1. 教育孩子心中有他人。要使孩子在任何时候都要考虑别人的安宁，成为有道德的人。

2. 教育孩子有同情心。他说："同情行为在家庭里在社会里是一种非常重要的美德。若家庭里没有同情行为，那父不父，母不母，子不子，家庭就不成为家庭；若社会里没有同情行为，尔虞我诈，人人自利，社会也不成社会了。"

3. 要使小孩子养成收拾玩具的好习惯。这样既可以使之知道爱护物力，也使之以后做事井井有条，不至于杂乱无章，费时费力。

4. 教育小孩子对长者有礼貌。

5. 教育小孩子尊重别人，尊重别人的劳动。

6. 禁止孩子作伪，教育孩子诚实。他认为，如果孩子在父母面前作伪，“他们以为既可以欺父母，就不妨欺别人；既可以作伪于家庭，就不妨作伪于社会。久而久之，就成今日之现象（即“尔虞我诈”——笔者注）了。要改革这种现象是一个重大的问题，非三五语就可以解决的；但是，我想做父母的如果能够禁止小孩子作伪，使他们将来成为诚实的青年，则于国于家将来都不无裨补的”。

7. 教育孩子不要强横霸道欺负别人。他认为，如果父母强调孩子小，让成人让着他，就会惯出强横霸道的坏习惯。“强横之气既成，则放僻邪侈无所不为。”小时候好打别人，大了还要打自己的父母。

8. 教育孩子适当参加家务劳动。学会劳动有益于终生，不劳动就会“骄慢怠惰，不知世事艰难”。

9. 教育孩子爱父母，爱别人。爱人的思想和行为要从小培养，他说，要救国保民，必定从教训小孩子爱人着手。小孩子今日能爱人，他日就能够爱国了。

陈鹤琴所主张的这些儿童品德教育内容，既反映了中华民族的传统美德，又符合孩子的年龄特征。他所强调的都是儿童品德中最基本的素质，是很实在的道德教育。

（三）家庭智育

对于学龄前儿童家庭教育中的智育，陈鹤琴并不像有些家长那样，主张过早地让孩子识字、读书，而是从孩子的实际出发，创造条件，让孩子增加对周围事物的感性认识，丰富生活常识，增进生活经验，开阔眼界，激发求知的欲望，等等。具体的要求如下：

1. 丰富孩子的生活常识，增进生活经验。他建议家长要经常带孩子到街上去看看路上的行人和动物。凡是孩子喜欢看的，都让他看，比如，驴子磨豆腐，机匠织布，衣庄里卖衣服，市场里卖菜，煎油条，做烧饼，卖拳头（武术），变把戏等。有不懂的就告诉他，这样可以使他的见识和生活知识渐渐丰富起来。

2. 鼓励孩子的探索精神，支持孩子探试物质。孩子对周围的一切事物都感兴趣，希望了解事物的性质。家长支持他们去探试，就可以丰富他们的经验，增长科学知识。如孩子玩雪，则可以知道雪遇热会融化；玩砂石则可以知道砂石是坚硬的；接触剪纸和敲钉，可以知道纸和钉的性质，以及剪和锤的使用方法；等等。

3. 鼓励孩子的好问精神，激发求知的欲望。小孩子有好问的天性，家长在回答孩子提出的问题时，要讲究艺术，既不要轻易拒绝孩子的问题，也不要有问必答，应引导孩子自己去追求答案。

4. 给孩子创造阅读的条件和环境，激发他们读书的兴趣。要给孩子购买图书，在家里设置书架。

以上这些进行智育的要求和措施，符合一般家庭教育的实际，有利于开发儿童的智力，从长远来看肯定是有好处的。而且，在一般家庭里，也都是切实可行的。

（四）家庭美育

陈鹤琴很重视儿童的家庭美育，他主张有条件的家庭要尽可能给孩子创造艺术的环境，诸如音乐的环境、绘画的环境、审美的环境等。让孩子早一些接触音乐、图画，生活在整洁、高雅的家庭环境中。这样，可以陶冶孩子的情操，增强审美的观念，养成审美的习惯。

（五）家庭劳动教育

陈鹤琴要求父母让孩子在家里帮助父母做点家务劳动。凡是小孩子自己能做的事情，父母就不要代替他们做。他认为这样做有许多好处：

1. 可以发展孩子的肌肉；

2. 可以养成勤俭的品质；

3. 可以使孩子知道做事的不易和事务的艰难；

4. 可以养成独立的精神；

5. 可以培养进取精神。

陈鹤琴所主张的家庭劳动教育，其目的是非常正确的，并不单单是为了使孩子学会一些劳动技能，更重要的是进行思想品德教育和个性气质的锻炼。

总之，陈鹤琴对于学龄前儿童家庭教育的内容，要求是很全面的。既实际又有利于孩子的身心得到和谐、全面的发展，可以为孩子入学读书，以至一生的发展，都打下良好的基础。这虽然是在 90 多年前提出来的，仍然适用于当前我们的家庭劳动教育。

四、家庭教育的原则

家庭教育是一个相当复杂的过程，也是一件相当难的事。之所以说它复杂和困难，原因大体有三：一是各个家庭的情况千差万别，每个家长的个性千差万别；二是儿童的年龄特征不同，个性特征也千差万别；三是家庭教育的内容相当复杂。

陈鹤琴根据自己对子女的亲自观察、试验及别人提供的材料，在《家庭教育》一书中，一共陈列了 101 条教育孩子的具体做法和要求，并逐条加以讨论。

在书中被陈鹤琴称为“教育原则”的 101 条，对于家长具体实施孩子的教育工作，是很有普遍指导意义的。综观这 101 条原则，我们可以清楚地看到，其中自始至终贯穿着几个主要的指导思想，是适合于一切家庭的、教育学龄前儿童都必须遵循的、基本的、共同的要求，亦即家庭教育的“一般原则”。

归纳起来，陈鹤琴提出的家庭教育原则有如下几条。

（一）正面教育

他认为，小孩子有一个重要的心理特征，就是喜欢称赞、嘉许、奖励，而不喜欢禁止、压抑和消极的刺激。因此，他主张对小孩子要多进行正面教育，即给予积极的鼓励和诱导，尽量不要给予消极的刺激。他说："无论什么人，受激励而改过，是很容易的，受责骂而改过，是不太容易的，而小孩尤其喜欢听好话，而不喜欢听恶言。"

如果家长总是用责骂、殴打的办法管教孩子，"其结果，小孩子改过的少而怨恨父母的多；即不怨恨父母，至少也要有一点不喜欢父母了。还有许多小孩子因为他们父母常常去责骂他，慢慢儿就不以父母之言为意。……做父母的以这样去教训小孩子，使得小孩子非但不能改过，而且慢慢儿养成顽皮的恶习惯了"。

他要求父母，发现孩子做不应该做的事情，最好用积极的暗示去引导他，不要用消极的命令；让孩子做什么事情，不要常用命令的口气去指挥，强制他们去做，而应多用商量、诱导的方式；不要事事管得过严，总是禁止孩子干这，禁止干那。在日常生活中，父母对是非善恶应有一个明确的态度，别人做好的事情或坏的事情的时候，做父母的应当以辞色来表示赞许和不赞许的意思，给小孩子听，给小孩子看。做父母的对是非善恶表现出一种明确的态度，孩子无形中就会受到积极的影响。

（二）以身作则

他认为："小孩子好模仿的，家中人之举动言语他大概要模仿的。若家中人举动文雅，他的举动大概也会文雅的；若家中人之言语粗陋，他的言语大概也是粗陋的。"

小孩子不仅好模仿，而且，"小孩子的善恶观念很薄弱，普通知识很肤浅，所以对于所模仿的事物，他毫不加选择的。比方，他看见父亲随地乱吐，他也要吐吐看；看见他父亲吸烟，他也要吸吸看，或者他听见他母亲恶语骂人，他也要骂骂看；看见他母亲做针线洗衣服，他也要做做洗洗看。总而言之，我们成人的一举一动，一言一语，都能影响小孩子的"。

正是由于小孩子好模仿而又善恶观念薄弱，因此，陈鹤琴指出："所以我们做父母的不得不事事谨慎，务使己身堪有作则之价值。"要小孩子诚实，自己先诚实；要小孩子对人有礼貌，自己先对人有礼貌。

（三）及早施教

陈鹤琴认为：“幼稚期人称为‘可塑期’或‘可教期’。”他说，这个时期，儿童学东西很快，也容易接受教育，不仅动作言语很容易学会，就是各种常识也容易吸收，美感美德也容易养成。他引用中国古代思想家、教育家墨子的话说：“墨子见染丝者而叹曰：‘染于苍则苍，染于黄则黄，所入者变，其色亦变，五入必而已，则为五色矣。故染不可不慎也。’（《墨子·所染篇》）不独丝是这样，就是小孩子也是这样的。小孩子未受教育以前，好比是一索素丝；受了教育以后，好像一索丝已经着了颜色。学得好就好，学得不好就不好。等到学得不好，以后做父母的即使要去教他好，也是很不容易的。”

他认为，小孩子年龄幼稚，意志薄弱，很容易受教育的影响，小孩子也像素丝一样，极容易染上各种颜色。“施以良好的教育，则将来成为良好的国民。倘施以恶劣的教育，那么将来成为恶劣的青年了。”

陈鹤琴不仅主张对孩子及早施教，而且提出早教要特别慎重。他认为，小时候孩子受教育印象相当深刻，基础打好了，以后就容易教育，甚至可以有益于终生；如果早期教育不慎，基础没打好，会给以后的教育造成许多困难。

他列举了一个琴师招收学徒的例子。说该琴师招收学生，招生广告上说，对从未学过琴的收学费一元，而招收已学过琴的学生，则收费二元。有人对此不解，以为他把事情弄颠倒了。其实不然，这位琴师说：“你们哪里知道，未曾学过琴的，不过不会踏琴罢了，没有什么病根的。至于已经学过琴的，不但不会弹琴，而且学了许多弊病。我现在要教好他，非先把他的病根除去不可。既要除去他病根，又要教好他，比较未学过的已经多一层困难了。所以学费也应当贵一倍。”

这个十分生动的例子说明，对小孩子早教要慎而又慎，要施以正确的早期教育。正如孔子所说：“少成若天性，习惯如自然。”早期教育容易在孩子的思想中扎根，因此，中国古人提出要“慎始”的主张。陈鹤琴的主张正是继承了中国古人“慎始”的教育思想。

（四）严格要求

陈鹤琴反对对小孩子娇惯溺爱、迁就放任。认为不能他要怎样就怎样，要什么就给什么，要打人就打人，要骂人就骂人。对小孩子无原则的迁就有百害而无一利。

父母爱孩子，是人之常情，但不能溺爱。他说，有的母亲让孩子打爸爸、骂爸爸取乐，有的父亲让孩子打妈妈、骂妈妈取乐，父母不但不生气，反而乐不可支。这样做的结果，开始是当玩耍，以后就会真的敢打骂父母了。

他列举他们绍兴地方的俗语说：“三岁打娘，娘发笑；廿岁（即二十岁）打娘，娘上吊。”有的小孩子好打人，父母以为孩子小，成人应当让着他。久而久之，孩子就会变得强横。他说：“强横之气既成，则放僻邪侈无所不为。小则受人之辱，大则伤己之身，其害之大真‘不堪设想’。学到那个时候，做父母的悔已迟了。”

他举出这样一个例子：有一位富翁，年近五十，方得一子。老年弄璋（即生一男孩）是人生的乐事，这位老人自然是高兴得不得了，他看儿子喜则喜，儿子悲则悲，一切都顺着孩子。孩子到四五岁时，由于父母溺爱，强横霸道无所不至，一不高兴就骂人、打人。到十七八岁时，年纪大了，胆子也大了，常常偷他父亲的钱到外边去赌博，一掷千金，毫不为意。父亲知道了，当众大骂他一顿。但儿子不但不听，还骂他父亲：“你死都不会死，还要来骂我。你当心点，我迟早些，总要打杀你！”其父虽有点儿担心，但总是不相信儿子会对父亲下毒手。有一天，父亲把一只小斗桶放在床上盖上被子，像是有人睡觉，他躲在暗处观察动静。果然不错，半夜里儿子摸进来举起大斧朝床上猛劈下去。儿子以为砍死了父亲，马上逃跑了。

十几年以后，这位老人已有八十多岁，暮年孤独，苦不堪言，睹物兴怀，悲感交集。虽恨他儿子无良，但也仍旧盼望他回来。一天，老人正在桑园散步，忽有一年逾三十的农夫走过来对他说："请你把这株老桑枝弄弯来。"老人答道："老弟，老桑枝哪里还能弄得弯呢？"农夫说："不错，不错。桑枝要小弯，儿子要小教。"他听到这句话，不觉顿触旧恨，泪珠点点，泣不能抑。原来这位农夫就是他失踪十几年的儿子。老人也终于醒悟过来，悔恨地说："我的儿呀，你以前要杀我，是我不从小教你的缘故呀！"

溺爱、娇惯孩子，不仅害孩子，也害父母。因此，陈鹤琴主张对小孩子一定要严格要求，严格教育。他说，如果"事属可行，就叫他行；事不可行，禁止他行"。可以允许的，就允许他；如不可以的，就应当毅然拒绝他。即或是孩子用哭来要挟家长，家长也要拒绝，不能心慈面软，百依百顺，放弃原则。当孩子还不太懂道理的时候，如果是正确的要求，该强制他执行也要强制。"一令既出，必定要他去做。"不可迁就放任。

（五）教养态度一致

他认为，家庭教育中常常发生父母教养态度不一致的现象。其具体表现是：在多子女家庭中，对待所有子女态度不公平，偏憎偏爱，有的喜欢，有的不喜欢；父亲和母亲对同一个孩子态度不一致，有的这样要求，有的那样要求，有的要求严格，有的放任自流。

对孩子偏憎偏爱的现象，是许多家庭都存在的问题，也是自古以来就有的。陈鹤琴引用北齐颜之推的《颜氏家训》一书中的话说："人之爱子，罕亦能均，自古及今，此弊多矣。"

他认为，对子女偏憎偏爱，足以害子女，既容易造成子女之间的隔阂，互为仇敌，也会使子女怨恨父母。无论对偏爱者还是偏憎者，都是没有好处的。

陈鹤琴分析了父母偏憎偏爱子女的原因。他说："推原父母偏爱偏憎子女的缘故，概由于容貌与资质的关系。大抵容貌妍（美）者，父母爱之；容貌媸（丑）者，父母恶之；资质灵敏者，父母宠之；资质愚鲁者，父母憎之。因爱憎的缘故就生出不平的待遇来了。”

他告诫父母：“须知子女既同自己出，待遇自应当公平，贤俊者固可尝爱，顽鲁者亦当矜怜，断不能以面貌的妍媸，资质的敏钝，就分出爱憎来，就做出不平的待遇来。我们常常看见做父母的偏爱子女，适足以害子女。所以做父母的，真正爱子女，不应当偏爱子女，不应当偏憎子女，须以公平正直的手段对待子女。”应当对所有子女做到一视同仁。

父母对不同的孩子，持不同的要求、不同的态度，是有害的。同样，对同一个孩子持不同的态度、不同的要求，也是有害的。他说：“要知道小孩子知识薄弱，以父母之言为言，以父母之意为意。现在，你们俩（指父母）自己意见不对，互相吵嘴，那么使小孩子‘无所适从’了。”

他以吃东西为例，父亲不让孩子多吃肉，母亲主张让孩子多吃肉。吃么，就得罪了父亲；不吃么，那么得罪了母亲。小孩子在这当儿，其所谓“处于两大之间，难以为人”了。

他指出：“做父母的教训子女，不能使子女有所适从，这就算不得教育了。”而且，“在小孩子面前，做父母的意见不合，不仅使小孩子无所适从，而且会引起他轻视父母之心……做父母的不应当在小孩子面前取不统一的态度”。正确的态度应该是：有不同意见，先统一，再管教孩子。

对子女态度不一致，也有这种情况：母亲不管不教，专以父亲的名义恐吓孩子，背着父亲宠爱孩子。这是更为明显的不一致，甚至可以说是相互矛盾的态度。比如，下雨天，孩子不愿去上学，父亲不准；待父亲走后，母亲应允不去，等父亲回来就说去上学了。像这样一个管、一个护的教育方法，简直是自行使孩子堕落。

陈鹤琴提出的对孩子教养态度要一致的原则，是非常重要的。对于这个主张，陶行知给予了高度赞扬和充分肯定。他在《家庭教育》一书的序言中说：“陈先生写这本书有一个一贯的主张。这个主张就是做父母的对于子女的教育应有一致的措施。中国家庭教育素主张刚柔并济。父亲往往失之过严，母亲往往失之过宽。父母所用的方法是不一致的。虽然有时相成，但流弊未免太大。因为父母所施方法之宽严不同，子女竟至无所适从，不能了解事理之当然。并且方法过严则易失子女之爱心；过宽则易失子女之敬意。这都是父母主张不一致的弊病。陈先生此书所述各种教育方法，或宽或严，都以事体的性质为根据，不以施教育的人（指教育者——笔者注）为转移。他和他的夫人对于一鸣（陈鹤琴之子）的教育就是往这条路去走的。”

（六）宽严适度

陈鹤琴指出，家庭教育中常常发生两种偏向：一是过于宽容姑息，一点也不管教，任其为所欲为。这是很有害的。他说：“这种‘姑息养奸’的教育在家庭里是常看见的，会使孩子养成利己害人的坏思想。”二是规矩过严，事事都要秉承父母的意旨。父母待孩子好像待成人一样，“既叫一个活泼好动的小孩子穿起长衫马褂来限制他们的动作，又叫小孩子一举一动要模仿成人的样子”。这样，就会使孩子成为一个“萎靡不振、具体而微的小成人”。他情不自禁地叹息道：“无怪国中多‘少年老成’的小孩子了。”

这两种完全相反的态度，都是走了极端。陈鹤琴认为这样“太姑息”和“太严厉”，“两者都失其平；不得谓之良教育”。

他主张对孩子要宽严适度，在“宽”和“严”之间掌握平衡。他说：“我们教小孩子当折其衷，一方面予以充分机会以发展自动的能力和健全的意志；一方面限以自由范围使他不得随意乱动，以免侵犯他人的仅利。教育若能如此折中施去，小孩子未有不受其惠的。”

陈鹤琴提出“折其衷”的主张，是非常重要的一个教育原则。对待孩子适当地宽容，有利于发展孩子的主动性，形成良好的个性品质；对待孩子要严格，严得适当，可以使孩子言行有规矩。这两种教养态度都是有益的、必要的。

但在这两个问题上，许多家长往往掌握不好分寸，好过分，一过分就要出现相反的效果，这是中外许多教育家都十分注意的一个问题。像古代颜之推的

“父子之严，不可以狎；骨肉之爱，不可以简”的思想；朱庆澜提出的“用个适中的法子”，划清“活泼”和“放肆”，“规矩”和“呆板”的界限的原则；苏联教育家马卡连柯的讲究分寸尺度及“中庸之道”的原则等，和陈鹤琴“折其衷”的思想都是一致的，只是说法不同罢了。

（七）责罚要慎重

小孩子是很难避免行为上有过失或犯错误的，家长为此而责罚孩子，也是允许的，因为责罚也是一种教育手段。虽不能说是主要教育手段，但也是不可缺少的，责罚手段使用得好，也会收到积极的效果。事实上，在家庭教育中差不多都或多或少地运用这种教育手段。陈鹤琴不回避这个敏感的问题，而是正面提出这个问题，要求家长在运用这种教育方法时，一定要慎而又慎。

陈鹤琴要求家长在使用责罚手段时要注意以下几点。

1. 要弄清楚情况。看孩子是否真有过失、错误，及过失或错误的情节和严重程度。如果不论青红皂白，听一面之词，逞一己之怒，就去鞭挞小孩子，那么，小孩子也要不服他父母的，而且他恨父母之心恐怕就从此发生了。

2. 要弄清原因。他认为：“大凡小孩子决不会无故而作恶的。作恶的原因，大概是由环境造成的。”就是总有客观原因的。如果不弄清原因，只管责罚，就等于“治末”没“治本”。“小孩子虽然怕你，一时不敢再作恶，但是他作恶的心，依旧存在。”弄清原因，就可以“除其本”，“除本是永久的；至于除末，不过一时有效罢了”。

3. 不要当着别人的面责罚孩子。无论大人、小孩都是有羞恶之心的，小孩尤喜欢顾全面子。“倘使做父母的当着别人的面前去骂他，他以为受了莫大的耻辱，就要怨恨他的父母了。”进而不乐意听父母的教训，不服父母的管教，也会失掉羞恶之心，破罐子破摔，“慢慢儿成为顽童了”。

他认为，中国有许多家庭，父子间感情不融洽，“父不以子为子，而子亦不以父为父，双方面各趋极端像仇敌一样”。这种情况的发生，往往和父母当着外人的面责罚孩子，不顾孩子的面子有直接关系。

4. 不要在早上或晚间责罚孩子。晚间睡前责罚孩子，孩子夜里心神不安，不能睡好，易做噩梦；一早起床就责罚，易使孩子受惊吓，一天都惊恐不安，对孩子身心健康不利。

5. 不要迁怒于孩子。父母在有心事的时候，往往迁怒于孩子。因为拿别人来出气，别人是不答应的，所以只好把自己的子女拿来做出气的东西。“使孩子受无妄之灾。”这样做，一是不道德的，二是会伤害父母子女之间的感情。陈鹤琴要求父母在要发怒的时候，应当平心静气，使其躁释矜平。

6. 宽责其事，轻责其人。孩子犯了错误，着重批评其错误言行，分析错在哪里，有什么危害，性质是什么。这样，孩子既可以产生羞恶之心，也觉得有自新之路，能促使其改正错误。过多地责怪孩子本人，往往会助长其为恶之心，堕落他的人格。

7. 不能让别人代孩子受责罚。孩子做了错事，有的父母为博得孩子的欢心，不去责罚小孩子，而是无端地责罚别人，归罪于他人，这是要不得的。

8. 父母责罚孩子，别人不能表示同情。责罚孩子是因为他犯了错误。别人在旁边表示同情，那责罚是没有什么用处的，还会助长他的错误。

9. 责罚不能滥用。责罚是一种教育手段，但不能滥用。滥用了，受之者就不以为意了，还会引起孩子的“轻视之心”“厌恶之心”。

10. 最好不用体罚。他认为：“若不能用别的方法而只诉诸野蛮的体罚，这分明是显出家庭教育之失效。”因此，他对父母们说：“若能以诱导法得到良好结果的，我们千万莫去打骂我们的小孩子。”

五、家庭教育的方法

陈鹤琴根据学龄前儿童的年龄特征，在他教育子女和别人教育子女实践的基础上，总结并提出了一系列行之有效的教育方法。

1. **游戏教育法**

他说：“小孩子生来是好动的，是以游戏为生命的。多运动，多强健；多游戏，多快乐；多经验，多学识，多思想。所以，做父母的不得不注意小孩子的动作和游戏。”他主张利用游戏使孩子增长知识，听从教诲。比如，要孩子认识红、黄、蓝、绿等几种颜色，呆呆板板地说这是红的，那是绿的，孩子未必听，也未必记得牢。要是让孩子穿彩色珠子，边穿边说：“这个绿珠子多好看，那颗红珠子多光滑。”或是教孩子画图画，指给孩子这个颜色、那个颜色。这样就很容易辨认几种颜色了。

2. **激励教育法**

激励教育法就是用言语来激励孩子，使孩子居于自动的地位，而且使得他很高兴地去做。

有一次，陈鹤琴的儿子一鸣拿了一块破烂的棉絮裹着身体当毡毯玩耍，很不卫生。如果马上把那块破棉絮夺过来扔掉，同时还骂他，甚至打他，孩子不仅不易接受，而且会产生对父母的怨恨之情，至少也要有一点不喜欢父母。陈鹤琴使用言语来激励一鸣，说：“一鸣！这是很脏的有气味的，我想你一定不要的，你要一块干净的，你跑到房里去问妈妈拿一块干净的。”这样就使孩子居于主动，而不是被动，一鸣听了就扔掉烂棉絮，跑到房里换了一块清洁的毯子。

3. **榜样教育法**

教育小孩子，靠空洞说教不容易见效。只有在日常生活中，随时给孩子找出身边的榜样，并给予赞扬，让孩子愿意模仿，便于模仿。

陈鹤琴举例说，有个小孩叫小香，最不喜欢在早上刷牙，即或是刷牙，在未刷牙之前常常要吃饼干、糖果等食物。他父亲没有去训斥小香，而是当着她的面跟她妈妈说：“静波是个好孩子，每天早晨起来是一定要刷牙的，未刷牙之前，别人即使拿食物给他吃，她总不肯吃的。”父亲在说这些话时，脸上表现出很钦佩静波的样子，嘴里还不住地称赞。

小香在旁边听见爸爸称赞静波的话，也很羡慕静波。到第二天早晨起来，母亲叫小香刷牙，她就很快去刷牙，在未刷干净之前，也不要吃东西了。小香还有一个毛病，不讲卫生，随地吐痰，父亲为此也不高兴。小香的小朋友来家玩耍时，嘴里有痰要吐，这个小孩子东看看西望望，去寻个痰盂并将痰吐在里面。父亲看到了，就极力称赞小朋友注意清洁，不随地吐痰。小香看见小朋友的举动，又听到父亲的称赞，也很敬重小朋友，以后再也不随地吐痰了。

4. 诱导教育法

陈鹤琴主张，做父母的教育小孩子，应当以“循循善诱”为依归，不应当以力迫威胁为能事。

比如，小孩子一般不喜欢穿衣服，要让孩子穿，最好用种种方法去诱导他。他儿子一鸣小时候，每天早晨穿衣服时，母亲给他一本图画书看，有时候同他唱唱歌，讲讲故事。这样做时，一鸣常常忘记穿衣服这件事，安安稳稳地让母亲给他穿。但是也有许多父母不是这样，孩子不愿穿衣服，又哭又吵，父母就打孩子的屁股，拧大腿，用种种高压手段去压服孩子。没办法，孩子也只好忍气吞声让母亲给穿衣服。

陈鹤琴认为，虽然引诱和威胁都使得小孩子服从，但心里有愉快和不愉快之分，做父母的也有喜怒之别。既然是这样，做父母的对待小孩子何苦不用引诱的方法呢?

5. 暗示教育法

父母要求孩子做什么，怎样去做，不是直接去命令，而是用含蓄的语言或各种示意的举动使孩子领会父母的要求和意图。

陈鹤琴举例说，普通小孩子一般不喜欢刷牙。有不少家长运用暗示教育法，比如用彩色图画去暗示。这张图画上，画了两三个儿童在一间很美丽的洗脸室内，都在那里很起劲地刷牙，有一位笑眯眯的母亲站在他们旁边看着他们刷牙。小孩子看了这种图画，就会模仿着去刷牙，在这里，图画就是一种暗示品。家长给孩子做一个样子看也是暗示。

6. 督察教育法

有些小孩子玩过东西、看过书报，不愿意去整理好，睡觉起来也不叠被子，吃过饭后不乐于洗碗筷，等等。久而久之，就会养成懒惰和不整洁的坏习惯。这既不雅观，又会惹人讨厌。

陈鹤琴主张通过教小孩整理物品的过程，去培养爱整洁的好习惯。父母向孩子提出整理东西的要求，起初孩子不大高兴去整理，还需要家长引导、督察。比如，一鸣将自己的书搬到另外一个房间做“贩卖”的游戏，玩了没多久，该吃饭了，父亲叫他将书整理好，送回书架上去。一鸣说吃饭后再放好，吃过饭，他又说要睡觉了。父亲说：“我帮助你！”边说边帮他整理好，同一鸣一齐动手搬到书架上。陈鹤琴告诫父母说：“在这个时候，做父母的要做到‘帮而不代’，以免孩子产生依赖。”

7. 动作教育法

陈鹤琴认为，小孩子是好动的，引导孩子适当运动，可以对孩子施以良好的教育，既发挥活泼精神，又发展智力和创造力。例如，画图、看图、剪图、剪纸、着色、穿珠、锤击、浇花、塑泥、玩沙等活动，小孩子一般都是喜欢的，而且与小孩子身心之发展有密切关系。

比如，让小孩子浇花，在他的爱护下，花卉长大，孩子就会产生爱花的情感，这是浇花的第一个好处；通过浇花，他晓得了花木必须依靠水而生长，这种知识就是从浇花的动作学到的，这是第二个好处；小孩子浇花的时候，还可以教他花的颜色、花卉的名字以及花卉的结构，这是浇花的第三个好处。

又比如，孩子爱搞泥塑，他能塑出各种动物和人物，在泥塑中可以养成他们的创造精神，提起他们的兴趣，忘却许多恶劣的感情。塑成一种动物或一个人物后，还可以让他们应用彩色加以点缀，从而增加他们的想象力。

8. 鼓励教育法

孩子做事做得好的时候，父母就给孩子一颗“金星”，以示肯定、鼓励，做得不好的时候就没有。把孩子所得到的“金星”贴在一个本子上，使他时常可以看看。将来长大的时候，可以当作日记本，以养成时间的观念，还可以鼓励他做好的事情。陈鹤琴认为，这种用“金星”来鼓励儿童的方法是非常有效的。他举例说，一鸣有一天在吃饭间画图画，有许多碎纸丢在地上，陈鹤琴就叫他拾起来，他不回答也不去拾。后来母亲对他说：“一鸣，你拾起来，爸爸给你一个金星。”他就高兴地拾了起来。

9. 练习教育法

陈鹤琴认为，这是对小孩子最常用的行之有效的教育方法。

一鸣两岁三个月的时候，有一天，坐在小凳子上，他祖母在他旁边站着。陈鹤琴立刻对他说：“快去拿把椅子来让祖母坐。”一鸣立刻就去搬来一把椅子给他祖母坐，这既练习了动作，也是在教他尊敬长辈。

又如，在女儿秀琴三岁半的时候，哥哥一鸣病了，而且病得很重。为了培养孩子的同情心，母亲对秀琴说：“秀琴，你哥哥今天病了，饭也不要吃了，玩也不要玩了，他现在卧在床上觉得很难过，你要进去看看他吗？”秀琴说：“要的。”母亲又对她说：“你见了哥哥，问声‘哥哥你好吗’？”母亲随同她轻轻地进去探望她的哥哥。进了寝室，秀琴看见哥哥卧在床上，就走近去问她哥哥说：“你好吗？”问后，母亲领她出来，笑眯眯地对她说：“秀琴，我们到外边去采一点好的花装在花瓶里，摆在哥哥的旁边，让哥哥看看闻闻好不好？”她说：“好的。”秀琴照着做了，从而练习了行动，情感也增强了。

10. 环境教育法

陈鹤琴认为：“小孩子生来大概都是好的。但是到了后来，或者是好，或者是坏，都是因为环境的关系。环境好，小孩子就容易变好；环境坏，小孩子就容易变坏。一个小孩子生长在诡诈恶劣的环境里，到大来也会变成诡诈恶劣的。一个小孩子生长在忠厚勤俭的环境里，到大来也是忠厚勤俭的。”环境影响相当重要。古时候孟母三次迁居，就是孟母深深明了小孩子到了哪种环境，就会做出哪种动作来。因此，我们不得不为小孩子创造优良的环境，潜移默化，寓教育于环境。

他认为，一般家庭，应为孩子创造三种环境：一是游戏的环境，游戏可以给小孩子快乐、经验、学识、思想和健康；二是艺术的环境；三是学习的环境。

在国外，看书的环境，到处皆然。在火车上、电车上、轮船上，差不多每个人不是在看书，就是在看报；在家庭里，小孩子都有很好的阅读环境，小孩子常常有一个自己的书架，摆了许多图画故事与儿童读物。小孩子不知不觉受到这种环境的影响，也就喜欢阅读了。我们也应当这样，在家庭里，父母应当给孩子买各种相当的儿童读物，指导孩子阅读。

陈鹤琴所提出的学龄前儿童家庭教育的方法，有它独具的特点，形成了一定的方法体系。教育方法不单纯是一个方式方法问题，也反映了教育家的教育思想。陈鹤琴的家庭教育方法论，有如下特点：一是体现了对孩子的充分尊重，尊重孩子的人格，尊重孩子的个性；二是注重因势利导，不是强制、命令，不是简单粗暴；三是体现了教育孩子是一种艺术，父母必须有强烈的教育意识，注意发现并及时抓住任何教育时机，及时、适时施教；四是要运用好教育方法，父母必须有高度的理智，不能感情用事，要克制无益的感情冲动。在教育小孩子时，要保持平静的心境和稳定的情绪，如果在激动的情绪下施教，绝不会有好效果。

六、注重培养家长的教育思想

不管家长是否能意识到，也不管家长是否承认，每个家长教育子女时总有一定的教育思想。家长的教育思想是否正确，关系到家庭教育工作能不能顺利进行，也关系到究竟要把孩子培养成什么样的人这样一个根本问题。

中国几千年的封建社会中，旧的家庭教育思想流毒相当深，到了现代社会，要把孩子培养成才，首先必须摆脱旧家庭教育思想的影响。陈鹤琴注意到了这一点，提出了几个很尖锐的教育思想问题。

（一）家长和子女的关系问题

中国旧式的家庭中，普遍实行封建家长制。家长和孩子感情疏远，关系紧张，且地位上不平等，更没有什么民主可言。陈鹤琴指出："我们旧式家庭里面的父亲，大概不同小孩子做伴侣的。"

陈鹤琴对此深有体会。因为他的父亲对他就非常严厉，从不和他做伴，他6岁以前未曾和父亲一同吃过饭。他特别怕他父亲，一听说父亲要来了，"正如同听见轰雷一般，吓得魂飞九天之外"。他父亲死后几十年，那可怕的景象还印在脑海里。他认为，"父子不做伴侣，则父子间容易发生隔膜"。父不爱子，子也不爱父，名虽是父子，但实际上是同路人。"子女一见了他的父亲，就一声不敢出声。父亲问他一句，他就说一句，不问则不说；叫他立则立，叫他坐则坐，叫他进则进，退则退。天真烂漫的一个小孩子，此时竟同木鸡一般了。"在这种关系下，父子相夷，没有感情；同时，因为不做伴侣，也根本不了解孩子，无法实施教育。

他主张要改善旧式的父子关系。父亲要主动亲近孩子，和孩子做伴侣，并认为这样有几个方面的好处：一是没有隔膜，父子间有浓厚的感情；二是容易训育小孩子，和孩子做伴侣，让父亲可以了解孩子，有针对性地进行教育，孩子从感情上乐于接受父亲的教育；三是可以在做伴侣时，随时随地教给孩子一些知识。

有的父亲不和小孩子做伴侣，是怕孩子轻视、不尊敬自己。以为少理孩子，就会使孩子怕自己，打骂都会服。陈鹤琴不以为然。他说，跟小孩子做伴侣，并不是放弃原则、不讲是非，不会使孩子轻视父亲，会使孩子更敬重父亲。他引用颜之推的话说："父子之间，不可以狎；骨肉之爱，不可以简。简则慈孝不接，狎则怠慢生焉。"只要在是非善恶问题上坚持原则，和孩子做伴侣是有利于教育的。

陈鹤琴提出这样一个父亲和孩子的关系问题，这关系到教育的效果和成败。

正如颜之推所说："夫同言而信，信其所亲；同命而行，行其所服。"父子关系改善了，亲密了，教育效果就会更好。

（二）家长对子女的态度问题

中国旧式的家庭里，一般家长对子女过于严厉、专制。古代有"君要臣死，臣不得不死；父要子亡，子不得不亡"之说。在过去，人们都相信"父严子孝，法乎天也"这两句话，在旧式家庭里成为天经地义、万古不能更改的信条。因此，"我们有的旧家庭的父母，以为做父母的必定要使得子女敬畏自己；要子女畏我敬我，就必定要很严厉地对待子女；要很严厉地对待子女，就不应当以礼貌待他们了"。

陈鹤琴认为，这种观念是不对的。他说："做父母的要使子女畏敬，并不是以严厉而能够得到的，需要在行为上举动上处处能够使做子女的佩服你、尊敬你，那么做子女的就不约而同的会畏敬你了。倘使做父母的行为乖张，举止轻狂，足以引起做子女的轻视之心，那么，即使你天天打他们，骂他们，他们也不会畏敬你的。"

他认为，不管是谁，对人太严厉，都是不会有好结果的。他借历代暴君的教训说："不要说父子如此，就是以前专制时代的君臣也是这样的。你看商朝的纣王待臣下何等严厉，比干去谏他，就剖比干的腹挖心；周朝的厉王待百姓何等专制，国人毁谤他，他派人去监察他们；还有秦朝的始皇帝对待博士何等刻毒，因为博士要说他的坏话，就把好几百个博士，活活葬杀。对待臣下，百姓、博士，真正是严到极点了。'顺我者生，逆我者死''生杀予夺之权，尽操诸己'。有这样威权，宜乎他们可以高枕而无忧了。料不到没有几年工夫，他们不是被臣下烧死，就是被百姓放逐，不是身遭其灾，就是子罹其殃，一家流血，万众快心。"

他告诫父母们："皇帝具有无上威权，尚且如此，何况父母想在家庭里用高压的手段以对待子女呢？倘使做子女的能够恭恭敬敬地待父母，而父母也答以相当的礼貌，那么家庭间就生出许多乐趣，不特做子女的觉得快乐，就是做父母的也要觉得快乐了。但是，有许多顽固的父母对待子女好像对待奴隶，而反自诩为‘家规重’，岂不是自寻烦恼吗？”

这个道理不言自明：对孩子太严厉，孩子绝不会更敬畏你，更听从你的教导，他主张应当爱护和尊重孩子。

七、对陈鹤琴家庭教育思想的评价

陈鹤琴提出的家庭教育思想问题，是有明显针对性的，具有重要的社会意义。肃清封建家长制的思想影响，是我国家庭教育的重要任务。

综上所述，可以看到，陈鹤琴的家庭教育思想确实形成了较为完整的理论体系。他的家庭教育理论实用性相当强，理论基础也是很科学的，是我们家庭教育理论宝库的一份珍贵遗产，理应继承和发扬光大。

第十六章

恽代英的家庭教育思想

第一节　恽代英及其《家庭教育论》

一、恽代英的生平

恽代英（1895～1931），字子毅，原籍江苏武进县（现为武进区），出生于湖北武昌一个官僚家庭，中国无产阶级革命家，早期著名青年运动领导人之一。

1913年，恽代英考入武汉中华大学预科，1915年，进入中华大学文科攻读中国哲学。他十分重视“砥砺行为，敦进学业”。他博览群书，除了阅读大量社会科学方面的中外书籍，还涉猎自然科学。他学习成绩优异，擅诗善文，还具有演说的天才。当时，中国正处于新文化运动时期，恽代英在《新青年》等刊物上发表了许多文章，成为新文化运动中的猛士。

1917年10月，恽代英等人创办了互助社。互助社是武汉地区诞生的第一个进步团体，也是中国最早的进步社团之一，互助社的宗旨是“群策群力，自助助人”。

1918年，恽代英大学毕业后担任中华大学附中教务主任。1919年，五四运动爆发的消息传到武汉后，恽代英和互助社的成员热烈响应。他书写《四年五月七日之事》《呜呼青岛》的传单并散发出去，还组织学生上街游行、集会，掀起了武汉学生罢课、工人罢工、商人罢市的浪潮。

五四运动后，马克思主义在中国广泛传播。1920年，恽代英和林育南等创办了“利群书社”，经销《共产党宣言》《共产主义ABC》和《新青年》《共产党》等刊物，成为武汉地区宣传马克思主义新思想的重要阵地。

恽代英在1919年10月加入了少年中国学会，1920年春，他受少年中国学会的委托来到北京，负责编辑《少年中国学会丛书》。6月，恽代英回到武昌，同年秋到安徽宣城，任省立第四师范教务主任。他到校后，对学校的旧教育制度进行改革，指导学生阅读《共产党宣言》《新青年》等进步书刊，举行“五四”“五七”纪念会。7月，恽代英、林育南、李求实等在湖北黄冈成立了“共存社”。共存社的成立，标志着恽代英等先进青年已经走上了马克思主义的道路。

1921年7月，中国共产党在上海宣告成立，恽代英闻讯后，便加入了中国共产党。同年10月，恽代英到四川泸州川南师范学校任教，先后担任教务主任、校长等职。1921年5月，他在该校成立马克思主义研究会，组织进步学生学习《共产党宣言》等著作。在此基础上，他又成立了社会主义青年团，为在四川发展革命力量奠定了基础。

1923年1月，恽代英到成都高等师范学校执教。同年夏，他应上海大学校务长邓中夏的聘请到上海大学任教。他和邓中夏、萧楚女等人一起为我党培养了许多优秀干部。8月，中国社会主义青年团第二次全国代表大会在南京举行，恽代英出席了会议，并被选为团中央候补委员，不久增补为中央委员，负责宣传工作。

之后，恽代英到上海和邓中夏筹办《中国青年》。恽代英在做编辑的同时，还为《中国青年》撰写了200多篇文章和通讯，受到广大青年的衷心爱戴和崇敬，称赞他是良师益友。恽代英撰写的这些文章，为我们党的新民主主义理论的形成作出了贡献。

1925年，上海爆发了五卅反帝爱国运动，恽代英是这场运动的发动者和领导者之一。在运动高潮中，他来到南京宣传鼓动，向南京人民介绍了“五卅惨案”的情况，揭露帝国主义的罪行。

1926年5月，恽代英被调到黄埔军校担任政治总教官，领导军校内的党团员，团结国民党的左派，与蒋介石进行斗争。10月15日至28日，国民党召开了中央执行委员及各省区代表联席会议，恽代英和毛泽东、宋庆龄等出席了会议。会议决定将中央军校政治科迁到武昌，恽代英也奉命到武汉中央军校政治科担任领导工作。

南昌起义取得胜利后，建立了革命政权——革命委员会，恽代英为革命委员会成员之一。12月11日，由张太雷、恽代英、叶剑英等领导的广州起义取得了胜利，中国第一个苏维埃政权——广州苏维埃政府诞生，恽代英担任苏维埃政府秘书长。

1928年6月，恽代英作为党中央的代表出席了中共广西省（现为广西壮族自治区）第一次代表大会。同年秋，恽代英奉命到上海党中央组织部任秘书，协助部长周恩来的工作。

1929年年初开始，恽代英任党中央宣传部秘书长，负责编辑党刊《红旗》。1930年，中共福建省委在厦门召开第二次代表会议，恽代英代表中央出席了会议。这时，党中央的领导人李立三推行“左”倾路线，主张全国暴动。恽代英对李立三的“左”倾错误进行了批评和抵制，遭到李立三的打击，先后调恽代英任上海沪中区、沪东区行动委员会书记。恽代英住在贫民窟，身着工人装，却仍在工人群众中工作。

1930年5月6日，恽代英在杨树浦韬朋路附近的老怡和纱厂门前等别人欲联系工作时，不幸被捕。次年4月29日，在南京狱中遭到杀害。

1950年，周恩来为纪念恽代英殉难19周年题词，对他的一生做了高度的概括："中国青年热爱的领袖——恽代英同志牺牲已经19年了，他的无产阶级意识、工作热情、坚强意志、朴素作风、牺牲精神、群众化的品质、感人的说服力，应永远成为中国青年的楷模。"

二、恽代英与其家庭教育思想

恽代英在大学学习期间就热衷于对教育问题的研究。他阅读了大量的教育书刊，并且取得了丰硕的研究成果，发表教育方面的论文40多篇。《家庭教育论》就是他的重要研究成果之一，他曾说过："以教育研究为第一事。"

恽代英具有丰富的教育实践经验。他当过分科教师，也担任过教务主任，不仅有在普通中学任教的经历，也有在中等和高等师范学校、革命干部大学、军事学校任教的经历；不仅办过正规学校，还办过夜校、成人学校。他曾下苦功夫学习和研究中外教育学、心理学、精神病理学等多学科的理论。他的教育思想活跃，勇于进行教育改革实践。他的教育改革思想和实践，不仅在当时有很大的影响，而且对今天都有现实意义。

恽代英不仅从事对学校教育的研究与改革，也十分关心家庭教育的研究与改革，并且具有独到的见解。他的家庭教育思想，集中体现在他的《家庭教育论》一文中。

这是一篇非常有名的家庭教育学术论文，在当时产生了很大的影响，发表在新中国成立前出版的《妇女时报》第20号上。该文系统地论述了家庭教育的基本理论问题，在中国家庭教育思想史上具有重要的历史地位。

第二节 《家庭教育论》——家庭教育在教育中应占有一席之地

一、家庭教育的重要意义

（一）家庭教育是教育的重要组成部分

“家庭教育”这个概念能不能成立？家庭教育应不应该在教育中占有一席之地？这些问题，在中国人的思想中一直是很困惑的。

中国人当时对“教育”有几种不同的理解。有的人认为教育是“读书的代名词”，教育就是灌输知识，除此以外再没有别的任务；有的人认为教育就是“职业之传授”，别无他事；也有的人认为，“教育实兼读书明理学圣贤”，除此以外，别无他事。

恽代英说，按照上述这些标准，任何家长都是不可能胜任的。因此，当时有钱的人家只能聘请家庭教师，“家庭教育”是不能成立的。

恽代英认为，家庭教育是“以各种方法，使儿童身（体育）心（智育）性（德育）各方面均完全发达，即儿童之自我得已完全实现之谓”。因此，教育应当担负灌输知识、传授职业技术和读书明理学圣贤三项任务。教育所担负的任务既然这样多、这样广泛，学校的教师或聘请的家庭教师是不能完全胜任的，必须由家庭教育来辅助。

况且当时的教育制度也不是尽善尽美，学校教师教的不见得十分正确，有谬误，还要依靠家庭给予纠正。学校里不能传授的知识，也需要由家庭传授。儿童离开学校，到了社会上，要防止受到不良的社会影响，染上不良的习气，培养良好的社会公德，这都要依靠家庭的监督、防范。

基于此，恽代英明确指出，“家庭教育”这个概念是可以成立的，家庭教育在教育中必须占有一席之地。

恽代英特别指出，人一生所需要的教育，从出生时就开始，甚至从在母腹中就开始实行胎教。出生不久，要进行启蒙之教，到15岁才到外面求师受教。那么，在此之前的教育，是学校教师所不能胜任的，而胎教、15岁以前的教育又非常重要。因此，只能由家庭进行教育。

在恽代英所生活的时代，一些资本主义国家已经出现专门的幼儿教育机构——幼稚园。有了幼稚园，似乎可以代替学龄前儿童的教育，其实，幼稚园只能进行学龄前儿童教育的一部分，不可能完全代替家长对儿童的教育。

当然，有的家庭里没有胜任家庭教育能力的人，但是这不能成为否定家庭教育的理由。学校里也有不少不能胜任教育工作的教师，但不能因此而取消学校教育。同样的道理，不能因为有的家庭没有人能胜任家庭教育，就取消家庭教育。也正是有许多家庭不能胜任子弟的教育，我们才更有必要对家庭教育进行研究，促使家庭能胜任子弟的家庭教育，不能因噎废食。

（二）家庭教育具有独特的优势

由家庭教育子弟，虽然有的家长缺乏家庭教育方面的知识，但家庭教育的效果却往往比学校教育还要好。恽代英认为，原因是家庭教育有其独特的优势。

1. 家庭有父母之爱

家长是爱自己的子弟的，这是教育好子弟的重要条件。恽代英认为：“唯爱者，其为教始周详恳切，知无不言，言无不尽，此惟母氏能之耳。”缺乏知识的家长，教育孩子的效果不见得比有知识的教师差，因为，“爱之甚，才责之切”。

2. 潜移默化是蒙养教育的重要手段

恽代英指出：“‘潜移默化’四字，在教育中为最上之法门。而家庭教育尤以此为主要之手段。”

3. 家庭教育开始得早

恽代英在《儿童公育在教育上的价值》一文中就曾经指出："儿童一坠地便使得受合宜的教育""人类的教育不应当以法律上的学龄为起点"。他认为，提早教育是"用力少而成功大""如幼年受良善之家庭教育，长大与社会接触，亦易有强固之把握，不为恶习染所熏溺"。正如古人所说："教儿婴孩。""蒙养圣功。"家庭教育起着奠基的作用。

4. 家庭环境单纯

家庭教育是在家庭里教育子弟。由于家庭比较封闭，与外界隔绝，他认为，家庭教育比之学校教育，较少社会恶习染之妨害，故其教育易于成功。就像古人所说的那样：闭门课（教）子，不见匪人。

5."教"与"育"结合，"严"与"慈"结合

在中国，有"父之严，母之慈"之说。恽代英认为，"父严"指的是父亲负责教育，"母慈"则指的是母亲负责保育。男性刚，女性柔，二者结合起来，"严慈恰合"，优势互补，相得益彰。父母都是孩子的教育者，共同教育，效果会更好。

综上所述，恽代英指出："在受胎襁褓，以及成童，家庭教育实为唯一主要之教育。至儿童满学龄，受学校教育以后，家庭教育为学校教育之补助教育。故家庭教育实占人生教育之大部分。其余学校教育，既为之树根柢，又为之匡谬补缺。"

足见家庭教育在教育中的地位和作用是非常重要的，在人一生之中都是不可或缺的。

他说："父母既同为家庭之教育人，即不可不知教育之方针，与其合宜之手段。"父母既然都是教育者，就必须知道教育的方针和教育的手段。为了顺利实施家庭教育，父母必须加强自身修养。

二、家庭教育的内容、方法和原则

（一）家庭德育

1. 家长要以身作则

恽代英认为，对儿童进行道德教育，以以身作则为最重要而最有效。儿童有好模仿的本能，“苟有良之父母，即自然效其善良之行为。……有不良之父母，亦即自然效其不善良之行为”。家长品德好，儿童必然学到好的品德行为；父母品德行为不好，儿童就会学到不好的品德行为。对儿童进行道德教育，“以有善良可资模仿之模范为最要”。为了树立良好的榜样，家长必须“反求诸己”，加强自身的道德品质修养，“为之养成无数好德性”“务使足为儿童之良善模范”。

恽代英主张从四个方面加强父母自身的道德品质修养。

一是具备良好的生活习惯。

如果家长举止无恒，好恶无常，儿童就不好模仿，无所适从。恽代英借用古人的比喻说，家里养狗，不想让狗进入屋子，那么，见到狗进屋就要打它。假如是狗进屋，你打它，可又在屋子里喂狗吃食，那样，狗就无所适从。即或是天天打它，也不能禁止狗进入屋子。教育儿童也是这个道理。

恽代英说：“故父母如无秩序之德，则小儿不知从舍之标准，善或不为，恶或为之。推其至极，易使小儿观父母之喜怒，以为避趋。此则一切诈伪矫饰所从出，尤为大害。”父母举止无恒，喜怒无常，孩子不仅无所适从，还会养成不良的品质。“故秩序之习惯，不可不注意也。”

二是具备勤俭的习惯。

恽代英认为，“勤”就是不要任意浪费时间，“俭”就是不要任意浪费资财，这是人生必备的美德。如果家长既奢又懒，在家长的影响下，儿童也会变得奢侈、懒惰。家长不具备勤俭的美德，也不可能指望儿童有勤俭的美德。正所谓：“其身不正，虽令不从。”故勤俭之习惯，亦不可不注意也。

三是具备好善的习惯。

恽代英认为，希望儿童有好善之心，家长不可不启发孩子的好善之心，家长不可不以身作则。孩子小的时候，不知道什么是好善，就得由父母加以引导。如果父母无好善之心，只是凭“圣贤口说”，家长管束，那不行。家长自己首先要好善，给儿童做出榜样。他说：“(假）使父母见善如不及，誉善不容口。鸡鸣而起，孜孜以求，则小儿必自然感其恳切之心，而效法之，唯恐或后。”“欲使儿童永为善人，必先使之知好善。欲使知好善，必父母先能好善。此所以好善之习惯，亦不可不注意也。”

四是具备清洁的习惯。

恽代英认为，清洁是体育中的重要事项，也间接影响人的德行，比如整齐、有秩序等，与人的德行有重大关系。如果父母不知清洁，孩子也必无清洁的愿望。特别是孩子每天都与父母生活在一起，父母自身不清洁，住宅也不会清洁；住宅不清洁，孩子就是有想要清洁的意思，也无清洁的能力。“欲望儿童清洁，则自身清洁之习惯，又不可不注意也。”

恽代英特别指出，上述四方面的修养，都有“习惯”二字，意思是说，这些修养不是一朝一夕可以养成的。如果根本没有修养，而是“假借”诈伪矫饰来欺骗儿童，不见得能欺骗得了。假如儿童仿效了家长的欺骗行为，那危害就更大了。他认为，一切教育，皆应本于“诚”这个字。如果家长无“诚”心，欺骗儿童，失去儿童的信任，那就不可能再教育儿童了。

家长有不良的嗜好，为了不使儿童效法，必须改正、戒除。家长不希望儿童吸烟，就要自己首先戒除吸烟的毛病。家长喜怒无常，“赏不当功，罚不当罪”，就会对儿童造成不良的影响。

2. 要注意社会环境的影响

小孩子模仿的不只是父母，周围的人都是他们模仿的对象。父母、家庭以外的人和事，他们都会模仿。他举例说，孔子小时候做俎豆的游戏，孟子小时候做丧葬、经商的游戏，都是模仿家庭以外的人和事。家庭以外的人和事，哪些可以模仿，哪些不可以模仿，父母不能不加干涉。儿童缺乏分辨是非善恶的能力，如果家长不注意孩子在家庭之外受到的影响，很容易沾染恶习，丧失善德，使家庭教育前功尽弃。因此，家长对孩子进行道德品质教育，不仅要注意在家庭内进行陶冶，也要防范家庭之外的不良影响。

3. 要注意大家庭的影响

在我国，大家庭比较盛行，妯娌、叔伯都生活在一起，一个家庭分成若干“房”，有的成年人受过教育，有的没有受过教育。而一家人，由于有亲情的关系，孩子很容易模仿家人的行为。古人说：“从善如登，从恶如崩。”从恶易于从善，孩子很容易受到家庭成员的不良影响。为此，他建议中国的家庭，也要像西方国家那样，把大家庭分成小家庭，这样，也许对孩子更好一些。

当然，如果大家庭的成员能够做到“同心同德”，也不见得非要分开不可，大家庭也有大家庭的特殊功能。恽代英说，旧家庭的构造，不啻为社会之小模型，如果善用之，可使儿童不出户庭，而略知料理社会上的事。其合群博爱的道德，尤其可以在家庭内实行。大家庭也可以做到对孩子有利无害。只要所有家庭成员“互相辑睦，互相辅助”，仍然可以胜任家庭教育的功效。

4. 要注意家庭的物质环境

恽代英认为，家庭的物质环境对孩子的品质也有重要的影响。他说：“以为儿童计，此等暗示即关于房屋之构造、器物之安置等事，每影响于儿童之德性者是也。凡居住湫溢者，其人十（有）九褊急；器物颠倒者，其人十（有）九紊乱。”家庭的物质环境，不知不觉地影响着孩子品质的形成。做父母的，不得不注意家庭住房、物品的安置等环境问题。

5. 要注意儿童的个性

在对儿童进行德育时，要注意他们的个性。知道儿童的个性，也就是知其气质之偏，知其特短及特长。就可以有针对性地扬长避短，“就其特长而助之发展，则易于成德；就其特短而为之补救，则不致败行。”这实际上是中国古代“长善救失”的教育原则。恽代英指出：“故为儿童谋德育之完全发达，求事半功倍者，则注意儿童之个性，实为唯之要事也。”

（二）家庭智育

1. 要正确理解智育

对于家庭智育，一般人往往只是将其理解为读书，“以智育为唯一之教育，读书为唯一之智育，学校为唯一之教育机关，教师为唯一之教育者”。要是这样理解教育和智育的话，家庭教育就没有存在的可能和必要了。

恽代英却认为，书籍是死物，不足以尽天下之活理。欲知天下的活理，唯有取自然之活书，一一读之。他说，书籍有它的弊病，一是观念有误，二是记述的有遗漏，三是各人对书籍内容的理解不一致。特别是小孩子，智力还达不到能读书的水平，不能过早地要求孩子读书，而应提倡采取“实地观察”的学习方法，去获得知识。这种方法，符合儿童的年龄特征，能引起学习的兴趣，还能加深理解。

要想根据儿童认识能力的特点，教他们学习知识，最好采用归纳的法则，即先给事实，再从中得出结论或概念，而不要用演绎的法则。他说，运用归纳法则教孩子学习知识，学得确切明了，也能使孩子对知识发生兴趣；运用演绎的法则教孩子学习知识，孩子学起来会感到困难，知其然而不知其所以然，导致对知识毫无兴味。

2. 家庭智育要及早进行

恽代英认为，对儿童进行早期智育，要针对不同学科的特点，采取不同的学习方法。他说，儿童对于自然科学有特别的兴趣，如果天生有研究的兴趣与性能，自然科学又是最易运用归纳法学习的科学，故主张为其早年应接受的教育。学习自然科学知识，要早一点开始。有了一定的基础之后，到了中学，对学习各种学科知识有很大的好处。

至于其他记述类的学科，如历史、地理，也可以利用诗歌谣谚，作为无形的灌注。

理论的学科，比如算学，也可利用日常实事作为初期之培植。

他主张利用家庭生活对孩子进行早期智育，小学、中学的一些知识，也可以提前到学龄前来学习。

3. 要注重孩子的感官训练

恽代英说，小儿最需要的教育，是感官教育。对于小孩子来说，要注重感官教育，就是要训练他们的各种感觉器官的功能。这种教育，应当从孩子一生下来就开始，他说，人们都有五种感觉器官，但“锐钝各异”，原因就是小时候有的重视训练，有的不重视训练所致。

4. 要教孩子学习生活常识

要注意对孩子进行生活常识教育，比如，声色的区别，度量衡币的计算，布匹的种类等常识。他说，凡是可以以实物与之游戏者，皆不妨予以实物。要尽量用实物进行教育。

对小孩子进行知识教育，不要操之过急，也不要分程度优劣或及格与不及格，要循序渐进，顺其自然。

5. 要教孩子识字

在孩子小时候，也可以进行读书教育。不过，如果只是为了打基础，就是教孩子识字。中国古代，在孩子三四岁的时候，就教孩子识字。把字写在木板上，教他们认。最好先教他们认通俗的字，再教复杂的字。教孩子识字，要因人而异，不必强制。

6. 家庭智育辅助学校智育

孩子入学以后，家庭智育应成为学校智育的补充教育。诸如，家庭生活知识、社会风俗常识、课业附属知识，如查字典、课外阅读等，父母都应该负责来教育。

在家庭教育中，也要注重观察和分析孩子的个性，看他们将来适合从事什么职业，并有意识地打基础。

有人认为，孩子还小，不必进行智育。其实，小孩子和大人一样，日常生活中也需要知识。况且，小时候学习一些知识，对以后的学习是有好处的。

恽代英认为，德育、智育、体育这三者相辅相成，这是“黄金条律”，任何时候都不能偏废，智育也不能忽视。

（三）家庭体育

1. 要树立新型的体育理念

过去，中国人对小孩子进行家庭体育，往往只注意生死问题，认为只要能“活着”，身体强弱无所谓。如果只为了“活着”，身体不强壮，对社会没什么益处；就是对自己来说，也不能享受幸福生活。恽代英指出，今天，进行家庭体育，应该注重强健身体，而“非在不死”。

他批评中国的父母只注意孩子外表的美观，其实应注重孩子的身体健康和卫生，使之身心完全地发达。如果只注重外表，会让孩子滋长虚荣心。不仅对孩子身体健康无益，对品德也有害，而且使用不良的化妆品还会伤害孩子的身体健康。

2. 家庭体育的任务和内容

对小孩子进行家庭体育，要做到以下几点。

一是养成有秩序的生活习惯。有秩序的生活习惯，对于身体健康至关重要。如果小时候就注意培养，比较容易形成好的习惯。“少成若天性，习惯如自然。”良好生活习惯的培养，越早越好。要给儿童规定饮食起居、卫生作息时间表，督促其执行。如果“彼起居不时，饮食不节，任小儿之性，而不加以规定者，实败小儿之身体健康者也”。

二是养成清洁的习惯。所谓“清洁者，所以避除害菌，防止疾病也”。如果小孩子的居住地潮湿，衣服不干净，头发不梳理，不洗澡，要想身体健康是很难的。要教育孩子讲究个人卫生。小时候，家长可以帮助他，随着年龄长大，就要让他们自己做。如果家长对孩子的清洁卫生包办代替，孩子就永远也学不会生活自理。

三是经常进行户外活动。经常带孩子旅行、露宿、户外睡眠等，以便接受阳光的照射，呼吸新鲜空气，减少易得的疾病。中国的父母对孩子过于溺爱，晚上睡觉时门户关得很严，平时也很少出门，这样很容易使孩子得病，应当纠正这种不良习惯。

四是从小参加体育活动。他说："小儿好动，本为常性。"中国的家长不知道利用孩子的这种天性，锻炼他们的身体，致使孩子们变得呆头呆脑，呆若木鸡，笨手笨脚。上学以后，孩子想参加体育活动，却由于从小没有这方面的训练，很难进行正常的体育锻炼。家长要及早指导孩子进行体育活动，不要过于激烈，也不要偏废，应帮助孩子选择能使全身各部位发达的体育活动项目，不能总是把孩子关在家里。

五是从小灌输卫生知识。恽代英指出："生理卫生之知识，能感发人自求完美体育之想，故于小儿，不可不早灌输之。"比如，家里要有人体模型，让孩子了解与自身有关的生理知识，这样会激发孩子的好奇心。小时候灌输的生理卫生知识，很容易使孩子掌握。

中国的父母非常爱自己的孩子，希望孩子身体好，但不太注意预防疾病的发生。因此，"以严格的家庭体育教育论，预防各种之病态，实为父母最大的天职"。

（四）家庭游戏

1. 不要限制孩子游戏

恽代英认为，游戏是小孩子的天然嗜好。游戏中需要进行教育，教育也需要通过游戏进行。旧家庭中对游戏是完全禁止的：一是怕孩子争斗，不得安生；二是怕破坏什物，搞乱家庭秩序。

恽代英指出："小儿之游戏，乃小儿之天然之生机，不可遏除者。彼遏除者，徒使小儿在背后或以婢妪为师，做各种不正当之游戏。"小孩子的游戏，是禁而不止的。其实，让小孩子进行游戏，对品德和身体的发展都有好处。可以说，没有游戏，就没有教育。要使儿童在游戏中受到教育，只要加强指导或监督，游戏一定会使孩子受益的。

2. 支持孩子自制玩具

小孩子好模仿，好自制玩具。模仿工作，来自模仿的本能；自制玩物，生于制造本能。如果此二者能得到相当的利用，则孩子的本能会得到完全发展。其学习、工作、制造，也会收到特别之效果。家长要放任孩子去玩，不要加以干涉，不要代为制作，不要购买现成的玩具。

3. 支持孩子进行竞争性的游戏

竞争也是儿童的本能。当今社会，不能没有竞争，孩子的竞争能力应从小养成。竞争游戏，可以培养孩子具有以正当手段进行正当竞争的能力。其方式，最好采用开儿童竞技会、儿童博览会为主。孩子的竞争游戏，不能禁止，应当提倡。当然，如果孩子的竞争游戏带有诈伪、倾轧、威吓等不好的品德的话，应当绝对禁止，以保全道德之尊严。

对于小孩子的游戏，家长要加强指导，包括低俗的，如赌博、骂人等，也要制止。但如放风筝，就可以提倡。

4. 父母要和孩子一起游戏

恽代英指出，家长最好和孩子一起进行游戏。这样，如果家长放下家长的架子，“与之同甘苦，共行止，其为感动力甚大”，可以加强父母子女之间的感情。在和孩子一起进行游戏的时候，家长的行为举止，也易于被孩子所模仿，让孩子不知不觉地接受教育。家长还可以随时随地了解孩子的情况，及时进行有针对性的教育。

5. 利用儿歌进行教育

教育孩子时，对儿歌的歌词和对孩子的影响力也要注意。音乐有利于发展孩子的体力、兴趣和美感；伴随音乐记忆知识，效果也很好。家长要注意了解儿歌的内容以及对孩子会产生什么影响，帮助孩子进行选择。

三、对恽代英家庭教育思想的评价

恽代英的《家庭教育论》对家庭教育的基本理论进行了非常详尽的论述。在此之前，中国很少有家庭教育的学术论文出现，即或是有，也多带有浓厚的封建色彩。而他在《家庭教育论》一文中的理论观点，基本上是马克思主义的家庭教育思想观点，他所倡导的家庭教育内容与方法，也是符合现代科学的。应当说，在现代家庭教育思想史上，是恽代英开创了运用马克思主义理论研究家庭教育的先河。

关于家庭教育的地位和作用，恽代英的论述，在近代家庭教育思想史上，应当说是最为深刻和全面的。使人能充分认识到家庭教育在人的个体发展中的巨大作用，在教育中的重要地位，也使人认识到家庭教育特有的优势。不仅能使人们进一步重视家庭教育，也增强了人们做好家庭教育的信心。

关于家庭教育的内容和方法，恽代英明确提出了以德、智、体三育为主的教育内容，并且指出三者“鼎立”的关系，它的确揭示了教育内部的规律。

他所提出的德、智、体三个方面教育的具体内容，既具有鲜明的时代特点，又符合中国的国情。他所提出的家庭教育方法，反映了家庭教育的特点，应该说是行之有效的。比如，在德育中，他强调家长和家庭成员的以身作则，强调家长要“反求诸己”；在智育中，强调不要让孩子过早地读书，要以实地观察为主，学习活生生的常识；在德育和智育中，他提到要注意孩子的个性特征，有的放矢，进行有针对性的教育；在体育中，强调讲究卫生、户外活动、体育活动等，倡导现代体育和卫生；在游戏中，强调小孩子的教育要通过游戏进行；等等。这些教育方式方法和教育的原则，对于今天的父母，都具有现实的指导意义。

第十七章

王鸿俊的家庭教育思想

第一节　王鸿俊的《家庭教育》

在民国年间，家庭教育属于社会教育范畴。当时的教育部设有社会教育司，我国的家庭教育主管指导工作，便由该司负责。

辛亥革命以后，随着我国学校教育的发展，社会教育也获得了长足的发展。

民国年间，教育部十分重视家庭教育指导工作。1938 年 12 月，国民政府教育部颁布了《中等以下学校推行家庭教育办法》。1940 年，又颁布了《推行家庭教育办法》，全面规定了推行家庭教育工作的机关团体、各机关团体应负的责任，以及推行家庭教育工作的具体方式方法，并且将 1938 年颁布的《中等以下学校推行家庭教育办法》中的内容纳入了该“办法”之中。为具体贯彻《推行家庭教育办法》，当时的教育部又根据该“办法”第八条的规定，于 1941 年，作为该“办法”的附件，颁布了《家庭教育讲习班暂行办法》（详见 282 页附），讲习班的宗旨是：“以训练妇女、推行家庭良好教育，激发民族意识，灌输家事常识，改善家政管理，促进社会进步为宗旨。”

为了更好地促进社会教育事业的发展，当时的教育部社会教育司主持编写了一套“社会教育辅导丛书”。这套丛书之一就是由教育专家王鸿俊先生编写的《家庭教育》一书。

《家庭教育》一书是由当时主持全国家庭教育工作的教育部社会教育司，向全国社会教育机关和社会教育工作人员推荐的一部辅导家庭教育工作的教科书。这本书文字浅显，例证翔实，通俗易懂，具有很强的实用价值。

该书认为，家庭教育有狭义和广义两种含义。狭义的家庭教育，系指子女入学之前之教育，又名为“学前教育”，其意即子女入学以前时期的教育，应由家庭负责；广义的家庭教育，指家庭对子女一切的直接或间接、有意或无意的种种精神上、身体上的教育。

后者实际上指的是“终身家庭教育”。王鸿俊的这本《家庭教育》论述的是终身家庭教育的问题。

《家庭教育》一书共分三章十三节。第一章为“家庭教育之意义”，内容包括家庭教育要义、家庭教育之重要、家庭教育之目标三节；第二章为“家庭教育要项”，内容包括民族意识、家庭伦理、家庭卫生、家庭经济、儿童保育、儿童习惯、儿童教导七节；第三章为“家庭教育之推行”，内容包括推行机关、推行方法两节。

从该书的内容看，这部指导家庭教育的用书，其指导和教育的对象是相当广泛的。不仅包括家庭中的儿童、青少年，也包括家庭中的成年人。家庭教育所担负的任务，不仅仅是使儿童、青少年身心得到健康的发展，而且还要教会人们掌握主持家庭生活的本领。这部家庭教育辅导用书，类似家政学的辅导用书。由此看来，这部书要比一般家庭教育辅导用书的作用更广泛、更大。

第二节 《家庭教育》——关注终身家庭教育

一、家庭教育——儿童教育之中心

王鸿俊认为，家庭教育在人的一生中具有重大的意义。在该书第一章第一节“家庭教育要义”中，开宗明义说：“婴儿呱呱落地，不识不知，饮食起居，全赖父母及他人之辅助，提携卫护，教之养之，历十余年之久，始能自立。儿童终日处于家庭环境之中，其一切学习，几全靠家庭环境所给予之刺激。自教育史考之，社会文化尚未大进步之前，人类本无特设之教育机关，更无所谓学校教育。人民自幼而壮，自壮而老，其立身处世之学识，大半得之于家庭中，家庭为古代唯一有效之教育机关，即学校制度建立，在事实上，家庭仍不失为儿童教育之中心。”

为什么说家庭教育在人一生中有如此重大的意义呢？作者从三个方面论述了这个问题。

（一）家庭是儿童生活的中心

王鸿俊指出：“儿童未入学以前，终日处于家庭之中，即入学之后，亦大部分时间消费在家庭之中。家庭实儿童生活之中心，亦即儿童教育之中心。”他引用美国著名教育家杜威的话说：“教育是经验继续不断的改组与改造，这改组是使经验的意义增加，也使后来控制经验的能力增加的。”而“经验之改组与改造，均以实际生活为出发点”。因此，他认为，我们教育儿童，“应自家庭日常生活着手也”。

王鸿俊是从杜威（美国著名教育家）的“教育即生活”“从做中学”的教育理论出发，来论述家庭教育生活对儿童成长的作用的。从这个角度看，这种观点不能不说是很有道理的。

（二）家庭教育是基础教育

王鸿俊认为，从儿童生理与心理发展的角度看，学龄前儿童期，“乃一生发育上学习上之最重要时期”。

为什么说是最重要的时期呢？

一是发展身体的重要时期。他说：“儿童自初生，以至五六岁时，为肉体发育最速及生命保养最难之时期，必须家庭有适当之保育，使之营养充足，且具有良好卫生习惯，始克发育成长而达于健康。”

二是习惯培养的重要时期。他引用英国教育家罗素的话说：“儿童之品行，在六岁入学前，已大部完成。”6岁以前，儿童的可塑性很强，极容易形成良好的习惯，同样也容易形成不良的习惯。“最初偶一不慎，管理失当，即易养成儿童不良习惯。”

三是基础知识与道德发展的重要时期。王鸿俊说，“且此时感觉器官发育完成，学习与模仿之能力甚强”，是进行感觉器官训练、德行训练的极好时期，有利于“养成儿童之基础知识与道德”。

四是发展儿童社交、审美、经济等能力的重要时期。家庭的日常生活内容是非常丰富的，在家庭社会交往、营造优美家庭生活环境、家庭经济生活等活动中，对儿童进行相应的教育和训练是非常有意义的。社交、审美、经济等能力的形成与发展，“亦莫不以家庭生活奠其基础”。

总之，他认为：“在德、智、体三方面，家庭训练为个人一生训练之初步。”“家庭教育为个人生存世界之基础训练。”

（三）家庭在教育上有其特有的优势

王鸿俊认为：“家庭教育有其特殊之便利，为学校教育所不及者”有二：

一是，“学校为人为环境，家庭乃现实之自然环境。在人为环境中所获之知识，往往不易保持，或竟不感保持之兴趣；然而对于现实之自然环境中所获得之教育，因其真实，常不期而然的保持坚固。西洋罗马时代，对于国民精神训练，均责成家庭负责，良有以也”。

二是，“最熟悉儿童之个性者，莫过于父母，学校教师虽经长期之观察，仍不能明了儿童之个性，而父母在日常亲密接触之间，对儿童个性之了解甚详，最易因材施教。且学校之中，教师须管理十数或数十儿童，虽欲个别加入训练，往往为时间所限，心有余而力不足。而在家庭之中，父母常能向子女施以个人辅助，随其天资与性情而训练之，则儿童之进益自更迅速矣”。

王鸿俊所指出的家庭在教育上的优势，是很有道理的。人为环境都是由带有一定目的的人组成的，凡是加入人为环境的人，其行为都带有一定的功利性质，因此，实际表现不完全是真实的。不真实的行为，对人的感染力就小得多。而家庭环境是自然形成的环境，家庭成员的行为一般并不带有什么功利的目的和动机，在日常生活中的行为表现，都是个人性情、经验、性格的自然流露，必然是真实的。越是真实的，对人的感染力就越大，影响就越深刻。

教育工作要取得良好的效果，教育者必须因材施教，也就是说要具有强烈的针对性。父母与儿童感情亲密，关系亲近，甚至形影不离，对儿童的个性特征了如指掌，再对儿童进行有针对性的教育和训练，效果肯定要好得多。家庭教育的这种优势，是学校教育所不及的。

二、家庭教育的八项任务

王鸿俊提出了八项家庭教育的任务。

（一）改进家庭卫生

他说："家庭卫生状况，影响于儿童身体发育与卫生习惯甚大，惟吾国一般家庭环境之能适于卫生条件者，尚不可多得，故儿童之死亡率较之其他国家为高，实民族国家之大损失。吾人欲使儿童得有正当之身体发育与良好之卫生习惯，自非从改进家庭卫生着手不为功。"

为改进中国儿童的生存环境，促进儿童身心健康发展，王鸿俊提出要大力改进家庭卫生状况，移风易俗，对于实现家庭教育的目标，具有重要意义。

（二）提倡家庭作业

他说："家庭为儿童训练之中心，儿童在校内之课业与德性之养成，多赖家庭父母之指导与辅助，以收家庭教育与学校教育互为联系，相得益彰之效。故为父母者对于儿童之家庭作业，应尽指导与辅助之责。"

（三）节约家庭财用

他说："家庭经济能有正当之支配与使用，可使儿童养成正确之经济观念与节约习惯。家庭之开支应量入为出，实行节约，子女之教育用费必须早为储备，故父母对于家庭财用应妥为管理，并指导儿童养成记账、节约、储蓄等习惯。"

（四）敦睦家族邻里

他说："家庭亲善，邻里和睦，儿童处如此环境之中，在心理上自易发生良好印象。而为父母者，尤应规劝子女养成孝悌忠信礼义廉耻谦让温恭宽大容忍诸美德，以与家庭邻里相处。"

（五）保护儿童健康

他说："'健康之精神，寓于健康之身体'，健康实为人生之基础。为父母者对儿童健康之保护，应随时注意，除改善家庭环境，注意儿童营养外，尤应予儿童以健康教育，灌输儿童卫生知识，培养儿童卫生习惯，以达到健康之目的。”

（六）改善儿童习惯

他说：“习惯之力量甚大，吾人每依习惯如何，而别人之善恶。孔子曰：‘性相近，习相远。’故必须有良好之习惯，始能有良好之生活。儿童时期基本习惯之养成，所关尤为重要，家庭教育要负责纠正儿童之不良习惯，并养成儿童之良好习惯。”

（七）教导儿童求学

他说：“关于儿童求学，父母应随时指导，如学校之选择，课业用品之选购，课外作业之辅助，入校时间之督促，学习方法之指导等，以免除儿童之困难，养成儿童对求学之兴趣。”

（八）激发民族意识

他说：“民族意识，国家观念，应于儿童时期加以训练。父母可为儿童讲述中国历史之伟大，国耻史实，中日战争及民族英雄故事等，以激发其民族意识。”

以上八项家庭教育任务，是较为全面的，在今天，教育者仍旧可以参考。尤其可贵的是，当时正处在抗日战争时期，能够提出“激发民族意识”的任务，这是很有进步意义和现实意义的。

三、家庭教育与父母教育

王鸿俊认为，教育者必先受教育。要搞好家庭教育，必须首先对父母进行教育，提高家长的素质。

他说："盖'盲者不能教人以色，聋者不能教人以声。'为父母者欲施行良好之家庭教育，必须自身先有适当之学习与修养，取得教育子女之必备知识、技能、态度等，方能有良好之结果。唯现在身为父母对于教养子女之方法，完全依据传统习惯与个人成见。如何应用科学方法，为国家培育第二代之新国民，则盲无所知，实为当前民族国家之严重问题。故欲推行家庭教育，必先之以父母教育，训练良贤父母，乃推行家庭教育之基本工作也。"

那么，成为"良贤父母"应具备哪些条件呢？

（一）彻底抛弃宗法传统观念

王鸿俊认为："吾国社会仍充满宗法社会气氛，家庭关系中尤为显著。如夫权与父权，重男轻女，视子女为私产等观念均为家庭教育之障碍。"

他认为，这些宗法传统观念的存在，对于儿童的成长很有害。他指出："因有夫权观念之存在，使儿童感到父母间之不平等；因重男轻女，使儿童感到彼此待遇之差异；因有父权之存在，使儿童感到父亲特别尊严可怕；因视儿童为私产，成为父母之附属品，而儿童失去独立人格。"

针对上述实际情况及危害，王鸿俊要求对父母进行教育，"应灌输为父母者以正确之观念，使之在家庭中排除一切权威制，不平等制，而实行合理之民主制度，如此始能扫除各种隔阂，而养成儿童亲爱活泼精神"。

他特别强调要克服"儿童所有"的观念，树立"儿童国有"的观念，"使儿童深切了解求学立行，乃准备献身社会，为群众谋福利，为民族增光荣，非只为一人一家谋生已也。一旦国家有事，始能牺牲个人自由，家庭幸福，而献身民族国家"。

（二）养成良好的习惯与行为

他指出："'以身作则'是教育儿童最有效之方法，父母之言行举止，儿童极易模仿，故父母教育务使为父母者在各方面能养成合理之态度与良好之习惯，如生活上力求迅速敏捷整齐清洁，简单朴素，待人方面应诚恳、温和、宽大、慷慨，如此始能作儿童之楷模。反之，如酗酒、赌博、虚伪、骄傲、欺骗以及一切自私自利之行为，均应切戒。否则，必贻儿童以恶劣影响。”

（三）学习儿童教育所必需的知识

他指出：“吾国之一般为父母者，既多以传统习惯与个人成见，教养儿童，致鲜有优良之成绩。故父母教育必须教之以儿童生理、儿童心理以及儿童教育方法等，使其能根据科学方法教育儿童。”

（四）能正确控制自己的态度

这里所说的“态度”，是指父母对儿童的教养态度。他认为：“父母对于子女之态度，影响儿童人格发展至巨，如父母对于儿童态度失当，往往使儿童养成盲从或傲慢态度，而此种态度于不知不觉中，又可迁移于家人以外。”

王鸿俊指出：“在吾国家庭中父母所最常表现之态度为溺爱、专制、时宽时严、父严母慈。因溺爱而养成儿童怯懦、依赖或性情乖僻之习惯；因专制而养成儿童绝对服从，缺乏独立判断能力；因时宽时严，致使儿童对某种行为，往往不知何去何从；因父严母慈，以致养成儿童畏怯父亲而亲近母亲，形成父子间之隔阂，而对于母亲之正当教训，又往往视为不足轻重。”

因此，他要求父母们，必须“明了自身态度对儿童之影响，而加以正确之控制”。

四、家庭教育的内容及方法

（一）民族意识

王鸿俊把“民族意识”的教育放在家庭教育内容的首位。

1. 民族意识与民族生存的关系

什么是民族意识？王鸿俊解释说："民族之构成，乃由于系统、生活、语言、宗教、风俗习惯五大要素之不同，于是民族分子在主观上即自觉与他民族有异，而产生民族意识。"

他认为民族意识意义重大，可以决定一个民族的盛衰荣辱。他指出："民族意识实为民族团结生存之精神要素，民族意识愈强烈，则内部之团结愈坚，抗敌之力量亦厚；不然，消沉涣散，一遇外敌入侵，即不可维持其民族之独立矣，所以民族意识之强弱，可决一民族之盛衰。"

他在回顾中国历史时说，中国人自古以来，就有自尊、自重、自强心理，但鸦片战争以后，帝国主义侵入中国，有的人由惧外变为媚外。最可耻的，中国公司在外国注册；中国船舶悬挂外国国旗；中国人身在中国而入外籍，竟然借外国领事裁判权以抗本国法庭。民族意识如此消沉，诚所谓"哀莫大于心死"。他指出，要实现抗战胜利，必须唤起民众，恢复民族精神，以挽救民族危亡。

2. 家庭观念与民族意识的关系

王鸿俊说："人生于家庭长于家庭，甚至老死于家庭。在家庭中，既有密切之父母子女关系，因而，对家庭发生浓厚感情，形成牢固之家庭观念。中国社会生活，一切文物制度风俗习惯，均以家庭为中心。所以，国人对家庭观念特别浓厚。"

他指出，如果只有家庭观念，缺乏民族意识，则民族就缺乏团结力，很容易受外族侵略。孙中山曾经说过，外国人说中国人是一盘散沙，"就是因为一般人民只有家族主义和宗族主义，没有国族主义"。应当发扬宗族团结之观念，进而发展为国族之团结。

他告诫父母们："个人及家庭之利益常包含于民族利益之中，欲求家庭之康乐，必先求民族之安全。"他要求父母们：要"激发儿童民族意识，养成其'民族至上，国家至上'之观念，成为民族之健全分子，能为国家尽大忠，为民族尽大孝”。

3. 如何激发民族意识

(1) 布置富有民族思想的家庭环境。他说：“环境有潜移默化之功能，一切习惯态度，均从适当之环境中养成之。”因此，他主张家庭陈设应尽量民族化，如悬挂历史伟人、民族英雄照片等。

(2) 讲述民族史地及时事消息。他认为，史地教育最容易激发民族意识，要给儿童讲史地故事及知识。如秦始皇、汉武帝等开拓边疆；运河、长城之伟大建筑；火药、罗盘针、印刷术等发明；卫青、霍去病、戚继光等振兴民族之有功人物；岳飞、文天祥等民族英雄；等等。地理方面，如山川之伟大、风景之秀丽、气候之优美、物产之丰饶等，以唤起爱国保国之信念；也要讲领土之被割让，港湾之被租借，国防之被破坏等，以激发孩子们雪耻复仇的观念。

(3) 教之以爱国家爱民族的歌曲及游戏。音乐及游戏均富有教育意义，且为儿童天性所喜爱，实为实施家庭教育的良好工具。

(4) 奖励孩子为国家民族牺牲奋斗的行为。

(二) 家庭伦理

1. 家庭伦理与儿童道德发展的关系

王鸿俊认为，家庭伦理是社会道德的基础。要使儿童将来能对国家尽大忠，对民族尽大孝，必须从孩子小时候就培养其正确的家庭伦理观念，这是家庭教育的一项重要内容。

他认为，进行家庭伦理教育，会促进儿童道德的发展。他说：“盖幼年儿童富好奇模仿心理，家庭为儿童生活之中心，父母兄姐为儿童之所依以为生活者，感情亲密，其一切行为，尤足为儿童所注意而认为足资模范，影响儿童观念习惯以养成者颇巨。设家庭之中能夫妇和睦，兄友弟恭，父慈子孝，则自然予儿童以良好之暗示而易于养成良好之思想习惯。此不仅造成家庭间之幸福，为一生幸福之基础，且对国家社会，亦获益匪浅也。”

2. 家庭中应有的伦理关系

家庭伦理是指家庭成员之间应该是什么态度才是最合理的。

(1) 夫妇关系。夫妇关系是人伦之始，构成家庭之基础。家庭中有无幸福，即以夫妇间相处是否美满做判断。夫妇结合要先深刻了解、相互爱慕，再结婚。婚后要平等互助，虚心共信，和睦相处。夫妇和睦，是子女的幸福，也会尽心教育子女。

(2) 亲子关系。亲子关系即父母子女之间的关系。父母子女关系在我国人伦中居于重要地位。父母尽心尽力抚养教育子女，子女对父母也应尽其孝道。孝道应体现在："以物质侍奉，以养父母之体；以精神侍奉，以养父母之志。精神侍奉体现在：听从父母教训，体谅父母意志或遗训，几谏父母之过失，立大业做大事，以满足父母之希望。父母对子女要尽慈爱之道：要爱而不溺，不可迁就姑息，也要于宽爱之中；要教之以方，依照儿童心理生理状况，善为诱导，使之在知识上人格上得到发展。"

(3) 兄弟姐妹关系。兄弟姐妹为一母所生，是同胞手足之亲。彼此间应相亲相爱，地位平等，共同生活，兄姐爱护、帮助弟妹，弟妹感谢兄姐帮助，遇事要谦让。

此外，对伯叔要尊敬，妯娌之间要相亲相爱，对邻里要和睦，对亲戚要往还以礼。

3. 如何培养儿童的家庭伦理观念

(1) 故事讲演。通过讲寓言、故事、传记，使儿童从人物和情节中懂得是非善恶。

(2) 指导实践。中国人向来重视伦理教训，但儿童往往"闻而不记，知而不行"。应当使儿童亲身实践，实践能养成习惯，习惯而成自然。不能只是空谈伦理。

(3) 奖励与暗示。如果儿童行为符合伦理，要予以言语或物质奖赏，而且奖赏要得法。暗示即用间接方法，使儿童于不知不觉之中，养成合理之德行。

（三）家庭卫生

1. 家庭卫生的重要性

王鸿俊首先从人的身体健康对个人和对社会的重要意义谈起。他说："健康乃生活之要素，亦个人幸福与社会幸福之基础。只有强健之民族，始能创造发展一种高等文化，只有最壮健之个人，始能充分实现其天赋才能。"

他针对当时中国的实际情况说，中国人健康状况不佳，身体大多数瘦弱，未老先衰，由传染病致死甚多，婴儿死亡率比其他国家高，有"东亚病夫"之称。他认为，这种情况，同不讲卫生、不注意健康有直接关系。指出："今后欲求民族文化之发达，个人事业之增进，必须讲求卫生，而以家庭卫生为起点。"

2. 家庭卫生之设施

王鸿俊认为："衣、食、住为人生三大要素，欲使家庭生活合于卫生条件，须先自此三者入手。"

（1）饮食与健康。他认为："人之于饮食也，得之则生，弗得则死，得之烹调不以其道，或饮食而过其量，以及饮食无定时，则疾病生矣。饮食之功用为生热与力，成长体格与调节生理作用，若非使之合于卫生，则无以维持健康生活。"要注意饮食成分，加强营养，讲究饮食卫生。

（2）衣服与身体。衣服质料以朴素为原则，因年龄、时令不同而加以选择；颜色要美观、调和，适合季节需要；式样大小要注意适合身体发育。

（3）住所卫生。要注意地址选择、墙壁与地板厚度、采光与透气、住宅数目、家庭之设备、厕所之设置、扫除与整理等问题。

（4）家庭卫生教育。要教育儿童养成个人和社会卫生习惯，养成姿势、饮食、排泄、性欲、运动、信息、游戏、工作、睡眠、清洁及其他保健的习惯。要向儿童传授卫生知识，养成卫生之道德。

（四）家庭经济

1. 家庭经济原则

(1)“家庭中有生产力者，应尽力谋生产之道，增加家庭收入。”

(2)“家庭支出，应确立预算，量入为出，严戒浪费。”

(3)“每月应有定量之余款储蓄，作为准备金，以便应付特别开支。”

(4)“建设科学式家庭记账法，以便稽核经济收支状况。”

(5)“对于婚、丧、交际、应酬等事，不可铺张浪费，以致浪费金钱。”

(6)“用财宜节俭，不宜吝啬，所谓‘常与者万金不惜，不当者一文为多’是也。”

(7)“应当培养商业知识，注意物价变动。”“家庭中一切用品，应取适用而耐久者，用时须加爱护，不可任意毁坏。”

(8)“儿童用款，应自幼予以训练，以养成正确之经济观念，及良好之用钱习惯。”

2. 家庭会计

家庭会计包括预算、现算、决算。

3. 储蓄

储蓄对个人、对家庭、对社会、对国家都有益。储蓄方式有银行储蓄、人寿保险、邮政储金、储蓄会储金等。

4. 儿童用款训练

王鸿俊认为，训练儿童用款很有必要。必要性有三：一是社会文明越进步，商品经济越发达，进入社会生活，人人需要合理用款的能力；二是儿童长大了，都要成立家庭，主持家务，必须学会用款；三是学会用款，可使儿童知道金钱来之不易，以及学会购买物品。

从儿童入幼儿园时起，就开始进行用钱教育。给儿童一定数目的津贴，要儿童做出用钱计划，家长给予指导。

（五）儿童保育

1. 儿童保育的意义

一是社会意义。他说："儿童对国家对社会，负有承前启后之责任，他日国家民族是否强盛，即以今日教养儿童之是否得法为断。""儿童是国家未来之主人翁，健全之国家，建筑于健全之人民，欲使未来之国民品质优良，应在儿童时代予以培养训练。"

二是家庭意义。他说："家庭乃社会基本组织，儿童为家庭幸福之基础，儿童教育是否健全，足以决定家庭之运命，故保育儿童，实足以增进家庭之幸福。"

2. 孕妇的卫生

孕妇卫生，包括孕妇产前检查、个人卫生、临产卫生、产后护理等。

3. 婴儿的养护

婴儿的养护，包括对婴儿哺乳、睡眠、沐浴、衣服、排泄、疾病预防、啼哭等的养护。

4. 儿童生理保育法

儿童生理保育，包括饮食、衣服、居住、睡眠、各部位器官之保健、清洁、健康检查、缺点矫正、疾病预防等。

5. 儿童心理保育法

王鸿俊认为："儿童心理之保育，有消极和积极两种任务。消极方面为预防心理疾病之产生，积极方面为促进心理之健康，养成完整之人格。"

(1) 儿童情绪卫生。儿童情绪表现过度，足以破坏人格之完整。最常见的情绪过度：一是愤怒，二是惧怕。避免愤怒的方法有：注意生理上的障碍；不可对儿童干涉、管束太过；使儿童生活有秩序；如儿童借发怒以示威为要挟手段时，应置之不理，等其平息时再以理喻之。避免惧怕的方法有：不让儿童有感到不安的感觉经验；避免一切高声；不讲恐怖、鬼怪故事；不用恐吓方法管教儿童；成人不要在儿童面前表现恐惧；让儿童同惧怕的物件游戏。

(2) 儿童正常适应的发展。培养乐观、进取，不怕困难和失败的精神；养成遵守纪律的习惯；不娇生惯养，增强儿童的自信力；善于与人交往、相处；等等。

(3) 父母应注意的问题。家庭生活要美满，精神和谐尤为重要；家长要以身作则，家长的心理要保持健康；父母对儿童的要求、训练、态度要一致；对儿童不可溺爱或过于严厉，父严母慈也非所宜；对儿童提要求要适当，不可过高；母亲在怀孕时，要注意精神和情绪涵养，不可忧虑、惧怕、怨恨，保持平静、健康的心态。

(六) 儿童习惯

1. 儿童习惯的重要性

何谓“习惯”？王鸿俊说：“习惯为一种学习之行为，经过反复训练之后，刺激与反应间在大脑中枢遗留下牢固之通路，以后再遇相同之情境，即可不费思考仍现出相同之反应。”

他在论述习惯在儿童成长和生活中的重要作用时说：“良好习惯之功用有三：一省时，二省力，三减少错误。可见习惯实为应付复杂生活之基础。儿童时代为一生之重要时期，将来之良好品行，均建立于儿童时期所养成之良好习惯上，故家庭教育，应以培养儿童基本习惯为主要工作。”

2. 养成儿童习惯的一般法则

习惯的养成，绝非一朝一夕可以做到的，是与生命同时开始的，想养成任何习惯，都是越早越好。养成儿童习惯的一般法则有以下几条。

(1) 不可有例外。养成良好习惯的第一个条件是，一旦培养习惯的计划决定完成后，立即实行，不可轻易有例外。

(2) 创造适当的环境。环境的布置与习惯的养成相适应，环境对要养成的习惯应有暗示作用。

（3）赏罚应当重应用。“赏”和“罚”两种教育手段都可以用，但不可太多太滥。

（4）反复练习。习惯的养成，非一朝一夕之功，因此要尽可能创造机会，让儿童实地练习。

（5）以善代恶。儿童天生好活动，不要一味地消极制止，要多加强对儿童的引导。

（6）使儿童发生兴趣而愉快。要使儿童对练习感兴趣，他们才会乐于进行练习。使儿童发生兴趣的条件有：一是让儿童享受到成功的快乐；二是让儿童发挥主动性、自觉性；三是儿童完成一种任务后，要及时给予称赞。

3. 要养成儿童哪些良好习惯

（1）卫生习惯。不吃不洁食物，食不要太饱，细嚼慢咽，不吃零食，不吃腐败食物，不喝生水，依天气冷热增减衣服；大便定时，早睡早起，睡眠时脸外露，用鼻呼吸，姿势正直，开窗调换空气，适时运动，户外散步，在光线充足之处看书，有病听医生指导，等等。

（2）清洁习惯。随身带手帕，咳嗽或打喷嚏时用手掩住口鼻，洗脸用自己的面巾，饮水用自己的茶杯，每日早晚刷牙，大小便后洗手，常剪指甲，常洗手、洗澡，饭后漱口，常洗头发，衣服保洁，衣服鞋帽用品收拾整齐，留心公共卫生，不随地吐痰，不乱扔果皮纸屑，等等。

（3）快乐习惯。喜欢听笑话、说笑话，不怕生，不怕羞，种植花卉，布置庭园，听音乐，看戏剧，遇到困难不垂头丧气。

（4）自制习惯。不乱要东西，不乱发怒，不到不正当处所游玩，不参与不正当娱乐，在危险时刻保持镇静。

（5）勤勉习惯。自己能做的事自己做，收拾保管自己的一切物品，做事专心致志，努力学习功课，不无故旷课。

（6）精细习惯。对一切事物仔细观察思考，不盲从，不迷信，做事有计划，不草率，说话不贸然辩论是非，有证据始下判断。

(7) 诚实习惯。损坏他人或公物，自己承认或赔偿；不说谎，不骗人；借他人物品如期归还；与人约会准时践约；不掩饰自己的过失。

(8) 仁爱习惯。对人和气，尊重他人意见，宽恕他人无心之过；孝敬长者，对兄弟姐妹亲爱，爱护同学；保护动物，公共场所礼让，帮助贫弱做好事；他人有过时，婉言规劝。

(9) 礼貌习惯。外出回家告诉家长，遇师长行礼，遇熟人打招呼，分别时说再会；衣帽整齐，入室脱帽；受人之帮助表示感谢，得罪他人要道歉；不打断别人谈话；进他人门时要敲门，经允许方可入内；不私开别人信件、包裹、抽屉；与人同行，让长者先行；等等。

(10) 服从习惯。听从父母师长训导；听从维持秩序者指挥；尊重大多数人意见；受训诫能反省改过。

(11) 负责习惯。做事不达目的不止；自己应做之事，不委托他人；受人之托，必尽力为之。

(12) 勇敢习惯。遇有危险，能救助别人；反抗强暴及敌人威胁。

(13) 沉着习惯。遇事不慌乱，不轻信谣言，不轻举妄动等。

(14) 守纪律习惯。每日准时到校，准时回家；不高声乱叫；室内行走，脚步要轻，不乱跑；等等。

(15) 尊重公益的习惯。爱护公共花木，公共集会要安静，爱惜公用图书，不在墙壁上乱涂。

(16) 劳动习惯。自己叠被褥，用的东西自己取，尽力做家务，玩具自制。

(17) 爱国爱群习惯。爱用国货；爱护名胜古迹与纪念物；学习战时常识，研究国防，为保卫国家服务；与人合作能牺牲成见；爱护同学、同胞。

(18) 奉公守法习惯。遵守各地方公共规则；遵守国家法律，能尽分内愿望，不放弃应享权利，选举时推选自己敬佩之人。

4. 破除不良习惯

破除肮脏、懒惰、好吃、偷窃、说谎、争吵、打架骂人等不良习惯。

（七）家长对儿童的教导

王鸿俊所说的“家庭教育”，教育对象是全家人。上述前六个方面的教育内容主要是针对儿童的，而这一项教育内容则是针对家长的，主要是告诫父母怎样当好家长，教导儿童时应当注意哪些问题。

1. 教导儿童时父母应有的基本观念：①教导儿童是父母应尽的义务；②教导儿童要尊重儿童人格；③家庭与学校要密切合作。

2. 教导儿童时父母应了解的主要措施：①为儿童选择优良的学校；②在学习方法上加以指导；③正确对待和回答儿童的问题；④为儿童选购学习用品；⑤辅导儿童课外作业；⑥家庭与学校要密切联系。

五、家庭教育如何推行

王鸿俊认为，家庭教育的推行，须动员各级学校、社会教育机关、文化团体、妇女团体等共同努力，才能实现。

（一）推行家庭教育的机关

主要有以下几种。

1. 教育行政机关。

2. 各级学校。

3. 社会教育机关。如民众教育馆、图书馆、体育场、科学馆等，均应各就所长，推行家庭教育。

4. 文化团体。各种文化团体应根据本身性质不同，负责家庭教育的指导或理论研究。

5. 妇女团体。妇女团体推行家庭教育颇为便利，因为妇女本身或现在是儿童母亲，或将来为儿童母亲，直接负教养儿童的责任，应积极研究家庭教育理论，并将经验传授给父母们。

（二）推行家庭教育方法

推行家庭教育时，可参考以下方法：

1. 开办家庭教育讲习班。

2. 组织家庭教育会。

3. 举办家庭教育展览会。

4. 举办家庭教育同乐会。

5. 举办家庭教育比赛会。

6. 树立特约模范家庭。

7. 组织家庭教育讲演。

8. 创办家庭教育墙报。

9. 组织主妇会。

六、对王鸿俊家庭教育思想的评价

总之，我们可以看到，王鸿俊所撰写的《家庭教育》一书，在新中国成立之前是一部全面的、系统的家庭教育辅导用书。对于家庭教育的意义、任务、家长修养、家庭教育的内容及方法、家庭教育的推行等家庭教育的基本理论问题和实践问题，都做了非常细致的论述，实用性相当强。

这部著作虽然是在70多年前撰写并出版的，但总的来看，其指导思想还是很进步的，是适应社会发展的。该书所介绍的教育方法，也是科学的，吸收和运用了近现代教育科学、心理科学的理论成果，同中国封建社会的“家训”在性质和内容方面完全不同。

总之，该书具有现代家庭教育科学中较为完备的体系，是我们建立社会主义家庭教育学科体系的重要借鉴，今天的父母在教育子女时也可以作为参考。对该书的学术价值和实践价值，我们都不能低估。

第十八章

宋庆龄的家庭教育思想

第一节　宋庆龄及其《把培养革命后代的责任担当起来》

一、宋庆龄的生平

宋庆龄（1893～1981），她的父亲宋嘉树，早年漂泊美国，中年回国兴办实业，是孙中山革命事业的支持者和亲密战友。母亲倪桂珍是中国较早接受文明、反对封建的进步妇女之一。

宋庆龄的父亲作为孙中山的朋友和同志，是她的第一位启蒙老师。宋庆龄7岁时入上海中西女塾读书，1908年，即15岁时偕妹妹宋美龄赴美国留学。先在新泽西州斯密特城私立学校学习英语，次年考入佐治亚州梅肯市威斯里安女子学院文学系。在美国接受了欧洲式的教育，受到民主主义思想的洗礼。

宋庆龄聪敏好学，思想活跃，经常参加学校的活动。她听到辛亥革命胜利的消息后，热情欢呼辛亥革命是“二十世纪最伟大的事件”。

1913年，宋庆龄大学毕业，获文学学士学位。她怀着满腔爱国热情和振兴中华的理想毅然回国，投身于“求中国之自由平等”的民主革命斗争。

辛亥革命推翻了清朝的专制统治，使她对祖国的独立、自由、民主和富强满怀憧憬。父亲寄来的那源源不断的书信与剪报资料，在她的心中与孙中山领导的革命事业架起了一座桥梁。然而，共和国在摇篮中被扼杀，革命的大潮已经消退，宋庆龄学成归国，改革和建设祖国的抱负无处施展。她径直到了流亡的革命党人集中的日本东京，不久即担任了孙中山的助手，开始了她长达70年的革命生涯。

1949年9月21日，中国人民政治协商会议第一届全体会议在北京召开，宋庆龄当选为中华人民共和国中央人民政府副主席、中国人民政治协商会议第一届全国委员会常务委员。

1949年，中华人民共和国成立后，她长期承担大量的国务活动。她还把许多精力投入到妇女与儿童的文化、教育、卫生与福利事业中。之后，她一直担任中华全国民主妇女联合会名誉主席、中华人民共和国全国妇女联合会名誉主席和中国人民保卫儿童全国委员会主席职务。1950年，被选为世界和平理事会理事。1952年，被选为亚洲及太平洋联络委员会主席。

1954年9月，当选为第一届全国人民代表大会常委会副委员长。1959年4月7日，第二届全国人民代表大会第一次会议召开，宋庆龄当选为中华人民共和国副主席；1965年1月，第三届全国人民代表大会召开，她再次当选中华人民共和国副主席；1975年1月，第四次全国人民代表大会上，她再次当选全国人民代表大会常委会副委员长；1978年2月，第五次全国人民代表大会上，她连任常委会副委员长；1980年8月，在第五届全国人民代表大会第三次会议上担任大会执行主席。

1981年5月，中共中央政治局宣布，接收宋庆龄为中国共产党正式党员。5月16日，全国人民代表大会常委会授予宋庆龄中华人民共和国名誉主席荣誉称号。1981年5月29日，宋庆龄病逝于北京。

宋庆龄的一生是革命战斗的一生。她对中国新民主主义革命、社会主义革命和社会主义建设均作出了卓越的贡献。

二、宋庆龄与儿童教育事业

宋庆龄一生关怀少年儿童，关心少年儿童工作。她在“为新中国奋斗”的同时，一直为少年儿童教育事业和福利事业呕心沥血。正如她自己所说：“我的一生是和少年儿童工作联系在一起的。”

1981 年 5 月，当时的宋庆龄已经卧床不起，生命垂危，却依旧以最大的热情和毅力，关怀着少年儿童，关心着少年儿童工作。我们永远不会忘记，1981 年 5 月 14 日，她在写给六一儿童节报告会的贺信中，向广大儿童工作者留下的最后遗言——“我关怀热爱儿童和少年的心和你们一起跳动。”

宋庆龄认为，少年儿童是祖国的未来，全社会都应当关心他们，爱护他们，担当起教育他们的责任来。她关心学校教育、社会教育，也很关心家庭教育。在许多文章和讲话中，诸如《致父母、教育工作者和儿童保育工作者的公开信》《把教养儿童的责任担当起来》《在儿童节向母亲们说几句话》等中，她都强调家庭教育的重要性，号召广大家长重视子女的家庭教育，并且对家庭教育工作进行了具体的指导。

1964 年，《工人日报》开展关于“怎样教育我们的子女”问题的专题讨论，当年 4 月 9 日，宋庆龄应邀为该报的专题讨论，撰写了题为《把培养革命后代的责任担当起来》的文章，集中论述了社会主义社会的家庭教育问题。在这篇家庭教育问题的专论中，她全面、系统、深刻地论述了家庭教育的重要作用、树立正确的教育观点和掌握正确的家庭教育方法问题，是加强和改善我国社会主义时期家庭教育工作的指导方针，为建立具有中国特色的社会主义的家庭教育科学理论体系奠定了基础。

这篇文章集中反映了宋庆龄的家庭教育思想，在实践和理论上都有着非常重要的价值。

第二节 《把培养革命后代的责任担当起来》——教育在于培养祖国的未来

一、少年儿童家庭教育——培养革命事业的接班人

宋庆龄认为，少年儿童的教育工作非常重要，它是关系到少年儿童成为什么样的人，关系到祖国前途和命运的大问题。

她说："离开了教育，即使无产阶级家庭的子女，也不可能自发地形成无产阶级思想；离开了教育，即使老子是英雄，孩子不会因为'生在新社会，长在红旗下'而'自然红'起来。"

她运用非常通俗而贴切的比喻说："幼苗纵然生在肥沃的土地上，但如果没有农民细心的培育，不去锄草、施肥、灌水、除虫、修枝，就很难长成茂盛的庄稼。"

宋庆龄指出，我们的孩子降生在社会主义的肥沃土地上，有党的无微不至的关怀和教育，虽然完全有可能成为共产主义事业的接班人，但是，我们也不能掉以轻心。

她提醒广大家长们：我们的孩子们，"生长在和平的环境中，没有经受过剥削和压迫，没有经历过残酷的阶级斗争，不了解旧中国劳动人民所受的苦难，不了解革命成果得来不易，加上他们年轻幼稚，知识不足，因而对资产阶级思想的侵蚀，缺乏抗毒的能力。而我们这个社会上还存在着无产阶级和资产阶级之间的斗争，存在着社会主义和资本主义两条道路的斗争，不甘心死亡的阶级敌人，把消灭共产主义的企图寄托在我们的下一代的身上，千方百计地用腐朽

的资产阶级思想影响下一代。”

因此，她告诫广大家长，把我们的孩子教育成具有坚定的革命立场，成长为吃得了艰苦，经得起风浪，挑得起重担的英雄，是“百年树人”的重要工作，是关系到革命事业的成败的问题，是关系到能否保得住社会主义江山，我们的革命在今后几代人手里会不会变质，共产主义事业能否取得最终胜利的重大问题。

宋庆龄认为，家庭教育在少年儿童成长过程中意义重大，家长的责任也是非常重大的。她说：“人，是一切革命事业的决定因素。把这一代孩子教育成人，教育成符合革命需要的人，是全社会的责任，需要家庭、学校、社会三方面很好地结合起来。其中家长的责任非常重大。”

1958 年 6 月 1 日，她在《在儿童节向母亲们说几句话》一文中，就曾这样说过：“孩子们的性格和才能，归根结底是受家庭、父母，特别是母亲的影响最深。孩子长大成人以后，社会成了锻炼他们的环境。学校对年轻人的发展也起着重要的作用。但是，在一个人的身上留下不可磨灭的印记的却是家庭。”

为什么说在少年儿童成长过程中，家庭教育的意义和家长的责任非常重大呢？

宋庆龄指出，因为父母是孩子的第一任老师，孩子从幼儿园到小学、中学时期，大部分时间生活在家庭里，而这正是孩子们长身体、长知识，培养性格、品德，为形成世界观打基础的时期，父母的一言一行都会给孩子留下深远的影响。如果父母不对孩子进行正面的教育，就难免产生反面的影响。

因此，她告诫父母，以为父母只管生、养，不管教育，是不负责任的态度。为了共产主义事业，为了革命的利益，要求父母把教育子女的责任担当起来。子女是父母的宝贝，但更重要的，他们是属于人民的，是革命的接班人，是未来的创造者。教育子女的工作，是革命工作的一部分，具有重大而深远的政治意义。父母没有权利放弃责任。

宋庆龄充分肯定广大家长在培养教育下一代工作中所做出的巨大努力和取

得的巨大成绩。与此同时，她又指出家庭教育中存在的问题。她说，有些做父母的认为，教育儿童是国家的事情，自己可以放任不管；有些人以打骂代替教育；有些人以溺爱代替爱护；甚至有些家长对应届中、小学毕业生施加压力和威胁，增加儿童在毕业升学问题上的不必要的紧张。不能让这些现象长久地存在下去，全社会的人都应该负起责任来。首先，做家长的应该学会正确地教养自己的子女，这是作为一个新中国的公民对国家应尽的义务！

她反复强调，教育下一代是全民的责任，做家长的首先要负起这个责任来。

二、树立正确的家庭教育观点

宋庆龄认为，担当培养革命后代的责任，首先要树立正确的教育观点。正确的教育观点指的是什么？她解释说："就是说，用什么思想去教育孩子，把孩子培养成什么样的人。"

她认为，社会制度变了，我们今天的教育观念，也应当从根本上不同于旧社会的家庭教育观念。

她说："'我教子，唯一经'。教子有'经'是好的，问题是用什么'经'去教子。"她认为，不同的时代和不同的阶级，使教子"经"具有不同的内容。旧社会的"经"，不外是要么做"人上人"，升官发财，光宗耀祖；要么安分守己，逆来顺受，甘心做奴隶。她说，社会主义时代的"经"，无产阶级的"经"，是用共产主义思想教育下一代，用阶级和阶级斗争的观点教育下一代，把下一代培养成像雷锋那样"毫不利己，专门利人"的人，像雷锋那样"忠于革命忠于党"，像雷锋那样"把有限的生命投入到无限的为人民服务之中去"。把孩子们培养成能够继承革命传统，成为伟大社会主义祖国未来的建设者和保卫者，成为实现共产主义、解放全人类的战士。

在这里，宋庆龄明确指出，家庭教育具有强烈的时代特点和鲜明的阶级性，这一点非常重要。

那么，无产阶级的家庭教育观念应当是怎样的呢？

（一）树立为国家造就人才的思想

宋庆龄指出，有人把孩子看成父母的私有财产，抱着“养儿防老”的目的，只关心孩子个人前途的发展，希望他报答父母养育之恩。不积极鼓励孩子参加革命斗争、参加生产劳动；把孩子拖在身边为了“膝下承欢”，却不让他远走高飞，这是一种私有观念的表现。想把孩子关在家庭的小天地里，既体现了父母的个人主义思想，也滋长了孩子的个人主义思想。宋庆龄认为，这是要不得的。

她告诫父母们，在社会主义制度下，人民的利益和家庭的利益是一致的，革命家庭应该是老子革命，儿子也要革命，要教育子女从小听毛主席的话，要学雷锋，教育孩子从小学习为集体谋幸福，为人民服务；要从小培养孩子的集体主义思想，而不是个人主义思想；从小鼓励他们志在四方，而不是留恋乡土。父母应该把眼光放得长远一些，鼓励孩子树立革命大志，准备投身到变革社会，改造大自然的轰轰烈烈的斗争中，要去冲锋陷阵，只有这样，才称得上是好样的后生。

（二）要正确地爱孩子

宋庆龄认为，父母要正确地爱孩子。有人说，我们受了一辈子苦，现在应该让孩子享享福了。于是有些父母不愿意对孩子讲过去受的苦难，怕伤了孩子的心。只给孩子吃好，穿好，生活得舒服些，对孩子的某些缺点，并不认真教育，也不严格要求，以为这样才算表现出了父母之爱。试问，这样的爱，将产生什么样的结果呢？势必把孩子惯成好吃懒做，贪图安逸，把孩子引导到不择手段地追求个人享受的路上去。这种对子女的娇惯、溺爱，实质上是资产阶级的教育观点，与培养坚强的革命后代的要求背道而驰。

她告诫父母们，“爱孩子，是人之常情；但怎样爱法？怎样才是真正的爱？都很有值得研究的道理”。她提醒父母，对孩子的任何娇惯和溺爱，不但会害了孩子，也不利于革命。必须纠正错误的观念，要正确地爱孩子。

那么，究竟怎样爱孩子才是真正的爱呢？

宋庆龄写道，对于将肩负大任的新一代来说，应该是“苦其心志，劳其体肤”。而不是娇生惯养，应该让孩子参与力所能及的家务劳动，自己的事情自己做，这样来培养劳动观念。当时社会，等待着一代新人的是复杂的国内外阶级斗争，是艰巨的建设任务。这就要求少年儿童具有清醒的头脑、强健的身体，他们要准备到高山、海洋、森林、沙漠去战斗，要到生产战线上和科学技术领域中去艰苦劳动，去创造、革新、发明。等待他们的不仅有胜利的欢呼，还有困难、失败、犯错误等的考验。如果不能从小养成吃苦耐劳的习惯，坚忍不拔的意志，独立解决各种问题的能力，那么，长大以后，就不可能担负起党和国家交给他们的任务，就不可能在任何艰苦的条件下都能保持旺盛的、乐观的革命精神。因此，我们爱孩子，就应该是革命者的爱，要把革命的传家宝交给下一代，把他们培养成为不怕严寒风雪的“松树”，而不是养成经不起风吹雨打的纤花细草。

（三）父母要自觉地担当起教育子女的责任

宋庆龄指出，还有人说，孩子的好坏是天生的；也有人说，孩子还小，长大了自然会好的。这两种思想都有偏颇，前者是“先天决定论”的思想，后者是“树大自然直”的思想。这都是在忽视或否定教育的作用，都是不正确的教育观点。

她告诫父母们，我们要承认孩子的禀赋有差异，但是孩子的好坏，主要却是教育的结果。孩子从出生之日起，就受到社会环境的影响，他们是“染于苍则苍，染于黄则黄”。周围的生活环境随时随地都在感染孩子。成年人——特别是亲人的生活习惯、兴趣爱好、思想品德强烈地影响着孩子。借口天生的坏孩子管也好不了，从而放弃教育；或者借口孩子还小，长大了自然会好的，从而放任自流，都是家长不负责任的表现，都会给资产阶级思想侵蚀下一代以可乘之机。

为此，宋庆龄又告诫说，家长应该随时随地在孩子幼小的心灵中插下革命的秧苗，不断地用共产主义精神去教育他们，增强他们的抗毒能力，使他们能够分清好坏是非，能够做到爱憎分明，成长为坚强的无产阶级革命战士。

（四）要教育子女树立正确的人生观

关于正确的人生观的树立，宋庆龄指出，还有人往往喜欢问孩子的志愿："你长大了要干什么？"有些孩子回答要当工程师、医生、音乐家、运动员、解放军，等等。发问的人听到这些回答以后，不免称赞孩子有志气，鼓励一番。这里却遇到一个问题：什么样的孩子是有志气的孩子？孩子应该有什么样的志气？

这个问题提得非常好，也非常重要。对此，宋庆龄告诫父母们，立志愿和选择职业是两回事，过早地定下当工程师、医生之类的目标，将使孩子学习的目的性不够明确，而且，随着孩子各方面的发展和祖国需要的变化，这些志愿会变得不切实际，甚至造成他们思想上的负担。真正的志愿不是选择什么职业，而是和树立什么人生观联系在一起的。

革命后代的大志应该是革命，即要立志做个革命者，做无产阶级革命战士，为实现共产主义而终生奋斗。只要是革命工作，不管是哪一行，都要认真做好。她要求家长教育孩子要像雷锋那样，"做一个永不生锈的螺丝钉"，这才是革命者的大志。我们要把孩子炼成革命的优质钢，不管把他们制成什么成品，都能永远锋利、坚韧，永远不生锈。

（五）要对子女进行道德品质教育

宋庆龄十分重视对孩子进行社会主义道德品质教育，她把这种教育视为家长的首要任务。她指出，恩格斯说过，道德总是有阶级性的。我们必须从这个观点来考虑，怎样在孩子身上培养社会主义的道德品质。为了抚养孩子，我们需要一个能够把社会主义的道德灌输给他们的环境。因此，所有做父母的人必须自己首先树立起某些思想和行为准则，因为孩子们是通过大人的榜样进行学习的。

宋庆龄提出了家长对孩子进行社会主义道德品质教育的具体内容和要求。

一是爱。即必须爱自己的同胞，特别是要热爱劳动人民。必须认识到，正是劳动人民创造了我们赖以生存和发展的一切财富。

二是劳动。我们为了吃饭就劳动，特别要通过参加劳动来体现对人民的爱，我们要和人民结合成一体，以及对那些靠剥削别人的劳动过生活的人极端鄙视。

三是勇敢。在劳动人民的一切斗争中，要有勇气和他们站在一起，透彻地认识历史发展的规律，在这种认识的基础上，毫无畏惧和毫不含糊地反对劳动人民的敌人，并且坚持为全人类的利益而改造世界。

四是诚实。在生活和工作中，我们对自己和同志一定要诚实，承认自己的缺点，并且在实际行动中改正缺点。对人要诚恳，应该赞扬的就要赞扬，在必要时也应该用建设性态度来指出他人的缺点。

五是集体主义。首先要从事实中看到，集体的力量远远超过孤立的个人的努力，在集体中，人们的进步快得不可比拟。我们也要认识到，个人为集体服务，集体里也包含着个人的努力，因此，要培养以创造精神进行工作和生活的能力。

她说，以上这些品质再加上朴素、节俭等其他高尚的品质，就是我们培养儿童性格的指针，这种性格将使儿童能够经受任何的考验，克服一切困难。作为这一切的基础，我们对于社会主义和共产主义在我们祖国的胜利和马克思列宁主义在全世界的最后胜利，应该有坚定的信心。

宋庆龄所提出的爱、劳动、勇敢、诚实、集体主义、朴素、节俭、信心等几个方面的家庭道德品质教育的内容和要求，是人类最应该拥有的优秀的品质，对于家庭教育具有普遍的指导意义。尽管这些理论是在40多年前提出的，社会生活已经发生了巨大的变化，但在今天，对于父母们仍然具有现实的指导意义。

三、掌握正确的教育方法

（一）要以身作则

1957年六一儿童节期间，宋庆龄在《把教养儿童的责任担当起来》一文中指出：

“成年人的行为是儿童的榜样，他们从长辈的行为上找到自己的生活习惯和道德标准。长辈人的革命奋斗，忘我劳动的行为，培养儿童们为参加祖国社会主义建设事业做好准备。但是长辈人的身上也常有些不好的行为给了儿童坏的影响，往往成年人只认为是生活小节的一些坏习惯，很容易在孩子身上看到反应，更何况社会上还有少数人有意引诱儿童做坏事，这不能不引起我们的重视。”

宋庆龄从孩子好模仿的特点出发，告诫家长一定要注重“身教”。她说：“孩子的认识和学习，首先是模仿的过程，从咿呀学语、认识周围事物，到学会各种动作，都是从模仿开始的。成年人的一言一行，都是孩子的榜样，大人骗孩子，孩子也就学会了欺骗；大人打孩子，孩子也就学会了打人。大人大公无私、团结友爱、艰苦朴素、诚实勇敢，才能为孩子树立（好）榜样，使他们受到潜移默化的教育。这就叫‘以身作则’，这就叫‘身教’。单凭‘言教’是不行的，孩子的认识主要是直观的、感性的。父母、教师以及社会各方面人士都要为孩子树立（好的）行为榜样。为了教育下一代，更应该严格要求自己。”

（二）不要简单粗暴

过去中国是一个典型的封建家族社会，家长制思想盛行。家长对子女有特权，可以任意打骂、处置，甚至有权处死。新中国成立以后，这种现象虽然减少了，但封建家长制的旧意识还残存在一些人的头脑里，不少人还相信“不打不成才”“棍棒下头出孝子”，打骂孩子的现象并没有完全杜绝，时常有家长打骂孩子的消息出现在报端。

早在1955年六一儿童节期间，宋庆龄在《致父母、教育工作者和儿童保育工作者的公开信》中就指出，家庭教育中存在暴力或虐待的事情，我们必须认识到这种错误。

宋庆龄针对中国的父母好打骂孩子的情况，告诫家长要启发诱导，而不要打骂孩子。她说，孩子由于年幼无知，分不清是非，意志薄弱，贪玩，等等，往往产生一些错误行为。她说，对待这些问题，只能用反复教育、启发诱导的方法，却不能粗暴对待。

她深刻地分析了父母对孩子简单粗暴的原因和危害。有些人采取“打”的办法，认为只有“打”才能生效。打，可以使孩子被迫服从、勉强行事，却不能使他们心悦诚服地改正错误，反而不利于他们的心理发展。打会使一些孩子因恐惧而屈服顺从，逐渐养成怯懦无能、抑郁自卑的性格，也会使另一些孩子起而反抗，逐渐形成粗暴专横的性格；还会使一些孩子表面服从、背后故犯，逐渐养成虚伪、欺骗的习性。

她告诫父母们，教育孩子是一项十分细致的工作，不能简单急躁，尤其不能因泄愤、出气而打孩子。这些都是与社会主义教育原则，与培养革命后代的要求不相符合的。

（三）要坚持正面教育

中国的家长对孩子要求比较严格，这是好的，但往往缺乏足够的耐心，不太讲究教育的方式方法。针对这种情况，宋庆龄要求家长对孩子要用摆事实、讲道理的方法，反复进行正面教育。她说，“对孩子要坚持正面教育，运用启发、说服、鼓励等方法进行长期的、反复的教育。要善于用革命领袖和英雄模范的形象鼓舞孩子，表扬孩子的好的行为，用生动的事实讲清道理，树立榜样，帮助他们分清是非，找到行为的标准。由于孩子幼稚，还不能坚持住，往往做些糊涂事，甚至有时出于好心而做了错事。这时仍要耐心而反复地进行教育，启发他们弄清自己对在哪里，错在哪里，帮助他们改正错误，要相信他们自己能够改正错误。对孩子严格要求，不放松任何小事情，但也要讲究教育方法，从正面进行教育纠正。

（四）要循循善诱

宋庆龄注意到，孩子们一般表现出两种特点：一是好动，二是好问。她认为，这不是缺点，要正确看待，应利用这些特点对孩子循循善诱。

她指出，孩子活泼好动、好奇敢问，是年龄特点，不能把这些一律当成调皮捣蛋。我们希望孩子成为生龙活虎、坚强勇猛、敢于追求真理、敢于冲锋陷阵的人，不希望他们变成萎靡不振、胆小怕事、优柔寡断的人。而活泼好动、好奇敢问正是孩子们的优点，而不是调皮捣蛋。

针对孩子的这些特点，关键在于引导他们，利用这些特点来进行教育。积极组织孩子参与体育游戏活动，引导他们阅读图书，给他们讲有意义的故事(千万不要讲鬼故事)，等等。

她特别提醒家长要正确看待孩子的“好玩”。她说，玩是孩子生活的需要，通过玩可以发展孩子的体力和智力，培养集体主义思想和活泼开朗的性格，适当地玩有助于提高学习的积极性，正如成年人的文体活动能够促进工作积极性一样。人们有时要求孩子老成持重、循规蹈矩，不准玩，不准笑，这是脱离实际的对儿童的不适当的要求。

（五）鼓励孩子参加集体活动

宋庆龄鼓励孩子参加集体活动。她相信，集体的力量能使孩子更自觉地上进。和邻居孩子一起玩，参加班级活动，参加少先队活动，都有助于培养集体主义思想。让孩子在集体玩的过程中，逐渐养成团结友爱、互助合作的精神，在集体舆论的约束下，养成服从集体利益、遵守纪律的习惯。

当然，应该关心他们的伙伴是些什么样的孩子，但不要认为只要和别的孩子玩，就一定会学坏，因而把他们关在家里，带在身边，不准他们把玩具拿出去和伙伴一起玩，不准他们积极去帮助别人。这样会使孩子的性格变得孤僻，变得自私自利，滋长特殊化的思想。孩子只有在自己的集体中，才能更好地成长。

四、实现家庭、学校、社会教育三结合

在儿童的成长过程中，家长的责任十分重大，家庭教育担负着十分重要的任务，我们首先要把家庭教育工作做好。但是仅仅靠家长的努力还不够，必须动员全社会的力量关心儿童的成长。

在《把培养革命后代的责任担当起来》一文的最后，她再次强调，把孩子培养成坚强的革命后代，使他们成长为阶级斗争、生产斗争和科学实验三大革命运动的新生力量，使他们成长为共产主义事业的可靠的接班人，这个担子责无旁贷地落到每一个做父母的、做教师的人的肩上。但是，教育下一代毕竟是全社会的事业，社会各方面人士都应该以对党和革命事业高度负责的态度，积极参加教育下一代的工作。

她分别对家庭、学校、社会各界提出了要求，她说，父母必须提供充满了爱、有原则和有意义的家庭环境，因为家庭是对儿童进行教育的一个基本单位。教育工作者和儿童保育工作者必须以高度的责任心，以充满对儿童的真诚的爱心，来对待教育工作，这样才能获得主动性地和创造性地进行工作的动力。

家庭和在家庭以外进行的儿童工作，都必须努力充分利用社会物质条件。我们必须保证儿童受到爱护；必须无微不至地照顾儿童；必须履行对我们伟大祖国的责任，使祖国的儿女都能成为具有高贵品质的人，成为社会主义和共产主义的建设者。

第十九章
苏霍姆林斯基的家庭教育思想

第一节　苏霍姆林斯基及其《家长教育学》

一、苏霍姆林斯基的生平

瓦·阿·苏霍姆林斯基（1918～1970），苏联著名教育家，俄罗斯联邦教育科学院通讯院士，苏联教育科学院通讯院士。乌克兰社会主义加盟共和国功勋教师。

苏霍姆林斯基出身于乌克兰基洛沃格勒州的一个贫农家庭，读完小学七年制学校毕业后，受过一年的师资培训。17岁起担任农村小学教师，开始了他的教育生涯。他一边教书，一边以函授方式学完了波尔塔瓦师范学院语言文学系的课程，于1939年取得了中学教师的合格证书。1939年加入苏联共产党，此后，曾担任中学语文教师、教导主任、中学校长、区教育局局长等。

1941年卫国战争期间，他参加红军，担任连队政治指导员，后来身负重伤。复员之后，很快又回到了教育工作岗位。1948 年，他被任命为乌克兰一所农村十年制中学——帕夫雷什中学的校长，一直到 1970 年去世时，他始终没有离开这所学校的实际工作。

二、苏霍姆林斯基的教育实践与成果

苏霍姆林斯基一边从事实际教育工作，一边坚持进行教育科学研究。他一生中写了 40 多部专著，600 多篇论文，1000 多篇供儿童阅读的童话、故事和短篇小说。他的创作源泉就是学校生活。他深入观察，细心记录教学和教育工作中的经验，认真地进行思考，不断进行理论上的概括总结。他几十年如一日，坚持每天早晨五点至八点从事写作，白天亲自上课、听课和当班主任，晚上整理笔记，思考一天工作中遇到的问题。因此，他的教育著作中，既有大量生动活泼的事例，又有深思熟虑的理论概括。他的书被人誉为“活的教育学”“学校生活的百科全书”。

苏霍姆林斯基是教育现象的细致而敏锐的观察者、持之以恒的研究者。他身为一校之长，始终兼教一门语文课，几十年不断地研究这门课的教学问题。他曾试办 6 岁儿童的预备班，接着又从一年级到十年级，连续担任这个班的班主任，在 10 年内跟踪观察和研究了学生在童年、少年和青年期的各种表现。

他先后曾为 3700 名左右的学生做了观察记录，他能指名道姓地说出其中 178 名“最难教的”学生的曲折成长过程。作为学校领导人，他有一个小本子，里面记录着全校各种各样的统计数字，以至上级需要了解的任何数据，他都能随时做出准确无误的答复。他的科学研究，始终是建立在积累大量事实的坚实基础之上的。

苏霍姆林斯基既是校长，又是任课的普通教师；既教授一门学科，又当班主任；既是实际工作者，又是研究教育科学理论的专家。这就有助于他从各个不同的角度出发，全面地考察教育现象，把学校工作中错综复杂的现象放到相互联系、相互渗透的关系中进行综合研究，从而避免实践和理论的片面性。

在他的领导下，帕夫雷什中学的全部生活变得有条不紊，德育、智育、体育、美育、劳动教育都能和谐地展开，全校形成了强有力的教学集体，形成了团结友爱、朝气蓬勃的校风，教学和教育质量稳步提高，而且发现和培养了不少少年人才。帕夫雷什中学原是一所默默无闻的普通农村中学，20 世纪 50 年代末，这所学校名扬全国。60 年代，在国际上享有盛誉，许多国家的教育专家和学者前往参观访问。许多国家的教育文献中都反复提到帕夫雷什中学。波兰学者奥孔在 1978 年出版的《1900—1975 年世界上的实验学校》一书中，把帕夫雷什中学列为 20 世纪世界最著名的实验学校之一。

苏霍姆林斯基一生勤奋工作，刻苦钻研。他在教学、教育改革方面的探索，他所创造的教育工作经验，适应了苏联教育发展的需要，深受教师、家长和其他教育工作者的欢迎。到目前为止，苏联出版他的书籍的总印数已达 400 多万册。他的一些重要著作一再再版。《把整个心灵献给孩子》一书，堪称他的代表作，1969 年问世后，获得了乌克兰社会主义共和国国家奖和乌克兰教育协会一等奖，连续发行了 20 版。20 世纪 70 年代末，乌克兰教育部编的五卷本《瓦 · 阿 · 苏霍姆林斯基文选》和苏联教育部编的三卷本《瓦 · 阿 · 苏霍姆林斯基教育文选》，行销国内外，受到一致好评。

苏霍姆林斯基的影响所及，已经超越了苏联的范围，他的著作被译成中、英、德、日等 30 多种文字，在世界广为传播。

早在 20 世纪 50 年代末和 60 年代初，我国的一些研究外国教育的学者就注意到了苏霍姆林斯基的教育著作，曾把他的几篇教育论文译成中文。80 年代以来，苏霍姆林斯基的十几部重要著作均被译成中文，他的教育思想在中国迅速传播，并产生了巨大影响。

苏霍姆林斯基经过几十年的不懈努力，创立了自成体系的教育理论，他深入研究学生德育、智育、体育、美育和劳动教育的各种问题，有许多精辟的论述和独到的见解；与此同时，他还给予学生的家庭教育以极大的注意，并进行了系统的研究。他在许多著作中都讲到了家庭教育问题，还撰写了不少专门论述家庭教育的文章，并亲自在他所领导的帕夫雷什中学开办了“家长学校”，对家长进行系统的指导和训练。

苏霍姆林斯基在致力于学校教育工作的同时，非常重视教师同家长的联系。在他们创办的“家长学校”中，他本人每周都要和家长亲切谈心，和家长们共同研究如何教育孩子，如何学会做父母，向父母们提出建议和忠告。他还同许多家长保持通信联系，有成百上千封的家长来信向他诉说，他们在教育孩子时遇到的种种困难和苦恼。不仅仅是信件，还有许多母亲带着自己的苦恼，从苏联各地去找他，向他请教“今后怎么办”。

这一切都引起苏霍姆林斯基的反复思考：如何教育孩子？如何把母亲的爱和严格要求协调起来？如何给孩子们幸福？看来“家庭教育是一门培养人的科学”，是很复杂的一件事。他说：“行业、专业、工作，有数十种，上百种，许许多多：有的是修铁路、有的是盖房子、有的是种庄稼、给人治病、缝衣服等。但有一种包罗万象的、最复杂和最高尚的工作，对所有人来说都是一样的；而同时在每个家庭中又各自是独特的、不会重复的工作，那就是对人的养育和造就。”

他认为，从事这样一种“包罗万象的、最复杂和最高尚的工作”“不首先教育孩子的父母，就谈不上对孩子的正确教育”。

因此，他确信：“我们的社会——无论是家长，还是将要建立家庭的青年，都需要有一本《家长教育学》，需要有一本关于家庭、婚姻的道德修养以及如何教育孩子的书。家长教育学应当成为每个公民手边必备的书。《家长教育学》要在专门的家长学校里进行研究。这门关于培养人的科学应当占到最重要的位置。”

最后，他终于下决心要写一本《家长教育学》。苏霍姆林斯基的家庭教育思想集中体现在《家长教育学》一书中。

《家长教育学》一书，用苏霍姆林斯基自己的话说，“是我长期思考的结果”，是他一生努力探求的结晶。该书一共包含12部分，前7部分内容记叙了作者同家长的谈话，谈话娓娓动听，感人肺腑；后5部分是有关如何教育好子女的论文，见解精辟，论述深刻。全书引用大量活生生的事例，叙述生动活泼，深入浅出地向家长说明了教育子女的科学道理，是一部富有教育意义的家庭教育专著。

从苏霍姆林斯基整个家庭教育思想体系看，从他在《帕夫雷什中学1970—1971学年工作计划》中拟订的“家长学校”的谈话题目来看，现在我们看到的这部《家长教育学》，还远未实现他计划写的那部《家长教育学》的夙愿。也许是因为繁忙的工作，也许是由于过早地离开人世，使他未能留给后人一部更完整的《家长教育学》。

尽管如此，从现在这部《家长教育学》以及其他著作中所反映的他的家庭教育理论，也是相当丰富的，对于我们的家庭教育工作也是有很大启示的，很有借鉴意义。

第二节　《家长教育学》——家长如何教育好子女

一、家庭教育——父母是“雕塑家”

（一）父母是创造未来人的“雕塑家”

一个人在一生的成长过程中，有多种教育因素在起作用。一个儿童成长的过程，是多种教育因素综合作用的结果。苏霍姆林斯基把儿童形象地比喻为“一块大理石”，把各种教育因素比喻为“雕塑家”，把培养人的过程比喻为几个雕塑家共同雕塑雕像的过程。

在《给教师的一百条建议》一书的下篇，在一开头他就论述了这个问题。他说："我想把我们开始教育和培养的儿童，比作一块大理石，几个雕塑家带着自己的刀子同时来到它旁边，要把它塑造成一座雕像，使它具有灵性，体现出人类的理想。这些雕塑家到底是谁，有多少人。"

苏霍姆林斯基认为，教育和培养人的过程，是多种教育因素同时作用于人的过程。他指出："有许多力量参与人的教育过程。其中，第一是家庭，而家庭中最细致和最有才干的雕塑家是母亲；第二是教师个人，他有精神财富、智慧、知识、能力、爱好和生活经验，有智力、审美和创造等方面的需要，有自己的兴趣和志向；第三是对每个人产生强大教育影响的集体（儿童集体、少年集体、青年集体）；第四是每个受教育者个人（自我教育）；第五是受教育者在智力、美感、道德等类珍宝的世界中的精神生活——我指的是书籍；第六是完全未料想到的雕塑家（你的学生在街上结交的少年，来做客一周而使小孩子一生都酷爱无线电工程或星球世界幻想的亲属或熟人）。"

在这里，苏霍姆林斯基列举了家长、教师、集体、受教育者个人、书籍和朋友、亲属、熟人等 6 种教育因素，有力地批驳了"所谓单独一个雕塑教育家万能的奇谈怪论"，也直言不讳地批评了那种把教育儿童的责任一股脑儿全推给学校和教师的思想。

有的家长这样说："我把自己的孩子交给了你们，请你们教育吧！你们和学校是专管这事的。"

苏霍姆林斯基不同意这种观点。他明确指出："对教育负有责任的不仅仅是学校，家庭也能够并且应该做很多事，以使我们的儿童成为有聪明才智、能敏锐地理解和深刻地感受的人。"

培养造就一代新人，整个社会都要负责，各种教育因素都要发挥作用。他说："为了使我们在苏维埃学校里创造出来的人成为德育、智育、美育的完美杰作，就需要所有接触'大理石块'的雕塑家配合行动，需要使创造真正的人的活动和谐一致。"家长这位雕塑家绝不能推卸自己的责任，不能不参与这个雕塑工程，而且还必须是第一位“雕塑家”。

（二）“基石”是父母双手奠定的

苏霍姆林斯基认为，家庭是儿童成长的摇篮，家庭教育是儿童成长的基础。他在《家长教育学》前言中指出：“社会教育是从家庭开始的。家庭好比植物的根苗，根苗茁壮才能枝繁叶茂，开花结果。”

在人一生成长的整个过程申，儿童时期是“对外界影响最敏感的阶段。两至七岁这个阶段是人发展的最重要的阶段。在这个时期，有时儿童本身完全不知不觉便从周围环境中获得许多知识、能力、习惯，所有这些便在他的心理上打下了深刻的烙印。思维和说话的能力、掌握语言、表达自己的感情、对周围世界的态度，所有这些就在这个阶段形成。”

而这一时期，儿童们都是在家庭里，在父母身边度过的。儿童所接受的早期家庭教育是他以后，甚至是一生成长的基础。儿童一旦失去这个“人发展的最重要的阶段”，日后是难以弥补的。他引用世界上发现的许多“野”孩子的事例说，幼儿们落到兽群里，在它们之中生活了几年之后回到人间。他们大部分人是 10 岁至 17 岁。学者们用了许多年的时间企图教会这些孩子说话，但都效果甚微，极个别的只能掌握两三句话，没有一个人能被改造成人类社会中完全合乎要求的人。

有人认为，学前教育机构逐步完善以后，儿童的早期家庭教育似乎就显得不那么重要了。苏霍姆林斯基不同意这种看法。他说：“不论我们的学前教育单位多么好，但是塑造幼儿智慧、思维的‘工厂’仍是母亲和父亲。家庭集体、父亲、母亲以及其他长辈们成熟的智慧世界就是幼儿思维的基础。”

他认为，早期家庭教育不仅是儿童智慧、思维发展的基础，也是儿童道德发展的基础。他说：“孩子道德发展的源泉以及毛根部在于母亲的智慧、情感和内心的激情。人在自己的道德发展中变得如何，决定于他有什么样的母亲，更准确地说，决定于他精神中的爱和意志的和谐。”

总之，苏霍姆林斯基认为：“孩子开始认识人类世界，它是从母亲、父亲开始的。”父母是社会的主要建筑师。基石是由他们的双手奠定的。

（三）父母在儿童全面发展中负有重要责任

苏霍姆林斯基的教育目标是培养儿童少年德、智、体、美、劳诸方面和谐发展的个性。有人认为，实现这一目标，只要有学校教育和社会教育就可以了。而苏霍姆林斯基却认为，学校教育和社会教育的发展，并不能代替家庭教育。只有学校教育和家庭教育协调一致、共同努力才能实现这一目标。

他说：“教育的完善，它的社会性的深化，并不意味着家庭的作用的削弱，而是意味着家庭作用的加强。”他强调指出：“只有在这样的条件下才能实现和谐的全面的发展，就是两个‘教育者’——学校和家庭，不仅要一致行动，要向儿童提出同样的要求；而且，要志同道合，抱着一致的信念，始终从同样的原则出发，无论在教育的目的上、过程还是手段上，都不要发生分歧。”

苏霍姆林斯基认为：“若只有学校而没有家庭教育，或只有家庭而没有学校，都不能单独地承担起塑造人的这一极其细致、复杂的任务。”

在长期的教育工作实践中，苏霍姆林斯基深深体会到，家庭教育在儿童少年成长过程中起着特殊重要的作用。他说：“生活向学校提出的任务是如此复杂，以致如果没有整个社会首先是家庭的高度的教育学修养，那末不管教师付出多大的努力，都收不到完满的效果。”

这是什么原因呢？苏霍姆林斯基指出，因为学校里的一切问题都会在家庭里反映出来，而学校的复杂的教育过程中产生的一切困难的根源也都可以追溯到家庭。

这里，苏霍姆林斯基充分认识到，由于教育对象的一致，使得学校教育和家庭教育具有相互联系、相互影响、相互制约、相互促进的关系。他从学校教育的角度认识到家庭教育是相当重要的，没有家庭教育的有力支持和配合，学校教育是很难发挥应有的作用的。

（四）家庭教育的社会意义

苏霍姆林斯基认为：“在我们的社会里，家庭是人们多方面关系（经济的、道德的、精神—心理的、美学的）的基层细胞。”而整个社会是一个由无数个细胞组成的有机体。每个“细胞”的状况，同整个“有机体”的关系非常密切。

苏霍姆林斯基又把家庭和整个社会比作“小块砖”和“巨型大厦”。他说：“社会，这是用一小块一小块砖——家庭——建成的巨型大厦。只有砖结实，房屋才能坚固。如果砖不结实——啊，这对社会来说是非常危险，必须设法挽救。”

每个家庭都担负着教育子女的责任，家庭是社会公民成长的摇篮。苏霍姆林斯基认为，家庭教育搞得好不好，不仅关系到每个家庭的切身利益，也和整个社会这个“有机体”“巨型大厦”的健康和稳固有密切关系。他告诉父母们：“我们每个人应当懂得，尊敬的父亲和母亲们，凡没有受过教育的人、不学无术的人、一知半解的人，就像安装了一个坏发动机的飞机起飞了一样，不但自身毁灭，而且也给别人带来了牺牲。”

这个比喻十分贴切而深刻。

在帕夫雷什中学附近，有十多个集体农庄实行了一种制度：在那里工作的父亲，如果他们在家庭中，在教育孩子方面还有某些问题没有处理好，单位就给他们两个星期的假，不让他上班生产，而回家去管教自己的孩子。当然，请假的这两个星期是不付工资的。对此种做法，苏霍姆林斯基十分赞赏。

一次，他问一位农庄主席：“父亲为教育孩子请假不上工，这样做对农庄损失很大吗？这样的损失，认为是正当的吗？”

主席回答说：“没有直接的损失……间接损失是有的，全农庄每年只不过一百个卢布。但是，宁肯丢掉一百卢布也比给社会丢掉一个人强得多。”

苏霍姆林斯基希望每位家长和全社会，都要从这样的高度去认识家庭教育的社会意义。他要求人们记住这样一个道理：

“那些一知半解、不学无术的人所带给社会的损害，要比父亲请两个星期假……所带给社会的损害要大上千倍。”

二、提高家长的教育素养——教育和训练

苏霍姆林斯基认为，家庭教育在儿童个体成长发展过程中和社会生活中具有重要的意义；而且，家庭教育也是一个相当复杂的过程，要担当教育子女的任务，实现家庭教育科学化，必须对家长进行教育和训练，提高家长作为教育者的素养。

（一）对“未来”的父母进行培训

孩子的出世，这是父母的幸福，“孩子是生活的欢乐”。然而，苏霍姆林斯基又指出：“做父母的，你们的幸福，不是从天上掉下来的，不是节日客人带来的……它是从困难和勤劳中得来的：幸福只会给予不怕劳动的人，多年忘我劳动的人。”教育子女是很复杂的劳动，而“劳动的复杂性在于，它是理智与感情，智慧与爱情以及能力的融合物，满足地享受这幸福的时刻，又惊恐地展望未来。哪里失去了这聪颖的做父母的才能，那里的幸福就变成了幽灵”。

因此，他认为父母要真正享有这种幸福和欢乐，必须具备做父母的修养。

然而，在苏联，过去的学校从来不重视给青少年——未来的丈夫、妻子、父亲、母亲——传授这方面的知识，“没有教给学生如何生活”。他们不会相互尊重，不会体贴自己身旁的人，不会互相忍让，不会使感情服从理智，不会珍惜生活，不会做丈夫，不会做妻子，不会做父亲，不会做母亲，不会教育孩子。在孩子面前，他们“常常表现得像孩子似的无能力、无经验和束手无策”。甚至有的连夫妻关系都不能维持，导致家庭破裂。苏霍姆林斯基研究了200个家庭离婚的案例，其中有189个离婚案件的原因，并不是因为人们常说的“性格不合”，而只是由于夫妻双方谁都不会生活。这些青年男女，“不知道婚后要天天生活在一起，生活在一个屋子里，这不是幸福幽会的短暂几小时，而是终身，

这是一部巨大的无可与之比拟的创作，是精神劳动，是一种毅力”。“需要有高水平的精神文明。”

然而，这一切，任何人都没有给他们讲过，他们一无所知，因此，导致了许多家庭悲剧。

苏霍姆林斯基认为，在中学阶段让学生懂得社会科学和自然科学方面的知识，这是很必要的。“我们都很清楚，没有这些知识，甚至不能进入科学的外室。”当然，更谈不上进入科学的殿堂。

然而，也必须正视这样一个现实，学生们长大都要结婚，建立家庭。“婚后生活既意味着每时每刻都关联着一个人的思想、心灵以及对人的爱情，开始是对丈夫或妻子，之后是对子女。这是非常复杂和细腻的情感，须用智慧和灵感去理解和体会……这些平凡事物，需要父母和教师用大量智慧和心血去向孩子灌输。假若我们在青年男女面前真正揭开生活的智慧和复杂的一面，这可能有助于他们变得成熟和慎重些，而不会像现在许多青年人在观点和行为中所表现出来的那种轻率。”

家庭是社会的细胞，社会是由千千万万个家庭组成的。苏霍姆林斯基十分重视家庭和社会的密切关系，他说：“家庭的巩固，这是最重要的社会问题之一。”而“青少年一代的道德面貌如何，取决于此问题的解决与否。应当使每个人懂得：在社会面前，他的责任和对社会最重要的义务就是教育自己的孩子。孩子的首席教养者、第一位教师，这就是母亲和父亲。”

因此，他主张：“应当在中学时代就给未来的父亲和母亲以教育学的知识。”在中学高年级班增添有关讲述家庭相互关系、结婚、生育子女的文化修养课……要用令人折服的事实，在未来的父母面前打开这一真理的实质之门。”

当然，由于过去学校从未开设过这样一门课程，现在要开设，是有一定困难的，诸如教材问题，师资问题，等等。但是，他坚定地认为：“无论如何也应当克服困难，因为这一科目的重要程度并不次于数学、物理、化学，甚至于是最重要的。你想想看：不是所有的人都要做物理学家、数学家，可是所有的人都要做父母、丈夫或妻子。”“教育学应当成为对一切人都有用的学科。”甚至他还主张：“没有研究过教育学基本知识的青年公民不应当有成立家庭的权利。”

苏霍姆林斯基对学生家长和教师们说：“学校培养的人，不仅是公民和劳动者，而且是未来的父亲和母亲，即自己子女的教育者。”我们还要关心他们将来的婚姻、爱情、生儿育女的，防止他们采取轻率、不郑重的态度。要谨慎地和他们谈爱情、性道德、结婚、男女婚前关系、婚后家庭生活、尊重妇女、教育子女等一系列问题，“从道德上增养自己的孩子做好做父亲和母亲的准备”。

苏霍姆林斯基对未来的父母进行培训的主张，是具有开拓性意义的。他的主张和做法是对过去教育工作脱离社会生活的倾向的一个有力冲击。在中学阶段进行这项工作，既有必要，也有可能。这实际上是教给孩子们以生活的本领，教给他们“去发现幸福的源泉”，创造幸福的生活，这对于个人、对于社会都是很有益的。

（二）对“现任”的父母进行培训

为了与前面所说的“未来的父母”有所区别，这里我们不妨称已经做了父母的人为“现任”的父母。

对于现任的父母进行教育和训练，提高他们的教育学修养，具有更为重要的现实意义，因此，也就显得更为迫切。

在长期的教育工作实践过程中，苏霍姆林斯基从大量活生生的事实中得出一个结论：不关心家长的教育学修养，任何教学和教育任务都是不可能解决的。他根据苏联社会现实生活的需要和家庭教育在整个教育体系中的地位指出：“在我们的时代，在教育共产主义社会的人方面，据我看来，没有比指导母亲和父亲如何教育儿童更为重要的任务了。”

他非常有见地地断言：“家长教育学是共产主义教育学的第一篇章。”在他看来，加强父母的教育修养的重要性，是怎样都不会过分的。

在当时苏联的现实生活中，许多父母对于儿童的家庭教育不太重视。有的父母，尤其是年轻的父母，认为他们的事就是生孩子，只管把孩子生到世间，而教育孩子则由社会、学校来负责。在孩子出现了问题时，首先责怪学校。在他们看来，学校可以解决儿童教育的全部或几乎全部的问题，家庭在儿童教育中就不起什么作用了。有的父母，强调自己的社会工作较忙，没有时间管教孩子；有的对孩子娇惯溺爱，迁就放任，不管不教，放任自流；有的教育方式方法简单粗暴，任意打骂、惩治孩子；有的父母闹离婚，使孩子处于无人收留的境地；有的父亲酗酒，打骂妻子，家庭关系不和谐，不能给孩子做出良好的榜样；等等。这一切，都反映出有许多父母缺乏教育学的修养。

苏霍姆林斯基指出，天下没有这样的父母：他们不希望自己的孩子长成好人、忠实的劳动者、有益于社会的人。不幸的是，不是所有的人都善于把这件事办好。许多父母根本就不知道如何正确地培养青少年，塑造他们的性格、观点、习惯，以及这个过程包含着哪些内容或任务。

他认为，家庭教育和学校教育是一个完整的教育体系，“若只有学校而没有家庭，或只有家庭而没有学校，都不能单独地承担起塑造人的细致、复杂的任务”。

他指出：“现在的情况是，家庭和学校在教育人的问题上，都是各行其是。”这对于少年儿童的健康成长是很不利的。“假若在学校的帮助下，在年轻的家庭里打下了家庭—学校教育的高水平的教育修养的巩固基础的话，那么，在那里生长的孩子就善于创造出奇迹。”

因此，苏霍姆林斯基主张并在帕夫雷什中学亲自创办了旨在提高父母教育修养的家长学校，对父母进行系统的培养和训练。

苏霍姆林斯基创办的家长学校，是按照孩子的年龄阶段，把听课的家长分为五个组：一是学前组（从 0 岁到 7 岁儿童的父母和新婚夫妇）；二是一、二年级组；三是三、四年级组；四是五至七年级组；五是八至十年级组。针对每一个组都制定了教学大纲，设计了详细的和家长谈话的题目；教学内容密切联系学生和家长的实际，涉及师范学院课程的各个部分。但其中特别重视的是不同年龄段的心理学，个性心理学，体育、智育、德育和美育以及劳动教育的

理论（详见第467页所附《帕夫雷什中学“家长学校”的谈话题目》）

孩子的家长从孩子入学两三年以前就要报名参加家长学校的学习。在那里听课，直到他们的孩子从中学毕业为止。也就是说，孩子在学校读十年书，家长则要在家长学校连续学习十二三年。每组每月活动两次，主要活动形式是由校长、教导主任和最有经验的教师进行讲课或谈话。讲课或谈话应尽量做到，把心理学和教育学的理论知识跟家庭教育的实际紧密地联系起来，让每一位父亲、母亲在家长学校里学到的理论知识，能够跟自己孩子的精神生活联系起来。

家长学校的另外一种工作方式，即同家长进行个别谈话。苏霍姆林斯基认为：“没有两个家庭是绝对相同的。每个家庭都有自己所固有的特点。因此，同母亲和父亲个别谈话——儿童不在场的谈话，是我们教育学校的一个有机组成部分。”

在这里，他特别强调，在同父母谈话时，儿童不要在场，这一点是很重要的，他说：“任何情况下都不要让儿童知道教育中的困难和烦恼、成功和疏忽，这样做只会有害处。”

苏霍姆林斯基在帕夫雷什中学成功地创办了家长学校，取得了预期的效果：学校的工作容易做了，没有其他学校那么多的困难了，学校里不存在违反纪律、不想学习这一类困难，也没有其他学校里所使用的处罚形式，一切都很顺利。

对此，他深有感触地说：“我们和家庭作为并肩工作的两个‘雕塑家’，有着共同的理想观念，并朝一个方向行动。要知道，在创造人的工作上，两个‘雕塑家’没有相互对立的立场是极为重要的。”

苏霍姆林斯基从开办家长学校的实践中得出的结论是极为深刻的，很引人深思。

三、家长必备的修养

苏霍姆林斯基非常重视家长的修养问题，他认为，没有教育学方面的修养，家长是不能承担起教育子女的义务的。因此，他在《家长教育学》一书中系统而全面地论述了家长必备的教育学各方面的修养。

（一）要有教育子女的义务感

苏霍姆林斯基认为，教育子女是父母的崇高义务。他明确指出：“教育人，教育自己的子女——这是一个公民最重要的、第一位的社会工作，是他作为一个公民的义务。”

在苏联，多数家长都能很好地认识到这一点，并自觉地努力去尽自己的义务。但也有一些家长认为，公民的社会工作同教育子女履行父母的义务毫不相干。不仅许多家长同意这种观点，甚至某些党员干部也赞同这种观点。他们强调自己社会工作负担重，简直没有时间管教自己的孩子。对此，不仅苏霍姆林斯基感到不满，甚至连其他的学生家长也大为不满。有的家长一针见血地指出：“如果你找不出时间教育自己的孩子，你这个社会活动家就分文不值。没有时间教育儿子——就意味着没有时间做人。”

苏霍姆林斯基很赞同这种观点。

有一位叫伊万·菲力波诺维奇的康拜因手，他是一位值得尊敬的、勤劳勇敢的好人，曾被授予勋章，报纸上也经常登载他的照片。他的儿子在学校表现不好，教师邀请他到学校，但他从未去过。他很忙，不是出席集体农庄委员会的会议，就是到区里去交流经验，要不就是去集体农庄检查社会主义竞赛合同。一次，他的儿子把一个女孩子打伤了，教师请他到学校来。他却说：“以为什么大事呢……我现在没工夫去学校，我要去参加突击手代表会。”晚上，伊万终于被教师请到了学校，回家后他没有批评孩子的过错，而把儿子痛打了一顿。他为什么发怒呢？他说：“往后不要再把我叫到学校里！”

苏霍姆林斯基告诉这类父母：“在生产上有重要的、复杂的创造性工作，但你要知道，家庭中却有更重要、更复杂、更细致的工作——教育人，在等待着你。”

他指出，我们每个公民“生产面包或制造机器，制作衣服或建造宇宙飞船，培育新品种的牲畜或创作交响乐”，这是在为社会工作，这很重要。“然而，我们每个人都还有完全属于自己个人的，同时又完全属于社会的创造性工作，即培育人的工作。我们如何教育自己的孩子？我们将把什么样的接班人带到这个世界上来？父亲们，我们将在孩子们的心灵中留下什么？我们要好好思考一下这个问题。培育人的问题，这同建立工厂、安装石油管道和建设电站都是同样重要的。”

苏霍姆林斯基再一次强调：“教育人，这是最重要的社会义务。”他不仅要求人们从道义上理解、认识这一义务，而且还建议把这一义务法律化：“应当通过一项这样的法律，父母根据它来负责对子女进行教育。应当确立严格的制度，根据它，父母无权把自己的子女转托给无论任何人去教养。”

苏霍姆林斯基从伦理道德和政治法律两个角度来理解教育子女这一义务，是很深刻的。

（二）父母要以身作则

苏霍姆林斯基认为，父母教育孩子的过程，就是再现自己的过程，是教育自己和检验自己人格的过程。他说：“生孩了，就是把我们的心分割了一部分……婴儿作为你身体的一部分开始呼吸了，睁开眼睛面向世界了。从此时起，你就应承担巨大的责任：每瞬间，你看到孩子，也就看到了自己；你教育孩子，也就是在教育自己并检验自己的人格。”

在这里，他充分强调了父母自身的人格在儿童教育过程中的巨大作用，指出了父母自身的人格本身就是一种非常重要的教育因素，这反映了教育工作的重要特点。

教育孩子，有各种各样的方式，其中有公开的、隐蔽的、社会的、私人的，等等。苏霍姆林斯基认为：“在教育工作中，要使公开的和隐蔽的、社会的和私人的各种教育方式有机地结合在一起。人类幸福的谐音就产生于这种结合之中。”而最有效的、最重要的教育方式，就是父母的以身作则，即给孩子做出良好的榜样。

苏霍姆林斯基非常重视父母的以身作则在教育孩子过程中的巨大作用和意义。他指出："没有父亲的光辉榜样，一切有关儿童进行自我教育的谈话都将变成空谈。没有父母的榜样，没有父母在相互关心和尊敬中所表现出来的爱的光和热，儿童的自我教育简直是不可想象的。孩子想做个好孩子，只有当他看见理想的事物，并为此所吸引的时候，才能产生这种想法。"父母的榜样力量是绝不允许被低估的。

有的父母常常对旁人这样诉说："我对我的孩子没有少说，也没有少打，可就是不听话。"苏霍姆林斯基认为，只是"说"，那不是教育，而"打"的结果更糟。最重要的是以身作则，给孩子做好榜样。

在他的《家长教育学》一书中，苏霍姆林斯基讲述了这样一件事：

有一天，他的一个五年级学生的父亲找到他，抱怨自己的儿子说："对儿子怎么办呢？他不听话、骗人、逃避干活儿。星期日少先队集体种树，他说病了，没有参加，实际上是踢足球去了。这孩子自私，只是为自己活着，心肠冰冷、淡漠，不暴露思想。"

听完这位父亲的诉说，苏霍姆林斯基问这位父亲："你这位父亲跟你的母亲关系如何？""还可以，关系还能协调一致。"

苏霍姆林斯基质问他道："那为什么你的母亲住在一间小屋里？你为什么让她离开家庭？在母亲的斗室中只有一个破烂不堪的小窗户，难道你没有看见？你对你的母亲是这种态度，你还希望你儿子是个集体主义者？你还要向儿子讲在集体面前应负有义务和少先队应把祖国的利益放在心上的美好言词？"

这位父亲没有给孩子做出好的榜样，一切美好的希望和言辞都将是无用处的。

要以身作则，给孩子时时处处做出好的榜样，父母必须严格要求自己，善于进行自我教育。苏霍姆林斯基指出："在一个家庭里，只有父亲自己能教育自己时，在那里才能产生孩子的自我教育。""谁能以自己的生命倍增人类的宝贵的精神财富，谁能进行自我教育，那他就能教育好自己的孩子。这正如列夫·托尔斯泰所写的：教育孩子的实质在于教育自己，而自我教育则是父母影响孩子的最有力的方法。”

苏霍姆林斯基在要求家庭所有成年人都要给孩子做出良好榜样的同时，还特别强调父亲的以身作则。他认为，父亲在教育孩子方面起着特殊的作用。

他认为：“父亲是孩子心目中最亲近、最贴心的人。父亲的形象代表了人类对孩子的降生，以及对他生活跨出的每一步和每个行动都要负责。父亲肩负着承先启后，提高由他和母亲塑造的新人的道德修养的伟大使命。”父亲的言行举止对孩子有直接的影响。“父亲为人民献身，对祖国忠诚，这是孩子的骄傲。他们珍惜父亲过去和现在为人民所作的贡献，珍惜父亲为了祖国的物质文明和精神文明呕心沥血的精神。”“父亲对社会的贡献越显著，儿子越应发出自己的光华。这种光华要由父亲去引燃，要由父亲以自己对崇高的社会理想的一片忠诚，以及为实现理想而身体力行的榜样去引燃。”

父亲的以身作则，除了体现在社会生活中，还体现在家庭生活中。苏霍姆林斯基特别强调也是反复强调的是：父亲要用对母亲真诚的爱来教育孩子。

在苏联，现代家庭关系已发生了变化，夫妻中离婚的相当多，而其中丈夫遗弃妻子的现象尤为普遍。当时，夫妻关系的状况在绝大多数情况下，主要是由丈夫的道德水平所决定的。苏霍姆林斯基指出：“父亲为孩子的健康、幸福、生活而辛勤操劳，这集中反映了他的道德水平。这种劳动越自觉，说明他的道德越高尚，他越是值得后代效法。”

他对未婚男青年们说：你们结婚之后，妻子要生孩子，将会变老、变丑，将会生病，家庭里将会有很多艰难和困苦。如果你没有力量终生爱你的妻子，终生把她看成是世界上最好的女子，那你就无权结婚。因为你的变心，不仅给妻子带来困苦，还给孩子带来心灵的创伤。

苏霍姆林斯基曾经调查过 270 个犯罪青少年，其中有 189 个失去了父亲，可见，父亲是不是真正爱母亲，对孩子的影响是极大的。因此，他谆谆告诫做父亲的人，你不把妻子看成是人，不真正爱她，你就不会真正教育自己的孩子。

（三）要创造良好的家庭气氛

良好的家庭气氛是孩子健康成长所必需的生活环境，家长有责任努力创造这样一种生活环境。

有的家长一发现孩子不听话，就一味抱怨孩子。苏霍姆林斯基指出，不要一味抱怨你们的孩子，“尊敬的父母，你们应当看一看自己，在你们的关系中，哪儿有了裂痕，开始时很小甚至觉察不出来。这可能是在不平坦的家庭生活道路上常常出现的最细微的有关精神、心理、道德和美学方面的各种坎坷”。

他进一步强调指出：“夫妻之间应共同保护自己家庭生活道路上不出现这种坎坷，要善于创造家庭生活中极宝贵的财富——相互爱恋，这也就是说要在家庭中创造有利于教育子女的气氛。”

家庭是孩子出生的地方，孩子认识世界是从这里开始的。苏霍姆林斯基说：“孩子开始认识人类世界，他是从母亲、父亲开始，从母亲如何关心他，从父亲如何对待母亲开始。从而形成初步的儿童认识和概念以及对善与恶的理解。”“孩子之认识世界，一开始就是母亲甜蜜的微笑，低声的摇篮曲，慈祥的眼睛和温暖的双手。假若世界总似母亲以甜蜜的眼睛看着孩子的内心，假若孩子在未来生活的道路上一切都像慈祥母亲似的那样善良和甜蜜，那么就会减少悲哀、犯罪和悲剧了。”

苏霍姆林斯基认为，良好的家庭气氛对孩子形成坚定的精神和信念是十分重要的。他说：“在良好的家庭中，那里母亲和父亲琴瑟和谐，在那里笼罩着这种气氛：对言语、思想和情感，对观点、对微微能察觉的情绪色调的极度关心；关系良好，协调一致，互相帮助，互相支持；精神上的团结一致和豪迈，父母的相互信任和尊重；总之，在儿童眼前展现一切。在此基础上确立他对人类美好的信念，形成心灵的安详和宁静，形成对不良风气、不道德、危害社会的行为的抵制能力。”

要创造一个有利于孩子成长的良好家庭气氛，苏霍姆林斯基认为，最要紧的是建立良好的家庭关系。

首先是父母关系。父母互敬互爱，孩子才能相信世界上有真理，人类社会有美德。

有一次，苏霍姆林斯基给一个难管教的孩子讲述卓娅的英雄事迹，那孩子认为这些都是欺骗、谎言，世界上根本没有真理，美好的语言只是为了写书而臆造出来的。这孩子为什么对真理、善良、人性完全失掉了信心呢？原来，这个孩子从小就生活在非常可怕的谎言、虚伪、欺骗的环境之中，他的妈妈三次被欺骗，三个男人没有一个成为她的丈夫。

因此，苏霍姆林斯基认为："人道主义、热情、体贴、富有同情心，这种预防坏事的道德免疫力，只有在这种情况下才能获得：人，在童年早期要通过善良的学校，有真正的人的关系的学校，而这种学校只能是美好的家庭，只能是两颗相亲相爱的心（父亲和母亲）的联合。"

他告诫父母们："我们做父母的，应首先以自己的相互关心的行为来教育孩子，关于这些应永远记住。"

其次，是父母和老人的关系。苏霍姆林斯基特别强调父母对老人要尊敬和孝顺，要求父母给孩子树立孝敬老人的榜样。他甚至提出，如果家中没有老人，那么要设法在周围邻居中找一个需要照顾的老人来加以关心。他坚信，家长敬老爱幼，就不会出现铁石心肠的孩子。因为父母不是以语言，而是以实际行动告诉孩子，长辈在身强力壮的时候，为国家、为社会、为下一代贡献了一切。到了老年，虽不能再作什么贡献，但仍有权利过幸福的生活，晚辈应当为他们创造幸福。

苏霍姆林斯基诘问那些苛待老人的父母：你们这样对待自己的老人，能培养出品德高尚、感恩知德的孩子吗？

（四）对孩子要亲切、温存

父母对孩子要亲切、温存，这指的是父母对待孩子的态度问题，也就是父母和孩子的关系问题。苏霍姆林斯基认为，这是“当前教育中最尖锐、最迫切的问题”，是家庭教育成败的关键问题。为此，他提出“不要怕做个亲切、温存的人”，并专门论述了这个重要问题。

苏霍姆林斯基以非常沉重的心情叙述了一个15岁的叫谢尔盖的孩子成为罪犯的过程。

在谢尔盖上三年级的时候，父母闹离婚，吵架，谁也不要他，他苦恼极了，完全忘记了第二天全年级学生去郊游而教师要他带黄米的事。但是教师一点也不理解、体贴他的悲哀和苦难，骂他是“粗野的东西”，并无情地剥夺了他郊游的权利。他更加苦恼、烦躁，索性把学校的花朵给揪了下来。学校门卫骂他是“下流东西”“罪犯”，扬言要把他赶出学校。

第二天，他没敢去学校，父亲用皮带痛打了他一顿，少先队辅导员带他到各班示众，到处对学生们说他是“小流氓”。全班外出旅行，又不让他去。他感到绝望了，觉得“谁都不需要我”。从此他仇恨一切人，要报复一切人。

一天，他把学校的温室放火给烧毁了，学校调查他，他也没有承认。几年当中，他孤独地一个人生活着，没有一个人对他表示过亲热，别人侮辱他，教师歧视他，父亲一次一次地痛打他，越打他越憎恨，变得越冷酷。最后由于在新年晚会时他把电线弄断，引起了火灾，使两个男孩终身残疾，他最终成了罪犯。

苏霍姆林斯基认为，谢尔盖之所以成为罪犯，是因为教育者“忘记了一条最普通和最英明的真理，即教育人要首先教心”。谢尔盖的悲剧是教师和家长的“不学无术和冷酷造成的”。

他指出：“用心灵皮鞭打击、摧残儿童，使儿童的心变得粗野、冷酷，使儿童对一切都变得冷漠无情，尤其可怕的是对自己、对个人荣誉与尊严也变得冷漠。”他说，孩子有些什么不好的地方，就对他进行侮辱，孩子向你吐露心声，就作为反面教材展示给大家，这样就把孩子的心灵烧毁了。如果一个人在童年时代就进过民警局，他能成为一个什么样的公民呢？

有的家长认为，似乎不打孩子巴掌，孩子就会变得柔弱，就会对生活没有适应能力。苏霍姆林斯基坚决反对这种观点。他说："实际上，正好相反，皮鞭不只会降低孩子的尊严，也会毁损孩子的心灵，会在心灵中投入最阴郁、最卑鄙的阴影：畏缩、怯懦、仇视人类和虚伪。最坚定、对坏事最有抵抗力的孩子并不是那些在童年时代饱尝过巴掌和打后脑勺的孩子。"

他还认为："皮鞭只能破坏成年人和孩子们心灵的联系。显然，它使教师和父母的一切教育努力都注定要失败。"

苏霍姆林斯基主张要用爱抚、亲热来教育孩子，要保护他们的自尊心、尊严和光荣。对孩子的教育工作"越是细腻、有分寸，那么小孩越是对自己内心中的好处和坏处变得越发敏感，自我教育力越强，他越是力求做个好孩子"。

千万不能随意伤害孩子的自尊心，"这是培育孩子最重要的戒律之一"。因此，他希望所有父母，"不要怕做个温存、亲切的人"。

（五）对孩子要有明智的爱

爱孩子，这是人之常情。苏霍姆林斯基认为："没有比母爱更强烈的爱情了，没有比母爱更温柔的爱抚和关怀了。"对父母来说，"没有什么能比子女们对父母为他们创造幸福所表示的感激更为高兴的事了；反之，没有比看到子女对父母漠不关心、冷酷无情并且忘记父母给他们带来幸福更伤心的了"。

他曾明确提出，不爱孩子的人不能做教师；自然，他更不允许有不爱孩子的父母。爱孩子在教育中的作用相当大。然而，在现实生活中，如果不懂得什么是真正的父母之爱，对孩子一味地娇惯溺爱，结果是既害了孩子，也害了自己。

在乌克兰有这样一个古老的传说：

有一位母亲只有一个儿子，珍爱异常，娇养过度。她把露水一滴滴收起来给儿子洗脸，用绸缎给他做衣服。儿子长大后娶了一个姿色非凡的妻子，可妻子不喜欢婆婆，甚至十分厌恶她。母亲害怕和儿媳妇照面，整天躲在农舍里不出来，后来干脆搬到草棚里去住。儿媳还不满意，她跟丈夫说："如果你和我在一起过，你就把你母亲杀死，把她的心取出来，用慢火把它烧掉。"

儿子听了，心里并没有感到吃惊，他完全被妻子的姿色迷住了。他对母亲说："妈妈！妻子命令我把您杀死，把您的心取出来并在慢火上烧掉。如果我不听从，她就要离开我。我不能没有她，我只好听从她……"

母亲哭了，跟儿子说："那好吧！儿子，你凭良心去做吧！"

儿子把母亲带到密林里，点燃了一堆干柴。他把母亲杀死了，将心取了出来，放在火红的木炭上。突然，一块火红的木炭飞起来，打在了儿子的脸上，烧伤了他。正在慢火上烧着的母亲的心猝然震动了一下，并低声说道：

"我亲爱的孩子，你感到疼吗？快去揪一片车前草的叶子来，把它贴在烧伤的地方，再把我的心放在车前草的叶子上……然后，放到火里去。"

儿子失声痛哭起来。他急忙把母亲这颗炽热的心捧在手里，放进自己无限痛苦的心怀。他泪流满面，泣不成声，悔恨至极。这时，母亲神奇地站了起来，把儿子的头紧紧抱在了自己的怀里。

苏霍姆林斯基曾多次给家长和教师讲述这个故事。他认为，这位母亲对儿子的爱是动人的，但她的爱是不理智的，因此结局也是可悲的。他告诫父母们要引以为戒。

苏霍姆林斯基具体地分析了不理智的爱的种种类型的特点、表现形式及其危害。他认为，不理智的爱是一种"变态的爱"，大体有三种类型。

第一种是"娇纵的爱"。

这种爱是最可悲的，是一种本能的、缺乏理智的爱，像是母鸡的爱。它的特点是：父亲和母亲为儿童的每一个举动都感到高兴，却不考虑这是什么举动，会得到什么结果。比如，5岁的儿子当着众人的面撒尿，母亲不但不制止，还夸奖说："瞧我们这儿子，谁也不怕。"孩子骂人，母亲却夸奖孩子是长了本领，心灵嘴巧！

苏霍姆林斯基认为，这种娇纵的爱，使孩子的心灵受到了腐蚀，他随心所欲，想干什么就干什么，别人不得干预；野蛮、卑鄙、下流人的座右铭成了他的生活原则。用娇纵的爱教育出来的孩子，认为他可以为所欲为，不知道在人的共同生活中还有“可以”“不许”“应该”这样一些概念。他成了个任性的、近乎病态的人，生活向他略微提出一点要求，他都感到受不了。用娇纵的爱培养出来的孩子，是极端自私的人，他不知道有孝敬父母的义务，他不会劳动，也不愿意劳动，他心里感觉不到周围的人如父母、祖父母，也都有自己的愿望、自己的需要、自己的精神世界。他形成这样一个概念：他活在这个世界上，他的存在本身就会给父母带来欢乐和幸福。

第二种是专横（或暴君式）的爱。

这种爱就是，父母对待自己的子女就像对待自己的物品一样：我的桌子，我愿意放在哪里就放在哪里；我的子女，我想让他干什么，他就得干什么。

有一位父亲竟然专横到这种程度：他给在八年级上学的15岁的女儿买了一双时髦的便鞋和一件漂亮的衣服。他让女儿把鞋和衣服放在写作业的桌子旁边，他跟女儿说：“如果你第一学期各科成绩都在4分以上，你便可以穿上新鞋、新衣服；如果哪怕有一门功课得了3分，就不准你动一动这些东西。”父母这样做，他们自认为这纯粹是为了爱孩子。

这种爱是建立在利己主义和蒙昧无知的基础之上的，使孩子把善良的观念弄颠倒了，对人和人道失去了信任。在这种专断强横、无谓的吹毛求疵、无休止的责难的环境中，小孩子变得凶恶起来——这是儿童和少年精神世界中最危险的东西。专断、强横把在正常家庭中使孩子产生善良、审慎、谦让这些感情的最重要的精神上的激励给驱散了。

第三种是赎买式的爱。

这种父母之爱，也可以称作“只管花钱的爱”。有些父母真诚地相信，只要保证孩子的一切物质需要，就是履行了自己做父母的义务。孩子有衣穿，有鞋穿，吃得饱，长得壮，有全套的教科书和直观教具，还需要什么呢？他们认为，可以用满足孩子们在物质上的需求来衡量父母的爱，起码可以用此来赎买父母应尽的责任。仅仅把父母的义务理解为保证孩子的物质需要，而不考虑孩子的精神需要，那么，这种孩子就会处在精神空虚、贫乏的气氛中。儿童的心灵上得不到人对人的细腻感情，如爱抚、体贴、同情和仁慈，这种孩子就会成为感情上无知的人。

这种赎买式的爱，表现为父母总觉得欠孩子的账似的，尽可能满足孩子一切物质上的需要。结果，只能培养出铁石心肠的人。其原因就是，孩子只知从父母那里得到什么东西，而从不知道给予父母什么。

有一位母亲对儿子爱极了，把全部心血都倾注在儿子身上，让孩子的生活过得舒舒服服的。儿子想吃有酸奶油的煎蘑菇，母亲就到森林里去采摘。母亲把脚划伤了，儿子也不知心疼。等儿子长大了，母亲让他修修快要塌的房子，儿子却说没空儿，让母亲自己修！母亲病倒了，瘫痪了，儿子连看望都不去看望，最后竟把母亲抛弃了。邻居骂他是忘恩负义，铁石心肠的畜生！

那么，什么是真正的爱、明智的爱呢？

苏霍姆林斯基认为，明智的父母之爱应当能激起孩子对周围世界，对人所创造的一切的关心，激起他为人服务的热情。真正的爱应能使他们有高尚的人性，尊敬别人，为人们创造美和做好事，给同志、朋友、亲人以帮助，并把这些看作自由的人的伟大精神财富。

明智的父母之爱，表现在父母要善于在孩子面前揭示他们亲眼看见的和亲自感受的幸福生活的真正源泉。在孩子们的眼里，认为父母生来就是为了给他们带来幸福欢乐的。应当让孩子知道，“长辈们所付出的辛勤劳动和流出的大量汗水，是他们幸福的最重要的源泉”。

（六）要正确地使用自己的权力

苏霍姆林斯基认为，父母对于子女是有权力的。“在苏联的家庭里，父母权力之所以需要，这是由于父母在国家面前对子女负有教育的责任。”这个权力已在苏联的法律中被固定下来了。这种权力，实际上也是一种责任。

那么，父母的权力是什么呢？“父母的权力是：父母有权使孩子服从于自己的意志和条件，是依据家庭生活所提出的需求而进行安排的权力。”这是成功地教育子女的重要因素。正确使用父母的权力，是父母修养的一个重要方面。

然而，在教育子女的过程中，有不少家长不能正确地使用自己的权力。其具体表现如下。

1. 有些父母认为孩子小，不懂事，对孩子的任性采取完全放任不管的态度，对孩子的要求，不管合理不合理、正确不正确，都是有求必应。这种父母是自动放弃了自己的权力，这样做的危害是很大的。“假若孩子在实际生活中确认，他的任性要求都能满足，他的不听话并未遭到任何不愉快的后果。那么，他就渐渐习惯于顽皮、任性、捣乱、不听话，之后就慢慢认为这是理所当然的。”

2. 父亲和母亲常常对孩子提出相反的要求。一个要求这样，一个要求那样；或是一个有要求，一个放任自流；或是一个管教、制止，一个袒护、撑腰。有的对孩子的要求，是产生于父母当着孩子的面的争吵之中，这种要求不论多么合理、正确，对孩子来说也是没有威力的，不是非执行不可的。

3. 有的父母认为，他们对孩子的权力主要表现形式是禁止。禁止做这，禁止做那，完全是消极限制。这样一味地禁止，就等于给孩子身上加上了镣铐，会使他们变得畏缩、消极、无进取心。

4. 滥用父母的权力，对孩子专断强横，把孩子当成私有财产或附属品，任意摆布。这是压迫孩子意志的一种凶恶的力量，使孩子要做一个好孩子的愿望破灭，挫伤孩子的上进心。有的家长借用自己的权力打骂、体罚孩子，这对孩子的心灵和肉体都是一种摧残。

所有这些做法都是不对的，对孩子的教育和成长都是有害的，必须加以纠正。那么，怎样做才是正确使用父母的权力呢？

1. 父母必须从孩子小时候就对他们严格要求，而且要求应当坚决。要求只要是正确、合理的，就不要动摇。孩子小时候，可能不理解父母要求的所以然，随着年龄的增长，他们会逐步理解。家长应把让孩子理解家长的要求和养成服从的习惯这两件事紧密结合起来。

2. 父母对孩子的要求要力求做到一致、统一，也只有在父亲和母亲对孩子的要求完全一致的时候，孩子才会无条件地去执行。父母之间任何的分歧和争吵，都会引发孩子心灵中的困惑，之后便开始不听话。

3. 父母对孩子的要求应当主要表现在提醒孩子去从事某些有益的活动上。父母要求孩子时，要尽量避开“绝不允许”这个词，而要尽量多用“应当”这个词，要使父母的权力成为激发孩子积极活动的指南。只要孩子学会并习惯了做他应当做的，怎么正确就怎么做，那么，孩子就非常容易做到不去做不允许做的事情。当然，“禁止”二字也不是绝对不能使用，只是在孩子已经学会做某种错事的时候才需要。

4. 要深入体察和关心孩子的内心世界，了解孩子的思想、情感和愿望，施用父母的权力时要特别谨慎，有分寸。孩子的哪些事要干预，哪些事不要干预，特别是哪些事不该公开干预，父母心里要有数。对孩子应当尊重，承认他们的权利。有时孩子要做的事，并不是父母所希望的，必要时父母也要向孩子做一些让步，因为硬性压制孩子的强烈愿望，会导致孩子极度伤心。必要的让步，使孩子通过实践体验到自己的愿望是错误的，这也是有益的。比如，几个孩子要在棚子里过夜，为的是体验“游击队”的生活，父亲开始不同意，后来同意了。孩子们不习惯于夜间不睡觉，很快就散伙回家了。经过这件事，孩子们更信赖父亲了，对父亲开始的不同意和后来的同意也都理解了。

5. 父母对孩子的要求，要首先符合共产主义道德教育的要求，不能只反映个人的愿望和意志。

四、家庭教育——让儿童德、智、体全面发展

家庭教育同学校教育一样，也担负着使儿童少年在德、智、体诸方面全面

发展的任务。

（一）劳动锻炼

苏霍姆林斯基认为：“孩子的劳动锻炼是家庭教育的最为重要的组成部分。我想，人民教育学最根本的原则，应是培养人们树立劳动的思想。”

苏霍姆林斯基一向重视儿童少年的劳动教育，把劳动看作德、智、体全面发展的不可缺少的手段。他认为，加强孩子们的劳动教育有许多好处：参加劳动时，孩子在干中思考，在思考中干，以动手配合动脑来扩大、加深和巩固知识。通过劳动能增强体质，增进健康；劳动是使孩子变“我要”为“我给”的重要途径；劳动是幸福的源泉，是克服私欲的手段；经常参加劳动，可以减少青少年儿童违法犯罪现象。

他主张，在小孩子从拿小勺由盘子里取食物往嘴里送的时候起，就对他们进行劳动的训练。他恳切地告诫家长，尽管孩子还小，尽管他们的能力有限，但还是要让他们从事一些力所能及的劳动，目的是从小让他们懂得，不应当只是大人为他们做好事，他们也应该为大人做好事，这个意识必须从小加以教育和培养。不仅要引导孩子这样做，而且还要让他体会到为他人做好事之后的欢乐和幸福，让他认识到，这种欢乐和幸福大于他从他人手中取得礼物时的欢乐和幸福。

苏霍姆林斯基认为，一个人的道德面貌，在很大程度上取决于他在儿童时代以什么为欢乐。一个在儿童时代只知享用、消费和满足自己的愿望是幸福，而不知创造、劳动和为他人做好事是幸福的人，必然是一个自私自利的人。

苏霍姆林斯基指出：“人在劳动中创造物质和精神财富的同时，也创造了自己本身。如果我们希望我们的孩子成为真正的人，我们就应当不再去想如何使他们的童年过得轻松安闲和无忧无虑。少年时期和青年早期的生活，如果没有劳动，没有体力和脑力的紧张劳动，那是不可想象的。”对劳动教育“哪怕有丝毫的削弱，都会产生使学生变成只是物质和精神福利的消费者的危险。”

他所主张的劳动教育，其目的并不主要是让孩子学会一些劳动技能，而主要是以下几点。

1. 树立正确的劳动态度。他说："只有劳动作为一种态度，它才能变成幸福的机警的保卫者和生气勃勃的幸福的源泉。通过童年和成年的劳动所表现出来的对人的态度就成为公民义务的基础。"这里他所强调的劳动态度，实则是树立公民义务感的思想。

2. 培养良好的劳动习惯，使劳动"成为很自然的事情"。

3. 培养孩子为社会、为人民、为祖国作出贡献的崇高精神，即奉献精神。

在帕夫雷什中学，苏霍姆林斯基对孩子劳动的问题向家长提出了如下的具体要求。

1. 学前班的家长，要让五六岁的孩子在春季帮助母亲种植苹果树、帮助父亲种葡萄树，并让他们照料这些树，使之向往着给父母带来快乐，体验到给长辈送上自己亲手栽种培育的水果时那种人间美好的感情，体验劳动的快乐。

2. 让入学后的儿童、少年、青年为补助家庭开支参加必要的劳动。10 岁的孩子用劳动所得购买教科书和教学辅助材料；12 岁到 14 岁的孩子要挣得购买冬季衣鞋所需的费用；从 14 岁到 17 岁，青年要挣得购买全年衣鞋所需要的费用。

苏霍姆林斯基认为，这样做能培养青少年的社会成熟性，有利于促进他们社会化的进程，知道生活的艰辛，不畏惧困难。

（二）创造智育环境

苏霍姆林斯基认为，发展儿童的智力，不仅是学校和教师的任务，也是家庭和父母的任务。

做父母的，都希望自己的孩子聪明伶俐，这种希望取决于多种因素。苏霍姆林斯基认为，这"首先在于年轻的母亲和父亲对待创造新人和新生命是否负责任的态度"。

1. 父母要给孩子以良好的遗传素质

一个人的智力发育水平，首先取决于人的先天的遗传素质。在这里，父母本身的身体状况起着重要作用。

他说："父亲和母亲是如同教师一样的教育者，他们不亚于教师，是富有智慧的人类创造者，因为儿子的智慧，在他还未降生到人间的时候，就从父母的根上伸展出来。对人的教育是从胎教开始的。"

苏霍姆林斯基指出，人的智力有其物质基础——脑，这个基础正好也是在母亲腹内开始形成的。童年的健康，尤其是智力的发育，有个可怕的敌人，那就是父母的嗜酒过度。嗜酒者生下来的孩子在大脑皮层的发育上会发生反常现象。在父母酒醉时受孕的胎儿，脑细胞会被破坏，发育不良，出生后思维很慢，记忆力不好，孩子会成为智力落后的人。在学校里这种孩子不少，这种毛病，没有任何医疗方法可以医治。

他告诫年轻的家长们："要记住，你孩子的身体和智力的发育全决定于你。记住，创造人，这不只是简单的生物行为即可完事的。人之与动物的区别在于他认清了自己的活动目的，其中包括在孩子身上再现自己。"必须有良好的生活习惯，不要嗜酒成瘾，要给孩子以良好的遗传素质。

2. 注重早期智力开发

苏霍姆林斯基认为，家庭对儿童的早期智力开发，是有非常重要的影响的。他说，一个孩子上学后，聪明伶俐、用心、观察力强，教师讲解的东西能很快掌握、记熟；而另外一个孩子则思考很慢、接受力差，理解听讲的材料很吃力，记忆力不好。这是为什么？关键在于儿童早期智力开发是不是得到了重视。

他指出，孩子一生下来，从孩子能用自己的眼睛看见五彩缤纷的花朵或玩具时，能听到树叶沙沙作响、蜜蜂嗡嗡叫时，父母就应该开始开发和培养孩子的智慧。

具体怎么做呢?

首先，要利用家庭生活环境发展孩子的思维能力。从孩子小时候起，每天让他与爸爸、妈妈、爷爷、奶奶、哥哥、姐姐交往，交往就是在施加影响，是创造和发展孩子思维的优良环境。

其次，发展孩子的观察力、注意力、求知欲。他指出，感觉是通向周围世界的窗户，通过感觉，儿童可以认识外界的一切。在儿童时期感受过的事物，能留下极其深刻的印象，甚至终生不忘。丰富孩子的感性认识，对于发展孩子的观察力、注意力、求知欲是有极大好处的。他主张，父母要带孩子到大自然中去观察、认识各种自然现象：花朵的盛开和凋谢，蜜蜂如何采蜜，雪花的形状……

最后，注意发展孩子的语言。语言是思维的外壳，也是思维的工具。语言的能力反映着思维发展的水平。家长要从孩子小时候就注意对孩子语言能力的培养，要求孩子说话口齿要清楚，有连贯性，表达要明确。

3. 要关心、督促孩子学好功课

在孩子入学以后，家长要帮助孩子合理安排作息制度，创造良好的学习环境，鼓励孩子克服学习中的困难，敦促孩子养成良好的学习习惯。要给孩子购置各种图书，不仅孩子，全家人都要读书，建议建立家庭小图书室，形成一个尊重知识、科学、文化的家庭氛围。他告诫家长，不要只关心孩子的分数，分数不能说明一个孩子在学习上的成功与失败。对于有些孩子来说，得 5 分可以不费吹灰之力；而另一个孩子得 3 分，已经是学习上不错的成绩了。

（三）要切实关心孩子的身体健康

少年儿童的身体健康是苏霍姆林斯基十分关心的一个问题。在《把整个心灵献给孩子》一书中，他提出了一个口号："健康，健康，第三个还是健康！"他认为，无论是学校还是家庭，都要把孩子的健康放在首位。

一般来说，家长都比较关心孩子的身体健康。不过，苏霍姆林斯基要求家长更合理、更科学地关心孩子的身体健康和发育。

1. 家长要重视孩子的营养和饮食习惯。既不允许孩子挑食、偏食，同时，又要注意饮食的营养成分，要提供富含维生素的食品。他号召家长要给孩子提供营养丰富的蜂蜜，及早贮存水果。他发现，在当时的学校，有25%的学生不吃早餐，30%的学生吃早餐不到正常量的一半，23%的学生只吃到正常量的一半。由于这种不良的饮食习惯，孩子往往在上完几小时的课后感到头晕目眩。所以，他要求家长保证给孩子准备好丰富的早餐，养成吃饱早餐后来上学的习惯。

2. 要让孩子养成早起锻炼身体的习惯。苏霍姆林斯基根据自己多年的工作经验得出结论，早起锻炼、做早操等习惯必须在童年时期养成。他要求家长按时叫醒孩子早起锻炼，培养早睡、早起、早锻炼的习惯。

3. 要让孩子从小耐寒耐劳。苏霍姆林斯基认为，关心孩子身体健康，绝不是娇惯孩子。他要求家长多多让孩子呼吸新鲜空气，要在睡觉时打开通风窗，天气暖和时在户外睡觉，假日到野外去远足、郊游；他要求孩子按当时乌克兰农村的习惯打赤脚，不穿鞋，他认为这是预防感冒的有效办法；他要求家长安装淋浴设备，让孩子洗凉水浴，冬天用凉水擦身；要让孩子冬季在户外参加体力劳动，甚至在零下10摄氏度的寒天也让孩子出去劳动，他的标准是8岁的孩子每周劳动2小时，9至10岁的孩子每周劳动3小时，11岁的孩子每周劳动4小时。他认为这些做法能增强孩子的体质，预防感冒。

苏霍姆林斯基在儿童健康问题上，主张让儿童锻炼，反对娇生惯养，主张采取积极措施，反对一味消极保护的态度，是很科学的，也肯定是有良好的效果的。

苏霍姆林斯基在长达30余年的教育生涯中，一直是与学生和家长朝夕相处的。他在指导家长教育孩子的过程中，从实践中发现了不少带有普遍性的问题，也从中总结了丰富的实践经验，他给我们留下了一份有关家庭教育的宝贵遗产，对我国家庭教育的发展有重要的借鉴意义。

附：

《帕夫雷什中学“家长学校”的谈话题目》

（一）学前组（包括未来的父母在内）

1. 家庭成员间的相互关系和儿童的道德教育。

2. 儿童爱父母的情感及其对未来的责任感。

3. 婚前的道德准备。

4. 酒精中毒和儿童。

5. 对儿童的爱和对儿童的教育。什么是真正的爱？

6. 母亲的教育。

7. 从几个星期到3岁的教育。这个年龄期内，智力训练的极其重要的意义。

8. 从出生到3岁和从3岁到7岁的情感教育。

9. 儿童由3岁到7岁的身心发展。

10. 学校进行正确的智育的最重要的条件。

11. 儿童的语言发展和智力。

12. 怎样预防儿童的神经疾患。

13. 3岁到7岁儿童的劳动教育。

14. 怎样培养集体主义精神和尊敬别人的情感。

15. 学龄前儿童的需要和兴趣的教育。

16. 学龄前儿童教育中的自然界。

17. 学龄前儿童的作息制度。

18. 学龄前儿童的健康和智慧。

19. 游戏在学龄前儿童精神生活中的作用。

20. 学龄前儿童是怎样认识人的，道德环境的作用。

21. 美育在3岁至7岁儿童教育中的意义。

22. 故事在学龄前儿童教育中的作用。

23. 创造性活动在学龄前儿童教育中的作用。

24. 学龄前儿童跟年长儿童的关系。

25. 文明的教育。

26. 母亲是学龄前儿童的第一个主要的教育者和教师。

27. 父与子，母与女。

28. 学龄前儿童对入学的心理准备。

29. 学龄前儿童道德文明的标准。

30. 如何防止儿童任性、好发脾气和爱生气。

31. 男孩子勇敢精神的教育。

(二) 一、二年级组

1. 7岁到9岁儿童的身心发展。

2. 家庭的精神生活与儿童在这一年龄期的发展。

3. 本族语及其在学前期和入学后最初几年的作用。

4. 家庭成员间的相互关系和7岁到9岁儿童的道德教育。

5. 7岁到9岁儿童的行为用公民义务感的教育。“我想”“可以”“不许”“应当”的教育。

6. 家长的公民义务感对儿童教育的影响。

7. 如何培养7岁到9岁儿童对丑恶事物的不妥协精神。

8. 7岁到9岁儿童的全面发展教育中的自然界。

9. 美育在7岁到9岁儿童的个性全面发展中的意义。

10. 家庭里的书籍和7岁到9岁儿童的精神。家庭图书室。

11. 如何让7岁到9岁儿童领会伦理标准和家长的榜样。

12. 学校里和家庭里的爱国主义教育。

13. 学校里和家庭里的劳动教育。

14. 学龄初期儿童的精神需要和兴趣的培养。

15. 7岁到9岁儿童的义务感和纪律性的培养。

16. 父母亲的相互关系对7岁到9岁儿童教育的意义。

17. 对儿童既要严格要求又要尊重。

18. 学校里和家庭里的无神论教育。

19. 忠诚老实的教育。

20. 关心人和尊敬人的教育。

21. 自我教育的初步训练。

22. 酒精中毒症与儿童。

23. 关于神经类型和气质的概念。

24. 7岁到9岁儿童的作息制度。

25. 电影、电视与儿童的教育。

26. 人道精神的教育。

27. 求知欲的培养。

28. 乌里扬诺夫一家（指列宁的家庭）对儿童的家庭教育。

29. 怎样预防儿童的利己主义、个人主义、自私心理。

（三）三、四年级组

1. 酒精中毒症、结婚、儿童、家庭。

2. 9岁到11岁儿童的身心发展。

3. 学校教学和家庭的智力生活。

4. 书籍对9岁到11岁儿童智力发展的作用。家庭图书室。

5. 列宁小时候是怎样学习的。

6. 公民的培养。

7. 家庭的道德气氛和9岁到11岁儿童的教育。

8. 9岁到11岁儿童的情感教育。

9. 学龄初期儿童的意志教育。

10. 9岁到11岁儿童对世界的认识和言语的发展。

11. 9岁到11岁的男孩子和女孩子。

12. 怎样给小孩子讲人是怎样生出来的。

13. 自然界和劳动在对9岁到11岁儿童的教育中的作用。

14. 9岁到11岁的男孩子的勇敢精神的培养。

15. 自尊感的培养。

16. 儿童的爱国主义情感的培养。

17. 人道主义精神的培养。

18. 在对9岁到11岁儿童的教育中父亲的作用和母亲的作用。

19. 教育机智。

20. 奖励和惩罚。“我想”“可以”“不许”“应该”的教育。

21. 9岁到11岁年龄期的需要和自我纪律。

22. 怎样教育儿童热爱和尊敬父母。

23. 怎样预防儿童的意志薄弱、任性、爱生气、爱发脾气、爱哭、过于敏感的自尊心、个人主义、自私心理。

24. 什么是“成长加速化”。

25. 合理的儿童饮食制度。

26. 学校里和家庭里的审美气氛。

27. 克服宗教和迷信对儿童意识的影响。

28. 怎样理解儿童的幸福。

(四) 五至七年级组

1. 少年的解剖生理和心理的发展。

2. 性教育。性教育和道德教育的统一。

3. 少年的行为和道德意识。

4. 少年的劳动教育，他们的劳动的道德意义。

5. 少年教育中的善良、爱抚、鼓励、严格要求、坚定性、对愿望的限制。

6. 少年的人道精神的培养。

7. 少年对丑恶事物在道德上的不屈不挠、不能容忍、不肯妥协精神的培养。

8. 家长的威信。威信从哪里来，它的巩固性。善于使用家长的权力。

9. 少年的智育和家庭的任务。

10. 少年的意识的形成和自我教育。

11. 怎样培养少年的兴趣。

12. 母亲、父亲、孩子的义务、责任和公民教育。

13. 少年的“愿望文明”。对愿望的限制和纪律是正确教育的重要条件。教育少年善于控制自己的愿望。

14. 培养个人的爱好和才能。

15. 少年应当阅读哪些书刊。家庭图书室和少年的教育。不允许对精神财富的单纯享受态度。精神需要的问题。

16. 少年的意志训练。

17. 男孩子的勇敢精神的培养。

18. 女孩子（未来的母亲）的教育。

19. 少年期的忠诚老实教育。

20. 少年的爱国主义教育。随时准备好保卫祖国的教育。

21. 作为一个集体的家庭和少年的教育。

22. 少年的美育。

23. 少年的职业定向。

24. 怎样才能使知识成为少年的需要。

25. 预防少年期的神经疾患。

26. 预防意志薄弱和懦弱无能、没有性格和无原则性、个人主义和自私心理。

27. 少年之间的冲突的调解。

（五）八至十年级组

1. 15岁到17岁男女青年的解剖生理特点和心理特点。

2. 身体的、道德的、社会的和性的成熟的统一。

3. 要善于尊重青年的独立性。

4. 青年时期的世界观和信念的形成。

5. 道德坚定性、对丑恶事物的不肯妥协、不屈不挠和不能容忍的精神的培养。

6. 书籍在青年精神生活中的作用。男女青年的个人图书室。

7. 男女青年的道德教育、审美教育、情感教育和性教育的统一。

8. 男女青年公民义务感的教育。

9. 男女青年的劳动教育。

10. 青年早期的自我教育。

11. 青年的精神需要及其发展。

12. 青年的智育和兴趣。

13. 个人爱好、才能和志向的培养。

14. 青年的知识、信念和行为。

15. 怎样跟男女青年讲恋爱、婚姻、家庭的问题。

16. 青年早期的劳动和学习制度。

17. 职业定向和专业选择。

18. 青年的法制认识。

19. 年长者的榜样在青年教育中的作用。

20. 男女青年的社会公益活动和公民义务活动。

21. 对青年教育中的教育机智。

22. 预防青年期的神经疾患心理疾病。

23. 勇敢精神、坚定性和不屈不挠精神的培养。

24. 青年服兵役的准备。

25. 对男女青年的阅读指导。

26. 教育男女青年珍视我们社会的道德财富。

本书主要参考文献

[1] 颜之推撰，王利器集解．颜氏家训集解 [M]. 上海：上海古籍出版社，1980.

[2] 史孝贵．历代家训选注 [M]. 上海：华东师范大学出版社，1988.

[3] 徐梓．家范志 [M]. 上海：上海人民出版社，1998.

[4] 鲁迅先生纪念委员会．鲁迅全集 [M]. 光华书店，1948.

[5] 董操，陶继新，蔡世连．鲁迅论儿童教育 [M]. 济南：山东教育出版社，1985.

[6] 北京市教育科学研究所．陈鹤琴教育文集（上、下册）[M]. 北京：北京出版社，1985.

[7] 陈鹤琴．家庭教育——怎样教小孩 [M]. 北京：教育科学出版社，1981.

[8] 陈景磐．中国近现代教育家传 [M]. 北京：北京师范大学出版社，1987.

[9] 赵忠心．中国家训名篇 [M]. 武汉：湖北教育出版社，1997.

[10] 赵忠心．古今家教文萃 [M]. 武汉：湖北教育出版社，1997.

[11] 赵忠心．中国家教之道 [M]. 南宁：广西科学技术出版社，1991.

[12] 邱汉生，熊承涤．南宋教育论著选 [M]. 北京：人民教育出版社，1992.

[13] 顾奎相．司马光[M]. 哈尔滨：黑龙江人民出版社，1985.

[14] 孟宪承．中国古代教育文选[M]. 北京：人民教育出版社，1985.

[15] 毛礼锐，瞿菊农，邵鹤亭．中国古代教育史[M]. 北京：人民教育出版社，1985.

[16] 毛礼锐．中国古代教育家传[M]. 北京：北京师范大学出版社，1987.

[17] 陈景磐．中国近代教育史[M]. 北京：人民教育出版社，1986.

[18] 陈景磐．中国近现代教育家传[M]. 北京：北京师范大学出版社，1987.

[19] 中央教育科学研究所．宋庆龄论儿童教育[M]. 北京：教育科学出版社，1984.

[20] [英] 约翰·洛克．教育漫话[M]. 杨汉麟，译．北京：人民教育出版社，2006.

[21] [法] 卢梭．爱弥儿——论教育（上、下册）[M]. 李平沤，译．北京：人民教育出版社，2001.

[22] [英] 赫·斯宾塞．教育论——智育、德育和体育[M]. 胡毅，王承绪，译．北京：人民教育出版社，2005.

[23] [俄] 波兹南斯基．别林斯基论教育[M]. 陈斯庸，译．北京：人民教育出版社，1953.

[24] [英] 罗素．教育论[M]. 靳建国，译．北京：东方出版社，1990.

[25] [英] 罗素．教育与群治[M]. 赵演，译．上海：上海商务印书馆，1934.

[26] [英] 罗素．婚姻革命[M]. 靳建国，译．北京：东方出版社，1988.

[27] [英] 罗素．社会改造原理[M]. 张师竹，译．上海：上海人民出版社，1958.

[28] [英] 罗素．权威与个人[M]. 肖巍，译．中国社会科学出版社，1990.

[29] [英] 罗素．我的信仰[M]. 靳建国，译．北京：东方出版社，1989.

[30] 金岳霖．罗素哲学[M]. 上海：上海人民出版社，1988.

[31] 王芳．罗素的家庭教育思想初探[C]. 北京．北京师范大学，1996.

[32] [英] 艾伦·伍德．罗素——热烈的怀疑者[M]. 孙乃修，译．沈阳：辽宁人民出版社，1988.

[33] 冯崇义．罗素与中国[M]. 北京：生活·读书·新知三联书店，1994.

[34] [苏] 马卡连柯．马卡连柯教育文集（下）[M]. 吴式颖等，编．北京：人民教育出版社，2005.

[35] 全国教育史研究会，全国比较教育研究会．马卡连柯教育思想研究论文集[M]. 北京：北京师范大学出版社，1988.

[36] [苏] 瓦·阿·苏霍姆林斯基．家长教育学[M]. 杜志英，吴福生等，译．北京：中国妇女出版社，1982.

[37] [苏] 瓦·阿·苏霍姆林斯基．给教师的一百条建议[M]. 周蕖，王义高等，译．天津：天津人民出版社，1983.

[38] [苏] 瓦·阿·苏霍姆林斯基．帕夫雷什中学[M]. 赵玮，王义高等，译．北京：教育科学出版社，1983.

[39] 张焕亭．西方资产阶级教育论著选[M]. 北京：人民教育出版社，1979.

[40] 滕大椿．卢梭教育思想述评[M]. 北京：人民教育出版社，1984.

[41] [苏] 沙巴也娃．教育史[M]. 邰爽秋等，译．北京：人民教育出版社，1955.

[42] 曹孚．外国教育史[M]. 北京：人民教育出版社，1962.

[43] [苏] 恩·阿·康斯坦丁诺夫．世界教育史[M]. 北京：人民教育出版社，1954.

[44] 吴式颖，等．外国教育史简编[M]. 北京：教育科学出版社，1988.

[45] 日本世界教育史研究会．世界幼儿教育史（上、下）[M]. 刘翠荣等，译．长春：吉林人民出版社，1986.

[46] 毕淑芝，王义高．当代外国教育思想研究[M]. 北京：人民教育出版社，1993.

[47] 宋庆龄．把培养革命后代的责任担当起来[J]. 工人日报．1964. 6. 1版.

[48] 宋庆龄．在儿童节向母亲们说几句话 [J]. 人民日报．1958. 1. 1 版．

以下参考文献信息不详，暂将所知信息列之如下：

[1] [宋] 司马光．温公家范．光绪三年湖北崇文书局印刷．

[2] 朱庆澜．家庭教育 [M]. 民国六年自费出版，1917.

[3] 王鸿俊．家庭教育 [M]. 1942.

[4] 恽代英．家庭教育论．摘自民国年间《妇女时报》第 20 号．